suhrkamp taschenbuch
wissenschaft 2170

Menschen haben ihr Leben aus dem Wissen von sich zu führen. Dieses Selbstbewusstsein im elementaren Sinne lässt sich auf keine andere Tatsache zurückführen. In ihm sind aber zahlreiche intelligente Leistungen wie in einem Zentralpunkt miteinander verflochten. Darum kann die Philosophie aus dem Selbstverhältnis eine Perspektive auf viele ihrer Grundprobleme gewinnen. Dies macht Dieter Henrich in seinen Vorlesungen deutlich. Im Selbstbewusstsein ist ein gegenläufiger Ausgriff einerseits auf Konzeptionen der Welt und andererseits auf eine Selbstinterpretation angelegt. Von dieser Grundlegung aus werden eine Begründung der Ethik sowie eine Verständigung über Subjektivität und Freiheit entwickelt.

Dieter Henrich ist Professor emer. für Philosophie an der Ludwig-Maximilians-Universität München. Zuletzt sind von ihm im Suhrkamp Verlag erschienen: *Fixpunkte* (stw 1610), *Grundlegung aus dem Ich* (2004), *Die Philosophie im Prozeß der Kultur* (stw 1812) und *Hegel im Kontext* (mit einem Nachwort zur Neuauflage, stw 1938).

Dieter Henrich
Denken und Selbstsein

Vorlesungen über Subjektivität

Suhrkamp

Bibliografische Information der Deutschen Nationalbibliothek
Die Deutsche Nationalbibliothek verzeichnet diese Publikation in der Deutschen Nationalbibliografie; detaillierte bibliografische Daten sind im Internet über http://dnb.d-nb.de abrufbar.

suhrkamp taschenbuch wissenschaft 2170
Erste Auflage 2016

Umschlag nach Entwürfen
von Willy Fleckhaus und Rolf Staudt
Druck: Druckhaus Nomos, Sinzheim
Printed in Germany
ISBN 978-3-518-29770-4

Inhalt

Für Angelika

Vorwort

Menschen leben nicht nur, sie haben ihr Leben aus dem Wissen von sich selbst heraus zu führen. Darum ist ihr Selbstbewusstsein gegenüber allem, was sie als Menschen ausmacht, elementar und unmittelbar. Es ist aber nicht undifferenziert. Seine komplexe Verfassung artikuliert sich spontan und in Gedanken besonderer Art. Über andere Gedanken, die ebenso wenig ausgedacht sind, setzt sich der Mensch in Beziehung zu dem Ganzen einer Welt und wird ins Nachdenken über sein Selbstsein gezogen. Es ist Aufgabe der Philosophie, diesen Gedanken nachzugehen. Sie muss sie zunächst verdeutlichen und dann an sie anknüpfen, um sie zu einer Verständigung über menschliches Leben zusammenzuführen und weiterzubilden. Der Titel der folgenden fünf Vorlesungen verweist auf diese Aufgabe.

Die Vorlesungen kamen auf Einladung des Kollegs Friedrich Nietzsche der Stiftung Weimarer Klassik im Jahr 2003 zustande. Die ersten beiden Vorlesungen sind im Winter 2003 in Weimar gehalten worden, die dritte in gekürzter Form im Dezember 2004. Die fünfte Vorlesung wurde im April 2005 nur zum Teil vorgetragen, während der Text insgesamt Thema eines begleitenden Seminars gewesen ist. Die vierte Vorlesung gehörte schon zum ursprünglichen Plan der Vortragsfolge; ihr Text wurde aber nachträglich im Jahr 2006 niedergeschrieben. Ich bin dem Kolleg, seinem Leiter und der Stiftung dankbar für ihre Gastfreundschaft und für inspirierte Gespräche.

Nach ihrer Ausarbeitung für den Druck nähern sich die späteren Texte zunehmend der Form von Abhandlungen an – wegen der Dichte ihrer Argumentation und der Vielschichtigkeit ihrer Themen. Dennoch bleibt der Stil von Vorlesungen insofern gewahrt, als es nicht so sehr darum geht, Argumentationen sorgfältig aufzubauen und allseitig zu sichern, als vielmehr darum, die Tragfähigkeit eines Grundgedankens bei der Erschließung von Problembereichen und die Linienführung einer Argumentation zu erproben. Äußerlich ist die Form einer systematisch angelegten Vorlesung auch daran zu erkennen, dass die Texte mit einem Rückblick auf das Vorausgehende beginnen, dass Anmerkungen nicht benötigt werden und dass die bedeutenden philosophischen Theorien nur im Vorübergehen einbezogen sind.

Die ersten Vorlesungen entwickeln die Grundgedanken zur Subjektivität, die drei nachfolgenden führen sie weiter über jeweils einen thematischen Schwerpunkt. Auch deshalb, nicht nur wegen ihrer unterschiedlichen Nähe zum wirklichen Vortrag in Weimar, sind sie zu zwei Gruppen zusammengefasst. Deren Titel ›Exposition‹ und ›Durchführung‹ erklären sich aus der Sprache der musikalischen Formanalyse, nicht etwa aus der von Anträgen auf Stipendien oder auf Fördermittel für ein Forschungsprojekt.

Die Vorlesungen sollen zeigen, wie sich im Ausgang von einem Denken, das die Gedanken aufnimmt, welche im Prozess der Subjektivität selbst aufkommen, Grundfragen der Philosophie entfalten lassen. Sie verdeutlichen so die Perspektive, die sich von Subjektivität her auf Probleme gewinnen lässt, die gegenwärtig wieder viel diskutiert werden – auf die Grundlegung der Ethik, auf eine Verständigung über Freiheit und auf eine Theorie der Intersubjektivität, von der es oft hieß, sie müsse umgekehrt der Theorie der Subjektivität vorausgehen. Jede der Vorlesungen entwickelt eine Perspektive aus der subjekttheoretischen Grundlegung für sich allein, ohne sie mit den Themen der anderen Vorlesungen durchgängig zusammenzuführen. Jede hat also nur eine Dimension in der Selbstverständigung des Menschen im Blick. Dennoch geht die Absicht der Vorlesungen darauf, der inneren Komplexion dieser Selbstverständigung gerecht zu werden und somit daraufhin zu wirken, dass das menschliche Leben vor der Zumutung kurzatmiger Diagnosen bewahrt wird, die von eindimensionalen Theorien ausgeht.

Der Zusammenhang zwischen der Untersuchung von Subjektivität und letzten Gedanken, die nach dem überkommenen Verständnis metaphysisch zu nennen sind, wird in der letzten Vorlesung nur in einem Grundzug erreicht, nicht schon differenziert entfaltet.

Nachbemerkungen geben weitere Rechenschaft über die Absicht und über Grenzen des Unternehmens der Vorlesungstexte.

Im Mai 2007 Dieter Henrich

A. Exposition

I. Subjektivität und die Frage nach dem Ganzen

1. Der Subjektbegriff, Kritik und Perspektive

Eine Perspektive auf ›die Zukunft des Humanen‹ soll aus der Vorlesungsreihe hervorgehen, zu der ich, dank Ihrer freundlichen Einladung, mit meinen Vorlesungen beitragen soll. Das Kolleg Friedrich Nietzsche richtet für die Stiftung Weimarer Klassik diese Reihe aus. Über den Namen Nietzsches, und zwar in Verbindung mit der Erinnerung an die klassische deutsche Philosophie, gewinnt diese Aufgabe sogleich auch ein scharfes Profil. Nietzsche hat der Frage nach der Zukunft des Menschen jene Brisanz gegeben, die das gesamte nachfolgende Jahrhundert durchwirkt hat. Aber man muss sagen: Die ihm eigene Frage hätte er vermutlich von einer Frage nach der Zukunft des ›Humanen‹ ganz abgesetzt wissen wollen.

Hegel hatte den Humanus zum Heiligen der kommenden Kunst proklamiert. Diese Kunst, die in ihre Gestaltungen nicht mehr einzubringen vermag, was die Wirklichkeit im Ganzen ausmacht, sollte sich nun aus all dem, was »in der Menschenbrust lebendig werden kann«, ihre Sujets erschließen, um davon Kunde zu geben, »was sich irgend durch die Tiefen und Höhen des Bewusstseins hindurchbewegt«. Kann die Kunst auch keinen Gedanken mehr von dem, was ist und was alles einbegreift, Gestalt werden lassen, so kann sie sich doch in die unerschöpfliche Fülle des Humanen umso freier ergehen und entfalten.

Es ist wohl klar, dass Nietzsche ein solches Konzept der Verwirklichung von Humanem nicht der Zukunft, sondern der Vergangenheit des Menschen zugerechnet hätte – und zwar eben der Vergangenheit, unter deren Last ihm die Frage nach der dem Menschen möglichen Zukunft gerade aufgegeben worden war. In der Beliebigkeit des Spiels, von dem Hegel selbst sagt, dass es das Spiel mit seiner Subjektivität sei, ist der Mensch in Wahrheit von fremden Mächten und seiner eigenen Schwäche dominiert. Soll er also eine Zukunft haben, so muss er sich mit sich selbst in einem Wissen von dem Ganzen vertraut machen, dem er in Wahrheit entstammt und zugehört. Solchem Wissen und Erfahrenkönnen hat der freie Geist die Bahn zu erschließen.

Um dessentwillen hat er vor allem die Illusionen zu durchschauen und zu demaskieren, die den Menschen beherrschen, der sich selbst fremd geworden ist. Unter diesen Illusionen kommt aber jener Illusion eine Schlüsselrolle zu, die den Menschen glauben macht, er sei im Durchspielen der Höhen und Tiefen seines Lebens das selbstbestimmte Subjekt, dessen Subjektivität nach Hegel das eine Thema des modernen Humanus hatte gewesen sein sollen.

Nietzsches Kritik am Subjektbegriff hat in die Theoriegeschichte des zwanzigsten Jahrhunderts einen gewaltigen Impetus gegeben. Es begann mit der Kritik an dem Subjekt bürgerlichen Lebens, das nicht sein eigener Souverän, sondern das Produkt verdorbener Lebensverhältnisse ist. Im späteren Jahrhundert schloss sich dann an Nietzsches Kritik des Subjektbegriffes, vermittelt durch Heideggers genealogische Destruktion der Geschichte der Metaphysik, eine breite philosophische Bewegung an. In ihrer Zeitkritik, in ihren Diagnosen deformierten Lebens und in ihrem Verfahren der Aufdeckung von verdeckten Bedingungen scheinbar selbstgenügsamer Strukturen setzte sich der Impuls von Nietzsches Denken erkennbar fort. Auch in dem Gestus eines Denkens, das die Kraft der Erkenntnis geradezu an dem Grad der Fähigkeit zur luziden Entlarvung von Illusionen und Verstellungen bemisst, hat, mehr noch als Heidegger, Nietzsche als Vorbild fortgewirkt. Niemals wurde die steile Gestalt dieses Vorbilds freilich wieder erreicht. Denn es macht einen Grundunterschied aus, ob einen Lebensnot und Einsamkeit dazu treiben, sich über den Grund dieser Not in einer entlarvenden Erkenntnis des eigenen Lebensmilieus zu verständigen, oder ob man mit den Entlarvungen nur fortfährt in einer Umgebung, die den Gestus der Destruktion bereits als literarisches Genre kennt und begünstigt.

Wenn die Stiftung Weimarer Klassik die Reihen der Vorlesungen der Frage nach »der Zukunft des Humanen« zuordnet, so scheint mir darin dreierlei zum Ausdruck zu kommen: das Wissen von der Bedrohung, der diese Zukunft unterliegt, das Bewusstsein von der Bedeutung der Tendenzen im Denken der Zeit, die Zukunft durch eine Umkehr und zugleich durch eine Grundrevision der Selbstverständigung des Menschen zu gewinnen, aber zugleich auch noch Zweifel daran, ob eine solche Zukunft wohl wirklich zu erschließen ist auf dem Weg einer destruierenden Abweisung aller der Vorgaben einer Verständigung über das Wesen des Humanen, die sich an die Grundbegriffe des überkommenen Denkens angeschlossen haben.

In den Themen der fünf Vorlesungen, die ich angekündigt habe, lässt sich wohl kaum übersehen: Viele der in diesen Themen erwähnten Grundbegriffe sollen offensichtlich so gebraucht werden, dass sie nicht zugleich auch einem Grundverdacht unterworfen sind. Wirklich gehe ich in dem, was ich vortragen werde, nicht von einem Generalverdacht gegen alles aus, was in den maßgebenden philosophischen Traditionen der Moderne erschlossen worden ist. Ich meine nicht, dass sie zu revolutionieren sind oder von einem neuen Paradigma des Denkens bereits obsolet gemacht wurden. Wohl aber meine ich, dass sie bis in ihre Grundlagen neu gewonnen und auf neue Weise so ausformuliert werden müssen, dass sie das Bewusstsein der Menschen unserer Zeit nicht von sich abstoßen, die viele Krisen durchlebt hat und die in ebenso viele voraussieht. Darum steht mir also auch die Aufgabe vor Augen, die mit der Frage gestellt ist, die sich aus dem Programm der ganzen Reihe herleitet. Man kann Themen des Denkens, die eine lange Geschichte mit sich tragen, nicht neu entwickeln, ohne sich dabei jederzeit auch der über mehr als ein Jahrhundert zurückreichenden Kritik an ihren Voraussetzungen und an ihrer Erschließungskraft zu stellen. Werden, so wie es wirklich meine Absicht ist, Themen, welche die neuere Philosophie seit ihrem Beginn dominiert haben, in ein neues Licht gebracht, dann sollen in diesem Licht auch die Gründe einsichtig werden und aufgenommen werden können, die zum destruierenden Aufstand gegen alle diese Begriffsbildungen geführt haben. Weder der destruierende Gestus noch die gegen ihn gerichtete Abwehr allein wird uns auf den Grund einer Einsicht bringen, die nicht so sehr eine Zukunft heraufführen als vor allem in dem, was kommt, standhalten soll.

Die klassische Philosophie der Moderne hat der Rede davon, dass der Mensch Subjekt seiner Gedanken und seines Handelns sei, in ihren Begründungen eine zentrale Bedeutung gegeben. Ich werde in meiner Weise ebenso verfahren. Da ist es denn wohl nur angemessen, sich vorab mit einem Argument zu befassen und sich von ihm frei zu machen, von dem man sagen kann, dass es wie kein anderes die gesamte neuere Kritik an der philosophischen Rede von einem Subjekt angeleitet hat. Heidegger fand, dass ein Subjekt, das als Prinzip der Philosophie eingesetzt wird, nur als absolutes Subjekt verstanden werden könne – nämlich als der selbstmächtige Grund aller seiner Setzungen. Daraus leitete sich unter vielen anderen die Kritik her, ein solches Subjekt müsse sich seine eigene Endlichkeit und die geschichtliche Herkunft seiner Verstehensart verstellen.

In der französischen Nachfolge Heideggers hat diese Argumentation noch eine andere Ausprägung erfahren. Das moderne Subjekt sei durch seine Selbstgegenwart definiert. Mit dieser Prämisse, so hieß es, immunisiere sich aber die Subjektphilosophie gegen die Einsicht in alle anonymen Mächte, welche den Vollzug und die Verstehensart der Subjekte hinterrücks konstituieren – Institutionen, Begehren, Geschlechtlichkeit, die anonyme Entfaltung eines Sinngeschehens, in dem nichts zur vollen Präsenz zu bringen ist.

In dieser Argumentation schließt sich Heideggers Einspruch gegen die Selbstermächtigung des Subjekts mit einer Erinnerung an den Franzosen Descartes zusammen. Er hatte gegen den universellen Zweifel einen gegen jeglichen Zweifel immunen Punkt der Gewissheit aufgewiesen. Auch im Zweifel steht doch für den, der sich im Zweifel befindet, gänzlich außer Frage, dass er selbst es ist, den der Zweifel bedrängt. Man kann zwar auch daran zweifeln, ob es einem mit dem eigenen Zweifel ernst ist. Dann ist aber doch wieder kein Zweifel daran möglich, dass man selbst es ist, der sich in dieser Unsicherheit befindet.

Die Gewissheit im Wissen von mir selbst als dem, der von allerlei Meinungen bedrängt ist, bleibt also wirklich jeglichem Zweifel entzogen. Es ist aussichtslos, gegen diese basale Wahrheit anzuargumentieren. Wohl aber hat man sich zu fragen, wie ebendiese Gewissheit selbst verstanden und wie sie allem anderen Verstehen eingeordnet werden kann. Vor dieser Frage wird nun die Subjektkritik ihrerseits hinterrücks von einer weiteren, einer scheinbar selbstverständlichen philosophischen These ausgelöst. Sie gehört nicht zur Erbschaft des Descartes, sondern macht sich bei den Franzosen von Husserl und mehr noch von Jean-Paul Sartre her geltend: Gewissheit kann nur aus der Evidenz hervorgehen, die allein einem zur vollen Präsenz gebrachten, einem quasi anschaulich Gegenwärtigen eigen zu sein vermag. Daraus folgt dann sogleich, dass Selbstgewissheit in einem adäquaten Sich-selbst-Gegenwärtigsein fundiert sein muss. Ist aber das Subjekt durch solche Selbstgewissheit definiert, dann muss es alles ausschließen, was mit seinem Sich-selbst-Gegenwärtigsein unvereinbar ist. Dies Wenige zieht unmittelbar die Folge nach sich, dass das so verstandene moderne Subjekt alle Weisen des Bedingtseins durch ihm Entzogenes von sich ausschließt, die in seine reine Selbst-Vergegenwärtigung keinen Eingang finden können und die darum seine Selbst-Durchsichtigkeit begrenzen. Ein so verstandenes Subjekt muss dann aber selbst als eine bloße Fiktion entlarvt werden.

Die Verkoppelung von Gewissheit mit adäquater und damit evidenter Präsenz führt also geradewegs in eine theoretische Zwangslage. Es scheint, dass man von dunklen Bedingungen und anonymen Mächten, welche in die Formation von Subjekten eingehen, nur sprechen kann, wenn man die cartesianische Gewissheit bestreitet, welche diese Subjekte von ihrem eigenen Dasein haben. Wenn diese Gewissheit aber nun einmal von dem Subjektsinn nicht abzuscheiden ist, kann man sich eben dadurch zu dem Versuch bewogen sehen, den Subjektsinn selbst zu destruieren und die Rede vom Subjekt aus der philosophischen Sprache zu eliminieren. Damit ist man dazu genötigt, gegen eine letztlich nicht zu bestreitende Grundwahrheit anzugehen, die zudem von dem Leben nicht abzuscheiden ist, das wir in und aus dem Wissen von uns führen.

Nun sprechen viele Gründe dafür, der Selbstmacht des Menschen und seiner Klarheit über sich Grenzen zu ziehen. Auch kann man den Menschen nicht ausschließlich aus seiner Subjektstellung begreifen. Aber alle diese Gründe gewinnen ihre Stärke nicht im Zusammenhang einer Gleichsetzung von Gewissheit und Selbstpräsenz, von der man denkt, dass sie zugleich die radikale Subjektkritik notwendig werden lässt. Gewissheit kann mit der Verdecktheit dessen zusammengehen, hinsichtlich dessen Gewissheit besteht. Man kann dafür trivial-alltägliche Beispiele aufbieten: Es kann etwas auf mich einstürzen und mich gänzlich okkupieren, das mich gerade dadurch bedroht, dass ich es nicht einschätzen und durchschauen kann. Von grundsätzlicher Bedeutung ist es aber, sich klar zu machen, dass das, was einen *Gedanken* zwingend macht, überhaupt nicht aus der Präsentation von etwas verständlich wird, was in irgend einer Weise als gegeben vorliegt. Das gilt dann aber auch für Gedanken, in denen etwas als wirklich aufgefasst wird. Und es gilt insbesondere für die Gedanken von solchen Wirklichen, die selbst überhaupt nur in Gedanken und in Gedanken von sich wirklich sind. Solche Gedanken können dann freilich nicht als so genannte ›bloße‹ Gedanken verstanden werden, denen alles Wirkliche noch, wie man weiter auch sagt, gegenüber steht. Die Gedanken, in denen wir uns selbst fassen, sind offenbar nicht von solcher Art. Denn wir wären gar nicht wir selbst, wenn wir nicht in Gedanken leben würden, von denen wir wissen, dass sie Gedanken von uns selbst sind. Insofern muss in diesen Gedanken immer schon wirklich gefasst sein, was sie zum Inhalt haben. Dann aber kann man sagen, dass Gedanken sogar geradezu ausmachen, was wir sind.

Einen Satz wie diesen kann man allerdings nur dann akzeptieren, wenn man Denken nicht auf die Anstrengung des Problemlösungsverhaltens oder auf irgendeine intelligente Aktivität beschränkt, die man einleiten und auch beenden kann. Auch die Welt, in der wir uns finden, wann immer wir bei Bewusstsein sind, ist nur in Gedanken erschlossen. Sieht man dies ein, dann führt kein Weg mehr daran vorbei, dasselbe auch in Beziehung auf unser Verhältnis zu uns selbst zu akzeptieren. Gleichwohl sind wir kraft Selbstgewissheit, die unser Leben jederzeit begleitet, weder in eine absolute Selbstmacht eingesetzt, noch auch ist uns kraft ihrer alles, was unser Dasein ausmacht, zur Transparenz und zu vollendeter Klarheit gekommen. Scheidet man also Selbstgewissheit im eigenen Denken von Selbstpräsenz und -durchsichtigkeit ab, dann schließen sich die Selbstgewissheit und die Ungewissheit darüber, was eigentlich wir sind, nicht mehr aus. In ihrem inneren Zusammenhang ist vielmehr das gelegen, wie wir uns in unserem Leben ursprünglich erfahren. Auf diesen Zusammenhang werden die folgenden Vorlesungen immer wieder zurückkommen. Er ist eine der Grundlagen, von denen her sich ihre Gedankenfolge aufbauen soll.

Im Übrigen können Vorlesungen dieser Art niemals mehr als eine Übersicht anstreben. Sie sollen, wie die Stiftung es formuliert, eine *Perspektive* entfalten. So werden auch alle Begründungen nicht ausgeführte Beweise, sondern nur Skizzen sein können. Sie müssen darauf verzichten, sich in extenso auf das Erwägen des Pro und Contra einzulassen, durch das eine philosophische Argumentation zuletzt ihre Verlässlichkeit gewinnt. Die Philosophie muss aber in einem besonderen Sinn immer auch aufs Ganze gehen. Je mehr sie Themen, die jeden Menschen ins Philosophieren ziehen, von sich fernhält, umso weniger wird sie den Erwartungen entsprechen, die sich aus dem menschlichen Leben selbst, oft auch unartikuliert, an sie adressieren. Sie muss zwar auch die professionelle Verantwortung für die Perspektive, die sie entfaltet, übernehmen. Je weiter aber eine Perspektive ausgreift, umso weniger kann sie nach dem Muster formaler Systeme in eine Sicherheit gebracht werden. Die Philosophie bewegt sich an den Grenzen derjenigen Erkenntnisweisen, innerhalb deren definitive und damit auch verbindliche, dann aber immer auch nur partiale Ergebnisse zu erreichen sind. Umso mehr Aufmerksamkeit muss sie darauf wenden, ihre Perspektiven als solche zu bewähren. Ein Weg, der dazu führen kann, ist der, die Perspektive in immer neuer Variation und Anwendung einleuchtend zu machen.

2. Komplikationen um das Selbstbewusstsein

Diese *erste* Vorlesung soll der Beziehung zwischen der Subjektivität und der Frage nach dem Ganzen nachgehen. Es soll dargelegt werden, wie der Ausgriff auf ein Ganzes in vielerlei Weise aus der Grundverfassung eines Wesens hervorgeht, das von sich selbst weiß. Es soll weiter gezeigt werden, dass sich dieser Ausgriff dann in einer letzten Gestalt ausprägt, wenn das Ganze darauf hin konzipiert ist, dass es den, der auf es ausgreift, selbst auch in sich einbegreift – und zwar gerade mit dem, in dem er sich selbst zugleich auch entzogen ist. Die Beziehung auf ein letztes Ganzes steht darum gerade dort in Frage, wo sich das im Wissen von sich selbst vollziehende Leben selbst in Frage stehen sieht. Damit ist dann auch gesagt, dass die Verständigung über die Beziehung zwischen der Verfassung des Subjekts und der Frage nach einem letzten Ganzen davon auszugehen hat, dass die Selbstgewissheit im Denken die Selbstpräsentation dessen keineswegs impliziert, der in solcher Art von sich weiß. Es ist vielmehr umgekehrt zu zeigen, dass beide einander sogar geradezu ausschließen.

Auch im Blick auf alle folgenden Vorlesungen muss nun noch etwas über die vieldeutige Rede von der Subjektivität gesagt sein. Mit diesem Ausdruck kann man einfach nur die Eigenschaften meinen, kraft deren etwas zu einem Subjekt wird. Subjektivität bezeichnet dann die Verfassung, ein Subjekt zu sein. Davon unterscheidet sich ein Gebrauch, der alle Meinungen und Zustände als ›subjektiv‹ bezeichnet, denen keine Tatsachen in einer Welt entsprechen, von der man denkt, dass sie ganz unabhängig von den Gedanken aller Subjekte über sie existiert. Ich werde den Ausdruck Subjektivität noch in einem dritten Sinn gebrauchen, der aber den ersten voraussetzt und in sich einbegreift: Von dem, was dem Subjekt als solchem eigentümlich ist (also aus seiner Subjektivität im ersten Sinne), nehmen *Prozesse* ihren Ausgang. Man kann sagen, dass sie allesamt Prozesse sind, in denen das Subjekt sich zu einer erweiterten Gestalt entfaltet und sich seiner selbst nunmehr innerhalb ihrer innewird. Der elementarste dieser Prozesse ist die Ausdehnung des Wissens von sich über den Verlauf einer Lebensgeschichte. Unter allen diesen Prozessen werden im Folgenden insbesondere die zu beachten sein, in denen der Mensch als Subjekt zu einer Verständigung über sich und über das auf dem Wege ist, was sein Leben ausmacht. In die Dynamik dieser Verständigung ist sein Bewusstsein von einer sittlichen Verbindlichkeit und die Frage nach seiner Freiheit einbezogen; und beide sind, wie sich später zeigen wird, auch in sich selbst Grund für eine Verständigungsbewegung. Dies sind die Prozesse, kraft deren die Disziplin der Philosophie ganz unmittelbar in dem verwurzelt ist, was im bewussten Leben spontan als Bedürfnis aufkommt.

In der heutigen Vorlesung steht die Subjektivität des Subjekts im ersteren Sinne, also als elementares Wissen von sich, im Vordergrund. Die folgende wird dann den Prozessen der Subjektivität nachgehen, die von der Grundverfassung der Subjektivität ihren Ausgang nehmen. In einer wichtigen Hinsicht kommen solche Prozesse aber schon damit in den Blick, dass über die Beziehung des Subjekts auf ein Ganzes nachgedacht wird. Wo das Subjekt zu einem Thema der Philosophie wird, das nicht anderen Themen nur ein- und untergeordnet wird, da wird sogleich auch der Grund und die Verfassung eines Gedankens vom Ganzen zum Thema werden. Heidegger hatte zwar gemeint, dass unmittelbar daraus, dass die Subjektivität zum philosophischen Thema wird, auch die Tendenz eintritt, sie als selbstgenugsam und als Grund der Erstellung jeglicher Ordnung allein aus sich selbst auszugeben. Erinnern wir uns noch einmal an den cartesianischen Anfang der neueren Philosophie, um auch davon ein erstes Bild zu erhalten, wie beide Themen auf ganz andere Art zueinander im Verhältnis stehen können.

Der Ausgang der cartesianischen Vergewisserung ist die Selbstbeziehung im Denken, und zwar in dem besonderen Zustand des Zweifels. Wie wir sahen, ist es unmöglich, dass der Zweifel, von dem ich weiß, dass er der meine ist, dann auch noch mich sich selbst unterwirft, insofern ich der Zweifler bin. Ich weiß also gewiss, dass ich wirklich existiere. Diese Vergewisserung ist eine meditative: Ich muss mich auf den Gedanken konzentrieren, dass ich zweifle, und habe insofern die Aufmerksamkeit meines Erwägens auf mein Selbstverhältnis im Wissen von mir einzustellen. Indem dies Erwägen auf das Selbstverhältnis im Zustand des Zweifels konzentriert ist, geht aus ihm aber noch mehr als die Gewissheit der wirklichen Existenz hervor. Die Gewissheit ist daran gebunden, dass der Zweifel vollzogen wird. So verbindet sich mit der Selbstgewissheit im Dasein das Wissen von *Grenzen* im Wesen dessen, der in solcher Selbstgewissheit steht. Dies Dasein steht nicht in der Sicherheit eines solchen, der aus ihm selbst begründet ist, und jedenfalls fehlt ihm ganz offenbar jene Fülle, von der jeder Zweifel ausgeschlossen sein würde. Besäße es sie, dann würde ihm aber auch die besondere Weise seiner Selbstgewissheit gar nicht zugänglich sein.

Auf dieser Basis, die sich der Selbstbesinnung eigentlich in einem einzigen Zuge erschließt, kann in der Folge der Gottesgedanke eingeführt werden. Von ihm her erklärt sich nämlich der Ursprung der gesamten Situation, in der einem nicht aus sich selbst wirklichen Wesen seine eigene Wirklichkeit auf so durchaus einzigartige Weise erschlossen ist. Bei seiner Explikation dieses Verhältnisses gebraucht Descartes die ontologische Sprache der Verursachung, in der endliche Substanzen von der unendlichen unterschieden und in Kausalrelationen zueinander gebracht werden. In diesem Zusammenhang könnte er dann in Gott als unendlicher Substanz sogar die Ursache dafür setzen, dass wir es vermögen, unserer selbst bewusst zu sein. Dem Gebrauch dieser ontologischen Explikationsmittel voraus ist aber die Grundsituation der Besinnung ausgebildet. In ihr gehen die Selbstgewissheit des eigenen Daseins und die Gewissheit der eigenen Endlichkeit in einem einzigen Zuge hervor, und zwar so, dass sich daran ganz unmittelbar der Überstieg auf einen Grund hin anschließt. Dieser Grund kann dann rückläufig, und wiederum ganz unmittelbar, nicht nur zu dem eigenen endlichen Daseins ins Verhältnis gesetzt werden, sondern in einem damit gerade auch zu dem, was die Selbstgewissheit dieses Daseins ausmacht und auszeichnet.

In der Gedankenfigur dieser rückläufigen Begründungsbewegung ist die Selbstgewissheit in einen direkten Zusammenhang gebracht mit dem Wissen von der eigenen Beschränktheit und ebenso mit dem Bewusstsein, aus etwas begründet zu sein, dem eine ganz andere Verfassung zuzuschreiben ist. Diese Figur trat nicht nur am Anfang der Geschichte der neueren Philosophie hervor. Man kann sich klar machen, dass sie in immer neuen Variationen deren Weg durchherrscht hat. Ihre Spuren kann man sogar im Denken Nietzsches nachweisen wollen, der ja den Cartesianer Spinoza letztendlich als seinen einzigen Vorgänger anerkannte. Nietzsche hat zwar seine Kritik auf den Subjektbegriff gerichtet und den metaphysischen Gottesbegriff genealogisch unterminiert. Aber er variierte jene Gedankenfigur doch in einer Weise, die mit dieser seiner Kritik kompatibel ist: Wir sind uns in unserem Selbstverhältnis nicht adäquat erschlossen. In dem Denken aber, das sich auf das konzentriert, was wir wirklich von uns wissen, werden wir über uns selbst hinausgeführt und gelangen zu einem Ganzen, das uns ebenso überragt, wie es uns ein Leben ermöglicht, das wir frei in der Erfahrung dieses Ganzen führen können. So ist also die Grundfigur insgesamt abhängig von dem Ausgangspunkt ihres Aufbaus: einer Selbstgewissheit, die mit der Unklarheit über das verschwistert ist, was der eigentlich ist, der in dieser Gewissheit steht und lebt.

Diese kleine cartesianische Étude sollte zu einer Orientierung darüber dienen, was in den folgenden Vorlesungen dem modernen Denken als Grundfigur zugeschrieben sein soll. Diese Grundfigur bildet sich aus dem Verhältnis heraus, kraft dessen die Subjektivität in der mit ihrer Selbstgewissheit verbundenen Selbstentzogenheit zu einem Ganzen steht, wobei sie sich dies Ganze nur unter der Bedingung ihrer Selbstentzogenheit vergegenwärtigen kann.

Nun ist dazu überzugehen, dies Verhältnis in Überlegungen aufzuklären, die auf die Sachfragen selbst bezogen sind. Zunächst haben sie, wie gesagt, dem zu gelten, was Subjektivität in der ersten Bedeutung von Wissen von sich meint – aber immer im Blick auf die vielen Beziehungen auf ein Ganzes, welche in dieser Subjektivität aus sich selbst heraus aufkommen.

Wenn die Subjektivität des Subjekts nicht dessen Selbstmacht und durchgängige Selbstpräsenz impliziert, dann ist das wohl wichtigste rein nur theoretische Motiv für die Subjektkritik des vergangenen Jahrhunderts weggefallen. Die Subjektkritik hatte aber doch mit der Philosophie, die Subjektivität als ihr Prinzip anerkannte, wenigstens noch das gemeinsam, dass sie sich, ebenso wie diese, von der Aufklärung über Subjektivität einen bedeutenden Aufschluss zu den Fragen versprach, die aus dem Leben selbst heraus an die Philosophie gerichtet werden.

Im jüngst vergangenen Jahrhundert kam jedoch noch eine andere mächtige Tendenz auf, die gerade dieser gemeinsamen Vormeinung entgegenwirkt. Ihr zufolge erübrigt es sich, den Subjektsinn zu destruieren. Er ist vielmehr zu *trivialisieren*. Damit lösen sich die Erwartungen, die an die Subjektphilosophie gebunden waren, ebenso auf wie die Motive, die zu dem vergeblichen Versuch zwangen, jede Rede von dem Menschen als Subjekt unter Verdacht zu stellen. Strategische Kraft kann man dieser Tendenz nicht absprechen. Denn es trifft zu, dass die Philosophie, die sich an einem Subjektbegriff orientierte, in der Subjektivität eine singuläre Grundtatsache sah. Sie verlangt deshalb nach einer eigenen Weise der Aufklärung, verspricht dann aber auch einen Aufschluss, der gleichermaßen für Theorie und Leben von Bedeutung ist. In der Subjektkritik wurde diese Erwartung nicht zurückgenommen, sondern nunmehr nur auf die Verabschiedung der Orientierung am Subjekt übertragen. Mit der Trivialisierung des Subjektsinnes sollen aber beide Erwartungen zugleich in sich zusammenfallen.

Wird das, was ein Subjekt ausmacht, aus einem trivialen Sachverhalt heraus erklärt, so heißt das nicht eo ipso, dass auch diese Erklärung als solche der Trivialität zu bezichtigen wäre. Sie könnte sogar beträchtliches philosophisches Raffinement aufbieten. Die Philosophie hatte überdies von jeher in dem Widerspiel zwischen einem Abbau von Illusionen und der Verteidigung von unverzichtbarem Tief- und Hintersinn ihren Weg zu finden. Wer also im Subjektbegriff eine für die Theorie und die Interpretation des Lebens wesentliche Orientierung festmachen will, der muss sich auf die Argumente, welche diesen Subjektsinn trivialisieren, nicht weniger als auf die Argumentation der Subjektkritik einlassen. Das soll nun auch so knapp wie möglich geschehen.

Die Trivialisierungsversuche sind dort von besonderem Interesse, wo sie daran anschließen, dass sich das Verfahren der Reflexion auf die Bedeutung von sprachlichen Ausdrücken inzwischen als Mittel der philosophischen Aufklärung vielfältig bewährt hat. Der einfachste Versuch solcher Art geht (mit Hans Reichenbach) davon aus, dass das Indexwort ›ich‹ die Subjektstellung im Denken bereits vollständig erklärt. Die Bedeutung dieses Wortes ist es, auf den Sprecher zu verweisen, der dies Wort jeweils gebraucht. Wer also das Indexwort bedeutungsgerecht gebraucht, der steht damit im Verhältnis zu sich.

Nun muss aber der Gebrauch des Wortes nicht nur de facto regelgerecht vollzogen werden. Das kann auch ein Automat leisten, der keinen Gedanken über das, was in ihm verlautet, zu fassen vermag. Soll von einem Sprecher, der seine Sprache, wie man sagt, ›beherrscht‹, überhaupt die Rede sein, so muss man es ihm zuschreiben, dass er selbst versteht, was er zum Ausdruck bringt, und dass er das, was er meint, denen, zu denen er spricht, zu verstehen geben will. Insofern wird durch den Gebrauch des Wortes ›ich‹ die Subjektstellung zwar wohl bezeugt, aber nicht konstituiert. Sie ist im Gebrauch von ›ich‹ vielmehr offenkundig vorausgesetzt.

Ganz anders setzt das Unternehmen von Peter Strawson ein. Es betrachtet die Bedeutung des Indikators ›ich‹ als eingefügt in den Zusammenhang des Systems der anderen indizierenden Ausdrücke wie ›du‹ und ›er‹, denen auch ›ich‹ zugehört. Sie alle setzen voraus, dass sich der, der diese Ausdrücke verwendet, als ein Einzelnes identifizieren kann, und zwar als jenes, das mit den Ausdrücken gemeint ist. Nur wird die Identifikation im Gebrauch der Ausdrücke nicht vollzogen, sondern nur als jederzeit möglich impliziert. Strawson folgert daraus, dass schon im einfachen ›ich‹-Gebrauch eine Welt von bestimmter Verfassung vorausgesetzt ist: In ihr gibt es Personen, also solche einzelne Dinge, die über ihre Körper identifiziert werden können, die aber zugleich und ursprünglich des intelligenten Sprachgebrauchs fähig sind.

Dieser Versuch läuft, wie Sie sehen, bereits auf einen der Ansätze dazu hinaus, eine Verschränkung zwischen einem Subjektsinn und einem Weltganzen nachzuweisen. Als Aufklärung über Subjektivität versagt er jedoch. Das wird offensichtlich, wenn man sich fragt, wie es denn zu verstehen ist, dass einer jenes umfassende Begriffssystem, das ein Weltganzes impliziert, in Gebrauch hat. Dazu genügt es offenbar nicht, dass er zusammen mit irgendeinem Weltbegriff auch über den Begriff der Person verfügt. Er muss ihn nämlich auf sich selbst anzuwenden wissen. Um dies zu können, muss er vorab verstehen, was es überhaupt heißt, sich selbst als etwas zu kennen und zu verstehen. So müsste Strawson also, was er aber nicht tut, den Erwerb des Begriffssystems zusammen mit dem Erwerb der Fähigkeit der Selbstanwendung zu rekonstruieren versuchen. In der Selbstanwendung des Begriffs der Person würde sich also eine Person in ihrer Eigenschaft, Subjekt zu sein, allererst bekunden.

Nun ist es aber nicht zulässig, diese Selbstanwendung aus dem Erlernen des Gebrauchs des Wortes ›ich‹ herzuleiten, das in einem mit dem Gebrauch des Sinnes von ›Person‹ etwa auch erlernt wird. Haben wir doch gerade eben gesehen, dass der Gebrauch von ›ich‹ das Wissen von sich voraussetzt und es nicht konstituiert. Daraus versteht es sich ja im Übrigen auch, dass Kinder den Gebrauch von ›ich‹ so spät zu beherrschen lernen. Das Kind gelangt nicht mit diesem Gebrauch in ein Selbstverhältnis. Es gibt *anderen* kund, dass es in ihm steht und dass es nunmehr auch dies versteht, von seinem Selbstverhältnis her zu sprechen. Der ›ich‹-Gebrauch setzt also ein indirektes, ein reflektiertes Verhältnis zum eigenen Wissen von sich voraus. Das wiederum macht es zwar gut verständlich, dass Sprachen, die über ein Indexwort der ersten Person verfügen, auch besonders dazu geeignet sind, dem Verlangen nach Selbständigkeit und Selbstgeltung Ausdruck zu geben. Aber dieser Umstand sollte doch niemanden dazu verführen, die Subjektivität als solche aus dieser aktivischen Seite des realisierten ›ich‹-Gebrauchs und das diesem Gebrauch vorausliegende Wissen von sich dann auch noch aus einem Herrschaftswillen herzuleiten.

Das Wissen von sich kann nicht erlernt werden, und gewiss kann es schon gar nicht durch das Erlernen bestimmter Worte ins Dasein kommen. Indem das Kind in das Wissen von sich gelangt, realisiert es zugleich sein Personsein. Das heißt umgekehrt für den Personsinn, dass er nur unter Einschluss der wissenden Selbstbeziehung definiert werden kann.

Diese wissende Selbstbeziehung hat nun aber eine komplexe

Verfassung. Über diese Verfassung auch noch ein Wissen zu haben ist allerdings weder Sache des Kindes noch von Personen überhaupt. Dennoch vollziehen sie ihr Leben *in* der Komplexion solchen Wissens – so dass sie sich also sehr wohl entfremdet fühlen können, wenn eine philosophische Konzeption auf das Dementi dessen hinausläuft, worin sie sich selbst doch immer wiedererkennen.

Der Kern, an den sich viele weitere Facetten dieser Komplexion anschließen, ergibt sich daraus, dass man im Wissen von sich das, wovon man etwas weiß, und das Wissen dessen, dass man selbst es ist, worüber man etwas weiß, nicht voneinander abtrennen kann. Es ist auch nicht möglich, dies Wissen aus der Kombination von zwei Faktoren zu erklären – dem, wovon ich weiß, und dem, dass ich es von mir weiß –, um weiter zu sagen, dass es zum Selbstwissen erst dann kommt, wenn auch der zweite Faktor zum ersten hinzugetreten ist. Zwar kann ich etwas wissen, was de facto zu mir gehört, ohne zu bemerken, dass ich selbst es bin – etwa wie meinen Schatten in einem Spiegel. Aber im Wissen von sich gehören das Was und das Wie des Selbstwissens untrennbar zueinander. Und dennoch kann nicht gesagt werden, dass sie gar nicht voneinander unterschieden sind.

Was ich bin, kann ferner nicht in dem aufgehen, was das Wissen von mir selbst ausmacht. Ich weiß von mir, wenn ich von mir weiß, von mehr als nur von meinem Wissen von mir. Das ergibt sich schon daraus, dass das Wissen von sich nicht ein allgemeiner Sachverhalt ist, so wie etwa der gesamte Bestand des Wissens über das Wissen oder der Inbegriff des Wissens, das in der Menschheit versammelt ist. Vom Wissen von sich unterscheidet man leicht und klar einen Wissenssinn solcher Art, also ein Wissen, welches deshalb anonym zu nennen ist, weil es niemandem exklusiv zu eigen ist. Mein Wissen von mir kommt nicht dadurch zustande, dass sich mir irgendein anonymes Wissen erschließt, sondern ich stehe für mich ursprünglich und allein in wissender Selbstbeziehung. Insofern versteht sich ein Subjekt auch unabhängig davon, dass es in irgendeine wirkliche Beziehung zu anderen Subjekten getreten ist, immer als eines unter unbestimmt vielen. In seinem Für-sich-Sein ist es mit sich ganz allein, obwohl es zu diesem Wissen nur über eine Symbiose mit anderen hat aufwachsen können. Aber nicht nur aus der Erfahrung dieses Mitseins, sondern aus der Verfassung seines Wissens von sich heraus weiß es, dass es nicht das einzige oder alleinige ist. Und als ein solches eines muss es sich von anderen unterscheiden – nicht allein durch sein Für-sich-Sein, sondern durch andere Eigenschaften.

Zu diesen unterscheidenden Eigenschaften gehören solche, die selbst in den weiten Bereich des Wissens gehören – der Zusammenhang seiner Erfahrungen und Überlegungen etwa, die dem Ganzen eines bewusst geführten Lebens zugehören. Aber das Subjekt ist eines, zu dem, wie es weiß, andere in Beziehung stehen können, und das im Gedanken von sich den Gedanken einer Beziehung auf andere mit sich führt. In sein eigenes Für-sich-Sein können andere aber nicht eintreten. Würden sie das tun, dann würden sie selbst in dem Für-mich-Sein des Anderen stehen und insoweit geradezu in ihm aufgehen. So wären sie mit dem identisch geworden, den sie doch als Anderen sich erschließen wollten. Subjekte können also nur ein Dasein füreinander haben, indem sich ihr jeweils eigenes Für-mich-Sein unmittelbar in ein Medium übersetzt, in dem es einem anderen Subjekt als anderes Für-sich-Sein zugänglich wird, ohne dass es deren eigenes Für-Mich-sein werden muss. Daraus ergibt sich einer der Gründe dafür, dass Subjekte auch als Körper und im sprachlichen Austausch wirklich sind. Eine der folgenden Vorlesungen wird sich diesem Thema zuwenden.

Aber dies und alles andere, was mit dem Subjektsein in wesentlichem Zusammenhang steht, würde doch niemals für sich allein die Bedeutung der Rede von einem Subjekt ausmachen können. Denn ein Subjekt, das nicht von sich weiß, kann überhaupt nicht als Subjekt gelten. So muss also das Wissen von sich immer mit gemeint sein, wenn von irgendetwas die Rede ist, was einem Subjekt zukommen soll. Denn es ist nicht nur so, dass ein Subjekt durch sein Wissen von sich in einem Verhältnis zu sich selbst steht. Dies Verhältnis *macht* vielmehr *aus*, was es als Subjekt ist. Wir sahen zwar, dass sich an dieses sein Für-sich-Sein andere Charaktere von Subjekten anschließen und dass sie darum von ihm her – in einem gewissen Sinne – auch begriffen werden können. Zu ihnen gehören Körper und Sprache, ohne die es kein Füreinander verschiedener Subjekte geben könnte, aber auch andere Bedingungen, die mit der Ausbildung eines kontinuierlichen Wissens von sich in einsichtigem Zusammenhang stehen, darunter vieles von dem, was unter dem Problemtitel ›Bewusstsein‹ zum Thema gemacht werden kann. Gäbe es aber kein Wissen von sich, so würden auch alle diese anderen Charaktere zur Subjektivität in keinerlei Beziehung stehen. Nun kann es ein Wissen für sich nur in Gedanken geben, und eine wissende Selbstbeziehung tritt nur in einem Denken ein, dessen Sachbezug und Sachgerechtsein in diesem Falle außer Zweifel steht. So wird man also wieder zu der Folgerung geführt, dass das, was uns als Subjekt ausmacht, geradezu darin wirklich ist, dass ein bestimmter Gedanke unterhalten ist und sich durch ein Leben kontinuiert – mit Notwendigkeit und ohne all das, was als eine Anstrengung im Denken vollzogen werden muss.

Wir wollen diese bemerkenswerte Tatsache, die dem Cartesius eine neue und vielleicht überraschende Aktualität verleiht, jetzt nur festhalten und uns auf einen anderen Aspekt konzentrieren, der mit dem Subjektsinn insofern im Zusammenhang steht, als Subjekte einzig von ihrer Wirklichkeit eine Gewissheit haben.

Man könnte wohl meinen, dass eben damit, dass die Subjektivität als Fundamentalgedanke beschrieben werden muss, doch das verlässliche Fundament ausgelegt sei, das die Subjektphilosophie der Moderne für sich in Anspruch genommen hatte. Im Subjektsinn, so hieß es, sei das Fundament gelegen, das alle weiteren Fragen dadurch abweist, dass dieser Subjektsinn sich selbst expliziert. Aber es ist entscheidend, sich darüber klar zu werden, dass das Gegenteil der Fall ist. Zwar ist deutlich gemacht worden, dass das Wissen von sich eine Grundtatsache ist. Aus ihr ist auch Aufschluss über viele Implikationen des Subjektsinnes zu gewinnen. Aber man erreicht diese Tatsache nur in einer reflektierenden Besinnung – nicht so, dass man sie etwa von irgendwoher entwickelt, dass man sie sich aus Komponenten oder Konstitutionsbedingungen erklärt hätte oder dass man den Prozess nachvollzieht, in dem sie sich selbst ausbildet.

Des Weiteren ist diese Grundtatsache in sich komplex und von einer solchen Komplexion, dass man keinen Ansatz dafür zu finden vermag, wie sich die Komplexion selbst noch eine weitere Rechenschaft geben ließe – aus anderem oder aus ihr selbst heraus. Würde man die Komplexion nicht nur aufweisen und würde man stattdessen ihre Herleitung versuchen, so würde sich dieser Versuch sogleich in einem der Zirkel verfangen. Wie solche Zirkel sich ergeben, ist schon seit längerem und mehrfach dargelegt worden. Die wissende Selbstbeziehung ist zwar eine letzte Tatsache der Selbstverständigung. Sie ist aber keine in sich differenzlose Tatsache, woraus sich die Neigung versteht, sie aus den Elementen, die sich in ihr unterscheiden lassen, aufbauen oder rekonstruieren zu wollen. Aber sie entzieht sich einer solchen Analyse, die nur so erfolgen könnte, dass sie Elemente der Grundtatsache gegeneinander isoliert. Von den Komponenten, die sie einschließt, kann man aber nur so sprechen, dass man dabei die komplexe Gesamttatsache immer bereits voraussetzt. Diese Analyseresistenz ist deshalb nur die andere Seite des Umstandes, dass es sich um eine Grundtatsache handelt, von der zugleich eingestanden werden muss, dass sie nicht einfach ist.

Daraus ergibt sich eine zweite Folgerung, der in den folgenden Vorlesungen eine Schlüsselstellung zukommen wird. Das Denken, welches sich an die Grundtatsache der Subjektstellung anschließt, muss sich immer in *zwei gegenläufigen Richtungen* orientieren: Es muss einerseits den Implikationen des Subjektsinnes nachgehen, die im Subjektsinn in Beziehung auf Gedanken mit anderen Gehalten gelegen sind. Der Implikation eines Ausgriffs auf einen vielfältigen Ordnungssinn werden wir uns alsbald zuwenden. In dieser Beziehung auf Ordnung erweist sich der Subjektsinn als mit dem verbunden, was *Erkenntnis* von Wirklichem ausmacht. Sosehr dabei von dem Subjektsinn ausgegangen werden muss, so sehr ist doch auch klar, dass dieser Subjektsinn selbst nicht in der Weise, in der Erkenntnis von ihm ausgeht, in eine solche Erkenntnis auch einbegriffen werden kann. Seine Fundamentalität, mehr aber noch die in ihm gelegene Resistenz gegen die Auflösung der in ihm gelegenen Komplexion stehen dem definitiv entgegen.

Aber das Subjekt ist doch eben wirklich ein solcher Komplex, und es macht mit dem, was ihm zugehört, etwa seinem Körper, einen noch weiter ausgedehnten und anders verfassten Komplex aus. Wenn also Subjektivität mit Denken und Erkennen verbunden ist, dann werden *vom* Subjekt immer auch Gedanken *über* das Subjekt ihren Ausgang nehmen. Und das ist umso mehr der Fall, als das Subjekt überhaupt nur in seinen Gedanken existiert, dass es sich also nicht so präsent ist wie ein Sachverhalt, der ihm vorliegt und den es beschreibt und erklärt. Damit, dass das Subjekt seiner selbst gewiss ist, ist ihm keine Auskunft über sein Wesen gegeben. Aber gerade deshalb wird es als erkennendes Subjekt, und zwar aus einem Lebensinteresse heraus, nach dem Ursprung fragen, aus dem es selbst als das hervorgeht, dessen es in der punktuellen Gewissheit von sich jederzeit inne ist. Die Erkenntnis, die sich im Horizont einer erschlossenen Welt entfaltet, und die Gedanken, die auf die Herkunft des Subjektes samt seiner Welten gehen, sind somit *gegenläufig* angelegt und ganz verschieden organisiert. Aber sie gehören zueinander in der Verfassung der ihrer selbst gewissen und zugleich doch entzogenen Subjektivität.

Man kann diese Nachfrage nach dem eigenen Ursprung, der im Erkennen unverfügbar bleibt, als eine Denknotwendigkeit beschreiben. Daran kann sich die Warnung anschließen, man dürfe ihr angesichts dessen, dass sie nicht in definitive Selbsterkenntnis münden kann, nur unter Vorbehalt nachgehen. Die Rückfrage nach der Herkunft der eigenen Subjektivität und von Subjektivität überhaupt gewinnt ihre Dringlichkeit aber nicht allein und wohl nicht einmal primär aus der Folgerichtigkeit und Universalität der denkenden Nachfrage – somit aus theoretischem Interesse. Diese Dringlichkeit kommt aus der Subjektivität selbst auf, und zwar aus Implikationen dessen, dass Menschen als Subjekte ein Leben, nämlich *ihr* Leben zu *führen* haben. Die Lebensführung treibt die Nachfrage nach der Interpretation notwendig hervor, unter der das Leben, sein Vollzug und seine Ausrichtung über sich selbst verständigt sein können. Sie gibt dem, was soeben nur eine womöglich ins Leere gehende theoretische Frage zu sein schien, eine unabweisbare Dringlichkeit. Die nächste Vorlesung wird davon ihren Ausgang nehmen.

3. Weltbilder und Selbstverständigung

Für diesmal haben wir uns den Ausgriffen auf ein Ganzes zuzuwenden, die zugleich mit der wissenden Selbstbeziehung unterhalten oder von ihr her in Gang gebracht werden. Dabei werden wir aber die Frage, in der sich das Subjekt dem eigenen Grund zuwendet, nicht beiseitelassen müssen. Wir gehen vielmehr darauf aus zu verstehen, warum sich das Subjekt vermittels der Ordnungen, die sich ihm in seiner Welterkenntnis erschließen, nicht über sich selbst zu verständigen vermag. Damit soll dann schließlich ein Ansatz dafür gewonnen werden, wie sich ein Denken auszubilden hat, das konsequent aus der Rückfrage nach dem Grund der Subjektivität seine Orientierung gewinnt. Gesicherte Erkenntnis in Beziehung auf eine Welt und ein über die Grenzen alles in einer Welt Gegebenen hinausgreifendes Denken kommen aus ein und demselben Ursprung: der Subjektivität. So wird keines auf Kosten des anderen von dieser Subjektivität ferngehalten werden können.

Wir wissen von uns, und dies Wissen hat viele Implikationen. Wir sind uns kraft seiner nicht nur nicht anschaulich oder quasi-anschaulich präsent. Vieles von dem, was ein Mensch ist und was ihn ausmacht, kann er doch nur als Faktum zur Kenntnis nehmen. Sein Geschlecht und seine Muttersprache machen das ohne weiteres deutlich. Wenn der Mensch also auch in einem mit seinem Für-sich-Sein zu einem einzelnen Subjekt mit einer bestimmten Position in der Welt wird, so übersteigt dies Für-sich-Sein doch auch jegliche Konkretion, die seine Einzelnheit zugleich ausmacht. So kann er sich imaginieren, ein ganz anderer zu sein, als der er de facto ist, und weiß doch zugleich, dass jede Realisierung dieses Gedankens ein Traum ist.

Aber der Möglichkeit solcher Gedanken liegt zugrunde, dass der Mensch in seinem Für-sich-Sein über sich selbst und bis zu einer Welt hinausreicht. Insofern er den Gedanken von sich hat, hat er auch schon Gedanken von seinem Unterschiedensein, Gedanken also von dem, was anderes oder ein anderer als er selbst ist. Indem aber sein Gedanke von sich selbst über sein konkretes einzelnes Dasein hinausreicht, ist er zugleich mit dem Gedanken von *allem* Einzelnen überhaupt verbunden, ob dies Einzelne Subjekt oder vom Subjektiven unterschiedenes Wirkliches ist. Kraft seines Für-sich-Seins und über die Gedanken, die dieser Gedanke als sein Korrelat einschließt, ist von dem Menschen ein Ganzes überhaupt, eine ›Welt‹ mitgedacht.

Er kann sich diese Welt auf viele Weise mit Einzelnen besetzt und ›bevölkert‹ denken. So, wie er das meiste, was ihn selbst ausmacht, nur zur Kenntnis nehmen kann, so hat er zur Kenntnis zu nehmen, wie sie wirklich gestaltet und womit sie erfüllt ist. Insofern er sich darum bemühen muss, diese Kenntnis zu gewinnen, zu artikulieren und zu erweitern, ist das Subjekt zugleich Subjekt von Erkenntnis. Wie nun aber das, was diese Erkenntnis ausmacht, nicht gänzlich beliebig ist, so kann auch die Form des Ganzen der Welt, in der etwas erkannt wird, nicht nur beliebig und schlechthin variabel sein. Was in der Welt wirklich ist, muss sich ja als Einzelnes oder als ein Verhältnis von Einzelnen auf das Einzelne beziehen lassen, das ich selbst bin. Es kann deshalb nur einem Ganzen zugehören, in dem ich mich auch selbst positioniert habe.

Eine Welt, von der so zu sprechen ist, unterscheidet sich offenbar von unserer Umwelt und ist nicht die Welt, die uns vertraut ist und in der wir beheimatet sein können. Aber sie ist doch das erste wirklich umfassende Ganze, auf das wir als Subjekte und als der Erkenntnis fähige Subjekte jederzeit bezogen sind. Es ist insofern die *natürliche* Welt, als sie zusammen mit unserem Wissen von uns selbst auch schon erschlossen ist. Auch in einem Alltagsbewusstsein, das sich von jeder Bemühung um Erkenntnis fern- und ganz an das Nächstliegende hält, ist immer der Gedanke von dieser einen, ganzen und großen Welt mitgedacht.

Das lässt sich auch mit einem frühen Resultat der analytischen Philosophie erläutern, das weitgehend akzeptiert worden ist: Wer von irgendetwas sagt, dass es existiert, spricht ihm nicht eine besondere Eigenschaft, nämlich die der Existenz, zu. Seine Aussage bedeutet vielmehr, dass es sich unter *allem* finden lässt und dass man es als dasselbe, solange es besteht, unter *allem* auch wird wiederfinden können. Insofern ist der Gedanke eines solchen allbefassenden Universums der Einzelnen konstituierend für die Bedeutung von ›Existenz‹. Auf die Frage danach, wie sich unsere eigene Existenz und wie sich das Dasein der Welt selbst versteht, ist damit freilich noch keine Antwort gegeben. Beides ist offenbar bei der Erklärung des Sinnes der Existenz von irgendetwas schon vorausgesetzt.

Nun ist der natürliche Weltbegriff nicht der einzige, der mit dem Subjekt als dem Subjekt der Erkenntnis ins Spiel kommt. In der Erkenntnis, die wir von dieser Welt gewinnen, werden Einzelne identifiziert und in ihren Verhältnissen zueinander erklärt. Im Gange dieses Erkenntnisunternehmens kommt die Tendenz frei, über die natürliche Welt hinauszudrängen. Wir kennen uns selbst als vielfältig gegliederte Einzelne, die für andere Einzelne kraft ihres körperlichen Daseins zugänglich werden. Das in der natürlichen Welt Wirkliche ist dementsprechend gleichfalls als derart vielgliedrig Einzelnes vorausgesetzt, gleich ob es als ›Ding‹, als belebter Körper oder als Person und somit als ein Lebendes gilt, das im Wissen von sich steht. Soll aber von dem, was so vorausgesetzt wird, Erkenntnis gewonnen werden, dann müssen diese Komplexe schließlich auch hinterfragt, aufgelöst und auf Einfacheres zurückgeführt werden. Diese Einfacheren lassen sich mit größerer Genauigkeit identifizieren, und nur in Beziehung auf sie lassen sich Regeln finden, die universal und also überall gelten. So muss beispielsweise das Verhalten von Stofflichem in den Körpern auf das periodische System der Elemente zurückgeführt werden, um von Gegenständen sprechen zu können, die überall in der Welt, also im ›Weltall‹, die gleichen Bedingungen und Reaktionen aufweisen.

Auf diesem Wege entsteht das *wissenschaftliche* Bild von der Welt. Es ist die Welt derselben Einzelnen, die unserer natürlichen Welt zugehören, und doch eine ganz anders beschaffene Welt. Nicht nur ist ihre Verfassung nicht dieselbe. Sie ist vielmehr *unvereinbar* mit der Verfassung der natürlichen

Welt. Das Verhältnis beider zueinander kann nur in philosophischer Arbeit aufgeklärt werden, obwohl sich die Menschen unserer Zeit scheinbar mühelos, aber auch ohne sich um die Unvereinbarkeit ihrer beider Welten zu kümmern, in Beziehung auf beide Welten verhalten – wenn sie etwa den Lichtschalter betätigen oder den Telefonhörer abheben.

Die Differenz zwischen beiden Welten kann uns insbesondere auch daran deutlich werden, dass aus der wissenschaftlichen Welt das Für-sich-Sein von Subjekten verschwunden ist. Zwar wäre kein Gedanke von einer solchen Welt möglich, wenn das Gesamtunternehmen der Erkenntnis nicht von Subjekten seinen Ausgang nähme. Aber innerhalb der Begriffsbildungen, die eine exakte Identifizierung von Objekten und ihre Beschreibung unter universalen Gesetzen ermöglicht, haben nur materielle Zustände und Gesetze einen Platz. Begriffe von Subjekten können in ihnen gar nicht auftreten. Darum ist innerhalb dieser Begriffsbildungen auch keine Verständigung über Wissen möglich – und noch weniger über die Grundform der Subjektivität, das Wissen von sich.

Es ist klar, dass sich in dieser Situation die Frage danach stellt, welche dieser beiden Welten für die eigentlich wirkliche anzusehen ist. Manche Philosophen erklären die wissenschaftliche Welt für eine menschliche Konstruktion, die sich im Prinzip von der natürlichen Welt nicht ablösen lässt. Andere erklären das Weltbild der Physik für verbindlich und erwarten womöglich sogar, dass sich die Menschen eines Tages nur noch im Rahmen des wissenschaftlichen Weltbildes miteinander und auch über sich selbst verständigen werden.

Dieser Disput muss hier auf sich beruhen bleiben. Ich möchte stattdessen aus der Charakterisierung beider Welten ein gemeinsames Resultat herausheben: In der wissenschaftlichen Welt sind die Subjektivität und alle Grundtatsachen, die Wissen betreffen und die mit ihr zusammenhängen, gar nicht zu thematisieren. Aber auch die natürliche Welt weist dem gegenüber nicht etwa einen über alles entscheidenden Vorteil auf. Zwar ist im Begriff der Person, also im Begriff von gewissen Einzelnen in der natürlichen Welt, die Selbstbeziehung des Subjektes in Anspruch genommen. Obwohl aber aus der Subjektivität das Unternehmen der Erkenntnis hervorgeht, ist im Personbegriff Subjektivität doch *nur* vorausgesetzt. Eine Erkenntnis in der Form einer Erklärung, die über das hinausgeht, was für das Subjekt im Gedanken von sich selbst gelegen ist, kann auch innerhalb der Orientierung am natürlichen Weltsinn nicht gewonnen werden. Darüber hinaus weist der natürliche Weltsinn eine Grundform auf, die in ihm ihrerseits nur vorausgesetzt ist, nicht aber kraft seiner auch verstanden werden kann: Es muss die Ordnung eines Ganzen (etwa die in Raum und Zeit) angenommen werden, innerhalb deren Einzelne zu identifizieren und als Unterschiedene aufeinander zu beziehen sind. Dieser Ordnungszusammenhang lässt sich aber seinerseits nicht denken, ohne dass unbestimmt viele Einzelne vorausgesetzt werden. Kant konnte auch daraus schließen, dass eine solche Welt nur in der Subjektivität begründet sein kann. Nimmt man aber an, dass sie für sich wirklich ist, dann wird sie auch als Welt ebenso unverständlich, wie die Subjektivität von Personen innerhalb ihrer ein unverstandenes Datum bleibt. In dem Paar von Ordnung und Einzelnen ist jeweils das andere vorausgesetzt, und diese zirkuläre Wechselvoraussetzung ist es, die der Verstehbarkeit des Paares entgegensteht.

Die Motive, die zur Ausbildung des wissenschaftlichen Weltbildes geführt haben, kann man somit noch durch ein weiteres Motiv ergänzen: Man kann im Weltbild der Physik einen Versuch dazu erblicken, die unvermittelte Dualität von Ordnung und Einzelnheit zu suspendieren, die das natürliche Weltbild als Bild einer für sich bestehenden Welt unbegreifbar hatte werden lassen. In der wissenschaftlichen Welt sind Zeit und Raum keine Ordnungsprinzipien mehr, die den Gesetzen vorausgehen, unter denen materielle Zustände eintreten. Es ließe sich aber dennoch wohl zeigen, dass der Versuch nicht bis zu einer vollständigen Assimilation von Ordnung und Einzelnheit durchgeführt werden kann. Als eine Perspektive, der hier nicht nachzugehen ist, sei noch die ebenso schwere wie faszinierende Verständigungsaufgabe erwähnt, die sich damit stellt, dass eben dort, wo das wissenschaftliche Weltbild bis an seine eigenen Grenzen vorangetrieben worden ist, innerhalb seiner selbst Probleme auftauchen, die sich den Fragen zuordnen lassen, denen die Theorie der Subjektivität ausgesetzt ist. Zur Reintegration der Subjektivität in das wissenschaftliche Weltbild kann es aber wegen des Grundansatzes, von dem her es sich ausbildet, dennoch niemals kommen.

Nachdem wir Ausgriffe auf ein Ganzes von Einzelnem betrachtet haben, die sich an Subjektivität anschließen, sehen wir uns zu einem Resultat zurückgeführt, zu dem wir zuvor schon auf andere Weise gelangt waren: Wenn das menschliche Denken, das in seiner Subjektivität einsetzt, nicht inhibiert und amputiert vollzogen wird, dann wird sein Ausgriff auf ein Ganzes immer ein *doppelter* sein müssen: Er geht einerseits auf das Ganze einer als gegeben zu denkenden Welt, und es geht andererseits auf ein Ganzes, das *nur* im Denken zu erschließen ist. Im Vollzug des ersten Ausgriffs ist die Tendenz angelegt, die Subjektivität selbst aus dem Weltganzen herausfallen zu lassen und sie zum Verschwinden zu bringen. Im zweiten Ausgriff, der zum ersten *gegenläufig* erfolgt, steht dagegen die Selbstverständigung über Subjektivität als Zielpunkt ständig im Blick – im Gedanken von einem Ganzen, in dem sie als einbegriffen gedacht werden kann und in dem sie ihren Grund hat. Über diesen zweiten Ausgriff ist entstanden, was in der philosophischen Tradition als Metaphysik und als spekulatives Denken hervortrat. Auch die großen Weltreligionen kann man nur im Zusammenhang mit diesem zweiten Ausgriff verstehen.

Aus alldem ergibt sich eine für die Philosophie insgesamt gewichtige Schlussfolgerung: Das Streben nach Erweiterung und Vertiefung der Welterkenntnis und ein weltübersteigendes, sogar weltabgewandtes Denken gehören somit zueinander und gehen in gleicher Weise aus der Subjektivität des Menschen hervor! Der Mensch als Subjekt gerät unter Zwang und kommt in eine Beklemmung, die er sich möglicherweise nicht einmal zu deuten weiß, wenn ihm die Möglichkeit zu einer dieser Weisen des denkenden Ausgriffs abgeschnitten werden soll. Daraus folgt dann aber auch, dass sich die beiden gegenläufigen Richtungen des denkenden Ausgriffs auch von *einander* letztlich und definitiv nicht ablösen können. Auch das Denken im Überstieg und im Rückgang zum Grund hat die Subjektivität als ganze und somit zusammen mit ihrem welterschließenden und in einer Welt positionierten Dasein zum Thema. So kann sich auch das weltübersteigende Denken nicht der durchgängigen Rücksicht auf die natürliche und die wissenschaftliche Welt entziehen.

Aus der Einheit in dieser Gegenläufigkeit versteht es sich, dass sich die Subjektivität kraft ihrer Verfassung in einem universalen Bereich des erschließenden Denkens, des Nachfragens und auch der Beirrung entfaltet. Die Mächtigkeit dieses Bereichs kann durch keinen anderen übertroffen werden. Von daher versteht sich die grundlegende Bedeutung der Subjektstellung des Menschen in der Ausbildung aller Kultur- und Lebensformen.

Doch bei alldem ist nun die Frage noch ganz offen geblieben, ob überhaupt und wie die beiden Denkweisen, die der Subjektivität wesentlich sind, auch wirklich in einer einzigen, einer integrierten Verstehensart zusammengeführt werden können. Das aber ist zuletzt gar keine andere Frage als die, ob die Subjektivität in Beziehung auf beide Dimensionen zu einer in sich stabilen Selbstverständigung finden kann – und auf welche Weise sie dies etwa vermöchte. Die theoretische

Grundsituation, die herausgearbeitet worden ist, gibt also auch den Rahmen vor für die nachfolgende Untersuchung über die Dynamik der Selbstverständigung im menschlichen Leben und über die Dramatik, die ihr innewohnt.

4. Wissenschaft vom Ganzen?

Diese Dynamik vollzieht sich nämlich auch unter der Last einer Alternative, die bereits unmittelbar im Anschluss an die Untersuchung der einfachen Grundform des Wissens von sich formuliert werden kann: Es hat sich gezeigt, dass wir von dieser Grundform her die Entfaltung von Denkbahnen verstehen können, die voneinander divergieren. Die Grundform des Wissens von sich ist also der einige Grund für diese gegenläufige Dualität und Divergenz. Insofern hat sich die Untersuchung von einem Konzentrationspunkt her entfaltet, mit Beziehung auf den auch ein rein theoretisches Klärungsbedürfnis zufriedengestellt werden kann. Das könnte aber so geschehen, dass gezeigt wird, wieso der Subjektivität in der Entfaltung ihres Lebens aus dieser Gegenläufigkeit ein gänzlich unauflösbares Problem zuwächst. Solches wäre dann der Fall, wenn es ihr unmöglich wäre, im Widerspiel der gegenläufigen Denkausgriffe irgendeinen Ruhepunkt zu finden, der sich vor dem in sich gedoppelten Ausgriff allseitig bewähren und bewahrheiten lässt. Daraus würde eine Analyse des menschlichen Daseins folgen, die in die Nähe von Albert Camus' Diagnose der Absurdität des Lebens führt: Dies Leben vollzieht sich in Konflikten, die es niemals lösen, von denen es sich aber auch niemals befreien kann. Die Religionen und auch die Philosophie, die Platons Vorgang verpflichtet bleiben will, sind nur Versuche, einer unauflösbaren Aporetik zu entkommen und sich über die tragische Lebenskonsequenz, die sie zur Folge haben kann, hinwegzutäuschen. Die Alternative dazu könnte offenbar nur im Gewinn einer Perspektive liegen, in der die gegenläufigen Orientierungslinien des Denkens auch in einer Selbstverständigung des Lebensprozesses so zusammenzuführen sind, dass sich das im Wissen von sich stehende Leben nicht selbst dementieren muss. Aber auch jede solche Alternative lässt sich nur von der Einsicht in den Ursprung und das Gewicht der Gegenläufigkeit von Ausgriffen des Denkens her gewinnen.

Die folgenden Vorlesungen werden sich im Feld dieser Alternative bewegen. Im Bewusstsein davon, dass die Konflikte des Lebens an seiner Wurzel einsetzen, werden sie sich darum bemühen, die Wege zu erkunden, auf denen eine synthetische Selbstverständigung dennoch gewonnen werden kann. Dabei sollen die Motive der Subjektivitätstheorie, die vor zweihundert Jahren in der Universität Jena entfaltet und debattiert worden sind, ebenso wie die Motive aufgenommen werden, die Nietzsche dazu bewogen haben, sein Zeitalter als das des heraufkommenden Nihilismus zu verstehen.

Vielleicht wäre es manchem unter den Anwesenden willkommen, wenn ich dies Programm heute schon weiter konkretisieren würde. Ich kann das vielleicht aber auch indirekt tun, indem ich zugleich an die Erinnerung an meinen letzten Vortrag in Weimar anschließe. Ich sprach hier zuletzt im Sommer 1989, auf der Versammlung der Goethe-Gesellschaft – noch unter riesigen Porträts von Honecker und von Willi Stoph. Die von der Staatspartei getragene Philosophie und Lebenslehre, der ›dialektische Materialismus‹, war damals schon im Verfall, aber noch mit alternativeloser Verbindlichkeit in Kraft gehalten. Wenig später ist diese machtgedeckte Lehre fast lautlos aus den Druckerpressen und den Hörsälen verschwunden. Das macht stutzig und lässt Verdrängung wittern, die doch das Gegenteil von Überwindung aus guten Gründen wäre.

Deshalb stelle ich gerade hier in Weimar nun auch die Frage: Folgt etwa aus meinem Begründungsgang, der mit der Subjektivität als Prinzip einsetzt, dass niemand wachen Sinnes und aus respektablen Gründen philosophischer und auch dialektischer Materialist sein kann?

Darauf antworte ich mit einem Nein! Wohl aber folgen aus ihm für einen jeden Materialismus mehrere Bedingungen. Der Materialismus der Partei hatte sich als wissenschaftliche Erkenntnis ausgegeben. Als Materie sollte dabei durchaus die Summe der materiellen Zustände gelten, von denen die neuere Physik handelt. Insofern war der philosophische Materialismus mit dem wissenschaftlichen Weltbild verbunden, das, wie ich dargelegt habe, über Referenz- und Erklärungspräzisierung aus dem natürlichen hervorgegangen ist.

Nun haben wir allerdings gesehen, dass dieses Weltbild Subjektivität und alle epistemischen Tatsachen aus sich selbst ausgrenzen muss. Der Materialismus, der sich dialektisch nannte, war gegen diese Einsicht jedoch nicht unempfindlich. Dass er sich als dialektischer auszuformulieren habe, ergab sich eben daraus, dass der Materie die Möglichkeit zur Evolution von Eigenschaften zugeschrieben werden sollte, die aus der Basistheorie der Physik hatten ausgeschieden werden müssen. Diese Basistheorie bedurfte also, um eine universale Theorie zu werden, einer Ergänzung.

Nun wurde auch diese Form dialektischer Supplementierung und Aufstufung selbst auch noch als wissenschaftliches Resultat in demselben Sinne ausgegeben, in dem Physik als Wissenschaft etabliert ist. Davon zu überzeugen machte denen, deren Geschäft es war, den dialektischen Materialismus zu explizieren, schon längst nicht enden wollende Schwierigkeiten. Sie ergeben sich aus dem Ansatz ihres Versuches selbst heraus, sind also gar nicht zu vermeiden. Wir können sie heute sogar mit den Schwierigkeiten vergleichen, in die unsere Neurologen kommen, wenn sie ihr Postulat einlösen müssen, mit ihren neuen bildgebenden Verfahren Untersuchungen eingeleitet zu haben, die über Subjektivität und sogar über Freiheit bereits entscheiden.

Die materielle Basis des menschlichen Lebens ist jedoch unübersehbar, und die Resultate der Physik sind von überwältigender Evidenz und universaler Anwendbarkeit. Wir haben zudem gezeigt, dass Subjektivität zwar eine evidente Grundtatsache ist, dass man aber in Zirkel und in ein Dunkel gerät, wenn man mittels einer Analyse hinter sie zurückzukommen versucht. Es ist nicht vernunftwidrig, für sich daran die Folgerung anzuschließen, auch dem Subjektiven *müsse* etwas zugrunde liegen, was von dem, was Materie letztlich ausmacht, zuletzt nicht zu unterscheiden ist. Mit dieser Folgerung tut man aber einen Schritt, der über das Gebiet der wissenschaftlichen Erforschung materieller Prozesse hinausführt. Man führt keinen Beweis, sondern entwirft und akzeptiert eine Konzeption, von der man wissen kann, dass ihr nicht der Status einer ausweisbaren Erklärung gegeben werden kann.

Mit dem, was ich ausgeführt habe, lässt sich Auskunft darüber geben, was in einem solchen Übergang geschieht: Mit jener Folgerung wechselt man die Perspektive des wissenschaftlichen Weltbildes gegen die eines die Subjektivität übersteigenden Denkens aus, das einen Weltbegriff mit einem Gedanken vom Grund der Subjektivität verbindet. Insofern ist solcher Materialismus nicht Erweiterung der Wissenschaft, sondern letztlich deren Ergänzung in Absicht auf eine Selbstdeutung. Er kann weder als wissenschaftliches Ergebnis noch als Ergebnis einer Dialektik ausgegeben werden, vermittels deren sich die Wissenschaft selbst schließlich doch noch allinklusiv machen könnte. Wird dann aber die Annahme dieses Materialismus unter politischem Druck als Anerkennung von wissenschaftlicher Welterkenntnis abgefordert, so ist nicht nur sein Ursprung verkannt, sondern seine Position ist zugleich auch kompromittiert.

Wo dies weithin geschah, mag man also den schweigenden Abgang der materialistischen Position durchaus verständlich finden. Als eine Position, die man in Freiheit, im Wissen von ihrem Status und im Blick auf ihre Alternativen einnehmen kann, ist die hingeschwundene Position aber keineswegs widerlegt. Wer sie erneut einnimmt und verteidigt, muss sich nur darüber im Klaren sein, dass es notwendig wird, sie von Grund auf neu zu formulieren.

Aus dem, was ausgeführt wurde, versteht man aber noch ein Weiteres: Eine Philosophie, die den gegenläufigen Gedanken von einem Ganzen nachgeht, die sich aus der Subjektivität des Menschen heraus aufbauen, kann es nur dort geben, wo das Denken sich ungehindert entfalten und mitteilen kann. Druck und Gängelung gibt es unter vielen politischen und gesellschaftlichen Bedingungen, auch unter denen, die das Leben im wiedervereinigten Deutschland nun bestimmen. Wo es aber den Menschen unmöglich gemacht ist, sich ihnen gelassen zu entziehen, da inhibieren sie das bewusste Leben, das sich in diesem Denken um seine Selbstverständigung bemüht, und zwar auch dann noch, wenn es sich dem Druck widersetzt. Ein Verstehen, das nicht von Verstellungen und Anpassungen durchherrscht ist, kann eben nur aus der Dynamik des eigenen Lebens heraus und somit in Freiheit gewonnen werden.

Der dialektische Materialismus gab fälschlich vor, unwidersprechliche wissenschaftliche Einsichten und Beweise zu besitzen. Und immer wieder treten Wissenschaftler, so wie derzeit einige Neurologen, in der Rolle von Philosophen auf, die dasselbe behaupten. Manchmal hofft wohl auch jeder Mensch, auf irgendeine Weise könnte ihm von solchen, wenn auch anderen Beweisen die Bemühung um die Selbstverständigung in seinem Leben erleichtert oder gar abgenommen werden. Man versteht dann aber wohl immer wieder auch, dass eine Philosophie, die solche Beweise liefern würde, damit ihre Verwurzelung im bewussten Leben verloren haben würde. Die Philosophie ist aber nicht nur aus dieser Wurzel hervorgegangen. Sie hat aus ihr auch immer wieder die Kraft gezogen, sich neu zu formulieren.

II. Person und Subjekt in der Dynamik des Lebens

1. Grund und Welt

In der vorausgehenden Vorlesung wurde erklärt, was in der Folge unter Subjektivität verstanden werden soll. Dabei war auszugehen von dem Wissen von sich, durch das ein Subjekt, was immer es weiter noch ausmacht, in seinem Kern zu charakterisieren ist. Es wurde gezeigt, welche Schwierigkeiten es macht, solches Wissen von sich, das doch außer Frage steht, zu begreifen. Sodann wurden in Beziehung auf dieses Subjekt drei Gedanken von einem Ganzen unterschieden: Die Welt, in der sich das alltägliche Leben vollzieht, und die Welt der physikalischen Grundwissenschaft beruhen auf Grundmustern, die miteinander unvereinbar sind, die aber gleichermaßen von der Verfassung des Subjektes her, dem diese Welten erschlossen sind, verständlich gemacht werden können. Ein Ganzes von völlig anderer Art wird dann zum Thema, wenn sich dies Subjekt selbst als inbegriffen in einem Zusammenhang versteht, aus dem heraus es sich selbst als begründet verstehen kann. Die Erschließungsrichtungen der natürlichen und der wissenschaftlichen Welt verlaufen gegenläufig zu der Erschließungsrichtung, in deren Bahn ein Ganzes gesucht wird und gedacht werden soll, dem das Subjekt als solches eingeschrieben werden kann. Diese Gegenläufigkeit lässt bereits absehen, in welcher Tiefe die weitere Schwierigkeit begründet ist, die Selbstverständigung des Menschen und sein Weltverstehen in eine Übereinstimmung miteinander gelangen zu lassen.

Die Erklärung dieser Spannung, die vom Subjekt als solchem ausgeht, setzt – anders als das Thema Welt und Pluralität der Welten – den spezifisch modernen Beginn des Philosophierens voraus. Aber die Kritik an der Rolle, welche dem Subjektbegriff im frühen modernen Denken zugewiesen war, ist doch gleichfalls charakteristisch für die Moderne in ihrer weiter entfalteten Gestalt. Darum war darzulegen, wie jener Einsatz beim Subjekt so ausgebildet werden kann, dass die Kritik am Subjektbegriff, die auch die Kritik Nietzsches gewesen ist, nicht einfach nur entfällt, sondern dass ihre Rolle im Ganzen der Selbstverständigung der Subjektivität verstanden und gerechtfertigt wird.

Um dies zu zeigen, haben wir unangemessene Voraussetzungen in der Beschreibung von Subjektivität kritisiert, die für die Subjektkritik maßgeblich geworden sind: Das Selbstbewusstsein ist zwar mit Gewissheit verbunden. Es kann kein Zweifel daran aufkommen, dass das Wissen, welches ich im Selbstbewusstsein habe, ein Wissen von *mir* ist (was immer das genau heißen mag). Ebenso ist dieses Wissen *selbst* keinem Zweifel ausgesetzt.

Davon ist aber die ganz andere These zu unterscheiden, dass ich dem, was ich bin, im Selbstbewusstsein in adäquater Evidenz begegne und dass ich folglich aus dem heraus, was mir im Selbstbewusstsein präsent ist, über das, was ich als Subjekt bin, einen definitiven Aufschluss zu gewinnen vermag. Stattdessen verhält es sich so, dass in dieser Gewissheit zugleich der Grund dafür liegt, dass das Subjekt kraft seines Wissens von sich auch für sich selbst in Frage steht, dass es also von Zweifeln, die es selbst betreffen, bedrängt wird.

Insoweit sich solche Fragen aus der rätselhaften Verfassung des Wissens von sich ergeben, kommen sie freilich nur in einem theoretischen Zusammenhang auf. Ihnen korrespondiert aber eine beunruhigte Nachfrage des Menschen nach sich selbst, die aus dem alltäglichen Leben ihre Dringlichkeit gewinnt. In ihr artikuliert sich die Unklarheit über den Ort und den Ursprung des je eigenen Lebens. Diese Nachfrage kommt aus dem Wissen von sich und betrifft es immer mit, insofern es für dies Leben ganz und gar charakteristisch ist, aus dem Wissen von sich geführt werden zu müssen. Das Wissen von sich ist eben nicht deshalb, weil es keinen dem Wissen selbst externen Gegenstand hat, einfach und leicht zu verstehen, sondern komplex und undurchsichtig.

Diese Wissensweise lässt sich nicht aus den Elementen des Komplexes erklären, als der sie sich erweist, sofern man sich auf sie zu konzentrieren beginnt, um sie sich verständlich werden zu lassen. Denn jeder Explikationsversuch, der bei irgendeinem Element ansetzen will, setzt ein Verstehen des Ganzen, das expliziert werden soll, immer schon voraus. Aus den Elementen des Komplexes lässt sich keines herausgreifen, um die anderen durch es verständlich zu machen – so wie man etwa aus der tätigen Aufmerksamkeit erklären kann, dass etwas, auf das man aufmerkt, deutlich hervortritt. Aufmerksamkeit *auf sich* setzt nämlich das ganze und als solches opake Wissen von sich schon voraus. Da es sich um ein Wissen handelt, kann der Zusammenhang seiner Elemente auch nicht wie die Unabtrennbarkeit der Elemente erklärt werden, die einer Wahrnehmungsgestalt eignen. Eine nähere Untersuchung macht vollends klar, dass die philosophische Analyse der Verfassung des Wissens von sich nur so etwas wie eine aufschlussreiche Erläuterung für den sein kann, der bereits versteht, wovon die Rede ist. Jede Analyse ist insofern nur approximativ; sie erfolgt unter Voraussetzung eines Sachverhalts, den sie nicht auflösen und aus Elementen rekonstruieren kann. Man kann deshalb auch sagen, sie sei die Explikation eines eigentlich Unverständlichen, und zwar als eines solchen, also unter Einschluss dieser seiner Unverständlichkeit. Würde sie sich als Aufschluss in der Gestalt einer Erklärung ausgeben, so müsste sie sich in einem Zirkel bewegen.

Zusammen mit der Gewissheit, die im Wissen von sich liegt, ist diese Unauflösbarkeit selbst auch ein Anzeichen dafür, dass in der Verfassung des ›Von-sich-Wissens‹, das für das charakteristisch ist, was ein ›Subjekt‹ ausmacht, wirklich ein Erstes und Grundlegendes gelegen ist – etwas, das Ausgang des Philosophierens sein kann. Ein solches Grundlegendes muss kein Einfaches und auch kein sich selbst Durchsichtiges und Explizierendes sein. So wird durch die philosophische Untersuchung das alltägliche Bewusstsein des Menschen davon bestätigt, dass er es nicht sich selbst oder irgendetwas in seinem Wissen zuzurechnen hat, dass er im Wissen von sich steht und aus diesem Wissen ein Leben führen darf oder muss. Ohne unser Zutun gelangen wir nicht nur ins Leben überhaupt, sondern ebenso in das, was menschliches Leben von allem anderen Leben unterscheidet: In die Grundsituation, von uns selbst zu wissen – die einer als das Selbstverständlichste von allem, die er aber auch, je nach Lebenslage, auch als Segen oder Fluch verstehen kann. Daran schließen sich Fragen an, die jedem vertraut sind: Wie steht es um das Leben, das wir zu führen haben, im Lichte seines Ursprungs? Wir wissen natürlich, dass wir von unseren Eltern gezeugt wurden, dass ein normal entwickeltes Großhirn die Voraussetzung dafür ist, dass wir in einem bewussten Leben stehen. Aber erklärt ist uns damit nichts. Wohl müssen diese Tatsachen in jeder Erklärung, die soll überzeugen können, berücksichtigt werden. Aber ausmachen können sie diese Erklärung nicht. Die Frage, was unser Leben begründet, können wir durch sie nicht als beantwortet ansehen. Die Menschen halten sich eine solche Antwort auch immer offen, mehr oder weniger beunruhigt, oder im Geheimen, wobei dies Geheime aber den alltäglichen Vollzug des Lebens durchdringt, dem nur die eigene Kraft fehlt, eine definitive Auskunft gewinnen zu können, die mit den Erklärungen der Wissenschaft die Konkurrenz aufnehmen könnte. Je bedeutender die Wissenschaftler, etwa die Neurowissenschaftler sind, die sich dieser Frage annehmen, um so eher sind sie bereit zuzugeben, dass ihre Erklärung im Rahmen des physikalischen Weltbildes als ein *Versuch* zu betrachten ist – ein Versuch nämlich herauszufinden, wie weit man unter dessen Voraussetzungen mit einer Erklärung kommt – ein Versuch also, der sich Alternativen ausgesetzt weiß, sofern diese sachgerecht sowie differenziert genug und nicht leichtfertig ausgearbeitet sind. Doch auch diese Wissenschaftler bleiben vor der Frage, wie unter durchgängiger Voraussetzung der Akzeptanz ihrer Erklärung ein Leben zu führen ist, ähnlich stumm wie der Mensch im Alltagsleben bei der Explikation des Verstehens, aber auch der Unruhe, die sein eigenes Leben durchherrschen.

Die vorausgehende Vorlesung hatte auch von der Genese des wissenschaftlichen Weltbildes aus seinem zweifachen Ursprung gehandelt – aus der Subjektivität und aus der primären Weltorientierung, von der auch als dem alltäglichen oder dem natürlichen Weltbild gesprochen werden kann. Im Wissen von sich ist das Subjekt über *jeden* besonderen Gehalt seines Wissens hinausgehoben. Es wird dadurch fähig, ein *Ganzes* alles dessen zu denken, von dem es irgendetwas weiß – und innerhalb dieses Ganzen alles in Relationen einander zuzuordnen. Das Subjekt ist wirklich nur in einem Wissen – seinem Wissen von sich selbst. Ebendeswegen steht es immer auch im Ausgriff auf ein Ganzes von voneinander Verschiedenem, von dem es gleichfalls ein Wissen haben kann. In diesem Zusammenhang hat die geläufige Rede von der Subjekt-Objekt-Korrelation, die ohne solche Überlegungen eigentlich ziemlich unverständlich ist, ihren einleuchtenden Grund.

Man kann daraus auch verstehen, dass die Grundverfassung einer Welt, die einem Subjekt offen ist, in der es sich zu orientieren vermag, keine beliebige ist: Es wurde dargelegt, dass das Ganze der Welt als das Alles von Einzelnen gedacht werden muss, die in Beziehung zueinander aufgrund eines Gefüges von Ordnungen stehen, die für das, als was sie als Einzelne sind, vorausgesetzt werden müssen. Der Raum ist für die Welt, die uns ursprünglich aufgeht, eine dieser Ordnungsvoraussetzungen.

Es wurde dann weiter dargelegt, dass diese primäre Welt mit ihrer Wechselimplikation von komplexen Einzelnen und Ordnung den Versuch provoziert, ein durchsichtigeres Bild von einer Welt zu gewinnen und dabei die Einzelnen und die Ordnungen aufeinander und auf etwas Grundlegenderes zurückzuführen. Dieser Versuch treibt aus dem primären das wissenschaftliche Bild von der Welt hervor.

In Beziehung auf die Stellung des Subjekts zu der Grundverfassung der Welt, deren Struktur doch mit seiner eigenen Verfassung hervorgeht, ergab sich weiter das Folgende: In der primären Welt muss sich das Subjekt positionieren – sich also eine Stelle in ihr zusprechen. *Als* Subjekt wird es in ihr aber noch weniger verständlich als alle die anderen Einzelnen, die in der Ordnung der Welt wirklich sind. In der wissenschaftlichen Welt hat dann das Subjekt überhaupt keinen Ort mehr. Das schließt zwar nicht aus, Wissen und Wissen von sich als hervorgehend aus materiellen Prozessen zu *denken*. Man kann zu der Ansicht kommen, es *könne* sich gar nicht anders verhalten, und diese These so gut wie möglich unterstützen. Ein Beweis jedoch, dass es sich so verhalten muss, kann grundsätzlich niemals geführt werden. Diese Einsicht ist kein Ruhekissen für die Trägheit im Nachdenken oder für die Gleichgültigkeit gegenüber Ergebnissen der Forschung und schon gar kein Freibrief für fahrlässige Heilslehren. Aber sie ist eine Quelle der Unruhe auf dem Weg zu einer Selbstverständigung und ein Grund dafür, in ihr umso umsichtiger zu verfahren.

Die Schlussfolgerung der vorausgehenden Vorlesung hat dies Ergebnis mit dem Ergebnis ihres ersten Teiles zusammengeführt. Ihm zufolge setzt das Subjekt sich einen Grund voraus, weil es aus seiner eigenen Verfassung keinen Aufschluss über sich selbst zu gewinnen vermag. So greift es also in zwiefacher und gegenläufiger Richtung über sich selbst hinaus. Seinen *Grund* kann es sich nicht erschließen in einer Einstellung, die auf gegenständliche Welterkenntnis geht. In der *Welt*, die für seine Erkenntnis aufgetan ist, verliert es sich selbst, sofern es konsequent dem nachgeht, was sich aus der zunehmenden Verschärfung seines Anspruchs auf genaue und verlässliche Erkenntnis ergibt.

Man sieht schon ab: In dieser Grundsituation müssen letztlich wohl die beiden gegenläufigen Arten des Ausgriffs zueinander in Beziehung gebracht werden. Ohnedies gilt: Der Gedanke an einen Grund des Subjekts kann den Gedanken an ein Ganzes, also eine Welt, die mit diesem Gedanken kompatibel ist, nicht von sich fernhalten. Und umgekehrt ergibt sich aus dem Verschwinden des Subjekts im Übergang von der primären zur wissenschaftlichen Welt die Frage, wie eine Welt zu denken ist, in der das Subjekt weder nur vorausgesetzt noch auch gänzlich ortlos bleibt.

Diese Folgerung ist als Resultat der ersten Vorlesung bisher noch nicht herausgehoben gewesen. Im Zusammenhang mit ihr können wir noch eine Auskunft darüber geben – und zwar in Beziehung auf die Aufgabe, welche dieser Vorlesungsreihe gleichfalls gestellt worden ist –, in welchem Sinn nämlich die Erklärungen, zu denen wir angesetzt haben, philosophische Probleme in der Perspektive betreffen, in der sie sich im *modernen* Bewusstsein stellen.

1. Es hat sich gezeigt: Man kann an einem Begründungsgang festhalten, der mit dem modernen Prinzip ›Subjektivität‹ einsetzt, und *zugleich* die moderne Kritik an der Selbstgenügsamkeit dieser Subjektivität nicht nur aufnehmen, sondern sogar vertieft fortführen.

2. Die vormoderne Philosophie neigte dazu, die Ausgangsdimension der Philosophie mit der Dimension zu identifizieren, in der sich ein alles Begründendes, ein Ursprüngliches, ein alles in sich Einbegreifendes erschließt. Auch für die frühe Moderne bis hin zu Fichtes erster Wissenschaftslehre war diese Identifikation des ersten Ausgangs der Begründung mit dem,

was zuletzt Aufschluss über alles gibt, man kann sagen die Identifikation des Ersten mit dem Einen, noch maßgebend. Die Preisgabe jedes solchen Fundamentalismus kann als charakteristisch für die entfaltete Moderne gelten. Dann aber kann die Perspektive, der hier nachgegangen wird, methodisch als die einer nichtfundamentalistischen Grundlegung bezeichnet werden.

3. Man kann sagen, dass mit der modernen Denkweise zwei Grundüberzeugungen in Beziehung auf die Selbstverständigung des Menschen verbunden sind: dass sich diese Selbstverständigung unter der Bedingung einer grundsätzlichen Ungewissheit vollziehen muss; und dass keine Selbstverständigung überzeugen kann, die nicht zugleich auch verständlich macht, dass sich das Leben des Menschen in Ambivalenzen, in Antinomien und in einander widerstrebenden Tendenzen vollzieht. Wir haben die Situation des Menschen als Subjekt bestimmt durch seinen doppelten Ausgriff auf seinen Grund und auf ein Ganzes, in dem er sich selbst nicht immer schon und mit Notwendigkeit verloren hat. Die aus der Analyse der Subjektivität hergeleitete philosophische Perspektive will also diesen Kriterien schon mit ihrem Grundansatz entsprechen. Sie zwingt uns nicht dazu, das Unternehmen der Selbstverständigung des Menschen für von Beginn an in eine ausweglose Problemlage verstrickt zu erklären. Aber sie macht verständlich, wieso er selbst die Aussicht auf eine solche Möglichkeit nicht als ganz und gar befremdlich erfährt, wieso er im Grunde seiner Selbsterfahrung mit ihr sogar vertraut ist. In dieser Perspektive verstehen wir, inwiefern der Mensch an jedem letzten Halt verzweifeln kann, und wir verstehen ebenso, inwiefern er zu glauben oder einer Erlösungslehre zu folgen vermag. Beides kann geschehen, ohne dass etwas im Menschsein preisgegeben ist – sofern es nur zu dem einen nicht nur aus bloßer Mutlosigkeit und zu dem anderen nicht aus bloßer Furcht kommt – wenn es zu jedem der beiden vielmehr

überlegt gekommen ist als zu einer Summe des gesamten, je eigenen bewussten Leben.

Ein solches Ergebnis lässt zugleich deutlich werden, warum der Mensch in seiner Selbstverständigung keine Aussicht auf eine Gewissheit hat, die jener Gewissheit gleichkommt, die in seinem Wissen von ihm selbst gelegen ist. Denn seine Selbstverständigung nimmt gerade von den Rätselfragen ihren Ausgang, die aus der Subjektivität selbst hervorgehen. Dass diese Subjektivität sich nicht ohne weiteres selbst expliziert, kann auch in einer Selbstverständigung nicht dementiert werden, in der diese Subjektivität sich nicht *von* sich, sondern vielmehr *zu* sich selbst befreit. Wahrscheinlich haben die Religionen, aber auch die Dichter, in der Geschichte der Menschheit davon mehr in den Blick gebracht als die philosophische Theorie in vielen ihrer historischen Erscheinungsformen. Religion und Dichtung können sich aber auch unverwandt auf die grundlegenden Erfahrungen des Menschenlebens einlassen. Dagegen muss sich die Philosophie darum bemühen, einen Gang von Begründungen zu entwickeln, der dies zulässt, der aber zugleich vor zahlreichen anderen Nachfragen standhält. Nur die Philosophie steht unter einem doppelten Anspruch: einerseits von Wahrheit und Aufschlusskraft und andererseits von Verlässlichkeit in der Rechtfertigung sowie Konsistenz und Vollständigkeit im Aufbau der Erkenntnis.

Daraus versteht es sich, dass es der Philosophie besonders schwer fallen muss, ihre eigene Schlussfolgerung zu akzeptieren, die besagt, dass sie als Theorie nicht dahingelangen kann, für die Selbstverständigung des Menschen eine Vorgabe zu machen, die als verbindlich gelten kann, weil ihre Wahrheit ausgewiesen worden ist. Wenn sie aber zu dieser Einsicht gelangt ist, dann wird sich ihr aus ihrer Verpflichtung zur Rechtfertigung heraus unmittelbar eine weitere Aufgabe stellen: Sie wird versuchen müssen zu zeigen, dass die Grenzziehung zwischen Erkenntnis und Lebensaufschluss nicht nur unausweichlich ist, womit sie nur als unabwendbarer Verzicht begründet, nicht eigentlich verständlich gemacht wäre. Sie wird vielmehr weiterhin zu zeigen versuchen, dass und wie sich in ihr eine Gesamtverfassung von Vernunft auswirkt, die komplexer und dennoch einsichtiger ist als eine Erklärung von Wissen, die sich an der Überzeugungskraft von linear angelegten Beweisprogrammen orientiert.

2. Antizipierte Identität

Subjektivität ist keine statische Tatsache. Aus dem, was bisher entwickelt wurde, geht dies, dass ihr eine Dynamik zuzuschreiben ist, bereits insofern hervor, als Nachfragen und Sequenzen von Weltentwürfen ihren Ausgang in ihr haben. Gleichwohl haben wir bisher das Wissen von sich nur wie einen Zustand betrachtet, in dem der doppelte Ausgriff auf den entzogenen Grund und auf das Ganze einer Welt fundiert ist. Doch das ist eine isolierende Abstraktion, die sich auf einen Grundzug im Wissen von sich konzentriert. In einem damit, dass man einsieht, wieso im Wissen von sich ein Ausgriff auf das Ganze von Welten fundiert ist, muss man von diesem Ausgriff auch sagen, dass Aktivitäten der Welterschließung in ihn einbegriffen sind. Das Ganze der Welt ist offen für alle *möglichen* Weltgehalte. So präsentiert sich also die Welt dem Subjekt nicht so wie irgendein riesiges Wahrnehmungspaket. Was im Ganzen der Weltform wirklich ist, liegt nicht schon erschlossen sozusagen ›vor seinen Augen‹, sondern muss von ihm selbst Zug um Zug erschlossen werden. Darum ist der im Subjekt fundierte Weltsinn auf die Möglichkeit der *Erkenntnis* bezogen, die ihrerseits aus Aktivitäten hervorgeht. Erkenntnisse müssen erzielt, stabilisiert und akkumuliert werden. Sie vollziehen sich also nicht nur aus dem Subjekt heraus, sondern auch in Phasen. Und so ist das Subjekt, dessen Wissen von sich aus keiner Aktivität, die ihm zuzuschreiben ist, erklärt werden kann, zugleich aktives Subjekt seiner Welterkenntnis.

Der Gebrauch aller dieser Aktivitäten setzt voraus, dass sich das Subjekt selbst in ihnen kontinuiert. Als Subjekt steht es im Wissen von sich. Geht es also von einer Phase seiner welterschließenden Erkenntnis zu einer nachfolgenden über, dann muss es sein Wissen von sich aus der vorausgehenden in die nachfolgende transferieren, es muss sich sozusagen auf seinem Erkenntnisweg durch die Welt selbst mit sich nehmen. Das aber heißt, dass es wissen muss, in beiden Phasen ein und dasselbe Subjekt zu sein.

Dies ist der elementarste Sinn, in dem in Beziehung auf Subjektivität von einer Identität des Subjektes gesprochen werden muss. Das Wissen von dieser Identität über die Phasen seiner Welterschließung ist im Wissen des Subjektes immer schon gelegen – auch dann, wenn man das Wissen von sich als einen bloßen Wissens*zustand* betrachten kann. Das Subjekt erhält nicht nur seine Identität, es sieht notwendig auch auf seine Selbstkontinuierung voraus, und es ist nur kraft dessen überhaupt Subjekt.

Diese Antizipation, und dass sie im Sinn von Erkenntnis impliziert ist, macht es im Übrigen verständlich, warum es vielen einleuchten wollte, dass man das Subjekt auch als den aktiven Ursprung seines Wissens von sich anzusehen habe. Aber auch in der Kontinuierung des Wissens von sich über die Phasen der Erkenntnis und über alle Zustände, die sich ein Subjekt zuschreiben muss, tritt der Grundzug des Wissens von sich wiederum hervor: Dass es nämlich nicht aus sich selbst zu erklären ist und dass es sich noch weniger zur eigenen Disposition steht. Obwohl die Genese der Identität des Subjektes unablösbar ist von der Ausübung von Aktivitäten, lässt sie sich doch nicht aus einer zielgerichteten Aktivität herleiten, die es etwa selbst ausüben könnte. Sie ist ein *Geschehen* der Kontinuierung, das sich aber durch die Aktivitäten hindurch vollzieht, ohne die es zu dieser Kontinuierung nicht kommen würde. Unter ihnen ist die wichtigste die der Erinnerung.

So wenig sich der Mensch also selbst in sein bewusstes Leben einsetzen kann, so wenig ist es einzig aus ihm selbst heraus erwirkt, dass sich die Identität, die im Subjektsinn wirklich gelegen ist, über Phasen fortschreibt. Damit erweitert sich auch der Sinn, in dem unserem Wissen von uns ein Grund vorauszusetzen ist. Dieser Grund lässt sich nicht als ein Bewirken fassen, das punktuell geschieht und aus dem dann ein Vollzug hervorgeht, der sich nunmehr selbst generiert. Der Grund muss vielmehr als Ermöglichungsgrund in derselben Kontinuität gedacht werden, in der sich das Subjekt in seinen Aktivitäten selbst auch kontinuiert. Dies gilt ganz unangesehen dessen, ob dieser Grund näher als Aktivität des Großhirns oder als ein intellegibler Geistprozess bestimmt wird.

Die einzige Alternative dazu wäre die Vorstellung von einer Selbsterzeugung des bewussten Lebens – eine Vorstellung, die nun schon mehrfach abgewiesen worden ist. Von einem solchen Subjekt ließe sich dann aber nicht einmal mehr denken, dass sein Leben abgebrochen wird oder dass es erlischt. Vor sehr langem ist mir in einem Traum klar geworden, dass eine Subjekttheorie, die in diesem Punkte falsch einsetzt, bliebe sie denn folgerichtig und weitsichtig zugleich, sich geradewegs als Leugnung der Möglichkeit des Todes zu artikulieren hätte.

Dass im Subjektsinn dennoch eine eigene Identitätsantizipation gelegen ist, kann man sich auch klarmachen, wenn man noch einmal auf das Indexwort ›ich‹ achtet, in dem sich die Subjektstellung in der Sprache artikuliert. Es steht bekanntlich in enger Nachbarschaft zu den Indexwörtern ›hier‹ und ›jetzt‹. Deren Bedeutung ist zudem von dem Gebrauch von ›ich‹ abhängig. Sagt einer, irgendetwas geschähe ›hier‹, so heißt das, dass es dort geschieht, wo ›ich‹ mich befinde – also eben der, der den Ausdruck ›hier‹ verwendet. Allerdings ist der Sprachgebrauch von ›ich‹ umgekehrt nur dann informativ, wenn ausgemacht ist, wo sich der Sprecher befindet. Dennoch liegt eine Asymmetrie zwischen beiden Indexwörtern offen zutage: Das vom Gebrauch von ›ich‹ abhängige ›jetzt‹ wechselt kontinuierlich; das in derselben Weise von ›ich‹ abhängige ›hier‹ kann zumindest ein jeweils anderes sein. Im Gebrauch von ›ich‹ ist aber eingeschlossen, dass es sich auf ein Subjekt bezieht, das in jedem solchen Wechsel *dasselbe* bleibt. Von der Artikulation einer Subjektstellung ist es also unabscheidbar, dass eine Identität des Subjektes in Anspruch genommen wird.

Hier liegt es nun nahe, daran zu erinnern, dass bereits während der Untersuchung, in der das Wissen von sich noch rein nur als statisch betrachtet worden ist, eine Betonung darauf gelegt worden ist, dass dies Wissen nicht als ein anonymes Wissen von sich, sondern, im Gegensatz dazu, als ein Für-*mich*-Sein aufgefasst werden muss. Ich kann nicht bestreiten, dass sich daraus Nachfolgeprobleme von erheblicher Komplikation ergeben. Der Gebrauch des Ausdrucks ›mich‹, so er denn hier nicht unter einem Vorbehalt geschieht, setzt doch das ›ich‹ der ersten Person singularis voraus. Der Gebrauch dieses ›ich‹ dient aber sicher auch dazu, einen Sprecher aus der Vielzahl der Mitglieder einer Sprachgemeinschaft herauszuheben. Achtet man darauf allein, dann müsste man schlussfolgern, das die Vereinzelung des Subjektes nur in Beziehung auf die Sprachgemeinschaft zu erklären ist. Ich habe meinerseits aber umgekehrt den Bezug auf eine Dimension vieler anderer Subjekte eben daraus erklären wollen, dass sich das Subjekt im Wissen von sich als ein Einzelnes versteht, das sich in einer Beziehung zu anderen denken und dann auch in dieser Beziehung wirklich erfassen kann. Daraus ergibt sich die Aufgabe, die Voraussetzungen dafür zu erklären, dass ich mich im Selbstbewusstsein ursprünglich, also nicht vermittelt durch die Kontrasterfahrung zu anderen, als einzelnes Subjekt verstehen kann.

Doch können diese Vorlesungen nicht alle Problemverwicklungen und Kontroversen entwickeln, denen eine Aufklärung der Subjektivität ausgesetzt ist, und nicht alle Positionen diskutieren, mit denen man versuchen kann, diesen Verwicklungen, so oder so, Rechnung zu tragen. Wir haben aber schon gesehen, dass man gravierende Reduktionen in Kauf nehmen muss, wenn man in Beziehung auf Subjektivität die Sprachgemeinschaft als ein letztes Datum in Ansatz bringt.

Jetzt aber haben wir Anlass dazu, die Folgelast jener anderen Position deutlich hervortreten zu lassen, die sich der sprachtheoretischen Erklärung von Subjektivität verweigert, die dann aber ein anonymes, ein nicht als einzelnes aufgefasstes Subjekt zu ihrem Ausgang nimmt. Diese Position kann nicht umhin, zwischen dem, was dem Subjekt in seinem anonymen Für-sich-Sein zugeordnet wird, und allen anderen Tatsachen und Prozessen, die wir der Subjektivität zuzuschreiben haben, eine fundamentale Trennungslinie zu ziehen. Die Person, ihre Position in der Welt, ihr Körper und alles, was die Kommunikation zwischen Personen ermöglicht, ist dann ganz und gar der Erfahrungswelt überantwortet. Ihr steht samt allen ihren personalen Einschlüssen das ›reine‹ Subjekt statisch und statisch-formgebend gegenüber. Es ist dann nicht einmal möglich, diesem Subjekt eine andere Identität als die zuzusprechen, die auch für jeden anderen formalen Sachverhalt gilt, also etwa für Zahlen: Dass es möglich ist, Ausdrücke, die diesen Sachverhalt bezeichnen (etwa ›zwei‹ und ›deux‹ oder ›der Nachfolger von eins‹ und ›die Hälfte von vier‹), in alle Aussagen ›salva veritate‹ einzusetzen – also so, dass deren Wahrheitswert sich nicht ändert.

Wir haben inzwischen einen Weg ausgelegt, auf dem es möglich ist, beides gleichermaßen zu vermeiden: sowohl die sprachtheoretische Reduktion und Trivialisierung von Subjektivität wie auch die Loslösung von deren Mitte, nämlich dem Wissen von sich, aus allen konkreten Prozessen des in Subjektivität fundierten Lebens. Alle weiteren Theorieprobleme, die sich bei der Befestigung dieses Weges – wie überall in der Theorie der Subjektivität – ergeben, werden um dieses Vorzugs willen in der Folge beiseite gelassen. Im Übrigen sind wir inzwischen schon dabei, mit allen solchen Überlegungen das Thema dieser Vorlesung, die in der Subjektivität gelegene multiple Dynamik, zu fundieren und zu entfalten.

3. Dimensionen der Dynamik

Im Titel der Vorlesung wird ein Unterschied zwischen Subjekt und Person gemacht. Wir haben ihn nun zu erklären. In einer handlichen Formel kann das vorerst wie folgt geschehen: Das Subjekt als einzelnes ist das Korrelat der Welt im Ganzen, die Person ist als Subjekt zugleich ein Einzelnes innerhalb der Welt. Nur der, der das Subjekt als anonymes Einziges in Ansatz gebracht hat, wird sagen können und auch müssen, dass Subjekt und Person so voneinander verschieden seien wie logische Form und Einzelding. Stattdessen hat man zu sagen, dass für jede Person gilt, dass sie im Wissen von sich steht und insofern Subjekt *ist*. Umgekehrt hatten wir uns klarzumachen, dass sich Subjekte, die durch ihr Für-*mich*-Sein definiert sind, als Personen verwirklichen.

Aber es wäre leichtfertig, sich die Beziehung von Subjekt und Person so zu erklären, dass die Subjektivität einfach nur als eine Eigenschaft von Personen verstanden wird. Man sieht das daran, dass sich alles das, was eine bestimmte Person ausmacht, in der Perspektive, die sie selbst in Beziehung zu sich als Subjekt einnimmt, wie eine Tatsache ausnimmt, die auch ganz anders hätte beschaffen sein können. Wir alle kennen unseren Namen: Wir können uns aber leicht denken, einen ganz anderen zu tragen. Was für diesen einfachen Fall gilt, hat auch eine ganz allgemeine Gültigkeit. Alle Umstände unseres Lebens können wir uns verändert denken. Die Erzählungen vieler Märchen und Wissenschaftsromane, aber auch die Lehren von einer Seelenwanderung beruhen darauf, dass wir unser Leben als eine für uns selbst zufällige Gegebenheit betrachten können. Ein amerikanischer Philosoph hat in dem Satz »Ich bin Thomas Nagel« den Anlass einer philosophischen Verwunderung gesehen, von der sich zeigen lässt, dass sie durch keine Sprachanalyse zum Verschwinden zu bringen ist. Dass sich die Person in ihrem Wissen von sich derart in eine Grunddistanz zu sich selbst bringen kann, müssen wir als Ausdruck dafür ansehen, dass wir Subjekte und Personen *in einem* sind. Daraus ergibt sich offensichtlich wiederum eine komplizierte Fragestellung. Sie kann nicht mit Helmuth Plessners Formel für beantwortet gelten, der zufolge der Mensch eben das Lebewesen sei, welches in einer exzentrischen Position zu sich und zu seiner Welt steht. Diese Formel lässt die mit keiner anderen vergleichbare Schwierigkeit, die mit der Verfassung des Selbstseins aufgegeben ist, unter räumlichen Metaphern verschwinden.

Man kann das, was eine Person ausmacht, zum Thema machen als die Mitte zwischen dem, was auf der einen Seite das Subjekt der Erkenntnis, das im Wissen von sich steht, und auf der anderen Seite sein Dasein als belebter Körper in der Welt ausmacht. Nun wurde in der letzten Vorlesung schon dargelegt, dass ein Subjekt, das sich selbst als Einzelnes versteht, nur dann eine Beziehung zu anderen Subjekten eingehen und unterhalten kann, wenn es als Subjekt irgendeinen Körper besitzt. Denn es ist unmöglich, dass ein Subjekt direkten Zugang zu einem anderen finden kann. Das würde bedeuten, dass es das Für-mich-Sein des anderen Subjektes selbst mitvollziehen müsste, was geradewegs darauf hinausliefe, dass es mit ihm verschmelzen würde, so dass es also gar kein anderes Subjekt mehr wäre, das in eine Beziehung zu seinem Anderen steht. Die Verkörperung ist also eine wesentliche Eigenschaft von Subjekten und somit nicht ein Vorgang, dem sie de facto nur unterworfen worden sind. Das bedeutet jedoch nicht, dass der Körper auch von ebender Beschaffenheit sein muss, die uns von unserem eigenen körperlichen Dasein vertraut ist. Auch ist es nicht schlichtweg ein Widerspruch, sich in die Utopie eines Wechsels des eigenen Körpers hineinzudenken.

Der Körper als organisches System positioniert das Subjekt an einer bestimmten Stelle und in eine bestimmte Bahn der Weltordnungen von Raum und Zeit. Für sich allein kann er aber die Zugänglichkeit von Subjektivität für andere Subjekte nicht vermitteln. Dazu muss er, wie man sagt, von der Subjektivität als *Leib* durchherrscht sein. Das impliziert, dass sich die Subjektivität als solche in einem Geschehen, das dem Körper zugeordnet ist, selbst zu finden vermag. Ebenso muss der Leib die Subjektivität zu erkennen geben, die insofern in ihm zum *Ausdruck* kommt. Das kann sich in der Weise eines bloßen Ausdrucks*geschehens* vollziehen. Aber das Subjekt ist doch, wie wir sahen, in sich schon die Quelle von welterschließenden Aktivitäten, die von Handlungen unterschieden werden müssen. Daran lässt sich die Erwartung anschließen, dass das Subjekt auch in seiner Verkörperung solche Aktivitäten in Vollzug setzt, über die sein Für-sich-Sein anderem Für-sich-Sein *als* anderes zugänglich wird. Wir sahen schon, dass die *Sprache* im weitesten Sinne darin eine ihrer für Subjektivität wesentlichen Funktionen hat. Dies näher darzulegen gehört in den Themenbereich der vierten Vorlesung.

Hier lässt sich nur, unter der Einbeziehung von Handlungen, ein Minimalsinn der Rede von einer Person dann weiter so erklären: Personen sind Einzelne, die im Wissen von sich stehen, und zwar insofern, als sie in Bindung an die Position und die Bahn ihres Leibes innerhalb der Welt aktiv in diese Welt eingreifen und sich zugleich in ihr verständlich machen. Die Weise ihres Eingreifens ist weiter dadurch bestimmt, dass sie sich im Zusammenhang mit der Identität ausbildet und entfaltet, die ihnen als Subjekt eignet.

Das scheint, obwohl sie doch einen Minimalsinn festlegen soll, eine reichlich komplizierte Formulierung zu sein. Wir brauchen uns jetzt auch gar nicht auf weitere Aspekte einzulassen, die in ihr erwähnt oder durch sie nahegelegt sind. Einer von ihnen – das sei im Vorblick erwähnt – ist die Frage nach der Genese des moralischen Bewusstseins im Zusammenhang von Subjektivität und Personalität. Ihr soll in der dritten Vorlesung nachgegangen werden.

Vorerst aber genügt es, dass wir über das, was eine Person ausmacht, in dieser sehr allgemeinen Weise verständigt sind. Denn es geht nun darum, aus der Beziehung von Subjektivität und Personalität hinsichtlich der Situation des Menschen weitere Folgerungen herzuleiten.

Vorab sollten wir noch Bedenken erwähnen, die sich an die Unterscheidung des Subjektes, der Person und des Leibes des Menschen anschließen. Beide sind offensichtlich keine Individuen, die ein Dasein je für sich haben. Man hat lange darüber diskutiert, wie sich Personen individuieren lassen und wie man sich ihrer Identität versichern kann. Dabei ist herausgekommen, dass es sich nicht vermeiden lässt, als Kriterium dieser Identität sowohl irgendeine Kontinuität des materiellen Daseins in der Verkörperung wie auch eine Kontinuität im Erleben der Person vorauszusetzen. Dass man bei der Identifizierung in der Außenperspektive ein gedoppeltes Kriterium benötigt, zeigt schon an, dass die Einheit, welche die Person mit ihrem Leib bildet, schwer verständlich zu machen ist. Die Philosophen vieler Jahrhunderte haben sich daran abgemüht, um es schließlich vorzuziehen, der Frage so weit wie möglich auszuweichen. In Beziehung auf das Verhältnis von Subjekt und Person ist die Problemlage keine gänzlich andere. Man kann die Person nicht unabhängig vom Wissen von sich und also von Subjektivität verstehen. Und doch ist es ein Gewaltstreich, mit dem eine Problemlage nur eingeebnet wird, das Für-sich-Sein, das die Subjektivität definiert, der Verfassung der Person nur zuzuschreiben. Dabei bleibt außer Betracht, dass sich das Subjekt mit einem nur ihm eigenen Sinn von Identität und als Zentrum der Organisation von Aktivitäten etabliert, innerhalb des Ganzen der Person und doch auch in Abhebung von ihr – wie im Übrigen auch vom Ganzen eines viel umfassenderen mentalen Geschehens. Weder die einfache Identität von Subjekt und Person noch ihre ebenso simple Separierung werden dem gerecht, wessen wir uns doch bewusst sind. Sigmund Freud hat in einer vergleichbaren Situation von ›Instanzen‹ der psychischen Ausstattung des Menschen gesprochen – eine Ausdrucksweise, mit der deren Einheit nach dem Modell einer Institution thematisiert wird. Sie zeigt wie viele andere aber doch nur die Verlegenheit, aus der sie hervorgegangen sind. Für das Begreifen der Einheit der Subjektivität taugt offenbar kein Begriffsapparat, von dem in anderen Gebieten ein guter Gebrauch zu machen ist. Man kann in den Spannungen, die von der Unabweisbarkeit und von der Unübersichtlichkeit der Zuordnung von Subjekt, Person und Leib ausgehen, nur dann zu einer stabilen Orientierung kommen, wenn man diese Spannungen von ihrer Wurzel in der Subjektivität her begreift, welche die Unterscheidung selbst einsichtig und notwendig werden lässt.

Die Problemlage kompliziert sich noch einmal, wenn man die weitere Frage stellt, in welchem Sinn und Umfang Subjekt, Person und auch der Leib Akteure der Prozesse sind, die sich in ihnen und zwischen ihnen vollziehen. Man hat immer wieder dazu angesetzt, den Gedanken von irgendeinem Initiator oder Auslöser mentaler Prozesse als Fiktion zu entlarven, um nur noch die Rede von Strukturen und Abläufen zuzulassen. Ich meine, dass auch dieser einfache Sprung nur dazu dient, die Problemlage unzulässig zu nivellieren. Wir hatten uns selbst der Vorstellung zu erwehren, das Wissen von sich sei selbstexplikativ, und ein Subjekt könne sich selbst in dieses Wissen versetzen. Bei der Explikation der Subjektivität hatten wir dann aber doch von Aktivitäten zu sprechen; und wir haben sie auch einem aktiven Subjekt zugeordnet, von dem zuvor gesagt worden war, dass es aus einem ihm unverfügbaren Grund hervorgeht. Die Rede davon, dass wir unser Leben führen müssen, dass wir über es aber durchaus nicht Herr und Meister sind, ist unaufgebbar. Und sie ist legitim selbst dann, wenn die ontologischen und die phänomenologischen Hintergrundfragen, die sich an sie anschließen, nicht eigens ausgearbeitet worden sind.

Im nun Folgenden werden wir uns aber für dazu berechtigt halten, den Menschen gleichzeitig dadurch zu charakterisieren, dass er verkörperte Person und Subjekt in einem ist, um sodann die Verhältnisse zu explizieren, die zwischen den Prozessen eintreten, die ihm als Person und als Subjekt zuzuschreiben sind. Dass diese Prozesse einen einzigen Zusammenhang ausmachen, wird dadurch zum Ausdruck gebracht, dass von einem einzigen *Leben* des Menschen die Rede ist, welches er zu führen hat. Die grundsätzliche Bedeutung, die dem zukommt, dass der Mensch im Wissen von sich sein Leben führt, wird dadurch zum Ausdruck gebracht, dass dies Leben des Näheren als *bewusstes* Leben gekennzeichnet wird.

Wenn von der *Dynamik* dieses bewussten Lebens gesprochen wird, dann soll das keine der Konnotationen hervorrufen, die mit solcher Rede in der Blütezeit einer so genannten ›Philosophie des Lebens‹ einmal verbunden gewesen sind. Zu dieser Zeit, und auch für Nietzsche, wurde Leben zu einem Wort, mit dem ein Erlösungsversprechen verbunden sein konnte – darunter das Versprechen einer Befreiung von den mit dem Wort Subjekt verbundenen Annahmen und Fiktionen. Leben war der anonyme, der grundlose Prozess, der unentwegt Gestalten ausbildet und wieder auflöst. Man kann sich ihm anheimgeben, um über sich selbst hinaus zu sein und zu allem ›ja‹ zu sagen, was immer er gebiert, zerfallen lässt oder vorenthält. Würde man auf eine Dynamik des so verstandenen Lebens hinweisen, so wären damit seine unerschöpfliche Kraft, die Vielfalt seiner Selbstgestaltungen und das Drängende in dem Elan hervorgehoben, in dem es ohne Unterlass über alles hinaustreibt, was von sich aus dahin tendiert, fest zu werden und auf Dauer gestellt zu sein.

Was bisher über das ausgeführt wurde, was bewusstes Leben ausmacht, dem ist solcher Enthusiasmus des Lebens fremd gewesen. Um das zu sehen, genügt es, sich daran zu erinnern, dass dies Leben unter einem Grundproblem steht, das es durch keine gegenständliche Erkenntnis lösen und dem es dennoch nicht ausweichen kann. Vom bewussten *Leben* des Menschen ist aber dennoch insofern zu sprechen, als sich das, was in seinem Wissen von sich seinen Ausgang hat, in diesem Wissen eine Bewegtheit auslöst, die alle anderen Dimensionen seines Lebensprozesses begleitet und die in sie eingreift. Von einer Dynamik dieses Prozesses ist weiter dann deshalb zu sprechen, weil in diesen Dimensionen unterschiedliche Kräfte wirksam sind, die modifizierend in einander einwirken oder die einander entgegenwirken, die aber dennoch in dem einen Leben, das Menschen zu führen haben, in ebendiesem Wechselspiel eingebunden bleiben müssen. Das macht das bewusste Leben zu einer rauen Fahrt. Niemand kann wissen, ob er auf ihr ein Ziel erreicht, auf das er dennoch, wie immer im Unbestimmten, ausgreift, oder ob sein Leben etwa gar unter den Spannungen zerbricht, denen es ausgesetzt ist – nicht unter äußerem Druck, sondern aus einer in ihm selbst begründeten Notwendigkeit.

4. Einsicht als Ereignis

Wir haben nun zunächst die Dynamik, welche in der Subjektivität als solcher einsetzt, für sich zu betrachten. Dabei kann ich Überlegungen aufnehmen, die einigen von Ihnen aus meinem Buch ›Versuch über Kunst und Leben‹ (München 2001) bekannt sein mögen. Wie wir gesehen haben, geht der im Subjekt fundierte Erkenntnisprozess auf die Welt und bis dahin, dass er sogar die Weltform selbst umzubilden versucht. Gegenwendig dazu geht eine Bemühung zwar nicht um Erkenntnis, aber um intelligenten Aufschluss auf den Ursprung der Subjektivität und in einem darauf, ihr einen Ort in einer Welt zuordnen zu können, der sie selbst samt diesem ihrem Ursprung zugehört.

Jeder Aufschluss, der dem bewussten Leben auf diesen Wegen über es selbst gegeben wird, wird es in allen Dimensionen seines Vollzuges betreffen und erreichen. Damit ist zwar noch nicht erklärt, aber doch leicht zu verstehen, dass die Nachfrage nach Aufschluss über den eigenen Grund nicht nur von einem theoretischen Interesse geleitet ist, von dem man dann sagen könnte, dass es für das Leben selbst kein großes Gewicht haben kann. Ein rein nur theoretisches Interesse könnte angesichts der Unmöglichkeit, in dieser Hinsicht eine Erkenntnis sichern zu können, unter der Bedingung grundsätzliche Ungewissheit ja alsbald auch zum Erliegen kommen. So macht sich also in der anhaltenden Frage nach Aufschluss neben dem Wissensverlangen offenbar noch ein ganz anderes Motiv geltend:

Kraft seines Wissens von sich steht der Mensch in einer grundlegenden Distanz zu sich. Sie ist Voraussetzung dafür, dass er sich eine Frage stellen kann und aus Gründen, die noch anzugeben sind, auch stellen muss, die man am besten zunächst formuliert als die Frage, was es mit diesem Leben und seinen Bemühungen ›auf sich hat‹. Die Frage lässt sich dann durch die Alternative einer möglichen Antwort näher explizieren: Ist die Bemühung, die dem Menschen durch die Grundform seines bewussten Lebens auferlegt ist, und mit ihr dann auch jegliche Bemühung seines Lebens, ein bloßes Faktum, dem er sich nicht entziehen kann? Oder ist sie durch eine Affirmation gedeckt, die sich nicht aus irgendeinem Nutzen erklärt, den

seine Bemühung für das eigene Leben oder für das Leben anderer einträgt, die doch unter der gleichen Frage stehen?
Auch in dieser Fassung bedarf die Frage weiterer Aufklärung. Man hat das, was mit dieser Affirmation gemeint ist, als die Quelle eines ›Wertes‹, den das Leben besitzt, und als Quelle eines ›Sinnes‹, der in ihm gelegen ist, zu fassen versucht. Über die Gegenthese zu einer solchen Antwort auf die Frage wird ihr Profil geschärft: Das bewusste Leben ist belanglos, ist durch *nichts* gedeckt und gerechtfertigt und als ein dem, der in diesem Leben steht, auferlegtes »Du musst eben« hinzunehmen und es als die aus allen Illusionen befreiende Wahrheit möglichst souverän zu ertragen. Nietzsche hat dieses ›nichts‹ im Ausstand jeglicher Affirmation in die Definition dessen eingehen lassen, was für ihn ›Nihilismus‹ ist. Ihm dachte er mit der Zustimmung und Zuwendung zur Dynamik des ewig wiederkehrenden All-Lebens entkommen zu sein.
Nietzsches Beispiel macht deutlich, was für jede Antwort auf diese Frage gilt, die definitiv zu werden vermag: Sie kann nur so erfolgen, dass in einem mit ihr ein Ganzes und Letztes des Verstehens in den Blick kommt. Denn nur in einem solchen Ganzen kann ein ›Sinn‹ als derart begründet gelten, dass er nicht unter einem weiter ausgreifenden Verdacht zu suspendieren ist. Das Ganze muss dann nunmehr so gedacht werden, dass in ihm die Weltbeziehung mit der Ursprungsbeziehung des Subjektes und mit seinem eigenen Leben in ein bestimmtes Verhältnis zueinander gebracht werden. Die Tendenz zu diesem Ausgriff, der auf ein letztes Ganzes, eine alle Dimensionen der Subjektivität resümierende Synthesis geht, ist in der Verfassung des Subjektes als Grund der Organisation von Erkenntnis gelegen. Dass er wirklich erfolgt und dass er darüber hinaus die Geschichte der Kultur der gesamten Menschheit und mit ihr die Geschichte der Philosophie dominiert hat, lässt sich nur daraus verstehen, dass dem bewussten Leben die Frage nach seiner Affirmation in einem solchen Ganzen

durchaus wesentlich ist. Es kann sich ihr gar nicht entziehen, sondern sich ihrer allenfalls mit Kunstgriffen aller Art, die sie aber nur niederhalten können, zu erwehren suchen.

Daraus wird nun auch verständlich, warum sich die erste Evidenz einer Antwort auf die Frage nach Aufschluss nicht als Resultat eines Nachdenkens, schon gar nicht einer theoretischen Verständigungsbemühung einstellt. Sie stellt sich ein als ein Ereignis, das in dem, den sie betrifft, rapide aufsteigt oder ihn geradezu überfällt. Wohl ist in diesem momentanen Geschehen auch die Perspektive auf das Bild eines Ganzen aufgetan. Die momentan aufkommende Klarheit betrifft aber vor allem das Lebensbild, das als Folge aus dieser Perspektive hervorgeht. Man erfasst in letzter Deutlichkeit die Vergeblichkeit alles Lebens, oder man begreift, dass es mit allem Leben etwas auf sich hat, indem man sich plötzlich der Affirmation des eigenen Lebens gewiss wird. Beides geschieht in einer dem Blick, der sich eröffnet, gemäßen Stimmungslage, aber ohne Erregung, sondern in der Kühle entweder eines Erstarrens oder einer Klarheit des Vorausgewiesen- und Getragenseins in eine offene Zukunft.

Solche plötzlich aufkommenden Einsichten sind immer Einsichten zur Bewandtnis und Perspektive auch des eigenen Lebens. Die Geschichte der Philosophie kennt Ereignisse dieser Art zuhauf. Ein Riesenfindling am See bei Sils-Maria erinnert an den Moment, in dem Nietzsche die Wahrheit der Lehre von der ewigen Wiederkehr des Gleichen in der Tiefe und mit kristallinischer Klarheit aufgegangen ist. Dennoch kenne ich keine Untersuchung, welche uns einer Erklärung der Erkenntnis- und Lebensbedeutung solcher Ereignisse des Aufschlusses näher bringen würde. Sie müsste zusammen mit der Erklärung vieler anderer Weisen plötzlichen Aufschlusses erfolgen, die in der Genesis des Wissens und der Überzeugungen des Menschen eine bedeutende Rolle spielen – vom Einfall der Lösung eines lange bedachten Problems über die Konzeption eines Gedankenganges in Sekundenbruchteilen bis hin zu den

Erfahrungen von Erleuchtung und Berufung, die für die Geschichte der Religion von konstitutiver Bedeutung sind. Eine Hypothese, die uns naheliegen muss, könnte dahin gehen, dass mit ihnen allen innerhalb der epistemischen Aktivitäten des Menschen der Umstand, dass auch diese Aktivitäten nicht selbstbegründet sind, zur Geltung kommt, und zwar in deren eigenem Richtungssinn, nicht als etwas, das nicht anders denn als Fremdbestimmung erfahren werden kann. Für die Philosophie und für das bewusste Leben ist es gleichermaßen von Interesse, dass, was immer die Philosophie als eine letzte Lebensperspektive ausarbeiten mag, im Leben selbst auf ganz andere Weise als in der Art angeeignet werden muss, in der aus einem Arbeitsgang Zug um Zug ein Resultat hervortritt.

Die Dynamik, welche im Subjekt begründet ist, kommt in diesen Ereignissen nicht in ihr Ende. In den Ereignissen momentanen Aufschlusses löst sich zwar die Selbstdistanz nicht auf, die im Wissen von sich gelegen ist. Aber die Mobilität des stets weiter und weiter Ausgreifens, die in ihr gleichfalls angelegt ist, wird stillgestellt, so dass das bewusste Leben in die Evidenz fixiert ist, die sich ihm auftut. Deshalb haben diese Momente auch ein unvergessliches Gewicht, das wiederum zur Folge hat, dass sie sich niemals wiederholen. Schon gar nicht sind sie aber auf Dauer zu stellen. Die Selbstdistanz im Wissen von sich stellt sich auch ihnen gegenüber wieder her. Indem sie das tut und indem sich somit eine zweite Distanzstufe ausbildet, verwandelt sich aber auch das Verhältnis des Subjektes zu sich selbst.

Die momentane Evidenz, sei es die über die Wirklichkeit oder den Ausstand der Affirmation, kann sich nur in der Beziehung auf ihr gerades Gegenteil artikulieren und behaupten. Das Subjekt weiß, dass ihm ein solches Aufschlussereignis nicht als dasselbe wie eine Erkenntnis gelten kann. Es weiß weiterhin, dass in seiner eigenen Verfassung die Möglichkeit einer Vergewisserung des Gegenteils gelegen gewesen wäre, da es selbst zuvor von dieser Möglichkeit zumindest in Ahnungen bedrängt war. Es weiß zudem, dass sie sich anderen wirklich erschlossen haben kann. Auch das führt dazu, dass die Verständigungsarbeit mit dem momentanen Aufschluss nicht zu Ende kommen kann. Doch sie hat sich nunmehr auf einer zweiten Stufe der Selbstdistanz zu vollziehen.

Diese höhere Distanz darf aber nicht als ein wachsender Abstand zum eigenen Leben missverstanden werden. Sie ist vielmehr die Bedingung dafür, dass dies Leben in eine Übereinstimmung mit sich als Ganzem zu kommen vermag. Auf dem Weg dahin mindert sich zwar die Unruhe in der Dynamik des Lebens, das zugleich, indem es sich als ganzes gewahrt, anhaltender über sich selbst hinausgreift. Doch das ist nicht mit einer Beruhigung zu verwechseln, die etwa einer wachsenden Indifferenz gegen sich selbst zu verdanken sein könnte.

Die Momente plötzlich aufkommenden Verstehens bringen den Grund des Subjektes nur zusammen mit dessen statischer Verfassung in den Blick. Nunmehr wird ihm in seiner Verständigungsbemühung aber auch seine eigene Dynamik zum Thema. Daraus folgt dann, dass auf dieser zweiten Distanzstufe keine Einsicht mehr zu erwarten ist, die sich erneut in einem einzigen Moment auftut. Die Dynamik des Lebens geht nun auf den Gewinn einer Synthesis zu, von der schon die Rede gewesen ist. Die aber kann nur in einer anhaltenden und fortschreitenden Besinnung gewonnen und stabil gemacht werden. In dieser Besinnung ist der Mensch von der Frage bewegt, wie er nunmehr auch den Weg seines bewussten Lebens begreifen und wie er ihn als in ein Ganzes einbegriffen verstehen kann. Das aber kann ihm nur gelingen, wenn in diesem Verstehen die alternativen Glieder einer möglichen momentanen Lebensverständigung einbegriffen sind, die doch beide wesentlich aus ihm hervorgehen. So kann das Subjekt keine von ihnen als etwas erfahren, was es nunmehr gar nichts mehr angeht. Daraus wird dann sogleich auch klar, dass die Besinnung auf das

Ganze des Lebens durchaus ein Ergebnis haben kann, dessen Gehalt von dem abweicht, was zuvor in einer plötzlichen Evidenzerfahrung aufgegangen war. Diese Erfahrung bleibt aber auch dadurch unvergesslich, dass mit ihr ein Muster vorgegeben ist für die Klarheit, den Ernst und die Definitheit, in der eine Durchsicht gewonnen sein muss, wenn sich ein Leben an sie wirklich und letztlich soll gebunden wissen können.

All dies hat sicherlich die Erwartung erweckt und begründet, es solle doch nunmehr den *Gehalten* nachgegangen werden, an die sich eine Selbstverständigung solcher Art anzuschließen vermag. Auf dem gegenwärtigen Stand der Problementwicklung ist diesem Wunsch aber noch nicht zu entsprechen. Dennoch sollte ich anzeigen, dass dies der Punkt ist, an dem sich die Subjektivitätstheorie und die Metaphysik miteinander verschränken und füreinander in wechselseitiger Abhängigkeit unentbehrlich werden – nicht als philosophische Disziplinen in einer Art von akademischer Interdisziplinarität, sondern als die theoretische Artikulation und als disziplinierte Ausarbeitung eines Zusammenhanges, im Blick auf den sich die Philosophie in Übereinstimmung mit dem bewussten Leben setzt, um so für dessen Selbstverständigung zu einem reflektierten Anhalt zu werden.

Fichte hatte von der Philosophie gefordert, dass sie ihre Entfremdung vom wirklichen Lebensvollzug, die eine ganze Epoche geprägt hatte, durch eine völlige Umwendung ihrer Orientierung auf Form und Bewegtheit der Subjektivität beenden solle. In die Nähe des bewussten Lebens könne sie aber nur gelangen, wenn sie sich auch methodisch neu orientiert: Das Ganze, in dem sich die Dynamik der Subjektivität vollzieht, müsse in Gedanken gefasst werden, die von den Begriffen, in denen das Subjekt Welten von Gegenständen erschließt, ebenso weit abweichen wie die Form der Subjektivität selbst, von der wir wissen, dass sie in solchen Welten ihren Ort nicht finden kann. Die metaphysische Tradition, die für die Moderne charakteristisch ist, hat sich von solchen Voraussetzungen her ausgebildet. In der letzten Vorlesung werde ich zu zeigen versuchen, wie sich innerhalb eines solchen Gedankens vom Ganzen der Gedanke einer Einheit, die allen Welten vorausgeht, zusammenführen lässt mit der Einzelnheit der Subjekte, der Dynamik ihres Lebens und dann auch mit ihrer Freiheit – und zwar so, dass Freiheit nicht in einen Konflikt kommen muss mit dem Grund, der dem Selbstbewusstsein und ihrem endlichen Dasein innewohnt.

Jetzt aber ist hervorzuheben, dass wir bisher *nur* von dem im Subjekt selbst angelegten Prozess und seiner Dynamik gesprochen haben. Dabei zeigte sich wohl, dass sich dieser Prozess in Konflikten vollzieht, woraus folgt, dass er auf eine Lebenssumme in einer Selbstdistanz zweiter Stufe tendiert. Eine Grunddynamik des bewussten Lebens ist damit hervorgehoben. Dass die Dynamik des bewussten Lebens damit aber nicht zur Gänze erfasst ist, lässt sich durch einen naheliegenden Einwand deutlich machen: Zwar ist im Wissen von sich eine gegenläufige Spannung aufgewiesen, die in einen konfliktbesetzten Prozess übergeht. Dennoch ist der irreführende Anschein entstanden, als vollziehe sich das Leben ganz allein in der Bemühung um ebendie Selbstverständigung, der es darum geht, die in der Subjektivität gelegenen Ausgriffe auf ein Ganzes mit ihrer eigenen Verfassung zusammenzuführen. Das Menschenleben lässt sich aber nicht aus dem einen, wiewohl dornigen Weg begreifen, der es zur Weisheit hinführen könnte – ob sie nun erreicht wird oder nicht.

5. Philosophie und Leben

Bei einem solchen Resümee stehen zu bleiben hieße im Übrigen, dass der Ansatz, der bei der Erklärung der Subjektivität genommen wurde, nur verkürzt weitergeführt wird. Man sieht das sogleich, wenn man sich zwei Elemente in dieser Erklärung zusammengenommen vor Augen führt: (1) Dass das Wissen von sich eintritt, ist ein Ereignis, das aus einem nur ihm gemäßen Grund, ansonsten aber gänzlich spontan und ohne Erklärung aus ihm vorausliegenden Ereignissen eintritt. (2) Dem Wissen, in dem ein Einzelner von sich weiß, muss sein verkörpertes Dasein korrespondieren, in dem sein Für-sich-Sein als solches einen Ausdruck finden kann. Zwischen beiden Implikationen der Subjektivität spannt sich der Komplex alles dessen aus, was wir im bewussten Leben als *Person* zu verstehen haben. Sie entfaltet sich in der Beziehung des verkörperten Einzelnen zu den Bereichen seiner Welt, in die sie zugleich einzuwirken vermag. Zugleich bildet sich kraft ihrer im Wissen von sich ein reicher besetztes Selbstverhältnis aus, als das individuelle Profil eines Lebensvollzugs und auch in einem Selbstbild, in dem die Weltverhältnisse der Person mit den in ihm selbst gelegenen Fähigkeiten zur Weltaneignung koordiniert sind. Auch die vielen Rollen, welche jede Person in der Welt zu übernehmen hat, werden in diesem Selbstbild aufeinander bezogen und, so gut es geht, in eine Balance zueinander gebracht.

Eine solche erste Übersicht über den Problembereich, dem sich eine Theorie der Personalität zuzuwenden hätte, dient hier einzig dazu, einen Grundsachverhalt klar hervortreten zu lassen: Die Dynamik, in der sich Entfaltung und Selbstbehauptung einer Person vollziehen, ist durchaus noch eine andere als die, der die Selbstverständigung des Subjektes für sich allein unterliegt. Daraus ergibt sich, dass in dem Verhältnis beider zueinander eine weitere Quelle von Spannungen und Konflikten im bewussten Leben gelegen sein muss.

Das Für-mich-Sein der Subjektivität impliziert nur die Verkörperung des Subjektes. Aber die Dynamik der Person entfaltet sich in direktem Zusammenhang mit dem über den Leib vermittelten Weltverhältnis. Das lässt verstehen, dass der Beginn des personalen Lebens von der Geschichte des Leibes als Körper untrennbar ist. Alle drei aber, Subjekt, Person und Leib, sind in der Dynamik des Lebens gleichermaßen, wenn auch in je anderer Weise, so miteinander verbunden, dass sie jederzeit auch ineinander eingreifen können.

Der Leib als organischer Körper unterwirft die Person ebenso wie das Subjekt seiner beschränkten Dauer und den Vorgaben, mit denen er die Handlungsfähigkeit der Person in Anspruch nimmt. Sein Reifeprozess, die Zwänge seiner Reproduktion, sein Geschlecht samt den Zwängen und Freuden, die von ihm ausgehen, aber auch seine Schwächen und Behinderungen können das ganze bewusste Leben des Menschen okkupieren und überschwemmen. Mit der Auflösung des Leibes schwindet auch das bewusste Leben als Ganzes dahin, obwohl man doch keineswegs sagen kann, dass Personalität und Subjektivität in ihrer eigenen Dynamik mit dem körperlichen Ende des Lebens immer zugleich erschöpft sind.

Die Dynamik im Leben der Person treibt dagegen darauf hin, dass ihr Selbstbild in einer Selbstverständigung der Subjektivität einen definitiven Halt findet. Doch auf dem Weg dahin werden in dieser Dynamik immer wieder andere Prioritäten gesetzt. Wenn die Selbstbehauptung der Person in einer der für sie wesentlichen Rollen in der Welt scheitert, so ist das zwar nicht notwendig auch ein Ereignis in der Bewegung der Selbstverständigung. Dennoch wird diese Bewegung in der Verarbeitung katastrophaler Ereignisse im Leben der Person immer auch in einen Stillstand versetzt.

Das schließt nicht aus, dass in solchen Situationen die Frage nach der Bewandtnis des eigenen Lebens, die zu dem gehört, was die Dynamik der Subjektivität auslöst, in aller Deutlichkeit wahrgenommen wird. Auch ist, wie gesagt, die Stabilisierung des Selbstbildes, deren die Person in ihrem inneren und äußeren Handeln bedarf, letztlich von der Selbstinterpretation ihres gesamten Lebens abhängig. Das lässt deutlich hervortreten, dass die Dringlichkeit, welche die Dynamik der Subjektivität durchherrscht, vor allem in der Dynamik des personalen Lebens begründet ist.

Daraus ergibt sich, umgekehrt, wiederum für die Selbstverständigung der Subjektivität eine weitere Folgerung: Das erinnernde Resümee, in dem sie einen Abschluss zu finden versucht, kann nicht auf die Konfliktgeschichte ihrer Selbstverständigung eingegrenzt gehalten werden. Es muss das Ganze des Weges umfassen, den das Subjekt zugleich als Person in ihrer Verkörperung genommen hat.

Damit sind wir nun ein zweites Mal mit nur wenigen Hinweisen bis zum Ausgangspunkt einer Durchleuchtung einer der Dimensionen des bewussten Lebens gekommen. Es kann nicht mehr die Sache dieser Vorlesung sein, in solche Untersuchungen selbst auch einzutreten. Wohl aber haben wir nun die Möglichkeit, eine Folgerung zu ziehen, welche das Verhältnis des bewussten Lebens zur Selbstverständigung der Subjektivität betrifft. Sie geht unmittelbar auch die Philosophie an, die sich ebendieser Aufgabe zugeordnet weiß:

Die Philosophie nimmt eine Problemlage auf, die aus der Grundverfassung der Subjektivität hervorgeht. Sie stellt sich in die Bahnen von Gedanken, die in ihr selbst vorausbestimmt sind; und sie versucht, diese Gedankenbahnen auszuarbeiten und in einem Zusammenhang zu befestigen, auf den die Subjektivität nur ausgreifen, den sie aber nicht auch deutlich ausformulieren kann. So steht sie also im Dienste des bewussten Lebens ebenso sehr, wie sie aus ihm hervorgeht.

Aber wir dürfen uns nicht dazu verleiten lassen, die Versprechen zu hoch anzusetzen, die mit der Aussicht auf solche Selbstverständigung verbunden sind. Die vorige Vorlesung schloss mit einer doppelten Einsicht: Es kann keine demonstrierbare Erkenntnis vom Ursprung der Subjektivität geben, und ebendeshalb gibt es auch keine demonstrierbare Garantie dagegen, dass sich die Wirklichkeit des Menschen in einer Aporie zwischen gegenläufigen Ausgriffen auf ein Ganzes verfängt und erschöpft. Ich will Ihnen später zwar eine philosophische Konzeption vom Grund der Subjektivität darlegen, mit der sich zeigen lässt, dass Camus' Diagnose der Situation des Menschen keine Notwendigkeit hat. Wenn man seine Gedanken nur weiter ausgreifen lässt, dann verliert diese Diagnose ihre scheinbar unwiderstehliche Plausibilität. Doch ist auch ein solcher Ausgriff, nicht demonstrabel, so dass er sich also im Leben selbst bewähren muss. Er ist spekulatives Denken – ›spekulativ‹ nicht im Sinn von willkürlich, riskant und verantwortungslos, sondern als begrifflich disziplinierter Ausgriff über die Grenzen des Offensichtlichen und zwingend Ausweisbaren.

Wir können an diese Schlussfolgerung, die damit auf neue Art erklärt ist, heute eine zweite anschließen: Auch die Philosophie darf keine Hoffnung auf eine Selbstverständigung erwecken, unter der die Menschen sich über die Verwicklungen ihrer personalen Selbstbehauptung und über die Last erheben können, welche ihnen ihr Leben auferlegt, das über immer neue Aufgaben der Selbstbehauptung doch auf ein definitives Ende zugeht. Vielleicht können Techniken der Askese und der anhaltenden Meditation zu einer Unempfindlichkeit gegen diese Lebenslast führen. Die Kontemplation kann auch die Klarheit und die Sicherheit des Blickes auf ein Ganzes, welches das Leben einbegreift, vertiefen. Und dennoch erschließt die Philosophie keinen Weg zu einer weltenthobenen Weisheit, die sich in einer heiteren Ruhe im Wissen von einem Ersten und Ganzen erfüllt. Wo die Philosophie, auch in der Nachfolge von Nietzsche und Heidegger, exaltiert oder verhalten, eine Erhöhung und Vollendung solcher Art verspricht, hat sie sich auf das bewusste Leben nur in einer Verkürzung eingelassen und ihrer eigenen Glaubwürdigkeit Abbruch getan.

Eine Selbstverständigung des Lebens bewährt sich gerade darin, dass sie selbst vor Abgründen und im Prozess seiner

Auflösung standhält und sich selbst nicht Lügen strafen muss. Das aber schließt ein, das Leben so zu verstehen, dass in seinen Schwächen und seiner Hinfälligkeit kein Grund mehr zum Dementi der Bewandtnis gesehen werden muss, die ihm dennoch innewohnt. Erinnern wir uns daran, dass Spinoza und die idealistische Philosophie dem großen Programm nachgegangen sind, das Endliche als inbegriffen im Unendlichen zu denken. Es steht noch aus, dies Inbegriffensein so deutlich zu machen, dass damit nicht irgendeine Verunendlichung des Endlichen gemeint sein kann, in welcher Meditations- und Weisheitslehre immer. Aber es ist auch ein Verstehen möglich, welches das endliche bewusste Leben in allen seinen Dimensionen umfasst und das dennoch sich selbst zusammen mit diesem Leben der nihilistischen Konsequenz entzieht.

Ihm sollen sich die folgenden Vorlesungen annähern. Mit diesem Ziel im Blick werden in ihnen drei Themen durchdacht, welche in jeder Selbstverständigung des Menschen eine Bedeutung erlangen können, die über sie ihm Ganzen entscheidet. Zugleich sind sie Grundfragen einer philosophischen Theorie der Subjektivität: der Ursprung des sittlichen Bewusstseins, die Weisen und die Bewandtnis von Beziehungen zwischen Menschen, die Wirklichkeit der Freiheit.

Jedes dieser Themen lässt für sich schon erkennen, dass es als eingefügt in den weiteren Rahmen zu erwägen ist, der mit einer Verständigung über die Grundzüge der Subjektivität errichtet ist. Von jedem der Themen lässt sich sogleich auch absehen, dass es von den Spannungen berührt wird, die aus der Verfassung der Subjektivität hervorgehen. Und jedes von ihnen verstärkt darüber hinaus diese Spannungen auf eine für es charakteristische Weise. Wo dieser Zusammenhang nicht durchgängig im Blick steht, da gibt es keine Aussicht auf die angemessene Behandlung der Probleme, die in diesen Themenbereichen anstehen – noch weniger auf ihre ohnedies immer prekäre Lösung.

B. Durchführungen

III. Die Entfaltung des sittlichen Bewusstseins

1. Ein Resümee

Die Vorlesungen über Denken und Selbstsein gehen einigen Grundfragen der Philosophie nach, die sich für das moderne Bewusstsein mit besonderer Dringlichkeit stellen. Sie sind bis heute von allgemeinem Interesse geblieben und also nicht auf die Profession der Philosophen eingeschränkt. Jeder dieser Fragen wird ein Überlegungsgang in jeweils einer der folgenden Vorlesungen gelten. Insoweit sind die Vorlesungen unabhängig voneinander. Aber sie argumentieren allesamt aus der Beziehung auf den Problemtitel ›Subjektivität‹ und im Anschluss an das, was die vorausgehenden Vorlesungen ergeben haben. So werden sie immer auch deren Gedankengang aufnehmen und weiterführen. Jede von ihnen wird also dazu beitragen, dass die Verständigung über Subjektivität über die Folge dieser Vorlesungen erweitert und verdichtet wird.

Wer den Titel ›Denken und Selbstsein‹ hört, wird unmittelbar erwarten, dass unter ihm die Grundprobleme der philosophischen Disziplin, die seit den Griechen den Namen ›Ethik‹ trägt, einen prominenten Platz einzunehmen haben. Die vorausgehenden Vorlesungen haben die Grundlage dafür gelegt, diese Probleme nunmehr in den Überlegungsgang einzufügen, der über einen ersten Ansatz inzwischen hinausgekommen ist. Zwischen der Frage nach einer Grundorientierung für das Handeln der Menschen und der Bestimmung dessen, was das bewusste Leben eines Menschen ausmacht und was ihn zu einer Person werden lässt, besteht offensichtlich ein Zusammenhang, dem nunmehr nachzugehen ist.

Die Ethik hat gegenwärtig Hochkonjunktur. Mit neuen Techniken kann in das Entstehen, den Verlauf und das Ende des Lebens eingegriffen werden. Diese Möglichkeiten haben Verlegenheiten und Kontroversen heraufgeführt und bis hinein in die Hospitäler und Labors einen Beratungsbedarf geschaffen. In seiner Folge sind zahlreiche Kommissionen und Studienzentren entstanden. Philosophen sind überall gefragt, mit ihrer Prinzipienreflexion und ihrer Klärungskompetenz in ihnen hilfreich zu werden. Doch das, wovon heute die Rede sein wird, hat nur sehr indirekte Auswirkungen auf die Grenz- und Streitfragen innerhalb dieser so genannten ›angewandten Ethik‹. Sosehr deren Probleme aus der Beziehung von Technik und Leben hervorgehen – sie betreffen nicht Grundfragen der Philosophie und die spezifische Ausformung, die sie im modernen Bewusstsein angenommen haben.

Für diese Ausformung ist die Konzentration auf zwei Grundfragen charakteristisch, die eigentlich ein einziges Thema ausmachen. Eine von ihnen betrifft die Maßstäbe der sittlichen Beurteilung, die man heute ›ethisch‹ zu nennen gewohnt ist, und die Konflikte zwischen diesen Maßstäben. Von noch größerer Bedeutung als sie ist die Frage nach dem Ursprung des sittlichen Bewusstseins und der nur von diesem Ursprung her zu beantwortenden Frage, wie dies Bewusstsein im Selbstbild und damit im Leben der Menschen verankert sein kann. Die Untersuchungen, die von diesen Fragen angeleitet werden, gehen darauf, die innere Verfassung von sittlichem Bewusstsein näher zu bestimmen und dann weiter zu sehen, ob das umfassendere Selbstverständnis, das mit diesem Bewusstsein zusammengeht, auch durch haltbare Begründungen gedeckt werden kann. Schon Platon hat, als er die Figur des Sophisten neu definierte, die Skepsis gegenüber der Begründbarkeit sittlicher Forderungen zu einem Grundthema der Philosophie werden lassen. In der Moderne wird die Philosophie aber auf noch ganz andre Weise von einer solchen Skepsis in ihrer Umgebung bedrängt: durch die Lehre von der Evolution der Arten, die Ideologienlehre und den soziologischen Funktionalismus, durch Nietzsches und Freuds Genealogie des moralischen Bewusstseins und neuerdings durch eine von Neurologen geforderte Revision des überkommenen Menschenbildes.

Wir müssen die Quellen solcher Skepsis, die inzwischen zu einem mächtigen Strom vereinigt sind, heute nicht im Einzelnen ins Auge fassen. Denn es geht darum, das Grundproblem der Ethik in eine Gedankenfolge zur Subjektivität einzugliedern. Die Voraussetzung dafür ist mit dem, was zuvor entwickelt worden ist, insofern bereits erreicht worden, als auch der Ursprung einer grundsätzlichen Selbstverdächtigung und folglich auch jener Skepsis, welche die ethischen Normen der Haltlosigkeit bezichtigt, in der Verfassung des Subjektes selbst aufgewiesen worden ist – eben des Subjektes, das dann doch zugleich der Ausgangspunkt für jede Verständigung über den Ursprung des sittlichen Bewusstseins wird sein müssen. Wegen dieses inneren Zusammenhangs zwischen der Begründung und dem Sich-selbst-Hintergehen im Bereich der Subjektivität muss sich jede Selbstgewissheit, die der Mensch in seinem Leben erreichen kann, gänzlich von einem durch Demonstrationen gesicherten Wissen unterscheiden. Sie wird die Quellen des Selbstzweifels, die in ihm selbst entspringen, ständig im Blick halten – nicht um sie zu verstopfen, sondern um sie zu begreifen und so das, was aus ihnen hervorgeht, durch Verständigung über sie unwirksam werden zu lassen. Die Leistung menschlicher Rationalität, in der die Fragen aufgenommen sind, welche das Leben in Beziehung auf sich selbst zu stellen hat, lässt sich nicht als weniger komplex begreifen.

Wir können nun nicht umhin, die vorausgehenden Gedankengänge zum Subjekt, zu den in ihm begründeten Fragen nach einem Ganzen und zu der Dynamik des bewussten Lebens, die gleichfalls in ihm begründet ist, so zu resümieren, dass sich zugleich der Ansatz zu ihrer Erweiterung ergibt.

Subjekte sind die Einzelnen, die im Wissen von sich selbst ein Leben zu führen haben. Dies Wissen von sich, man kann auch sagen ihr ›Selbstbewusstsein‹, ist zunächst untersucht worden. Im Ausgang von ihm haben sich drei Dimensionen erschließen lassen, auf die der, der von sich weiß, in seinem Wissen immer zugleich auch ausgreift. (1) Die Dimension des Ursprungs des Bewusstseins von sich, (2) die Dimension einer offenen Welt, der alles zugehört, wovon der, der von sich weiß, darüber hinaus etwas weiß, und (3) die Dimension, in der das Subjekt als Person seinerseits in ebendieser Welt ein konkretes Dasein hat.

(1) Von sich zu wissen scheint für den, der überhaupt wissen kann, das Einfachste überhaupt zu sein und darum keine Probleme aufzugeben. Im Nachdenken über es zeigt sich aber bald, dass das Gegenteil der Fall ist. Vom Wissen von sich, das ein Subjekt in seinem Kern ausmacht, müssen wir zwar schlechthin ausgehen. Das heißt aber gerade, dass wir weder seine Genese durchschauen noch auch seine Verfassung ohne Rest verstehen können. Keinesfalls kann es als Wissen verstanden werden, das sich selbst sich zuwendet. Man muss vielmehr umgekehrt alles Wissen als vom Wissen von sich her ermöglicht betrachten. Damit ist schon gegeben, dass Subjekte zwar in der Gewissheit von sich selbst stehen, dass sie sich aber nicht selbst in ihr Subjektsein bringen, dass sie sich nicht selbst konstituieren können. So muss man ihnen also einen Grund zuordnen, aus dem sie hervorgehen und von dem her sie auch durchgängig in ihrem Wissen von sich bestehen – aber einen solchen Grund, von dem wir innerhalb der Art von Wissen, das den Subjekten eignet und das von ihnen auch ausgeht, keine Erkenntnis gewinnen können. Insoweit Subjekte auch von diesem Zusammenhang immer wissen, denken sie über sich hinaus und in ihren Grund zurück.

(2) Der Entwurf von dem Ganzen einer Welt ist gegenläufig zu diesem ihrem Rückgang organisiert: Alles, wovon ein Sub-

jekt etwas weiß, ordnet es schon vorab einer solchen Welt zu. In ihr ist zugleich alles aufeinander bezogen – in einer Einheit, welche der Einheit korrespondiert, die allen diesen Gedanken in ein- und demselben Subjekte eignet. Das Subjekt greift des Weiteren auf ein immer genaueres Begreifen dieser umfassenden relationalen Einheit alles Wirklichen aus. Darin liegt der Grund dafür, dass die primäre Aufbauform dieser Welt, die deshalb die ›natürliche‹ heißen kann, schließlich durch die der physikalischen Theorie ersetzt wird. Sie ist um der besseren Erklärung der Tatsachen der primären Welt willen entwickelt, mit der primären Weltform aber inkompatibel.

(3) Das Subjekt muss sich als ein Einzelnes unter anderen Einzelnen verstehen. Zu anderen Subjekten kann es sich aber nur über das eigene Dasein innerhalb der primären Konzeption einer Welt in ein Verhältnis bringen. Daraus folgt schon, dass es mit einem Körper, welcher der seine ist, verbunden sein muss und dass es sich in diesem Körper, der insofern sein Leib heißt, auch zum Ausdruck bringt. Über die Sprache und in einer Kultur wachsen endliche Subjekte in die Möglichkeit hinein, in allem, was sie als Subjekte betrifft, miteinander verständigt sein zu können. In der folgenden Vorlesung wird darüber des Näheren zu handeln sein.

Aber die Subjektivität als solche ist samt diesem Ausdrucksgeschehen aus der Ordnung der primären, der ›natürlichen‹ Welt heraus nicht verständlich zu machen. Aus dem wissenschaftlichen Weltbild und seinem sowohl veränderten wie geschärften Ordnungssinn sind Subjekte dann sogar ganz und gar verschwunden.

Damit finden sich die Subjekte, wenn sie sich in ihrem Wissen von sich begreifen wollen, einem Doppelproblem ausgesetzt: Ihrem Ursprung müssen sie nachdenken, ohne ihn in irgendeiner gegenständlichen Erkenntnis fassen zu können. Sie müssen diesen Ursprung weiter auch dem Ganzen irgendeiner Welt zuordnen, ohne doch imstande zu sein, deren Einheit nach einem der Ordnungssinne zu fassen, die für die ihnen erschlossene und erkennbare Welt in Geltung gesetzt sind. Im Nachdenken über sich selbst sind die Subjekte also auf ein extrapolierendes und auf ein darin synthetisierendes Denken angewiesen: Sie können ihren Grund nur fassen, indem sie zugleich den Gedanken der für sie erschlossenen Welt auf noch andere Weise verwandeln, als dies im Gang der Schärfung der Mittel der Objekterkenntnis geschieht. Aus dieser doppelten Notwendigkeit erklärt es sich, dass der Mensch nicht davon ablassen kann, sich die Dimension eines Denkens offen zu halten, das sich von der intelligenten Organisation seiner Welterschließung ablöst und das sich doch zu ihr ins Verhältnis zu setzen hat. Sofern dies Denken der Disziplin der Philosophie unterworfen ist, haben wir für es nur den Disziplinnamen ›Metaphysik‹ zur Verfügung. Er klingt uns auch deshalb schwer und fremd, weil mit ihm über fast zweitausend Jahre die Erwartung einer Erkenntnis von höchster Evidenz und Verlässlichkeit verbunden war. Werden Ursprung und Status solchen Denkens so bestimmt, dass dieser Anspruch entfällt, dann hat das nicht zur Folge, dass es die ihm wirklich eigene Notwendigkeit verliert und in seiner Ausgestaltung der Beliebigkeit überlassen wäre.

Dies ist die Grundsituation, von der alles Nachdenken, das Selbstverständigung zum Ziel hat, ihren Ausgang nimmt. Wer sie im Blick hat, dem wird ohne weiteres klar sein, dass in ihr auf mehrere Weise eine *Dynamik* angelegt ist, in die das Subjekt hineingezogen wird. Das Subjekt muss sich seine Welt sukzessive erschließen. Indem es in ein neues Stadium dieser Erschließung eintritt, wird es an vorausgehende anschließen sowie nachfolgende antizipieren, die es allesamt als seine eigenen Stadien versteht. Damit bildet sich im Subjekt eine diachrone Identität: Es muss sich als dasselbe immerfort festhalten und verstehen können. In einem ganz anderen Sinn muss es für sich selbst unter den Subjekten, zu denen es sich verhält, und in der Welt, in die es kraft seiner Fähigkeit zu handeln eingreift, einen Zusammenhang bilden und bewahren. Von den Einheitsbildungen im Wissen und im Handeln ist die Dynamik zu unterscheiden, in die es aufgrund der Ungewissheit darüber gezogen wird, was es mit ihm und der Bewegtheit seines Lebens eigentlich auf sich hat.

In der zweiten Vorlesung wurde auch die Dynamik, der dieser Prozess der Rückfrage in den eigenen Ursprung unterliegt, näher charakterisiert. Sie vollzieht sich im Wissen von dem extremen Gegensatz zwischen zwei möglichen Antworten auf die Frage nach der Bewandtnis des eigenen Lebens in Anbetracht der Beziehung auf den Grund, aus dem es hervorgeht, und innerhalb des Ganzen, dem der Grund selbst zugehört: Dies Leben könnte für eine rationale Selbstbesinnung am Ende gar nichts anderes sein als irgendein hinfälliges Faktum und somit ein ihm selbst unentrinnbar auferlegtes Geschick. Es könnte sich aber auch unter einer Rechtfertigung vollziehen, die ihm aus dem zuwächst, was zuletzt wirklich ist. In diesem Fall müsste zwischen dem, was Grund der Subjektivität ist, und dem, woraufhin sie sich selbst orientiert, mehr als nur der faktische Zusammenhang des Bedingtwerdens und des Bedingens bestehen. Das wiederum impliziert, dass das, was zuletzt wirklich ist, kommensurabel sein müsste zu dem, worauf hin sich die Subjektivität selbst orientiert. Diese Formulierung kann eine andere interpretieren, die seit dem 18. Jahrhundert in den allgemeinen Sprachgebrauch gelangt, in ihm aber inzwischen verblasst und abgegriffen wirkt, ohne doch ersetzt und überflüssig geworden zu sein: Unser Leben hat einen anderen ›Sinn‹ als den, den es sich selbst zu geben vermag. Für Subjekte, die von sich wissen, dass sie nicht selbst Grund ihrer Subjektivität sind, würde selbstgegebener Sinn auch wohl kaum ein letztes Lebensgewicht haben, das sich nicht im Selbstzweifel auflösen könnte.

Vielen großen Denkern hat sich eine Antwort auf die Frage

in Momenten einer unvergesslichen Erfahrung erschlossen. Für die Mehrheit der Menschen gehört die Suche nach einer letzten Selbstverständigung allerdings nicht zu den Konzentrationspunkten ihres Lebens. Doch sind sie, insofern sie Subjekte sind und deshalb die Selbstverdächtigung kennen, für die Selbstzweifel, die in die Suche treiben, grundsätzlich im gleichen Maße sensibel. Zwar organisiert sich die Gestaltung und mit ihr die Identität ihres Lebens scheinbar allein über ihr Mitsein und ihr Handeln. Aber das, was Subjekte als solche angeht, wird auch für sie in allen tiefreichenden Krisen ihrer Identitätsbildung auf eindringliche Weise und dann womöglich ganz unvorbereitet virulent. Die historische Bedeutung der Religionen wäre anders ebenso wenig zu begreifen wie das untergründige Leiden an einer Kultur, der die Fähigkeit zur Artikulation solcher Lebensprobleme verloren gegangen ist.

In der Dynamik der Subjektivität sind somit drei Prozesse ineinander verflochten. (1) Alles in der Welt Wirkliche ist im Horizont eines Ganzen zu begreifen, das sich auf verschiedene Weise artikuliert – aber so, dass sich das Subjekt in jedem neuen auf diese Welt bezogenen Gedanken als dasselbe durchhält. (2) Als Person ist das Subjekt selbst in der Welt lokalisiert. Es greift als Akteur in sie ein und muss zwischen den Weisen, in denen es sich in seinem Mitsein und in seinem Handeln verwirklicht, eine Identitätsbalance ausbilden. (3) Im Wissen davon, dass sich das Subjekt weder selbst begründen noch auch aus der Welt begreifen kann, ist es zu einer Verständigung über seinen Grund auf dem Wege, um in dessen Licht seine Welt und sein Leben insgesamt zu verstehen. Jeder dieser Prozesse hat eine nur ihm eigene Komplexion, und jeder wirkt in die anderen Prozesse hinein oder mit ihnen zusammen.

Aus der Art der Untersuchung, die zu diesen Unterscheidungen führte, sollte auch deutlich werden, dass es keine Anthropologie geben kann, die über das, was ein Menschenleben ausmacht, in derselben Einstellung wie der Auskunft zu geben vermag, die bei der Deskription irgendwelcher Phänomene einzunehmen ist. Dabei verliert sich der Kontakt mit dem, was die Menschen angeht und beunruhigt, und der Zugang zu dem, wodurch ihr Leben überhaupt zu einem menschlichen Leben wird. Die Untersuchung wird philosophisch dadurch, dass sie zu Aussagen über das, was den Menschen ausmacht, im Zusammenhang mit der Ausarbeitung der Fragen gelangt, die sich dem Menschen aus seinem Leben heraus und in Beziehung auf dieses Leben stellen, die aber unmittelbar in ganz allgemeine und in Grundfragen hineinziehen. Am Ursprung der Fragen, die den Menschen bewegen, ist aber keine Auskunft im Rahmen oder auch nur nach dem Muster einer Spezialwissenschaft zu erwarten. Darum sollte für den disziplinierten Umgang mit ebendiesen Fragen auch nicht ein Disziplinname in Gebrauch genommen werden, der suggeriert, es handele sich hier um eine Fachwissenschaft, die als solche zudem darauf verpflichtet ist, sich strikt innerhalb der Grenzen innerweltlicher Aufschlüsse zu entfalten. Umso wichtiger ist es, auch auf einem so ungesicherten und risikoreichen Feld vernünftige Besinnung und Rechenschaft leitend sein zu lassen.

2. Grundnorm und Identitätsbildung

Vom sittlichen Bewusstsein ist in diesem Resümee bisher nicht die Rede gewesen. Man kann also fragen, ob der Erinnerung an das, was bereits vorgetragen war, zu viel Platz eingeräumt worden ist. Doch um der Ethik den Status einer Disziplin zu geben, in der philosophische Grundfragen im Blick stehen, müssen die ihr eigenen Probleme in einen Zusammenhang eingeschrieben werden, über den sie Anschluss an diese Grundfragen gewinnt. An die Ethik richtet sich zwar zunächst die Erwartung, dass sie dazu hilft, moralische Urteile nach allgemeinen Prinzipien zu klären und abzuwägen. Aber für die Philosophie ist dies der Aufgabe nachgeordnet, über den Ursprung solcher Urteile und damit über die Stellung der moralischen Dimension im bewussten Leben insgesamt zu verständigen. Mit der ersten Aufgabe kommt man ohnedies ohne die Lösung der zweiten zu keinen Ergebnissen, die sich von denen des von Philosophie unberührten, aber geübten Beurteilungsvermögens deutlich abheben.

Der Philosoph hat keine besondere Kompetenz als Experte moralischer Beurteilung. In den Gremien, die sich mit schwierigen Grenzfragen der Beurteilung befassen, kann er nur seine Fähigkeit zur begrifflichen Klärung und zur Prüfung der Konsistenz von Begründungen und Anwendungen einbringen. Darum ist auch im Titel dieser Vorlesung nicht vom moralischen Urteil, sondern vom sittlichen Bewusstsein die Rede. Die Philosophie hat die Aufgabe, dieses Bewusstsein im Ganzen nicht nur der Weisen zu urteilen, sondern der Weisen des Menschen, sich selbst zu verstehen, zu orten. Damit geht sie der Verfugung des sittlichen Bewusstseins mit dem Ganzen seines Wissens von sich nach. So versteht es sich auch, dass Platon und Kant, also die Philosophen, deren Gedanken für die Begründung einer Ethik am meisten bedeuten, diese Gedanken in einem Zuge mit ihrer philosophischen Konzeption insgesamt gewonnen und als unabtrennbar von ihr vorgetragen haben.

Damit wird nicht bestritten, dass die moralischen Urteile eine eigenständige Dimension von Urteilen mit nur ihnen eigenen Ansprüchen ausmachen und dass mit ihnen auch charakteristische Emotionen verbunden sind. Es wird auch nicht behauptet werden, dass sittliches Bewusstsein auf eine andere Bewusstseinsweise zurückgeführt und aus ihr abgeleitet werden kann. Vielmehr ergibt sich umgekehrt gerade daraus, dass dies Bewusstsein selbständig ist, dass es aber doch offenkundig in den Zusammenhang des Lebens, der es einbegreift, nicht von außen eintritt, ein Problem, dessen Lösung noch aussteht, und damit auch die Aussicht auf eine philosophische Einsicht von grundsätzlichem Interesse.

Wer sich mit aller Kraft darum bemüht, in einer moralischen Konfliktlage zur richtigen Entscheidung zu finden, dem scheinen wohl alle anderen Rücksichten als haltlos, die ihn etwa dazu veranlassen könnten, diesem Konflikt auszuweichen oder ihn leicht zu nehmen. Auch wird jeder dem zustimmen, dass ein integrer Charakter eine Anerkennung verdient, der keine andere gleichkommt. Schon insofern eignet der moralischen Dimension des Lebens etwas Inkommensurables. Aber die moralische Überlegung hebt doch nicht aus dem gesamten Prozess des bewussten Lebens hinweg in eine selbstgenügsame höhere Sphäre. Auch unter dem Anspruch sittlicher Forderungen bleibt der Mensch das endliche Subjekt, das sich in allen den Dimensionen versteht, die wir unterschieden und aufeinander bezogen haben. So muss es also wohl möglich sein, das sittliche Bewusstsein samt allem, was es auszeichnet, auch als in den Rahmen dieser Bezugsordnung eingefügt zu begreifen. Wenn ihm darüber hinaus eine eigene Dynamik innewohnt, dann wird sie nicht unabhängig von der Dynamik zu verstehen sein, die sich schon innerhalb dieser größeren Bezugsordnung insgesamt entfaltet. Nur so lässt sich begreifen, dass das sittliche Bewusstsein in das Selbstbewusstsein von Subjekt und Person nicht wie eine allem anderen entrückte Autorität eintritt, die das Subjekt in eine andere Daseinsform erhebt und verwandelt. Eine solche Verwandlung müsste mit vielen scharfsinnigen Kritikern der Morallehren unter den Verdacht gebracht werden, eine deformierende Fremdherrschaft zu sein, die sich ihrerseits aus einer Tendenz zur Selbstdeformierung erklären möchte.

Aus diesen Überlegungen ergibt sich der Ansatz für den Gang der folgenden Überlegungen. Sie sollen dahin führen, den Platz der Theorie der Sittlichkeit, der Ethik also, im Zusammenhang mit der Theorie der Subjektivität zu bestimmen: Zunächst haben wir das sittliche Bewusstsein den Dimensionen der Subjektivität zuzuordnen, um zu sehen, wie sich seine Grundzüge in deren Zusammenhang einfügen. Aus ihrer Eigenständigkeit, die aber gerade als solche dem Ganzen der Subjektivität zugehört, geht ihre Bedeutung für die Selbstverständigung im Leben der Subjekte hervor. In der Folge kann dann auch die dem sittlichen Bewusstsein innewohnende Dynamik zusammen mit der Dynamik der Subjektivität selbst verständlich gemacht werden.

Es ist eine Trivialität, dass Subjekte unter moralischen Forderungen stehen, insofern sie Subjekte von *Handlungen* sind – insofern sie also als *Personen* in der Welt stehen, Veränderungen in ihr bewirken und dabei mit anderen Personen zusammenwirken oder in deren Wirkungssphäre eingreifen können. Das primäre Thema der Ethik ist somit weder die Welterkenntnis noch die Selbstverständigung. So scheint es dann auch nahe zu liegen, das Thema der Ethik auf den Bereich der Fragen einzuschränken, die sich dem Einzelnen unter anderen Einzelnen stellen – also auf zwischenmenschliche Fragen. Wirklich geht die vorherrschende Tendenz in der gegenwärtigen Ethik dahin, eine philosophische Begründung für sittliche Normen nicht von der Subjektivität her, sondern im direkten Einsatz bei der *Inter*subjektivität der Personen gewinnen zu wollen.

Wenn aber auch jede Ethik die moralische Beurteilung von Handlungen und von Weisen des Mitseins zu verstehen und zu begründen hat, so heißt das doch nicht, dass der Subjektivität der Akteure keine Begründungsrolle zufällt, so dass sie nur ein Thema zweiten Ranges ausmacht. Man kann das bereits daran erkennen, dass es eigentlich gar nicht das Verhalten ist, was der sittlichen Beurteilung unterliegt. Im moralischen Sinne schätzenswert oder zurückzuweisen ist, wie die fünfte Vorlesung des Näheren darlegen wird, die innere *Einstellung* der Personen zu ihrem Verhalten, aus der das Verhalten resultiert. Die Einstellung ist anderes als die bloße Beurteilung von solchem Verhalten, das wie ein Naturereignis in Menschen als Lebewesen aufkommt. Es lässt sich entweder gar nicht als Handeln auffassen; oder es findet sich in ihm, wie im Verhalten der höheren Tierarten, kein Ansatz zu einer moralischen Beurteilung. Auch diese Tiere mögen ihre Handlungen irgendwie erwägen. Wenn wir aber keinen Grund haben anzunehmen, dass ihr Überlegen auf die Ausbildung ihrer Einstellungen einen Einfluss hat, können sie nur trainiert, nicht aber moralisch gebildet werden.

Einstellungen von Personen unterscheiden sich von Handlungsmustern und mentalen Zuständen, die das Verhalten nach solchen Mustern auslösen oder begleiten. Sie werden erworben, aber so, dass Personen sie selbst ausbilden und dass sie sich um diese Ausbildung bemühen können – ähnlich der Weise, in der Einstellungen ihrerseits der Ausbildung einer Handlungsart vorausgehen und zugrunde liegen. So gibt es also eine Aktivität, in der die Person als Subjekt auf die Ausbildung ihrer Einstellungen und Handlungsarten bezogen ist. Zuletzt geht sie dabei auf das eigene Handeln aus, jedoch eben nur indirekt und vermittelt.

Dass sich Personen um Einstellungen bemühen können, gilt für alle Bereiche ihres Handelns, nicht nur für sie, insofern sie der sittlichen Beurteilung fähig sind. Aber in dieser Hinsicht hat diese Tatsache ein besonderes Gewicht. Zwar sind Handlungen von Personen der Geltungsbereich auch und gerade von moralischen Normen. Aber diese Handlungen werden doch nur insofern moralisch beurteilt, als sie aus Einstellungen hervorgehen, die ihrerseits eine Handlungsart zum Ziel haben, welche der moralischen Norm entspricht. Zuletzt ist nur der Handlungsgrund, der gute Wille oder die Gesinnung, nicht die Handlung, uneingeschränkt gut und also im moralischen Sinne gut zu nennen. Auf diesen Satz hat Kant seine gesamte Moralphilosophie begründet. Und diese Beurteilung überträgt sich auf das Urteil über das innere Bemühen der Person, zu einer solchen Einstellung zu finden. Diese Bemühung ist nicht selbst uneingeschränkt gut, da sie in diesem Sinne gut nur durch ihr Ergebnis ist, den gebildeten guten Willen. Aber ihre Güte ist auch auf nichts anderes als relativ auf den Grad seiner Güte.

Ist damit das Schlüsselthema der Ethik klar fixiert, dann ist damit auch ausgemacht, dass es mit dem Thema ›Subjektivität‹ in direktem Zusammenhang gesehen werden muss – ganz anders, als wenn von der richtigen Art unseres Handelns allein die Rede hätte sein können. Es fragt sich nunmehr, auf welche Weise dies Thema den Dimensionen der Subjektivität zuzuordnen ist, die voneinander unterschieden worden sind, und wie es damit in den Rahmen einer Theorie der Subjektivität eingefügt werden kann.

Zumindest dem Kernbereich moralischer Normen spricht man eine *allgemeine* Gültigkeit zu. Im Prinzip gelten sie für alle, die als Personen anzusetzen sind, und für sie unter allen Umständen. Ausnahmen bedürfen einer eigenen Rechtfertigung. Wer diese Normen verletzt, kann dafür nur Gründe der Entschuldigung vorbringen, nicht aber den Dispens von den Normen selbst beanspruchen. Den Grund der Allgemeinheit dieser Geltung zu verstehen hat dasselbe philosophische Interesse wie die Verständigung über die Subjektivität, die in der Ausbildung der Einstellung des guten Willens gelegen ist.

Das moralische Bewusstsein hat über die Allgemeinheit der Geltung seiner Norm etwas mit dem Ausgriff auf das Ganze einer Welt gemeinsam, den das Subjekt als Subjekt von Erkenntnis vollzieht. Darum macht es auch Sinn, von einer moralischen Welt zu sprechen, der moralisch motivierte Handlungen zugehören. So wie der Ausgriff in Gedanken auf das Ganze einer Welt nicht im Belieben der Subjekte steht, so sind die moralischen Normen etwas anderes als irgendwelche Projekte, die man sich (wie etwa einen Hausbau) vornimmt, die man vollenden, von denen man sich aber auch verabschieden kann. Es gehört zu ihrem besonderen Norm-Status, dass sie nicht zur Disposition stehen und dass ihre Geltung nicht von Umständen und besonderen Lebensphasen und Lebensverhältnissen abhängig sind, so dass sie also unter allen Bedingungen und insofern allgemein in Geltung sind. Auch insofern sind sie den Grundregeln des wahrheitserhaltenden Schließens und des Erkennens verwandt, die auf ihre Weise das Subjekt binden, ohne es aber unter eine ihm fremde Regulierung zu zwingen. Diese Bindung ist Bindung durch sich, weil das, was als ›verbindlich‹ anerkannt werden muss, in dem, der verbunden wird, selbst seinen Grund hat. Man kann daran denken, aus der internen Allgemeinheit der Bindung eines jeden in sich die Verbindlichkeiten gegenüber schlechthin allen herzuleiten, die in der gleichen Weise sich selbst einer solchen Verbindlichkeit bewusst sind.

Nun haben wir gesehen, dass der Ausgriff auf das Ganze einer Welt, aus dem sich die Möglichkeit der Erkenntnis erschließt, es zur Voraussetzung hat, dass das Subjekt in jedem Stadium der Entfaltung, der Konkretisierung und der Verwandlung seiner Welt von sich als *demselben* Subjekt weiß. Die Organisation der Weltbeziehung, mit der das Subjekt über sich hinaus und zu einem Ganzen von Anderem ausgreift, setzt ein besonderes Selbstverhältnis der Subjekte, nämlich die Selbstkontinuierung unter ihrer Identität voraus. Man kann erwägen, ob daraus nicht die Folgerung zu ziehen ist, dass es die Identität des Subjekts ist, aus der sich ein erster Ansatz auch zu einer Erklärung der moralischen Dimension des Lebens gewinnen lässt, welche insofern diese Dimension im Zusammenhang mit der Subjektivität begreift.

Früher ist schon begründet worden, warum Subjekte notwendigerweise Personen sind, ohne dass es doch möglich ist, ihre Subjektivität als bloßes Moment der Personalität zu erklären – so als könne man aus dem ursprünglichen und reicheren

Sinn von Personalität die Eigenschaft der Subjektivität herausheben. Die Verlaufsform der Dynamik der Subjektivität muss aus dem Subjektsinn allein erklärt werden. Der Ausgang für die Entfaltung der moralischen Lebensdimension ist dagegen in der Weltbeziehung der Person als Akteur gelegen. An den Gedanken von einer Person sind nun aber, und zwar bereits diesseits jeder Betrachtung der moralischen Lebensdimension, mehrere Bedeutungen von ›Identität‹ anzuschließen.

Die verkörperte Person ist ein Einzelding, das sich als dasselbe über den Wandel aller seiner Zustände und Lebensphasen durchhält. Grundzüge seines Charakters und damit seiner Tendenz, auf seine Erfahrungen zu reagieren und mit anderen umzugehen, werden sich ebenso wenig wandeln. Von diesen beiden Identitäten, der des Körpers und der des naturalen Charakters, sind ganz anders strukturierte Weisen von Identität zu unterscheiden, welche der Mensch sich zu erwerben hat. So ist er zwar in eine Familie und eine Nation hineingeboren. Aber die Weise, in der er sich als Mitglied einer Familie oder einer Nation versteht und verhält, ist nicht durch Umstände festgelegt, die seinem Einfluss entzogen sind – so wenig wie die Weisen, in denen er mit sich selbst, seinen Begabungen oder auch den ›dunklen Seiten‹ seiner Natur umgeht. Das gilt ebenso für alle Zusammenhänge, in die sein Leben überhaupt nur über sein Zutun hineinwachsen kann: für seinen Beruf, für seine formellen oder informellen Assoziationen mit anderen und für alles, worum er sich in einem Lebensplan anhaltend bemüht und womit er sich, wie man ja auch sagt, identifiziert hat.

Betrachtet man einen Menschen in der Außenperspektive, so wird man ihn an allen diesen Identitäten erkennen und durch sie charakterisieren. In der eigenen Perspektive des Menschen auf sich stehen seine erworbenen Identitäten aber zumeist auch in einer Konkurrenz miteinander. Er muss sie zueinander in eine Präferenzordnung bringen. So besteht seine eigentliche Identität für ihn in der besonderen Balance zwischen seinen vielfältigen Identitäten. Aber diese Balance ist nicht ein für alle Mal gewonnen. Sie steht mit der Veränderung in den Lebensumständen unter einer ständigen Herausforderung. In jeder Handlungssituation, die ihm eine gravierende Entscheidung abverlangt, muss sie aufs Neue bestätigt oder verändert werden. Sogar die naturalen Grundlagen seiner Identität als Einzelding können ihm fremd und gleichgültig erscheinen; sie können aber auch seine ganze Aufmerksamkeit absorbieren. Verdeckte Anlagen und Bedürfnisse sowie verdeckte Erfahrungen seiner frühen Lebensgeschichte können zur überraschenden Herausforderung für sein Selbstbild werden. Und im Bereich der erworbenen Identitäten kann er seiner selbst ohnedies niemals ganz sicher sein. Wer er eigentlich ist, kann ihm so im Verlauf gescheiterter Bemühungen um eine Identitätsbalance gänzlich zum Verschwimmen kommen. Wie es ihm gelingt, sich zu verstehen, das kann ihm vom Lauf der Dinge und seiner jeweiligen Reaktion auf ihn weit mehr abzuhängen scheinen als von seinem eigenen Tun und seinem Mühen um eine Balance seiner Identitäten. Jedenfalls ist unter seinen vielen Identitäten keine von der Art der Identität des Subjektes im kognitiven Prozess der Welterschließung. Keine hat dieselbe fraglose Konstanz und ist so unverbrüchlich in ihrem Verlauf wie sie.

Aber zwischen dieser Identität des Subjektes von Weltwissen und der moralischen Identität der Person lässt sich eine Übereinstimmung ausmachen: Mit dem Kernbereich des moralischen Bewusstseins bildet sich auch innerhalb der personalen und praktischen Dimension der Subjektivität eine Form von Identität aus, die ihrer Form nach der Verfassung der Identität im Prozess der kognitiven Welterschließung entspricht. In der Geltung der Norm für schlechthin alle Handlungssituationen ist eine Entsprechung zu der Einheit der Subjektivität in jeder Phase ihrer Weltkonstitution gelegen. Die Person als moralisches Subjekt hat dieselbe Konstanz und Stabilität, die dem theoretischen Subjekt eignet, das unter denselben Normen der Richtigkeit denkt, wenngleich es diese Normen im einzelnen Fall auch verletzen mag. Betrachtet man die Beziehung dieser Identitätsform zu den anderen Identitäten der Person, so kann man sagen: Dadurch, dass die moralische Norm als solche (anders als die Umstände ihrer Anwendung) niemals zur Disposition steht, ist eine Ebene von Stabilität in die grundsätzlich immer fluktuierende Identitätsbalance der Person eingezogen. Der moralische Charakter, also der fest gewordene gute Wille, aber auch schon die Fähigkeit, einen solchen auszubilden, kann deshalb als eine Grundform rationaler Identität innerhalb der personalen Vollzugsart des Lebens verstanden werden.

Die andere Seite der Universalität der moralischen Norm geht mit dieser Erklärung zusammen. Sie ist nicht nur auf jede Situation von gleicher Art, sondern auch *gegenüber* jeder anderen Person gleichermaßen in Geltung. Weil daraus zu folgern ist, dass sie auch als *für* jede Person gültig angesehen werden muss, ergibt sich ihre intersubjektive Gültigkeit als Implikation des Typus von Norm, der ihr eigentümlich ist. Es kann zwar scheinen, als müsse man die moralischen Normen geradezu auf die Beziehung der individuellen Personen zueinander begründen. Denn diese Normen regeln überwiegend das Verhalten gegenüber anderen Personen. Seitdem die Neigung dazu aufkam, in der Kommunikation die Grundlage der Rationalität zu suchen, gehen die Ethiker deshalb oft wie selbstverständlich davon aus, dass es gar keine Moral ohne eine moralische Gemeinschaft geben kann.

Ich denke, dass man dieser Tendenz widerstehen muss. Die Gründe, welche sie begünstigen, liegen ebenso nahe, wie die Amputation des sittlichen Bewusstseins, die aus ihr folgt, kaum zu übersehen ist. Es kann unbestritten bleiben, dass Menschen der Interaktion bedürfen, um zu sich selbst zu kommen. Ebenso wenig ist zu bestreiten, dass sie zunächst einmal Normen unterworfen werden müssen, um in ein Verständnis von Normativität hineinzufinden. Aber die innere Genese des Normbewusstseins kann selbst nicht aus der Interaktion abgeleitet werden – und zwar genauso wenig, wie es möglich ist, das eigene Selbstbewusstsein vom Angesprochensein durch andere Subjekte als konstituiert anzusehen, wenn es auch in seiner Genese dessen sehr wohl bedarf. Das Wissen von sich kommt ebenso wie das moralische Bewusstsein unter der Bedingung solchen Angesprochenseins *spontan* und also, wie man durchaus sagen darf, ›von innen heraus‹ zur Entfaltung.

Man kann noch fragen, wie es sich denn erklärt, dass unter moralischen Normen vor allem Verpflichtungen gegenüber anderen Personen hervorgehen – Verletzungen zu unterlassen, Versprechen zu halten, in Notlagen hilfreich zu sein. Dies versteht sich daraus, dass eine Verhaltensart von ausnahmsloser Universalität mich eo ipso von den besonderen Umständen unabhängig machen muss, die in meinem eigenen Lebens- und Interessenzusammenhang begründet sind. Unter der moralischen Norm ist jeder aus seiner besonderen Interessenlage herausgehoben, aber nicht so, dass sie jeden in den Gesichtspunkt des Interesses jedes anderen versetzt, die ihm in Handlungssituationen begegnen. Darin unterscheidet sich diese Norm durch nichts von den Regeln, die dem Erwerb von Erkenntnis zugrunde liegen. Sie ist immer meine Erkenntnis, obwohl sie eben dies nur sein kann, wenn sie von meiner besonderen Perspektive auf die Welt abgehoben ist. Später werden wir allerdings auch zu zeigen haben, welches der Ort der Identifikation mit dem Mitmenschen im sittlichen Bewusstsein ist. Sie folgt nicht unmittelbar aus der moralischen Grundnorm, sondern geht aus einer weiteren Entfaltung des sittlichen Bewusstseins hervor. Unmittelbar folgt aus ihr allein der Respekt vor fremder Personalität. Aber auch die ist Folge, nicht Konstitutionsgrund des sittlichen Bewusstseins.

Am deutlichsten wird das an solchen moralischen Normierungen, die es dem ersten Anschein nach zu verlangen scheinen, sich das Interesse anderer Personen zu eigen zu machen, von denen man aber bei weiterem Überlegen einsehen wird, dass sie in der jeweils eigenen Selbstbeziehung gründen. Nicht zu lügen ist eine moralische Forderung, die gar nicht ursprünglich darin begründet sein kann, dass Lügen einen Anspruch anderer an mich verletzt. Es gibt ganz gleichgültige und sogar dem Anderen förderliche oder ihm zumindest willkommene Weisen, die Unwahrheit zu sagen. Doch auch mit dieser Art zu lügen erfährt etwas eine Verletzung, was mich selbst moralisch angeht: Ich bringe einen Bruch in die Kontinuität meiner Verhaltensart und gebe einer zufälligen, wie immer schwierigen Situation den entscheidenden Einfluss auf meinen Umgang mit meiner Fähigkeit, mich anderen mitzuteilen, auf die ich doch nicht gänzlich verzichten kann. Für die so genannte Notlüge können zwar sehr gute Gründe vorgebracht werden, die auch moralisch entscheidend sein mögen. Aber sie machen die Lüge auch dann nicht zu etwas moralisch Indifferentem. Sie leiten nur überwiegende Gründe aus anderen Regeln ab, die Norm, die der Lüge entgegensteht, im gegebenen Fall nicht anzuwenden. Dass es sich so verhält, erkennt man daran, dass der moralisch Sensible auch in seiner sehr gut begründeten Notlüge immer noch eine Spur von Selbstdeformation erfährt.

Ist man bereit, den Tugenden in der Ethik eine legitime Stelle zu geben, dann ist ohnedies offenbar, dass sie auch da Eigenschaften einer Person für sich allein sind, wo die Intention der Handlungen, die von ihnen ausgehen, ganz auf den Anderen gerichtet ist. Im Zusammenhang mit dem moralischen Verdikt gegen die Lüge kann ja auch vom Fehlen jener Tugend die Rede sein, die ehedem ›Tapferkeit‹ genannt wurde. Insofern sie eine Tugend ist, ist sie offenbar in einem Selbstverhältnis begründet. Es wäre offensichtlich unsinnig zu sagen, dass sie das Interesse dessen im Sinn hat, dem man tapfer entgegentritt. Aber es entbehrt auch der Plausibilität, die Tugend der

Tapferkeit einzig auf eine Verinnerlichung des Beifalls zu gründen, den sie in einem Verband mit allen gemeinsamen Interessen auf sich zieht. Heute von Tapferkeit zu reden erweckt zwar wohl zwiespältige Erinnerungen. Aber es bleibt legitim, in der Bereitschaft zur Lüge einen Mangel der Fähigkeit zu erkennen, in schwierigen Situationen standzuhalten und sich damit als dieselbe Person zu bewahren. Das ist zwar ein Verhalten gegenüber den Anderen. Doch seine Dignität ist nicht in dieser Beziehung, sondern in der Art der Selbstbeziehung der Person begründet.

Kant hat in seiner Ethik diesen Zusammenhang zutreffend herausgearbeitet. Seine zahlreichen neueren Anhänger verwässern seine Einsicht, wenn sie die Universalität in der Art der Forderung, welche das moralische Bewusstsein definiert, in einer kommunikativen oder kontraktualen Beziehung der moralischen Subjekte aufeinander begründet sehen wollen. Kants Fehler lag nicht darin, dass er den Ursprung der Kerndimension des sittlichen Bewusstseins konsequent in der Selbstbeziehung der Person verankert hat. Sein Fehler war es, nicht auch noch die Dynamik in den Blick gebracht zu haben, die in diesem Bewusstsein angelegt ist und die über die Selbstbeziehung des Einzelnen hinausführt. Bevor aber auf diese Dynamik eingegangen werden kann, ist nunmehr die Frage nach der Grundlage des sittlichen Bewusstseins selbst weiter zu verfolgen.

3. Aporien der Ethikbegründung

Die vorausgehenden Überlegungen über die Beziehung der moralischen Norm zur Selbstbeziehung der Person hatten das Ziel, deutlich werden zu lassen, dass die Person unter dieser Norm eine Identität gewinnt, und zwar eine solche, welche ihrer Form nach derjenigen Identität entspricht, die dem Subjekt über die Konstitution der Einheit seines Weltbezugs zuwächst. Diese Identität kann in die vielgestaltigen Identitäten der Person, die anders angelegt sind, und in ihre immer fragile Identitätsbalance eine Stabilität einbringen, die der Person ohne die moralische Identität verwehrt bleiben müsste.

Daraus ergibt sich aber nun offensichtlich ein Problem, dessen Auflösung eine besonnene Distinktionsarbeit verlangt: Spricht man nämlich so, dann liegt es nahe zu vermuten, dass der Mensch sein Leben der moralischen Norm *deshalb* unterstellt, *weil* er ohne sie dies Leben als durch dessen Wechselfälle und die Fragilität aller seiner Bemühungen in seiner Identitätsbalance bedroht erfährt. Damit wäre aber die Anerkennung und sogar die Konzeption der moralischen Norm als Folge eines hintergründig wirksamen Eigeninteresses erklärt – eines Interesses daran, von allen Wechselfällen in einem Kern des Lebens unberührbar zu werden. Dann würde die Erklärung des Ursprungs der Bindung an die moralische Grundnorm zuletzt gar keiner anderen Strategie als der folgen, die auch Nietzsches Erklärung aus dem Ressentiment und Freuds Erklärung aus der Bildung des Über-Ichs zugrunde lagen.

Es ist kein Einwand gegen alle Erklärungen solcher Art, dass Handlungen, die der moralischen Norm entsprechen, dem Menschen doch schwerfallen können, und zwar vor allem deshalb, weil er deutlich sieht, wie sehr sie seinem Eigeninteresse gerade abträglich sind. Denn das ist ohne weiteres vereinbar damit, dass die Annahme der Norm als solche aus Eigeninteresse und somit um ihres Nutzens für die Stabilität des Selbstseins willen erfolgt ist. So ergäbe sich daraus keine grundsätzlich andere Situation als die Lage dessen, der ein ihm nützliches Projekt, das aufzugeben ein Desaster bedeuten würde, unter Schweiß und Stöhnen zu Ende führt.

Das Bewusstsein, verbindlich unter die Norm gestellt zu sein, könnte allerdings nicht unverändert fortbestehen, wenn denn einmal die Aufklärung, die mit einem solchen genealogischen

Aufweis gegeben wird, auch in das reflektierte Wissen des Handelnden von sich selbst einginge. Denn das Bewusstsein von der Geltung der moralischen Norm würde nun als das Ergebnis einer Strategie der Selbststeuerung erscheinen, die von einer Interessenlage ausgelöst wird und die unterhalb der Schwelle artikulierten Selbstbewusstseins zur Wirkung kommt. Unter dieser Interpretation würde eine Person sich selbst als moralisches Wesen zwar vielleicht faktisch unangefochten lassen können. Nachdem aber der Norm einmal ihre Geltungsgrundlage entzogen worden wäre, wüchse der Person in jeder schwierigen Handlungssituation eine exzellente Rechtfertigung dafür zu, dass sie sich deren Anforderungen mit ihrer Handlungsart verweigerte.

Überdies hätte die Erklärung aus dem Bedürfnis nach einer stabilen personalen Identität, wenn man sich ihrer einmal bewusst geworden ist, gerade für diese Identitätsbildung selbst ruinöse Folgen. Denn der feste Grundstock einer jedem Wandel entzogenen Identität, die der Person in ihrem moralischen Selbstverständnis zuwachsen soll, kann sich nur dann einstellen, wenn deren Normbezug dieselbe Unzweideutigkeit hat, die auch den Bedingungen der Weltkonstitution des Subjekts ohne Frage zukommt. Ohne die Unabhängigkeit des Normbezugs vom Lebensinteresse der Person kann der Normbezug gar nicht die Stabilität in die Identitätsbalance hineinbringen, aus der doch erklärt werden sollte, wieso die Person sich über ihre Moralität der Identitätsform des Subjektes zu assimilieren vermag. Über den Normbezug erfüllt sich also wirklich ein wesentliches Interesse der Person. Aber das geschieht eben auch nur dann, wenn sich der Normbezug nicht *aus* diesem Interesse erklärt.

Mit diesem scheinbaren Zirkel tritt ein Problem hervor, mit dem jede Ethik in der Zeit nach der genealogischen Aufklärung früher oder später konfrontiert ist. Für einen Ansatz bei der Theorie der Subjektivität ist besonders deutlich, was ohnehin nicht bestritten werden sollte: dass nämlich moralische Normen nicht als Forderungen eingeführt werden können, die durch irgendwelche Instanzen und Autoritäten der Subjektivität der Person von außen auferlegt oder angesonnen werden. Sollen solche Normen überhaupt in Geltung kommen, dann muss die Voraussetzung dafür in der Verfassung der Subjektivität selbst gelegen sein. Gegen *jegliches* Interesse *kann* die Aneignung also gar nicht erfolgen. Gleichwohl widerstreitet die Verfassung der Normen jeglicher Begründung aus einem Interesse *heraus*.

Doch hat gerade die Theorie der Subjektivität und die mit ihr verbundene moderne Begründung der Ethik eine Aussicht darauf, dies Dilemma, welches in ihr besonders deutlich hervortritt, auch mit größerer Überzeugungskraft aufzulösen.

Zunächst müssen wir allerdings festhalten, welche Lösungsversuche zu kurz greifen, auch wenn sie sich darum bemühen, den Ursprung der Moralität in der Verfassung der Subjekte zu suchen. Es sind das alle die Versuche, die einen Weg gefunden zu haben meinen, die Geltung der moralischen Norm einfach daraus erklären zu können, dass der Mensch ein denkendes Wesen ist, dass er also versteht, was eine allgemeingültige Begründung ausmacht und dass für ihn Regeln, die Rationalität konstituieren, in Kraft sind. Sie haben, um in der hier gebrauchten Sprache zu sprechen, miteinander gemein, dass die Rationalität, deren Grundform mit der Verfassung des Subjektes verbunden ist und die seine Weltbeziehung strukturiert, von sich aus und unmittelbar auch das personale Leben unter einen Normanspruch stellen soll, der in der universalen moralischen Grundregel formuliert ist. Man macht dann, um ein Beispiel zu nennen, geltend, dass wir gar keine vernünftige Person wären, wenn wir nicht auch in unserem personalen Leben auf eben jene innere Übereinstimmung hin orientiert wären, die in der sittlichen Norm ihren zentralen Ausdruck findet (Christine Korsgaard). Eine andere Variante desselben

Gedankens setzt intersubjektiv an, und zwar bei dem Interesse an Begründung, das seinerseits in der Rationalität verwurzelt ist. Es kann in Beziehung auf unser Verhalten nur dann befriedigt werden, wenn wir dies Verhalten einer Grundregel unterwerfen, die unter allen Umständen und gegenüber allen zu begründen ist (Thomas Scanlon).

Solche Herleitungsversuche laufen, Kantisch gesprochen, allesamt darauf hinaus, die praktische Vernunft über eine einfache Folgerung aus der theoretischen zu begreifen. Mit geschickter Rhetorik kann man eine solche Begründungsart ziemlich weit vorantreiben. Denn unter der Grundregel des moralischen Bewusstseins ist ja das Verhalten der Person wirklich einer allerdings sehr besonderen rationalen Ordnung unterworfen. Auch kann kein Wesen als Person gelten, dessen Verhalten für Begründungen, die für oder gegen dies Verhalten sprechen, gänzlich indifferent ist, womit denn sein Verhalten gar nicht mehr als ein Handeln zu bezeichnen wäre. Für die Person, deren Verhalten kraft ihrer Rationalität auch von Begründungen bestimmt wird, ist die Aufmerksamkeit auf alle die Regeln, die eine rationale Begründung zu einer solchen machen, ebenso verbindlich wie selbstverständlich.

Aber diese Verbindlichkeit ist von der anderen Verbindlichkeit grundverschieden, die mit der Geltung der moralischen Grundnorm eintritt. Die Forderung der Achtsamkeit auf rationale Begründungen für Handlungen ist nämlich dann schon erfüllt, wenn das überlegte Eigeninteresse als Grund für die jeweilige Handlung und für die Strategie, die ihr zugrunde liegt, einsichtig gemacht werden kann – wenn also die Person als Subjekt Übersicht über ihre Interessen hat und sie geschickt abwägt und verfolgt. Im Eigeninteresse wird es gewiss auch liegen, die Interessen anderer nicht herauszufordern, eingespielte Muster des Umgangs nicht umzumodeln und mit ihnen zu einem Verhaltensarrangement mit möglichst hoher Bindungskraft zu kommen. Aber auch darauf wäre die Person doch vor sich selbst nicht in derselben Weise festgelegt, wie sie als Subjekt an die rationale Form von Begründungen gebunden ist. Wäre ein Mensch mutig, illusionslos, lebensstark und risikobereit zugleich, so würde ihn kein rationales Argument daran hindern, sich zumindest unter der Hand von allen moralischen Pflichten zu dispensieren. Damit, dass sich die Person der moralischen Grundnorm und der in ihr gelegenen, nicht von Interessen gesteuerten Rationalität verpflichtet wissen kann, muss also die Vollzugsform der Rationalität im Leben der Person auf noch ganz andere Weise zur Auswirkung kommen.

Diese Einsicht spricht zugunsten der philosophischen Theorien, die in ihrer Begründung der Ethik nicht auf die Rationalität allein, sondern immer zugleich auf Emotionen, auf so genannte moralische Gefühle Bezug nehmen. Nur über Gefühle scheint eine Motivation für Handlungen verständlich zu werden, die sich dem klugen Eigeninteresse entziehen. Ohne den direkten Bezug auf eine mögliche Motivation für Handlungen, die von der moralischen Norm ausgeht, scheint die Resistenz der Norm selbst gegenüber allen Zweckmäßigkeitserwägungen sogar ganz unverständlich zu werden. Und der Unterschied zwischen der Verbindlichkeit der moralischen Norm und der normativen Verfassung der Rationalität im Allgemeinen scheint am deutlichsten aus dem gänzlich verschiedenen Bezug beider auf Motivationen hervorzugehen.

Andererseits scheint aber doch kein Gefühl und keine Motivationskraft für sich allein eine Norm verständlich werden zu lassen. Kant hat die Problematik, die damit aufgebracht ist, nach dem Zeugnis von Nachschriften aus seinen Vorlesungen für eine der schwierigsten in der gesamten Philosophie gehalten. »Man soll das Gute durch den Verstand erkennen, und doch davon ein Gefühl haben. Das ist etwas, was man nicht recht verstehen kann.« »Urteilen kann der Verstand wohl, aber diesem Verstandesurteil eine Kraft zu geben, den Willen zu bewegen, das ist der Stein der Weisen.«

Wir werden darauf verzichten müssen, diesem Problem gründlich nachzugehen und uns dabei auch über die eindrucksvolle, aber inkonsistente Lösung hinwegzuarbeiten, die Kant selbst in seiner Lehre von der Achtung für das Sittengesetz gefunden zu haben meinte. Es lässt sich nämlich nur dann einer Lösung näherbringen, wenn man das herkulische Projekt in Angriff nimmt, die Vielfalt verschiedener Sachverhalte, die unter den Worten Emotion und Affekt zusammengefasst werden, und die Ansätze zu ihrer Erklärung zu differenzieren. Doch spricht wohl auch ein erster Vergleich möglicher Theoriepotentiale dafür, dass ein Ansatz bei der Verfassung der Subjektivität besser als bei der Rationalität eine Aussicht darauf eröffnet, auch den Ursprung und die Rolle von Emotionen im Prozess des sittlichen Bewusstseins zu verstehen.

Was immer die Untersuchung über die emotionale Komponente im sittlichen Bewusstsein aber auch ergibt, wir haben jedenfalls davon auszugehen, dass das Bewusstsein von der Geltung der sittlichen Grundnorm *sui generis* ist – und das unangesehen dessen, dass die Norm selbst ihrer Form nach eine rationale Regel ist und dass sie in dem Subjekt, in dem alle Weisen von Rationalität verankert sind, ihren Ursprung hat. Da sich die Verbindung zwischen Rationalität und Sittlichkeit nicht umstandslos aus der Rationalität aufklären lässt, wird es unumgänglich, Rationalität und Subjektivität auf andere Weise in Beziehung zueinander zu setzen. Damit sind wir zur Formulierung einer Leitlinie gelangt, der wir im Folgenden nachzugehen haben. Den Ansatz dazu haben wir auch bereits mit der Einsicht gewonnen, der zufolge mit der Geltung der Norm die im *Subjekt* begründete Einheit einer Weltkonstitution auch für die Konstitution einer Identität der *Person* in Kraft gesetzt ist.

Dies lässt sich als eine erweiterte Anwendung der Grundform der Rationalität auf den Bereich des Handelns in der Welt verstehen – als eine Erweiterung jedoch, von der wir nun nicht mehr sagen dürfen, dass sie eine einfache Konsequenz ist, die sich aus der Grundform der Rationalität als solcher ergibt. Sie kann also schon gar nicht als solche Konsequenz von jedem Subjekt eingesehen und gezogen werden, das als Person Subjekt von Handlungen ist, so dass es *durch* die Einsicht in diese Konsequenz zum sittlichen Wesen würde. Obwohl das sittliche Bewusstsein indemonstrabel ist, muss es dem Gesamtbewusstsein des Subjekts auf andere Weise und, man darf sagen, innerlicher zugehören als das Resultat einer Schlussfolgerung, deren jedes vernünftige Subjekt nicht nur fähig zu sein hätte, sondern die es auch jederzeit vollziehen müsste, um so zum moralischen Subjekt zu werden.

Damit stellt sich die Frage, wie *anders* das sittliche Bewusstsein verständlich gemacht werden kann. Es ist in sich selbst an eine Grundregel gebunden – wie immer sie das sittliche Bewusstsein nicht erschöpfend bestimmt. Diese Regel und vorzüglich die Bindungskraft, welche ihr im sittlichen Bewusstsein zugeschrieben ist, lässt sich nicht mittels eines Interessenkalküls herausfinden. Sie kann aber auch nicht ›von außen‹ in den Prozess der Subjektivität eindringen, um ihn in eine neue Wendung und Orientierung zu bringen. Zum einen ist nämlich nicht zu verstehen, wie eine Art von Kommando eine Form der Rationalität nicht etwa nur in Anspruch nimmt, sondern ursprünglich konstituiert. Zum anderen wird durch das sittliche Bewusstsein die eigenste Selbstverständigung des Subjektes erweitert. Das kann aber nur innerhalb der Entfaltung des Prozesses der Subjektivität selbst und aus ihr internen Gründen geschehen. Man muss sich also fragen, unter welchen Bedingungen es denn überhaupt möglich sein könnte, das personale Leben des Subjekts unter einen Anspruch und eine Perspektive zu stellen, die sich nicht über eine einsichtige Notwendigkeit aus seiner Grundverfassung als deren Implikation ergibt – einen Anspruch, der aber dennoch in und von diesem Leben als ihm selbst wesentlich anzuerkennen ist. Wären solche Bedingungen nicht anzugeben, dann könnte das Subjekt einen solchen Anspruch auch in Distanz zu sich selbst bringen. Muss man aber einräumen, dass auch nur die Möglichkeit zu einer solchen Distanzierung durch die Art der Begründung des Anspruches selbst offengelassen worden ist, dann hat man bereits dem stärksten Argument für eine nachfolgende Destruktion des sittlichen Bewusstseins die Bahn freigegeben.

In diesem Zusammenhang stellt sich dann zugleich noch die viel allgemeinere Frage, auf welche Weise Normen überhaupt bewusst werden, die sich nicht als Forderungen verstehen lassen, die in *sozialen* Kontexten an uns gestellt sind. In diesen Kontexten können Normen als ›generalisierte Erwartungen‹ (Talcott Parsons), auf denen der Zusammenhalt jeder Gesellschaft beruht, thematisiert und erklärt werden. Für mit der Rationalität wesentlich verbundene Regulierungen ist diese Erklärung offensichtlich inadäquat. Richtiges Schließen, auch in der formalen (deontologischen) Logik der Normbegriffe, kann man nicht aus gesellschaftlichen Verhältnissen, sondern nur endogen aus der Verfassung jeweils einer einsichtigen Praxis des Folgerns begründen. Natürlich kann man sich das Verstehen, in dem die Normen ursprünglich zu der ihnen gemäßen Wirkung kommen, auch nicht als Folge einer Instruktion über die in Geltung befindlichen Normen und normierten Prozeduren vorstellen – so wie Logikstudenten logische Regeln und Herleitungen in Texten und Formeln nachvollziehen können. Das Wissen von den Normen muss auf andere Weise und intern mit dem Vollzug dieser Prozeduren selbst verbunden sein. Man kann dies Wissen als ›praktisch‹ oder als ein ›Wissen *wie..*‹ von theoretischem sowie von Tatsachenwissen unterscheiden, ohne dass damit irgendetwas genauer gefasst oder verständlich gemacht wäre. Denn ein *Verstehen* der Norm muss auch der Situation der Praxis selbst zugeschrieben werden, weshalb die Analogie zu einem ›Abrichten‹ von intelligenten Tieren oder einer instinktbedingt-unbewussten Verrichtung ausgeschlossen ist.

Moralische Normen sind von logischen jedoch in der Tat dadurch unterschieden, dass es in ihrem Fall nicht offenkundig abwegig ist, das Wissen von ihnen auf Belehrung und Einübung zurückzuführen. Muss doch Kindern zunächst einmal der Sittenkodex einer Gesellschaft, nicht jedoch das Schlussfolgern, gelehrt werden. Seine Einhaltung wird prämiert, und wer ihn verletzt, hat Sanktionen zu erwarten. Man kann dann weiter auch erklären, wie die äußere Macht und Autorität, mit der die Normen zunächst geltend gemacht wurden, verinnerlicht werden und als Selbstbindung wirken können. Diese Erklärungsart scheidet somit logische und moralische Normierungen gänzlich voneinander ab. Offensichtlich ist es darüber hinaus, dass Menschen in jede moralische Ordnung des Lebens hineinwachsen müssen. Geht man aber davon aus, dass es eine moralische Grundnorm gibt, deren Verfassung überhaupt nur im Zusammenhang mit der Verfassung von Rationalität verständlich wird, dann kann man das moralische Bewusstsein jedenfalls nicht auf die Introjektion von Normen zurückführen, die von einer faktischen Autorität gedeckt oder die als Konvention vorgegeben sind. In Beziehung auf sie kann jegliche Erziehung deshalb auch nur bewirken, dass sie deutlich artikuliert und nachhaltig wirksam werden. Im Übrigen hat man sogar empirisch nachgewiesen, dass schon sehr kleine Kinder klar zwischen ganz allgemein gültigen moralischen Normen und solchen Geboten unterscheiden, die von einer Autorität ausgehen, die immer ihren Willen ändern könnte (Gertrud Nunner-Winkler). Dann aber muss man sich auch fragen, wie denn eine solche Grundnorm im Bewusstsein selbst ursprünglich gewusst werden kann und wie sich das Subjekt kraft solchen Wissens als von der Norm in sich selbst betroffen zu verstehen vermag.

Versuchen wir also nun einmal, uns in die Situation eines sittlichen Bewusstseins zu versetzen, dem wir keinerlei moraltheoretische Reflexion und Aufklärung – oder gar Kantlektüre – unterstellen. Da die moralische Dimension des Lebens Handeln in der Welt voraussetzt und da sie letztlich Einstellungen zu diesem Handeln betrifft, gehört das sittliche Bewusstsein einem Subjekt an, das als handelnde Person konkretisiert ist. Die moralische Grundnorm kann aber von einem solchen Subjekt weder als eine Forderung, der es von einer äußeren Instanz oder Institution unterworfen ist, noch als ein formulierter Kodex von der Art erfahren werden, wie öffentlich erlassene Gesetze bekannt werden. Es muss sie als etwas verstehen, was das Subjekt selbst angeht, was ihm diesseits seiner Interessenlage entspricht und sogar von ihm selbst ausgeht – aber eben nicht so, dass es den in der Norm gelegenen Anspruch als einfache Konsequenz dessen einsehen kann, was es von sich selbst jederzeit bereits weiß und in einer Klarheit, die Nachfragen ausschließt, wissen kann. Dass die Norm ihm nicht wie ein Fremdes entgegentritt, zeigt sich auch daran, dass es aus sich selbst heraus, und zwar in rationaler Erwägung, zu verstehen vermag, in welcher Weise sie jeweils in konkreten Handlungssituationen zur Geltung gebracht werden muss. Es begreift sie dennoch nicht aus dem, was es von sich ohnedies jederzeit weiß. Das zeigt sich auch daran, dass sie ihm durch die Weise, in der sie sich zunächst geltend macht, *Einhalt* gebietet in der durchaus rationalen Tendenz, aus kalkuliertem Selbstinteresse zu handeln.

Man kann aus all dem folgern: Dem sittlichen Bewusstsein, das unter der Grundnorm noch keine festen Einstellungen ausgebildet hat, wird sich diese Norm in drei Momenten artikulieren: (1) in einem Moment, das dem kalkulierenden Eigeninteresse Einhalt gebietet, (2) in einem Moment, welches das Subjekt in eine andere Orientierung versetzt, die es ganz aus eigenem Verstehen zu entfalten vermag, (3) in einem Moment, das dem Subjekt die Perspektive erschließt, in all dem ganz es selbst zu sein. Diese Momente sind in einem Bewusstsein zusammengefasst, das sprachliche Interaktionsfähigkeit voraussetzt, das aber nicht in einer sprachlichen Artikulation aufgeht. Ich versuche, diese drei Momente in der folgenden sprachlichen Ausdrucksform zu fassen: (1) Halte ein, so kannst Du nicht ohne Besinnung weiter verfahren! (2) Erwäge, welches Handeln nach diesem Einspruch, den Du anerkennst, das richtige wäre, und gewinne dann auch die richtige Einstellung zu solcher Handlungsart! (3) Du bist doch noch ein ganz anderer, als Du meinst, wenn Du so handelst, wie Du zunächst wolltest. Du weißt das in Wahrheit auch – und Du weißt es ganz und gar, wenn Deine eigene Besinnung Dich in Deinem Handeln wirklich leiten wird!

Dem ersten dieser drei Sätze liegt die Faktizität im Wissen von der Norm zugrunde. Deren Folge ist, dass die Grundnorm immer zunächst primären Handlungsimpulsen *entgegen*wirkt. Im zweiten Satz wird hervorgehoben, dass die Praxis unter der Norm auf einer vernünftigen Besinnung beruht. Im dritten Satz ist damit zugleich unter der Norm die Perspektive einer vertieften Selbstaneignung eröffnet.

Ein sittliches Bewusstsein, das sich in der Subjektivität etwa so artikuliert, kann man Menschen jeder Kultur und in jeglicher Entwicklungs- und Differenzierungsstufe der Gesellschaft zuschreiben. Man muss dabei nur voraussetzen, dass sie Subjekte sind und im Wissen von sich selbst stehen, dass sie somit nicht in einer Bewusstseinsverfassung leben, die von der rituellen Koordination des Gruppenlebens gänzlich absorbiert ist. Das kann man mit Sicherheit für die gesamte uns bekannte Geschichte der Kulturen voraussetzen. Dabei ist aber nicht angenommen, dass in diesem Bewusstsein eine moralische Grundregel auch ausdrücklich abgehoben ist. Das Bewusstsein kann insofern traditional bestimmt bleiben, als ihm die Gehalte eines Handelns unter der Norm als vorgegeben gelten durch Lehre und Beispiel oder im vertrauten Profil der Gruppe. Da zudem, wie wir noch sehen werden, die Grundregel den Gehalt des sittlichen Bewusstseins nicht erschöpft, können konkretere Solidaritäten die Tendenz zur expliziten Kenntnis einer allgemeinen Grundformel überlagern und blockieren. Daraus darf man aber nicht folgern wollen, dass die Menschen in Kulturen, in denen eine ›substanzielle Sittlichkeit‹ maßgebend ist, ein ganz anderes, uns fremdes und sogar uns unzugängliches sittliches Bewusstsein haben. Vielleicht hat man theoretische Schwierigkeiten, eine solche unwillkommene Folgerung abzuwenden, auch wenn man sich nicht auf sie festlegen möchte. Nachgeben kann man ihr aber ebenso wenig, wie man daraus, dass eine Kultur die Reflexionsbildung nicht begünstigt, wird folgern wollen, dass die Menschen in ihr gar kein Selbstbewusstsein haben und dass sie insofern keine Subjekte sind.

4. Selbstsein und sittliches Bewusstsein

Wir haben gesehen, wie sich der Versuch zur Begründung einer Ethik in ein Dilemma verwickelt: Hält man, durchaus sachgemäß, die Rationalität der Überlegung über das sittlich Richtige fest und verbindet man die Normativität des sittlichen Bewusstseins mit der Subjektstellung des Menschen in Beziehung auf sein Handeln und seine Lebensführung, dann scheint es unausweichlich zu werden, die sittliche Normativität irgendwie aus der allgemeinen Vernunftform herzuleiten. Hat man sich aber, wiederum durchaus sachgemäß, davon überzeugt, dass keine solche Herleitung gelingen kann, dann muss man davon ausgehen, dass die sittliche Norm für unsere Handlungen nur faktisch in Geltung ist. Damit scheint es aber notwendig zu werden, das sittliche Bewusstsein insgesamt auch auf faktische Quellen oder empirisch aufweisbare Mechanismen zurückzuführen – auf die Natur des Menschen, auf eine ontogenetische oder kulturelle Entwicklung, auf ein

Interesse daran, in einer bestimmten Form von Gesellschaft zu leben, oder was immer. Damit wäre es dem Aufgeklärten immer möglich, das sittliche Bewusstsein für sich zu hintergehen und grundsätzlich auch zu suspendieren. Noch gravierender ist es, dass damit auch die Ausgangsevidenzen ignoriert wären, die zu dem entgegengesetzten Ansatz geführt haben: die Rationalität der sittlichen Grundnorm und die für sie wesentliche Beziehung auf das Wissen von sich, in dem sich das Subjekt als solches ursprünglich konstituiert.

Dies Dilemma hat, auch wo es nicht klar formuliert worden ist, die gesamte Geschichte der philosophischen Ethik in Unruhe gehalten. Man hat also davon auszugehen, dass seine Voraussetzungen im Grundlegungsbereich des Denkens liegen. Dann ist es aber auch nur aufzulösen, wenn man den Ansatz dafür in eben diesem Bereich nehmen kann. Als Erster hat Aristoteles auf es mit einer Differenzierung im Vernunftsinn reagiert, von der sich unsere Unterscheidung zwischen theoretischer und praktischer Vernunft herleitet. Sie muss in jeden Lösungsversuch integriert werden. Für sich allein genommen tendiert sie aber, wie Heideggers Beispiel zeigt, dazu, die gesamte Weltbeziehung des Menschen nach dem Muster seiner Praxis zu modellieren. Wir haben dagegen mit einer Verständigung über die Subjektivität des Menschen begonnen, und zwar so, dass in das vortheoretische Wissen von sich das Zentrum des Aufbaus einer ihrer Anlage nach durchaus theoretischen Weltbeziehung, aber auch der Grund und Ausgang einer Beunruhigung in der Verständigung des Subjektes über sich gesetzt worden ist.

Auf diesen Ansatz muss nun zurückgegangen werden, um zu erkunden, wie von ihm her eine Verständigung auch über die Verfassung des sittlichen Bewusstseins und damit Kants ›Stein der Weisen‹ gefunden werden kann. Eine solche Verständigung muss beiden Evidenzen gleichermaßen gerecht werden, welche die Ethik kraft jenes Dilemmas in einander entgegengesetzte Positionen hineintreiben.

Es könnte kein Wissen von der einen Welt als ganzer geben, wenn nicht alles, was sich möglicherweise von ihr wissen lässt, auf ein und dasselbe Subjekt Bezug hätte, das als Person zugleich eine Position in dieser Welt einnimmt und von ihr weiß. Insofern ist das Subjekt in seinem Wissen von sich der eine Ankerpunkt, auf den die gesamte Bewegung des Wissens von der Welt und von den Beziehungen innerhalb ihrer zuletzt bezogen bleibt. Deshalb ist man auch versucht zu denken, dass in diesem Zentrum ein Fall von Wissen vollzogen sein müsse, das, als Wissen von sich, vollständig, für sich selbst verfügbar und sich selbst schlechthin durchsichtig ist.

Das Ergebnis, zu dem wir gelangt sind, läuft aber auf das gerade Gegenteil davon hinaus. Alles andere Wissen, welches sich von diesem Zentrum her aufbaut, ist dem Verstehen zugänglicher als die besondere Wissensart, kraft deren sich das Zentrum selbst konstituiert. Da jede Erklärung, die Aufschluss darüber geben will, worin ein Wissen von sich selbst besteht, dies Wissen selbst bereits voraussetzt, ergibt sich die Bilanz: Zwar verfügt man in einer Klarheit, die jedem Zweifel entzogen ist, wirklich über ein solches Wissen, während man dennoch eigentlich gar nicht versteht, wie ein solches Wissen vollzogen wird und kraft wessen es möglich ist. Keinesfalls bringt das, wovon in solchem Wissen gewusst wird, sich selbst hervor – etwa durch einen reflektierenden Rückbezug des Wissenden auf sich selbst. Deshalb muss man folgern, dass dem Subjekt, das in diesem Wissen steht und das in ihm besteht, ein Grund vorausgeht, kraft dessen sich das Wissen von sich selbst vollzieht und der fortbesteht und der auch fortwirkt, solange dies Wissen samt allem fortbesteht, was mit ihm verbunden ist. Dieser Ursprung der Subjektivität ist aber damit auch der Thematisierung als ein Gegenstand entzogen. Denn alle Erkenntnismethoden setzen das Wissen von sich voraus, da sie in ihm verankert und verwurzelt sind. Würden auch die Gesetze und Prozesse der Materie, die unsere Physik zu fassen sucht, das Funktionieren der Rationalität ausschließlich bedingen, so würde doch eben dies innerhalb der Physik nicht auch noch zu erklären sein.

Dieser Begründungsgang und sein Resultat ergeben sich aus philosophischer Überlegung. Sie können nicht so wie das Wissen vom Ganzen der Welt oder auch von der Verbindlichkeit der Grundnorm jedem Subjekt schon diesseits aller Selbstreflexion zugeschrieben werden. Dennoch entspricht ihr Resultat einem Wissen, das dem Subjekt selbst zugänglich und geläufig ist: Dass das Subjekt, das mit Gewissheit von sich weiß, sich damit nicht selbst auch schon begreift und dass es sich gewiss nicht selbst in seinen Vollzug eingesetzt hat. So weiß es sich damit zugleich immer schon der Frage ausgesetzt, was denn sein Ursprung sei und wie sich von ihm her der Vollzug seiner Subjektivität erklärt – als bloße Unausweichlichkeit oder als einbegriffen in einen Prozess, der dem Vollzug eine Bedeutung zuwachsen lässt, die sich grundsätzlich von jeder *Stiftung* von Sinn unterscheidet, die das Subjekt aus sich selbst zu gewinnen vermöchte.

Dies Bewusstsein durchzieht das Menschenleben. Es geht jeder theoretischen Reflexion voraus und ist selbst eines der machtvollsten Motive, die in das Philosophieren hineintreiben. Diesem vortheoretischen Bewusstsein gibt die Einsicht, dass die Grundform der Subjektivität in keiner Theorie aufgelöst oder hintergangen werden kann, eine Deckung und den Ansatz für weiterführende Folgerungen. Setzt man dies alles voraus, dann ergibt sich die Aussicht darauf, nunmehr auch die Unableitbarkeit des sittlichen Bewusstseins im Ganzen der Subjektivität zu diesem Grundzug im impliziten Wissen des selbstbewussten Subjektes philosophisch in ein Verhältnis zu bringen.

Das Subjekt, das seiner gewiss ist, ist nicht zugleich auch durch sich begriffen. Daraus folgt zunächst, dass ihm ein ihm entzogener Grund vorausliegt. Nun lässt sich freilich viel im

Ausgang von seinem Selbstverhältnis als notwendig einsehen; und wir haben die Verfassung einer Welt von diesem Ausgang her erklärt. Aber daraus, dass dem Subjekt sein elementares Selbstverhältnis, von dem so viel andere Klarheit ausgeht, nicht durchsichtig werden kann, ergibt sich noch eine andere Folgerung als die, welche es einen ihm entzogenen Grund voraussetzen lässt. Sie führt zugleich zu dem Gedanken, dass die Verfassung des Subjektes selbst durch sein elementares Wissen von sich nicht vollständig erschlossen ist und aus ihm nicht erschöpfend definiert werden kann – also auch nicht durch die Wesenszüge und Vollzugsweisen, die sich im Ausgang von seinem Selbstbewusstsein verstehen lassen.

Die Notwendigkeit der Voraussetzung eines Grundes führt also zur Erweiterung des Bereichs, aus dem und in Beziehung auf den das Subjekt sich selbst zu verstehen vermag. Die philosophische Einsicht, dass diese Selbstbeziehung gegen jede analytische Aufschlüsselung resistent ist, lässt also begreifen und rechtfertigt, was im wirklichen Selbstverhältnis und im Prozess der Selbstverständigung eines jeden bewussten Lebens ohnedies immer geschieht: Subjekte setzen sich nicht nur einen Grund voraus. Im Zusammenhang mit diesem Gedanken verstehen sie *sich selbst* in einer Weise, die über ihr Für-sich-Sein und über ihren Weltbezug gleichermaßen hinausgeht.

Damit eröffnet sich die Möglichkeit dafür, über die Tatsache zur Klarheit zu kommen und Rechenschaft abzulegen, dass das Subjekt im sittlichen Bewusstsein über sich selbst einen *Aufschluss* gewinnt, der in dem Selbstbewusstsein, das es als Subjekt konstituiert, noch nicht gelegen ist und in dem es sich dennoch *als* Subjekt wiederfindet, und zwar in einem nunmehr erweiterten und vertieften Sinne. In einem damit ist aber ebenso eine Basis dafür gewonnen, ohne Zirkelgefahr zu verstehen, dass das Bewusstsein von der sittlichen Grundnorm in *faktischer* Verbindlichkeit auftritt und dass ein Handeln, das ihrer nicht herleitbaren Geltung entspricht, *dennoch* als in einem sogar gesteigerten Sinne als ein der Person eigenes Handeln zu verstehen ist und auch ohne weiteres so verstanden wird. Denn es ist einsichtig geworden, warum die Faktizität in der Verbindlichkeit die Reinheit im Selbstverhältnis nicht ausschließen muss.

Zugleich wird einsichtig, dass der erweiterte Aufschluss über sich selbst, den das Subjekt erlangt, nicht im Bewusstsein einer Regel des Wissenserwerbs, sondern im Ausgang vom Bewusstsein einer Handlungsnorm gewonnen wird. Ohnedies kann das Subjekt nicht etwa durch Mitteilungen einen solchen Aufschluss erlangen. Denn ein Aufschluss *über* sich kann ihm nur *aus* ihm selbst zuwachsen – und also, wie es schon im Selbstbewusstsein der Fall ist, über ein Bewusstsein der Weise, wie es sich vollzieht.

Schon die Einheit von weltübergreifendem Subjekt und endlicher Person in der Welt ist dem Subjekt, so notwendig und ›selbstverständlich‹ sie auch ist, nicht durchsichtig und in ihrer Konstitution nicht zu durchschauen. Mit der Grundnorm des sittlichen Bewusstseins ist dann der Identitätssinn, der in der Weltkonstitution vorausgesetzt ist, zugleich als konstitutiv für die Handlungsart des Subjektes erklärt und eingefordert. Damit sind Subjektivität und Personalität in der Handlungsart der Person aneinander angeglichen. Im sittlichen Bewusstsein weiß das Subjekt diese Approximation ganz spontan als ihm gemäß. So löst sich das Problem, das andernfalls ein dunkles Rätsel bliebe, dass sich das Subjekt in einem Handeln, welches die Grundnorm erfüllt, nicht etwa als sich entfremdet, sondern ganz und sogar *gesteigert* als sich selbst zu wissen vermag.

Dies Wissen ist, ähnlich dem Selbstbewusstsein, Selbst*beschreibung* und Wissen *im* Vollzug. So kann man sagen, dass es theoretisch und praktisch in einem sei oder dieser Unterscheidung noch vorausliege. Das Subjekt *versteht* sich als solches in einem erweiterten Sinn – als Ursprung einer anderen, einer eigenständigen, nicht nur abwägenden Organisation seiner Handlungen.

Und es versteht sich als gewiesen in deren Vollzug, aber auch in den eigenständigen Austrag aller Konsequenzen, die sich dabei ergeben werden und durch die auch sein Selbstbild noch weiter vertieft und verwandelt werden kann.

Man darf also die Voraussetzung eines Grundes, der das Subjekt in seinem Wissen von sich ermöglicht, nicht so verstehen, als würde das Subjekt vermittels dieses Grundes nunmehr doch einer ihm selbst äußerlichen Norm unterworfen – so als ob der Grund zunächst das Subjekt ermögliche, um es dann zusätzlich einer Handlungsnorm zu unterstellen. Der Grund ist einzig der Konstitutionsgrund des Subjektes *im Ganzen*, also auch in dem, was ihm über es selbst in seinem elementaren Selbstbewusstsein nicht bereits erschlossen ist. Nur so versteht es sich, dass das Subjekt sich unter der Norm zu nichts anderem als aus sich selbst zu sich selbst verpflichtet verstehen kann.

Wir kennen allerdings Formulierungen für diesen Zusammenhang, die ähnlich zu lauten scheinen und die ihn doch verfehlen – so etwa die, das Subjekt habe sich selbst jenes Gesetz gegeben oder habe sich selbst unter eine solche Verpflichtung gestellt. Nur von einer Selbstbestimmung *unter* der ihm eigenen Norm kann (und wird in der folgenden Vorlesung über Freiheit) die Rede sein. Der unabweisbare Gedanke an einen der Subjektivität vorausgehenden Grund zwingt dazu, auch aus der Verständigung über das sittliche Bewusstseins den Gedanken an eine Selbstkonstitution ganz fernzuhalten. Ungeachtet dessen wird kraft des sittlichen Bewusstseins und seiner Faktizität das Selbsthafte in der personalen Dimension der Subjektivität verstärkt, nicht eingeschränkt. Das Subjekt gewinnt im sittlichen Bewusstsein *über sich selbst*, nicht über das, woraus es begründet ist, einen Aufschluss. Allerdings eröffnet der Gedanke des Grundes, der jeder Subjektivität vorausgeht, dann auch den Raum dafür, die Subjekte im Ganzen und also unter Einschluss ihrer sittlichen Personalität in einen Ordnungszusammenhang einbegriffen zu verstehen, der ebenso wie ihr Grund nur als ihnen vorausliegend zu denken ist. Auch dieser Zusammenhang kann nur so gedacht werden, dass in ihm die Möglichkeit von Subjekten samt all dem, was sie ausmacht, begründet ist.

5. Die Vertiefung des sittlichen Bewusstseins

In dieser Vorlesung soll von der *Entfaltung* des sittlichen Bewusstseins die Rede sein. Bisher geschah das insofern, als der Aufgang des sittlichen Bewusstseins innerhalb des Ganzen der Verfassung der Subjektivität erklärt wurde, also einem statischen Sinn von Entfaltung gemäß. Die vorausgehende Vorlesung hatte aber bereits Subjekt und Person in einer Dynamik als ›Dynamik des Lebens‹ zum Thema, die eine diachrone Verfassung hat. Zu diesem Thema ist nun der Anschluss zu suchen. Dabei wird zunächst auf eine Entfaltung des sittlichen Bewusstseins innerhalb seiner selbst eingegangen, danach auf die Weise, wie sich das sittliche Bewusstsein in der umfassenderen Dynamik des Lebens geltend macht – eines Lebens, das um seine Stabilität, seine Identitätsbalance und um die Verständigung über sich selbst besorgt ist.

Wir haben angenommen, dass das sittliche Bewusstsein wesentlich mit dem Wissen von einer moralischen Grundnorm verbunden ist. Auch in den Gebotstafeln früher Kulturen ist davon ausgegangen, dass zwischen dem Gehalt der einzelnen Gebote irgendein Zusammenhang besteht, dass sie also nicht einer Sammlung von Gesetzen ähneln, die zuvor einmal zu ganz verschiedenen Zwecken entstanden sind. Da im sittlichen Bewusstsein immer die eigene Beurteilungsfähigkeit des Handelnden in Anspruch genommen wird, ist ein Zusammenhang, auf den sich das eigene Urteil zu gründen vermag, umso mehr unterstellt.

Nun ist aber in der Ethik auch eine Kritik an den Positionen wohl bekannt, die das sittliche Urteil allein auf die Grundnorm begründen wollen und die dabei diesem Bewusstsein selbst unterstellen, seine Intention gehe allein auf die Erfüllung der Grundnorm – bei der Beurteilung seines Tuns und Lassens ebenso wie auch bei der Entwicklung der motivierenden Einstellung zu seinen Handlungen. Abgesehen von dem Argument, eine Grundregel könne für die Entscheidung über einzelne Handlungen keine hinreichend bestimmte Anleitung geben, sind es vor allem drei Gründe, die eine solche Kritik geltend machen kann: (1) Die Intention des guten Willens geht nicht allein und auch nicht primär darauf, dass sich der Handelnde der Grundnorm entsprechend verhält. Zumindest in all den sittlichen Handlungen, die (wie zum Beispiel die Hilfeleistung) auf andere einzelne Personen gerichtet sind, muss das Interesse an ihnen selbst auch das eigentlich leitende Interesse sein. (2) Der gute Wille ist nicht selbstgenügsam. Wer handelt, muss einsehen, dass er eine Verantwortung für den Erfolg oder den Misserfolg seines Handelns trägt. Die Wahrnehmung dieser Verantwortung kann aber eine Verletzung der sittlichen Grundnorm verlangen. (3) Die Grundnorm kann auch insofern nicht unabhängig von besonderen Umständen angewendet werden, als jeder Handelnde in besonderen Solidaritäten lebt, die aus sich heraus sittlich ein Vorzugshandeln zu ihren Gunsten rechtfertigen.

Diese drei Gründe stimmen insofern zusammen, als sie die Universalität der Geltung der Grundregel dadurch in Frage stellen, dass sie sittliches Handeln in besondere Kontexte einbetten und in seiner *Intention* auch auf diese Kontexte hin orientieren. Werden die Gründe gebündelt geltend macht, so wird damit auf eine Begründung der Ethik gezielt, für die eine allgemeine Norm allenfalls den Status einer nachträglichen Generalisierung von Handlungsbindungen haben könnte, die ihr vorausgehen und die ganz anderen Quellen entstammen.

Um deutlich werden zu lassen, wie weit diese Kontroverse sich auswirkt, sei erwähnt, dass derselbe Dissens dem Gegensatz zwischen Universalismus und Kommunitarismus in der politischen Theorie zugrunde liegt. Auch hier werden die Allgemeinheit eines Prinzips und der Ursprung von Verpflichtungen in konkreten Lebensumständen gegeneinander ausgespielt. Und auch hier wird für beide eine unterschiedliche Intention ins Spiel gebracht, die mit der jeweils primär begründenden Handlungsart verbunden ist.

Hat man, wie es zuvor geschah, das sittliche Bewusstsein intern mit dem Wissen von einer Grundnorm verbunden, dann lässt sich der Dissens nicht lösen durch eine einfache Entscheidung zugunsten einer Ethik der konkreten Lebensbindungen und einer sittlichen Urteilskraft, die in solchen Bindungen verwurzelt ist. Andererseits kann aber gerade den Argumenten nicht die Berechtigung abgesprochen werden, die ihre Kritik an einer Fundierung der Ethik auf eine Grundnorm aus einer Analyse begründen, die mit ihr nicht vereinbare Züge des sittlichen Bewusstseins selbst in den Blick bringt. Wir hatten uns zuvor darum bemüht es auszuschließen, dass die Begründung des Universalismus in der Ethik als aus einem Interesse an dem Bestehen einer solchen Ordnung oder an der Sicherung der eigenen Identität zu gewinnen ist. Nunmehr scheint eine andere Kritik an einer Ethik der Grundnorm zu greifen. Sie zeigt, dass die Orientierung an der Grundnorm für sich allein nicht davor zu bewahren ist, auf eine Art von moralischem Autismus hinauslaufen zu müssen. In der Art, wie eine solche Einstellung sich ausbildet, könne es letztlich nur um den eigenen moralischen Status des Handelnden, also um den Gewinn einer besonderen Qualität der Person gehen. Diese Motivation sei aber mit der Verbindlichkeit der Norm, die doch eine Handlungsart als solche einfordert, nicht verträglich. Würde die Intention des sittlichen Bewusstseins doch nicht mehr auf die Richtigkeit des Handelns konzentriert sein, sondern über die Motivation, die das Handeln veranlasst, auf eine durch solche Richtigkeit zu erwerbende Eigenschaft zielen. Damit würde sie ihre Vergleichbarkeit mit der Rationalität der Erkenntnis einbüßen und den Vorwurf der moralischen Eitelkeit auf sich ziehen.

So hat man sich also darum zu bemühen, einerseits an der Analyse festzuhalten, die dem sittlichen Bewusstsein das Wissen von einer Grundnorm zuschreibt, ohne auf der anderen Seite damit auf die Konsequenzen festgelegt zu werden, welche die Kritik an der Ethik der Grundnorm herausgearbeitet hat. Das verlangt offensichtlich einen weiteren Rückgriff auf den allgemeinen philosophischen Rahmen, in den die Begründung der Ethik hineingestellt worden ist.

Das sittliche Bewusstsein ist auf das Handeln der Person bezogen. Seiner Verfassung nach entspricht dies Bewusstsein der Grundform der Subjektivität, ist aus ihr aber nicht herzuleiten. Das Subjekt gewinnt also, wie wir sagen konnten, kraft des sittlichen Bewusstseins eine vertiefte Verständigung über sich selbst. Diese Zuordnung lässt es verständlich werden, wieso die Person in dieser Verständigung vom sittlichen Bewusstsein *selbst* auch noch *weiter* geführt werden kann, – und zwar dann, wenn ihm selbst Grenzen seines eigenen Bezugs auf die Grundnorm und in deren Anwendung deutlich werden. Eine solche Grenze wird daran erkennbar, dass ein Handeln, das einzig an der Grundnorm ausgerichtet ist, die Aufgabe der Entwicklung einer moralischen Einstellung und Motivation, die mit der Norm selbst gestellt ist, nicht vollständig zu erfüllen vermag. Damit ist die Person gerade vermittels ihrer Ausrichtung auf die Norm zugleich auch noch über diese *hinaus*gewiesen.

Man kann insofern sagen, dass das Bewusstsein der Norm die erste Lichtquelle des sittlichen Lebens ist, die, indem sie niemals erlischt, zugleich über sich selbst hinausführt und anderes als sie selbst hervortreten lässt. Die Person ist in der sittlichen Erfahrung ihres Umgangs mit der Grundnorm und der Ausbildung einer Intention unter ihr darauf *gewiesen*, in konkreteren Solidaritäten und ebenso in der Verantwortung für die allgemeinen Folgen ihres Handelns eigene sittliche Gehalte zu sehen. Ihnen lässt sich nur entsprechen, wenn auch die Intention des Handelns gegenüber der Ausrichtung an der Grundnorm allein verwandelt und erweitert wird.

Über die Vertiefung des sittlichen Bewusstseins wird aber nunmehr die Person als ganze samt dem Umkreis ihres Lebens und Handelns in der Welt in die erweiterte Perspektive auf sich selbst einbezogen, die mit dem sittlichen Bewusstsein in der Selbstverständigung des Subjektes aufkam. Dieser Umkreis ist nun mehr als der Anwendungsbereich der Grundnorm; sie ist der Bereich, in dem sich die Intention des sittlichen Bewusstseins erfüllt. Auf diese Weise wird eine neue, eine zweite Stufe in der Entfaltung des sittlichen Bewusstseins begründet.

Nun ist es allerdings offenkundig, dass sich das Leben der Person *ohnedies* in persönlichen Bindungen und Solidaritäten vollzieht. Sie sind nicht selbst die Grundlage des sittlichen Bewusstseins, sondern in der naturalen Genesis der Art und dem Prozess der sozialen Integration begründet und auf diese beschränkt. Aber sie gewinnen einen sittlichen Gehalt dadurch, dass nur über sie das sittliche Bewusstsein von Defekten befreit wird und dass sich nur in ihnen die Verwandlung und Entfaltung vollziehen kann, die in seiner eigenen Verfassung angelegt sind.

Die Vertiefung und die Selbstkorrektur, die sich auf diese Weise im sittlichen Bewusstsein vollzieht, laufen somit auch keineswegs darauf hinaus, die sittliche Grundnorm preiszugeben und als fiktiv oder als nachträgliche Generalisierung vorgeprägten Verhaltens ausgeben zu müssen. Auch nach der Vertiefung bleibt die Aufgabe der Abwägung bestehen, inwieweit den konkreten Solidaritäten des Lebens der Vorrang gegenüber dem gebührt, was nach der Grundnorm verlangt wäre. Selbst dann, wenn aus solcher Solidarität heraus eine allgemeine Pflicht verletzt werden muss, bringt das nicht etwa ihren Status als Pflicht zum Verschwinden. Auch wird der, der von solcher Verletzung betroffen wird, nicht deshalb, weil die Verletzung als ganz unabwendbar erscheint, zu einem im moralischen Sinn gleichgültigen Anderen. Im vertieften sittlichen Bewusstsein wird er, wie jeder Mensch, als eine Person verstanden und genommen werden, die sich in ihren eigenen Solidaritäten als Person verwirklicht hat. Im Zusammenspiel der naturalen Grundlage mit dem, was in der Dynamik des sittlichen Bewusstseins begründet ist, kommen die Subjekte und die natürlichen Individuen allererst in die Perspektive, in der Person miteinander zu koinzidieren.

Deshalb sind auch Menschenrechte und das Menschenrecht, als Person geachtet zu werden, sittlich betrachtet, nicht die Ansprüche gleich gearteter und insoweit profilloser Subjekte. Sie sind als begründet im Respekt vor Personen in der Konkretion der ihnen jeweils eigenen Lebensbindungen anzusehen. Gerade damit kommt aber auch das universale Postulat des Respekts vor der Würde des Menschen, das als eine Folgerung aus der Grundnorm hervorgeht, aus dem Anschein einer lebensfernen und gehaltarmen Abstraktion heraus.

So sehen wir also, wie der philosophische Rahmen, innerhalb dessen der Ort und der Ursprung des sittlichen Bewusstseins bestimmt wurden, verstehen lässt, wieso dies Bewusstsein eine in ihm selbst begründete Erweiterung und Vertiefung erfahren muss. Diese Entfaltung folgt einer nur in ihm selbst gelegenen Konsequenz und versetzt doch zugleich in eine neue Spannung: die im notwendigen Ausgleich zwischen der sittlichen Konkretion eines Lebens der Person und ihrem Prinzipienbezug, welcher der Grundform im Weltaufbau durch das Subjekt entspricht. Wir haben nun zuzusehen, wie diese besondere Dynamik in die allgemeinere Dynamik des bewussten Lebens eingegliedert ist und in sie eingreift.

6. Bewandtnis des Lebens

Die Moral ist *Teil* des menschlichen Lebens, und jeder weiß, dass sie nicht sein Ganzes ausmacht. Sie ist aber auch nicht *irgend*ein Teil von ihm. Wir wissen ebenso gut, dass sie in einigen Handlungssituationen eine herausragende, unvergleichliche Bedeutung annimmt. Dann kann sie unser Leben ganz bestimmen. Das erklärt sich aus der Stellung, die dem sittlichen Bewusstsein in der Dynamik des Lebens zuwachsen kann.

Wir haben gesehen, dass das bewusste Leben diesseits seiner Moralität in Beziehung auf drei Dimensionen darum bemüht ist, sich einen Ort zu bestimmen: als Subjekt in der Konstitution und in der Umbildung seiner Welt, im Bewusstsein der Entzogenheit seines eigenen Ursprungs, als handelnde Person in der Ausbildung von Identitäten und einer Identitätsbalance. Aus dem Widerspiel zwischen diesen drei Bewegungen wird das Leben der Frage ausgesetzt, die als die ›Sinnfrage‹ in aller Munde ist. Wir haben sie wie folgt formuliert: Besteht zwischen dem, was allem anderen zugrunde liegt, wovon der Mensch etwas weiß, und seinem eigenen Leben eine Beziehung der Art, dass dies Leben kraft ihrer sich unter einer Affirmation wissen kann, die es von einem Faktum unter allen anderen Fakten unterscheidet? Oder ist dies Leben eine bloße, eine ›blinde‹ (eine durch nichts zu erleuchtende) Tatsache wie beliebige andere auch in einem durch allgemeine Gesetze geregelten Vollzug, so dass ihm nur der Einzelne eine Bewandtnis *für sich* zuschreiben muss – samt einigen wenigen anderen, deren Leben in dem seinen einen Halt gefunden hat?

Alle Religionen und die meisten Lebenslehren bringen eine Grundaffirmation zum Ausdruck und bestimmen in irgendeiner Weise eine solche affirmierende Beziehung nicht nur zwischen Menschen, sondern zwischen dem Ganzen und dem vereinzelten Leben. Sie würden es nicht ebenso tun, wüssten sie nicht, dass in den Gedanken des bewussten Lebens die Furcht und der Verdacht, sein Verlangen nach einer solchen Affirmation könne vergeblich sein, ebenso festsitzt wie das unaufgebbare Bemühen darum, sich ihrer wirklich zu versichern. So fragt es sich, ob diesseits der Bindung an sakrosankte Texte und Stifter eine Vergewisserung überzeugungskräftig sein kann, welche doch mit der Religion in dieser Beziehung im Einvernehmen ist.

Im handelnden Leben der Personen ist der Widerstreit zwischen beiden Möglichkeiten nur untergründig gegenwärtig und kommt nur selten über Ansätze seines Austrags hinaus. Aber es sind doch die Widerstände und die Versagungen, welche dies Leben erfährt, und die Fragilität jeder Identitätsbalance, die es etwa gewinnen kann, von denen ein besonders mächtiger Impuls ausgeht, diesen Widerstreit zu explizieren und zu einer Auflösung zu bringen. Wir kennen auch luzide Momente der Öffnung einer Perspektive auf eine Einsicht, in der die eine oder die andere der widerstreitenden Möglichkeiten zu einer kristallinischen Evidenz kommt, die dann auch unvergesslich bleibt. Doch endet das Leben kaum je in einem solchen Moment. Auch verlangt die Tiefe, in der die Begründung der beiden gegensätzlichen Möglichkeiten einsetzt, danach, eine definitive Verständigung nicht ganz und gar von einer solchen momentanen Eröffnungseinsicht abhängig werden zu lassen. Es muss doch eine Verständigung über den Ursprung beider Lebensperspektiven und ein Grundbewusstsein erreicht werden, in dem beiden auch ein Platz zuzuordnen ist. Die Hochreligionen und die großen Philosophien sind dieser Aufgabe gewachsen gewesen. In einer Formulierung Hegels kann sie so lauten, dass die Erkenntnis des Ganzen aus der Verzweiflung hervorgehen muss, die sich selbst bis in ihr Ende bringt.

Wie aber wirkt sich nun in dieser umgreifenderen Dynamik der Verständigung die sittliche Dimension des Lebens aus? Sie ist in sich selbst in Stufen dimensioniert und entfaltet somit ihrerseits in sich zwischen ihnen eine Spannung. Das aber hindert nicht daran, dass sie einen Gewinn an Stabilität ins ganze Leben einbringt – und zwar gerade dann, wenn die Subjektivität den in ihr gelegenen Anspruch auf eine Veränderung der Einstellungsart nicht um ebendieses Gewinnes *willen* in sich wirksam werden lässt. Gerade der inkommensurable Vorrang des sittlich Richtigen gegenüber allen anderen Interessen schränkt das Gewicht dieser Interessen ein und lässt so eine Selbstzufriedenheit zu, nachdem eine Identitätsbalance gescheitert ist. Sie ist keineswegs mit Glück und dem gelungenen Leben identisch und kann sogar resigniert sein. Aber sie bleibt unangreifbar auf immer.

Eine solche Selbstzufriedenheit wird auch dann nicht aufgelöst, wenn in dem Widerspiel, in das die Frage nach der Grundaffirmation des Lebens zieht, die nihilistische Antwort das Übergewicht zu erhalten beginnt. Im sittlichen Bewusstsein gewinnt das bewusste Leben ein Wissen über sich selbst. Dies Wissen wird nicht falsifiziert, wenn das Selbstsein ohne einen Grund der Versicherung seiner Korrespondenz zu dem Ganzen, aus dem es hervorgeht, bliebe, so dass seinem Selbstverstehen jede Deckung, die von ihm selbst unabhängig wäre, entzogen ist. Gleichwohl ist einzusehen, dass dann, wenn dem Leben die Aussicht auf eine Grundaffirmation verschlossen wird, auch das sittliche Bewusstsein in einen allgemeinen Fiktionsverdacht hineingezogen werden kann. Da dies Bewusstsein eine Veränderung der Handlungseinstellung im Leben nicht als faktische Wirkungskraft, sondern nur über den Anspruch der Norm nach sich ziehen soll, kann unter dem Verdacht, die Norm sei im Subjekt über einen undurchschauten Mechanismus nur projiziert, die Bemühung um Einstellungsänderung verebben. Dann kann eine Einstellung aufkommen und sogar angestrebt werden, die sich der Norm entzieht und die Unempfindlichkeit ihr gegenüber vorgibt.

Wo aber das sittliche Bewusstsein im Leben nicht auf diese Art eingekapselt und kupiert wurde, da wird es für die Grundverständigung über das Leben insgesamt eine Bedeutung gewinnen. Bei deren Auslegung muss man aber besonnen vorgehen. Denn selbst Denker der ersten Ordnung, so auch Kant, neigten dazu, aus der Unbedingtheit, die mit der sittlichen Grundnorm wirklich verbunden ist, rasche und sehr weit ausgreifende Folgerungen zu ziehen. Denn man kann, wie gesagt, nicht behaupten, dass das sittliche Bewusstsein als solches die Möglichkeit der Annahme ausschließt, das bewusste Leben könne in seinem Grund ohne jede Aussicht auf eine Deckung und Affirmation sein. In diesem Bewusstsein erhält das Subjekt einen Aufschluss nämlich über *sich selbst*, nicht über seinen Grund. Zu einem Aufschluss über diesen Grund wäre dann wirklich im sittlichen Bewusstsein selbst der Ansatz gemacht, wenn wir annehmen müssten, dass die Norm des Guten von diesem Grund für das aus ihm konstituierte sittliche Bewusstsein durch einen zusätzlichen Akt in Geltung gesetzt sei. Damit wäre dann aber auch der innere Zusammenhang zwischen Subjektivität und sittlichem Bewusstsein aufgelöst. Wir müssen denken, dass die Bindungskraft der Norm ganz in dem begründet ist, was das Subjekt als solches *ausmacht*. Die Frage danach, wie der Grund der Subjektivität zu denken ist, bleibt eben deshalb durch die Geltung der Norm noch ohne Antwort. Deshalb ist ein Leben im guten Willen immer noch möglich vor dem Hintergrund eines finster gewordenen Bildes von der Welt. Ein solches Leben trägt aus, wovon wir wissen, dass es dem bewussten Leben wesentlich ist; und es beruhigt sich in der Erfahrung von Sinn, den es einzig aus sich sowie für und vor den anderen Personen gewinnt, die unter der gleichen Verständigungsart zusammen mit ihm ihr Leben führen. Niemand hat also das Recht, den, der eine nihilistische Lebensbilanz gezogen hat, eben deshalb des Immoralismus zu verdächtigen.

Wäre ein Rückschluss vom sittlichen Bewusstsein auf den Grund der gesamten Subjektivität zu ziehen, so müsste er ja auch nach dem Muster einer theoretischen Erkenntnis erfolgen. Als solcher würde er all den Begründungen zuwiderlaufen, die zeigen, dass dieser Grund nicht erkannt werden kann. Freilich gilt auch für ein Begründungsverhältnis, das Gedanken ohne Erkenntnisanspruch zueinander in Beziehung bringt, dass der Grund in einem adäquaten Verhältnis zum Begründeten zu denken ist. Man muss also in jedem Falle annehmen, dass in dem Grund auch die Kapazität gelegen ist, ein Subjekt hervorgehen zu lassen, in dem dann wiederum das Bewusstsein der sittlichen Norm fundiert ist. Aber daraus folgt nicht, dass auch die Geltung der Norm vom Grund selbst ausgeht – ebenso wenig, wie aus der Kapazität des Grundes, ein Subjekt geregelten und semantisch orientierten Denkens hervorgehen zu lassen, bereits folgt, dass sich in dem Grund selbst gleichfalls ein solches Denken vollzieht. Nur so viel folgt aus der Adäquatheitsbedingung für die Begründungsbeziehung, dass sich aus der Welt, so wir sie kennen, und aus dem Materiebegriff, den unsere physikalische Wissenschaft konzipiert, das bewusste Leben niemals adäquat wird erklären lassen. Wie immer man nämlich die Theorien dieser Wissenschaft selbst wiederum interpretiert – sie enthalten nichts, aus dem die Entstehung selbstbewusster Intelligenz verständlich werden könnte.

Doch es gibt noch andere Begründungen, über die das sittliche Bewusstsein in die Selbstverständigung der Subjektivität hineinwirkt und die ihr als ganzer eine Ausrichtung geben können. Sie sind nicht Rückschlüsse, die im Ausgang von der Tatsache dieses Bewusstseins gezogen werden. Eher sind sie als Motive zu erklären, die von sittlich-praktischen Überlegungen und Erfahrungen freigesetzt werden und die dazu führen, Annahmen über die Verfassung der Welt, in der Subjekte existieren, zu machen und zu akzeptieren. Ihre Rolle in der Philosophie lässt sich auf Platon und dann auf Rousseau zurückleiten.

Ein solches Motiv ergibt sich aus der Besorgnis, aller Aufwand guten Willens, auch bei der Wahrnehmung seiner Verantwortung, könne wirkungslos bleiben. Ein anderes stützt sich auf die Empörung über den Anschein, im Geschick der Menschen gebe es keinerlei Ausgleich gegenüber Zufallsgunst und Durchsetzungskraft. Wer ein Ziel ernsthaft verfolgt, kann nicht zugleich meinen, dass er ihm nicht einmal nahekommen kann. Wer also aus sittlicher Verantwortung handelt, kann dabei nicht davon ausgehen, dass dies Ziel in der Welt auf keine Weise begünstigt ist und alles ihm entgegenwirkt. Wer Menschen, gar Kinder, um einer Lustbefriedigung willen Leiden unterworfen oder um ihr Leben gebracht sieht, muss als sittliche Person wollen, dass er auf diese Situation anders reagieren kann als mit resignierten Gedanken über den Weltlauf, in dem die Leben von Opfer und Täter nun einmal gleichermaßen letztlich sinnleere Fakten sind – nur dass der eine eben leidet, während der andere den Lustgewinn, zu dem es ihn treibt, erreicht. Wer aber mehr unterstellt, bekundet damit einen wie immer bangen Glauben an eine Konkordanz zwischen den Menschenleben und einer Art von Sinnordnung im Weltgefüge.

In den Überlegungen, die zu solchen Resultaten führen, wirken sich ausschließlich Motive aus, die allein aus dem sittlichen Bewusstsein hervorgehen. Sie münden aber in Gedanken von einer metaphysischen Bauart: Der Grund, der unser Leben ermöglicht, und das Ganze, dem auch dieser Grund zugehört, werden nunmehr in eine Beziehung zu der Welt gesetzt, in der die Menschen leben, und als Grund einer Sinnordnung in ihr verstanden. In einer solchen Welt würden unsere endlichen Ziele zu deren Verlauf im Ganzen in Übereinstimmung stehen. In einer solchen Welt würden dann auch die Leben, die scheinbar unvollendet und in Lebensnot zugrunde gehen, von einer Affirmation gedeckt sein, die als solche auch in jedem Leben zu erfahren ist. Enden sie so auch definitiv, so sind sie doch nicht verloren. Was immer das näher heißt – es spricht viel dafür, dass wir, haben wir alles bedacht, wirklich so denken müssen.

Die Motive, aus denen eine Besinnung hervorgeht, die im sittlichen Bewusstsein einsetzt, stehen also offenkundig zu der anderen Besinnung, welche die gesamte Dynamik des bewussten Lebens durchherrscht, schließlich doch derart in Beziehung, dass sie in dem Widerspiel der Antworten auf die Frage nach der Bewandtnis des Lebens die eine der beiden einander entgegengesetzten Alternativen begünstigen: Sie machen dazu bereit, im Menschenleben eine Bewandtnis zu erkennen und wirksam zu sehen. Folgt das Leben einzig der Verständigungsbahn, die im sittlichen Bewusstsein anhebt, dann bleibt ihm nur noch die Frage, ob es wohl gelingen wird, dieser Bewandtnis auch zu einem Ausdruck zu verhelfen, der klar, für das Leben im Ganzen seiner Bewusstheit überzeugend und berührend genug ist, so dass es ihm möglich ist, sich nicht nur in diese Perspektive zu versetzen, sondern sich in seinem Selbstverstehen unter allen Umständen und gegen alle Einreden an sie zu binden – also zu einer Klarheit über sich zu gelangen, über die er jederzeit vor sich und vor allen Rechenschaft ablegen kann.

Das Bündnis zwischen Lebenssorge und den im sittlichen Bewusstsein wurzelnden Motiven lässt uns die Mächtigkeit der religiösen Dimension in der Geschichte der Menschheitskulturen umso besser verstehen. Die Religionen verbinden immer eine Sittenlehre und eine allgemeine Lebenslehre miteinander. Dabei mussten sie ihre Lehren, die sie für verbindlich erklärten, immer so ausbilden, dass sich an sie eine differenzierte und vertiefte Verständigung über die Dynamik des Menschenlebens anschließen kann. Verloren sie die Kraft dazu, dann hatte die nihilistische Bilanz über das Leben auch in der öffentlichen Kultur eine Chance. Freilich wurde auch diese Bilanz sehr oft – wir wissen es von Nietzsche – von einer neu konzipierten Affirmation des Lebens alsbald wieder überformt. Für sie war dann – ebenso wie übrigens für die Religionen selbst – die nihilistische Bilanzierungsmöglichkeit nur noch ein notwendiges *Durchgangs*stadium für eine nunmehr glaubwürdige Lebensaffirmation. In der Geschichte der Kultur gibt es nur sehr wenige Autoren, denen jegliche Affirmation des Lebens für ausgeschlossen gilt, aber so, dass sie versuchen, die Dynamik des Lebens insgesamt zu überblicken und zu erhellen, und dass sie dann auch zu sagen vermögen, was es heißt, im Licht einer solchen Bilanz sein Leben zu führen. Leopardi und Albert Camus gehören zu diesen wenigen. Aber gerade sie haben keineswegs zu einer Destruktion des sittlichen Bewusstseins angesetzt. Das ist bemerkenswert, und auch eine Bestätigung der Zuordnung von Subjektivität und Sittlichkeit, die hier entwickelt worden ist.

Für unsere Zeit scheint es kennzeichnend zu sein, dass sie die nihilistische Lebensbilanz wie selbstverständlich unterstellt, dass sie diese Bilanz aber banalisiert und dann vorgibt, bei ihr ganz gelassen bleiben zu können. Sie begründet oder proklamiert die Bilanz nicht mehr, praktiziert und suggeriert sie aber über scheinentspannte Lebensstile und atemnehmende Bilder- und Zeichenwelten, die alle Bewandtnisfragen leer laufen zu lassen scheinen, und überlässt die Folgen ihrem Selbstlauf. Die überkommenen Lehren, die dem Leben eine Perspektive seiner Affirmation eröffnet hatten, werden von dieser ebenso machtvollen wie sprachlosen Weise des Unterlaufens und Unterbietens um ihren Bodenhalt gebracht. Darum ist es auch unmöglich geworden, in der öffentlichen Verständigung mit dem Versuch zur Affirmation einer Lebensperspektive unvermittelt einzusetzen. Alle bedeutenden Versuche unserer Zeit, die dem Leben selbst entspringende Sinnfrage mit einer Affirmation im Blick aufzunehmen, sind dieser Einsicht gefolgt und haben mit einer Tiefendiagnose der Gegenwart und einer Diagnose der in ihr waltenden nihilistischen Grundtendenzen eingesetzt. Eine solche Diagnose kann nur dann überzeugen, wenn sie auch die Wurzeln der nihilistischen Bilanz im bewussten Leben selbst offen zu legen weiß. In ebendiesem Zusammenhang stellen sich aber auch alle philosophischen Grundfragen, denen in diesen Vorlesungen nachgegangen wird.

Für das Bewusstsein der Menschen in ihrem Alltagsleben kann aber, im Unterschied zu dem, wie sich die öffentliche Kultur darstellt, weder die affirmierende Bilanz noch auch die nihilistische Schlussfolgerung zu einer planen Selbstverständlichkeit werden. Auch die Bedrohung durch definitiven Sinnverlust ist ihm eine jederzeit gegenwärtige, niemals sicher zu versiegelnde Möglichkeit. Im Handlungsalltag muss freilich das Widerspiel der Tendenzen zu einer definitiven Selbstverständigung im Untergrund des Lebensvollzugs gehalten bleiben, womit sich die Hoffnung verbindet, dass seine Brisanz nicht ausgetragen werden muss. Doch weiß jeder Mensch nahezu ebenso sicher, wie er überhaupt etwas von sich selbst weiß: Sein Leben kann und wird vermutlich einmal im Umstände geraten, in denen es diesem Widerspiel ohne Dämpfung ausgesetzt ist und in denen jede Praxis des Dahingestelltseinlassens kollabiert. Deshalb können die Menschen mit ihrem wirklichen Leben auch gar nicht in die scheinbar gelassene öffentliche Ignoranz gegenüber der Besinnung auf eine Affirmation des Lebens einstimmen. Sie können es umso weniger, wenn sie sich in ihrem kleinen Kreis um eine vertiefte sittliche Praxis bemüht haben, ohne dafür eine Statusprämie erwarten zu können. Diese Spannung erklärt viel von der Krise, in die das öffentliche Leben der westlichen Industriestaaten geraten ist, und von den Widerständen und der Ablehnung, auf die ihre Lebensform in anderen Kulturen auch dann stößt, wenn man dort versucht, zu ihrem Wohlstand aufzuschließen.

Wir wissen nun aber auch, wie schwer es ist, eine definitive Lebensbilanz wirklich zu ziehen, wenn deren Profil nicht in einer Religion vorgegeben oder, besser noch, auf der Höhe der Zeit überzeugend erklärt und eindringlich vorgelebt wird. Das ist umso schwieriger, wenn einmal die vielen Spannungen, die in der Dynamik des Lebens hervortreten, offenkundig geworden sind und wenn hinsichtlich keiner der Optionen in einer solchen Bilanz etwas für vorentschieden gelten kann. Niemand kann sich im festen Besitz einer solchen Bilanz wähnen, dem sie sich nicht zuvor in Situationen äußerster Herausforderung bewährt hat. Da sie ihre Stabilität nicht nach Art der theoretischen Erkenntnis gewinnen kann, müsste sie wohl eigentlich in ihrem Ursprung aus gegenläufigen Versuchen zur Selbstverständigung hervorgehen. Im unregulierten Leben unserer Zeit ist keiner dieser Versuche verwehrt. Dagegen ist es in ihm nahe gelegt, jedem von ihnen den Glauben daran vorzuenthalten, dass es wirklich Ernst mit ihm wird. Auch können sich diese Versuche ineinander verwickeln und bis hin zu einem Wirbel komplizieren.

Das sittliche Bewusstsein ist von einer solchen Situation zwar tangiert, wird durch sie aber niemals gänzlich unterminiert werden. Tangiert ist es aus zumindest zwei Gründen: Es ist unmittelbar mit einem Aufschluss des Menschen über sich selbst als Subjekt verbunden. Insofern ist es sensibel für jede Antwort auf die im Subjekt verwurzelte Grund- und Sinnfragen, deshalb aber besonders sensibel auch für eine Situation, in der jegliche Antwort auf sie suspendiert scheint und ein stummes Einverständnis sogar dahin geht, diese Fragen überall aus dem Spiel zu lassen. Auch ist es deshalb tangiert, weil es die Spannungen, die in ihm selbst aufkommen, nunmehr für sich allein und ohne Anhalt in Lebenslehren austragen muss, die öffentlich gestützt sind und die zum Zeitbewusstsein in einem konsonanten Verhältnis stehen.

Aber das sittliche Bewusstsein ist nicht nur im Bewusstsein

einer Handlungsnorm fundiert, das nur hintergangen, nicht aufgelöst werden kann. Der Aufschluss, den das Subjekt mit ihm über sich selbst erhält, wird so Teil seines Selbstbildes werden und kann dann dem bewussten Leben zusammen mit der Norm auch unter solchen öffentlichen Verhältnissen eine Stabilität geben, die anders verfasst ist als jede andere Identitätsbalance. So nahe die öffentlichen Verhältnisse es legen, dies Selbstbild für illusionär zu erklären und zu korrumpieren – man hat zu erwarten, dass sich seine Wirkungskraft im Leben eines jeden einzelnen und gerade der so genannten ›einfachen‹ Menschen immer wieder beweist und bewährt.

Wir haben allerdings auch gesehen, dass mit dem sittlichen Bewusstsein allein und auch über seine interne Entfaltung eine letzte Lebensbilanz nicht zu erreichen ist. Menschen können eine solche Lebensbilanz ziehen, ohne sie aussprechen zu können oder sie zu der gesamten Dynamik des Lebens ins Verhältnis zu bringen. Wenn aber auch dies wirklich geschieht, tritt die Selbstmitteilung eines Lebens bereits in das Gravitationsfeld ein, in dem die Philosophie versucht oder versuchen sollte, eine Orientierung zu gewinnen und zu geben. Eine solche Bilanz wird alle Ansätze, die in der Dynamik des Lebensverlaufs wirksam werden können, beachten und zu gewichten haben. Sie wird, wenn sie das Leben unter der Deckung einer sinnstiftenden Affirmation sieht, immer auch zu begreifen versuchen, wieso es sich dann in einer Dynamik zu vollziehen hat, die bis zur Verwirrung oder bis zu einer Selbsttrivialisierung treiben kann, die vor der Verwirrung schützen soll.

Wenn ein solches Verstehen dann aber auch in eine Begriffsform und in die Form expliziter Begründungsschritte eingebracht wird, dann hat es damit die Gestalt der Philosophie angenommen. Bisher, und auch in dieser dritten Vorlesung, ging es darum, nach einer Verfahrensart, die Transzendentalphilosophie und Existenzphilosophie zusammenführen will, die

Verfassung und die Dynamik des bewussten Lebens sowie die Dimensionen zu erklären, in denen sich seine Selbstverständigung vollzieht. In der fünften Vorlesung wird dann Gedanken von einem Ganzen nachgegangen werden, die zugleich Gedanken vom Grund der Subjektivität sind. Solche Gedanken müssen mit den Gedanken, die im sittlichen Bewusstsein verwurzelt sind, dies gemeinsam haben, dass sie nicht als Erkenntnis auszugeben und dass sie dennoch nicht beliebig sind. Sie müssen sich sodann von einem Weltbegriff abheben, der, so wie es in unserem primären Weltbegriff geschieht, ein Subjekt zwar voraussetzt, Subjekte dann aber in sich nicht mehr zu integrieren vermag. Sie müssen also Gedanken von einem Ganzen sein, das die Subjektivität samt der in ihr begründeten Dynamik einbegreift – aber so einbegreift, dass den Menschen damit die Möglichkeit zuwächst, sich selbst als Subjekt und als sittliche Person als in ihm affirmiert zu verstehen.

IV. Die Subjektivität im Mitsein

1. Transzendentale Grundlegung

In den drei vorausgehenden Vorlesungen wurde ein Grundriss dessen entworfen, was das Leben des Menschen ausmacht, insofern es sich im Wissen von sich vollzieht. Die Vorlesungen haben auch damit begonnen, von dieser Grundlage her ein differenziertes Bild von seinem bewussten Leben zu entfalten. Der Grundriss musste als solcher zunächst statisch angelegt sein: Aus der der inneren Verfassung eines Wissens, das im Wissen eines Einzelnen von sich zentriert ist, geht ein doppelter Ausgriff hervor – der Ausgriff im Wissen auf das Ganze einer Welt und der zu ihm gegenläufig angelegte Ausgriff auf einen Grund der Subjektivität. Dieser Grund ist nicht in einem Wissen und schon gar nicht in einem Wissen von in der Welt Wirklichem zu erschließen. Wohl aber muss er letztlich auch zu dem im Wissen von der Welt erschlossenen Ganzen in eine Beziehung gesetzt werden.

So folgt also aus dem Grundriss unmittelbar, dass Subjektivität nicht auf die Statik dieser Zeichnung beschränkt bleiben kann. In dem doppelten Ausgriff und in der Aufgabe, die Gegenläufigkeit, in welcher der Ausgriff erfolgt, zusammenzuführen, ist vielmehr selbst schon gelegen, dass sich die Subjektivität in einer Dynamik verwirklicht, die sich vielfältig weiter ausgestaltet. Die Welt als solche muss entworfen und was sie einschließt, muss angeeignet oder erkundet werden. Auf den Grund des eigenen Lebens gehen Gedanken, die im Widerstreit miteinander sind. Sie machen den Kern aus, um den sich eine Gesamtbilanz des Lebens aufbauen könnte, weshalb sich ihre Evidenz auch mit dem Wechsel der Gestimmtheit des Lebens und über den Wandel seiner Situationen verschiebt.

Grund und Welt zusammenzuführen gelingt dem Leben ohnedies zumeist nur in Skizzen, deren Subtilität fast immer die Kapazität des Lebens übersteigt, für sie auch in Argumenten vor sich und vor anderen eine Rechenschaft zu geben.

Mit all dem ist immer noch nur das Minimum dessen genannt, was die Dynamik des bewussten Lebens ausmacht. Das Bild von ihr ist jedoch in den vorausgehenden Vorlesungen auch schon erweitert und differenziert worden. In der zweiten Vorlesung war der Ausgangspunkt dafür die Einzelnheit des Subjektes, die dazu führt, dass es sich selbst in seiner Welt zugleich auch positionieren muss. In diesem Zusammenhang war die Aktivität des Subjektes hin zum Handeln des Subjektes als Person zu spezifizieren. Daran hatte die dritte Vorlesung anzuschließen. Denn ihrem Thema, dem sittlichen Bewusstsein, kann man nur gerecht werden, wenn die Personalität des Handelns mit der Entzogenheit des Grundes der Subjektivität in einen Zusammenhang gebracht wird. Daraus ergab sich schließlich die Einsicht in eine weitere, eine dem sittlichen Bewusstsein selbst eigene Dynamik. Sie schließt es aus, die Ethik auf eine einstufige Erklärung dieses Bewusstseins eingeschränkt zu halten.

Während aller dieser Untersuchungen kamen auch bereits auf vielerlei Weise die Beziehungen des Menschen als Subjekt zu seinem Mitmenschen in den Blick. In dieser Vorlesung sollen nun die Weisen des Mitseins in einer Ordnung eingeführt werden, die sie an die Subjektivität des Menschen anschließt, die aber insbesondere die Präsenz von Subjektivität *in* den Weisen des Mitseins aufzuweisen erlaubt. Wir beginnen mit einer transzendentalen Argumentation, die von einer grundlegenden Voraussetzung aller bisherigen Untersuchungen den Ausgang nimmt.

Auch im Vorausgehenden war Subjektivität durchgehend nicht nur als eine formale Konstitutionsbedingung des Wissens, sondern als die Verfassung eines vereinzelten Subjektes aufgefasst und in Ansatz gebracht. Nur für den jeweils einzelnen Menschen kann es Mitmenschen geben, nur für das einzelne Subjekt, nach dem philosophischen Ausdruck, ein ›Alter-Ego‹. Die Weise, in der das Subjekt wissend ist und Wissen von sich hat, lässt sich zwar von seiner Konkretion abheben und in einer Untersuchung zum Thema machen, die gleichfalls transzendental angelegt ist. Wirkliches Wissen ist es dennoch nur als Wissen eines vereinzelten Subjektes.

Die Wissensweise des Subjektes als eines vereinzelten ist nicht nur die unerlässliche Bedingung dafür, dass von einem Mitsein vieler Subjekte überhaupt die Rede sein kann. Sie ist auch die zureichende Bedingung dafür, dass jedes Subjekt aus sich selbst heraus Gedanken davon entwickeln kann, anderen Subjekten in der Weise zugeordnet zu sein, dass es Subjekt neben Subjekten ist. Das ist das Minimum in einer Fülle von Weisen möglichen Mitseins. Mit solchem Wissen ist noch gar keine Beziehung zu wirklichen anderen Einzelnen eingetreten. Es ist nur eine Grundlage dafür gegeben, dass diese Beziehungen in ihrer ganzen Vielfalt eintreten oder eingegangen werden können.

Die Bedingungen, aus denen sich dies Wissen um die Einzelnheit des Subjektes aufbaut, würden einer eigenen Untersuchung bedürfen. In ihr wäre das Folgende detaillierter zu entwickeln: In einem damit, dass das Wissen von sich aufkommt, in dem sich das Subjekt als solches konstituiert, muss auch der Gedanke von Einzelheit samt allen seinen Implikationen in Gebrauch genommen werden. Er muss sogar schon lange zur Verfügung stehen, wenn das Menschenkind lernt, sich gegenüber anderen mit dem Gebrauch von ›ich‹ zu positionieren. Man kann das gut verstehen, wenn man beachtet, dass die wissende Selbstbeziehung, insofern sie für alle Fälle von Denken durchgängig dieselbe bleibt, mit der Konstitution der einen Welt einhergeht. In der Beziehung auf diese Welt werden immer bereits Einzelne gegen andere Einzelne explizit abgehoben. Aber auch das Subjekt, das diese Unterscheidung vollzieht, unterscheidet sich selbst in einem damit von denen, die es voneinander unterscheidet. Es könnte das nicht, wäre es nicht auch für sich selbst, also in seinem Selbstverhältnis, als Einzelnes verstanden.

Nun zeigt aber nichts in seinem Selbstverhältnis an, dass es überhaupt nur ein einziges Einzelnes geben kann, das in einer solchen wissenden Selbstbeziehung steht – so wie etwa im Gedanken des höchsten Berges, des Alls der Dinge oder auch des so genannten ›absoluten Ich‹ die Einzigkeit gelegen ist. Sofern es solches überhaupt gibt, kann es nur einmal wirklich sein. Ist das Subjekt aber nicht schon aus begrifflichen Gründen ein solches exklusives Individuum, dann ist im wissenden Selbstverhältnis als solchem die Implikation des Gedankens von irgendeiner Ordnung gelegen, in der viele Subjekte zu koexistieren vermögen. Dieser Gedanke ist zwar abstrakt und als solcher aller Anschauung entzogen. So wird er auch nur zusammen mit der Erfahrung wirklichen Mitseins zur Ausbildung kommen. Aber er ist doch mit dem Für-sich-Sein der Einzelnen intern und wesentlich verbunden. Darum ist mit ihm, und nicht durch Erfahrungen, die in einem weiten Spektrum variabel sind, jegliche Verbindung zwischen Selbstsein und Mitsein letztendlich fundiert, so dass sie in keiner weiteren Abstraktion zugunsten eines Bewusstseins von einem absoluten und darum notwendig solitären Ich suspendiert werden kann.

Von dieser Implikation sind die vorausgehenden Vorlesungen immer ausgegangen. Aus ihr folgt aber doch nicht, dass eine solche Ordnung der Koexistenz von Subjekten in eben derselben Welt verwirklicht ist, die dem Subjekt selbst in einem mit seiner wissenden Selbstbeziehung erschlossen ist. Noch immer ließe es sich denken, dass eine Welt immer nur für ein einziges Subjekt erschlossen sein kann. Dann wären ebenso viele Welten voneinander zu unterscheiden, wie Subjekte in irgendeiner Ordnung voneinander unterschieden sind.

Ein Schritt in Richtung auf ein Mitsein von Subjekten in ein und derselben Welt ist getan, wenn man auf die Gründe reflektiert, aus denen folgt, dass sich ein Subjekt in seiner Welt selbst auch zu *positionieren* hat. Dass dies geschehen muss, und zwar in einem damit, dass ein Wissen von der Welt aufgeht, ergibt sich zunächst einmal schon daraus, dass es unmöglich ist, jenes Ganze, das eine Welt ausmacht, samt allem, was in ihr inbegriffen ist, in einem Nu zu erfassen. In der Kontemplation des Ganzen ohne Auswahl und Perspektive wäre nämlich das Subjekt nicht mehr ein und dasselbe über Phasen seiner Weltbeziehung hinweg. Es würde in dieselbe Konstanz eingehen, die im Gedanken vom Ganzen als solchem gelegen ist, und es wäre insofern nicht mehr dasselbe Subjekt in der unbestimmten Vielzahl der Zustände seines weltbezogenen Wissens. Das Weltganze lässt sich aber gar nicht wie ein Bild enormen Formats in der Anschauung einfangen. Die Welt als Totalität geht notwendig über jedes Anschauungsganze hinaus. Komplementär dazu muss man sagen, dass ein Subjekt nur dann angemessen gedacht ist, wenn man ihm eine *bestimmte* Sequenz seiner epistemischen Zustände in Beziehung auf die Welt zuschreibt, die es in seinen Gedanken gleichwohl immer als ganze antizipiert. In einem ersten Sinne ist das Subjekt durch diese Sequenz in Beziehung auf das Ganze der Welt positioniert.

Damit ist nun schon gesetzt, dass eine ganz andere Sequenz von Zuständen der Weltbeziehung, und zwar zur selben Welt, möglich wäre. Dieselbe Welt wäre somit auch auf ganz andere Weise zu erschließen; und von der bestimmten Erschließungsfolge eines Subjektes wären also ganz andere, aber gleichgeordnete Folgen der Erschließung zu unterscheiden. Auch in Beziehung auf sie könnte man zwar noch immer denken, dass es sich nur um Alternativen in der Weltbeziehung für ein und dasselbe solitäre Subjekt handelt, so dass es immer dasselbe Subjekt wäre, das es aber immer nur vermag, eine der ihm überhaupt möglichen Abfolgen in der Welterschließung auch wirklich zu vollziehen. Aber es gibt nun keinen Grund mehr, der dagegen steht, die Alternativen als die Möglichkeiten einer Beziehung zu derselben Welt zu verstehen, die von jeweils einem *anderen* Subjekt zu realisieren sind. Denn jedes Subjekt ist definitiv an einen einzigen Weg durch sie *gebunden*. Die Möglichkeit anderer Wege der Erschließung, auf die es dennoch hinaussieht, kann jedes Subjekt insofern nur als realisiert durch andere Subjekte denken, die ihm selbst in ihrer Verfassung gleichen. Folglich wird sich das Subjekt auf andere Subjekte als auf die beziehen, denen eine gemeinsame Welt auf anderen Wegen erschlossen ist, von denen es aber denken kann, dass diese Wege auch seine eigenen hätten sein können.

Damit wäre nun der Ort erreicht, an dem sich die Überlegungen dem großen philosophischen Thema der Beziehung zwischen Zeit und Subjektivität zuwenden können. Denn nicht nur ist die Sequenz der Welterschließung eine zeitliche. In dem Bezug auf andere Wege der Welterschließung, die auch die eigenen hätten sein können, ist zugleich auch die Einheit einer einzigen Zeit für alle Subjekte einer Welt in Anspruch genommen. Was immer aber auch der Aufschluss sein mag, der über Subjektivität dadurch zu gewinnen ist, dass man sich in das Labyrinth des Nachdenkens über die Zeit hinein begibt – man kann doch den Weg zur Verständigung über das Mitsein der Menschen an diesem Labyrinth vorbeileiten.

Dass das Subjekt sich in seiner Welt positionieren muss, bedeutet nämlich noch mehr, als dass es sich seine Welt immer in einer besonderen Abfolge erschließt und dass es sich alles, was der Welt zugehört, in dieser Abfolge anzueignen hat. Die Abfolge ist nicht nur so wie die Sequenz von Schritten in einem Schlussverfahren organisiert. Sie ist auch abhängig von einer bestimmten *Stellung* im Ganzen der Welt, von der aus dem Subjekt die Welt als ganze aufgegangen ist. Im Subjekt als solchem ist zwar der Grund dafür gelegen, dass ein Ganzes überhaupt zu dem Horizont werden kann, von dem her alle besonderen Situationen verstanden werden. Insofern hat man zu sagen, dass das Subjekt seiner Welt gegenübersteht. Und doch ist dieser Horizont nur entworfen und wirksam in seiner Erschließung alles dessen, was in ihm begegnet, wenn sich das Subjekt auch eine Stellung innerhalb seiner eigenen Welt zuschreibt. Die Abfolge im Aufbau seiner Beziehung zu dem, was die Welt einbegreift, ist also näher dahingehend zu bestimmen, dass sie sich in Beziehung auf diese seine Stellung in der Welt ausbildet.

Daraus folgt nun aber auch, dass diese Stellung notwendig *festgelegt* ist. Sie steht dem Subjekt ebenso wenig zur Disposition wie die Form des Aufbaus seiner Welt im Allgemeinen. In der Menschenwelt ist diese Stellung durch den Körper der Person in Raum und Zeit bestimmt. Jedes Subjekt, gleich welcher Art, das auf unsere Weise sich zu sich selbst verhält, indem es eine Welt sich erschließt, muss also in seiner Welt über irgendeine Art von Körper positioniert sein – wie immer die Welt beschaffen sein und unter welchen Gesetzen die Körperlichkeit in ihr stehen mag. Damit ist dann auch die Weise bereits näher bestimmt, wie mehrere Subjekte in derselben Welt wirklich sein können und unter welchen Grundbedingungen sich die Weisen ihres Mitseins ausbilden müssen.

Auf dieselbe Weise erklärt sich, wie Subjekte nicht nur ihrem Weltentwurf voraus, sondern auch innerhalb des Horizontes ihres eigenen Weltentwurfs und insofern als Weltgehalte zu sich selbst in einer Beziehung stehen. Ihre Selbstbeziehung im Wissen ist gewiss nicht geradewegs durch das Wissen der Person von ihrem eigenen Körper ermöglicht. Vom ›eigenen‹ Körper auch nur zu reden setzt vielmehr eine solche Selbstbeziehung schon voraus. Insofern Subjekte aber der Bedingung und Sequenz in der Ausbildung ihrer Weltbeziehung inne sind, schreiben sie sich selbst einen Körper zu. Damit wissen sie dann auch von sich als von einem Weltgehalt unter allen anderen. Aber sie *sind* nicht dieser Körper, sondern sie sind verkörpert. Das Verbum ›verkörpern‹ erweckt allerdings den falschen Anschein, als müsse man sich diese Relation als das Ergebnis eines Tuns oder Geschehens vorstellen, dem das Subjekt unterworfen wird. Doch auch die andere Ausdrucksweise, der zufolge Subjekte einen Körper ›haben‹, ist von der Verlegenheit betroffen, diese singuläre Relation sprachlich und in Gedanken angemessen zu charakterisieren. In dieser Verlegenheit tritt die Tatsache hervor, dass sich Subjekte einen Körper eben auf eine nur dieser Relation eigentümliche Weise zuschreiben können.

Diese Relation kann als solche nicht, so wie der Körper, selbst auch in der Welt aufgefunden werden. Sie ist nur eine Implikation ihres Selbstverhältnisses. Somit gehört sie dem zu, im Blick auf das jeder Gedanke von einer Weltform, die Weltgehalte in sich befasst, unvollständig bleiben muss. Nur wer in diesem Selbstverhältnis steht, wird sich von daher verständlich machen können, dass andere in gleicher Weise für sich sind und dass sie insofern auch einen Körper ›haben‹.

Um die Wechselbeziehung der Selbstverhältnisse voneinander verschiedener Subjekte sind die philosophischen Probleme des Mitseins der Menschen letztlich zentriert. Wir sind dieser Problemlage vorerst nur insoweit näher gekommen, als aus der Weltbeziehung der Subjekte verständlich gemacht wurde, wie in ein und dieselbe Welt erste Voraussetzungen für eine Beziehung zwischen Subjekten einzubringen sind – daraus nämlich, dass Subjekte sich auch besondere Perspektiven auf ihre eigene Welt und eine Position in ihr zuschreiben müssen. So ist durch ihren Körper auch eine Bedingung für alles Weitere festgelegt, was aus ihrem Selbstverhältnis sonst noch hinsichtlich ihres Mitseins gefolgert werden kann. Im Vollzug des Lebens ist dieser Zusammenhang gänzlich selbstverständlich. Das bedeutet jedoch nicht, dass man ihn auch im Nachdenken über das Leben unerwogen lassen kann, um ihn dann in den Prämissen, von denen man ausgeht, einfach nur mitzuführen. Eben dies geschieht, wo die Sprache als letzter Horizont der philosophischen Untersuchung ausgegeben wird.

Doch auch mit der Körperlichkeit als einem Sachverhalt, der sowohl für ihr je eigenes Selbstverhältnis wie für jede Beziehung der Subjekte untereinander grundlegend und unrevidierbar bleibt, ist irgendein Mitsein mit anderen Subjekten weder schon wirklich eingetreten noch zureichend begründet. Wohl aber fällt von ihm aus ein Licht auf die Zweideutigkeiten und die Spannungen zwischen dem Für-sich-Sein des Menschen und seiner Körperlichkeit. Sie sind jedem Menschen ebenso vertraut wie die Grundtatsache der Körperlichkeit selbst. Die Unausweichlichkeit der Bindung an seine Körperlichkeit wird dem Menschen irgendwann und immer wieder zum Ärgernis – wenn sich nämlich zeigt, dass der Körper als Weltding naturhaften Zwängen unterworfen ist, die für die Subjektivität ohne alle Bedeutung bleiben müssen. Ihm bleibt dann nichts als die Gewöhnung an Unabwendbares oder oft wohl auch nur der stille Protest gegen eine unaufhebbare Gefangenschaft. Diese Bindung zieht ihn sogar vor einen Abgrund, dann nämlich, wenn der Zerfall des Körpers das Ende des bewussten Lebens ankündigt und erzwingt, obwohl die Dynamik, in der dies Leben sich vollzieht, in keiner Weise erschöpft ist, und wenn ihm so ein Ziel versagt und entzogen wird, auf das er noch immer mit angemessener Kraft zuging. Doch der Körper ist es eben auch, durch den sich jeglicher Weltbezug des Menschen ausgestaltet und verwirklicht. Ohne ihn müsste er, ohne alle Freuden des Mitseins, in unaufhebbare Einsamkeit gebunden bleiben. Und alles, was er in der Dynamik seiner Subjektivität wirklich würde, bliebe ohne Wirkung und Antwort jenseits ihrer selbst.

2. Subjekte aus Intersubjektivität?

Alle diese Überlegungen zur Verständigung über das Mitsein des Menschen nehmen das, was durch die vorausgehenden Vorlesungen vorgegeben war, in der Absicht auf, dass sie von der Subjektivität des einzelnen Menschen her einen Übergang zum Mitsein der Subjekte gewinnen. Ein solcher Übergang lässt sich gar nicht anders als so vollziehen, dass man hinter Zusammenhänge zurückgeht, die für das menschliche Leben von einer überwältigenden Evidenz sind. Man muss sie so behandeln, als gäbe es zu ihnen irgendeine Alternative – und zwar in der Hoffnung, auf die Spur dessen zu kommen, woraus ebendiese Evidenz ihre Erklärung findet. Wenn man aber Selbstverständlichkeiten zu hinterfragen versucht, wird es unausweichlich, sich auf abstrakte Überlegungen einzulassen und zu verlassen. Sie stehen zu dem, was in dem Weltverhältnis des Menschen evident und verlässlich ist, in einem Kontrast, den man in der Perspektive, die vom gelebten Leben aus auf die Sprache der Philosophie geht, als schrill empfinden muss. Auf dieser Stufe des Begründungsganges wird diese abstrahierende Sprache nämlich zwangsläufig den Kontakt mit der Sprache und den Erwartungen verlieren, in denen sich das Mitsein der Menschen selbst vollzieht. Daraus wird immer wieder der Verdacht Nahrung ziehen, dass in jeder solchen Verfahrensart das Pferd vom Schweife her aufgezäumt wird. Im Anschluss daran liegt der Vorschlag nahe, von dem in seiner unabweisbaren Evidenz einfach nur auszugehen, was in der philosophischen Untersuchung hinterfragt und dann erklärt werden sollte. Dieser Vorschlag ist immer auch mit der Aussicht auf eine Umkehrung der Ordnung des Erklärens verbunden: Man erwartet, dass dann, wenn die Evidenz des Selbstverständlichen respektiert ist, sich auch ein Ansatz für die Durchleuchtung und Abweisung dessen wird finden lassen, was vorgeblich in das Selbstverständliche ein Licht, das ihm fehlt, hatte bringen sollen.

In unserem Falle laufen die Vorschläge, welche diesem Muster folgen, darauf hinaus, das Mitsein des Menschen als elementare und basale Tatsache zu akzeptieren, um dann auf dieser Grundlage zu einer einfacheren, einer ungekünstelten Verständigung über das Selbstsein des Menschen zu gelangen. Jeder solche Vorschlag gewinnt seine Stärke durch eine Kritik an allen Unternehmen, die, so wie es auch hier geschieht, vom Selbstsein aus zum Mitsein einen Übergang finden wollen: Sie laufen darauf hinaus, in diesem Mitsein nicht nur eine allerdings unbestreitbare Tatsache zu sehen, zu der sie aber in ihrer Begründungsfolge hinführen wollen. Sie setzen vielmehr diese Tatsache auch schon in der Argumentation selbst voraus. Dies tun sie freilich auf eine mehr oder weniger versteckte Weise, weshalb ihre Argumentationen als Zirkelschlüsse entlarvt werden müssen.

Mit einem der vielen Vorschläge, das Mitsein der Menschen als Ausgang aller Begründung zu akzeptieren, hatten wir uns bereits zu befassen, als darzulegen war, was sich diese Vorlesungen von ihrem Einsatz bei der Subjektivität versprechen. An der Stelle, die wir nun erreicht haben, ist noch einmal auf ihn zurückzukommen. Im Zusammenhang damit werden wir einen Blick auf zwei andere Vorschläge werfen, die einem vergleichbaren Grundmuster folgen. Der Vorschlag, der schon erörtert wurde, setzt bei der Sprachgemeinschaft ein, die anderen wollen zeigen, dass der Unterscheidung zwischen dem Selbstsein eines Subjektes und anderer Subjektivität, die es von sich unterscheidet, eine Dimension noch ungeschiedener Erlebnis- und Ausdrucksqualitäten vorausliegt.

Es gibt zwei Gründe, gerade diesen Vorschlägen weiter nachzugehen. Zum einen stützen sie sich auf Tatsachen, die keine Verständigung über das Mitsein der Menschen bestreiten oder aus dem Blick verlieren darf. Mit dem, was sie als die für diese Verständigung grundlegenden Tatsachen ins Spiel bringen, sind also Sachverhalte markiert, die auch eine an Subjektivität anknüpfende Verständigungsweise nicht ignorieren kann und über die sie selbst einen eigenen Aufschluss zu geben hat. Zum anderen sind solche Vorschläge ihrerseits auch an einer Aufgabe zu messen, deren Lösung für das Verfahren, das an Subjektivität anschließt, eine besondere Wichtigkeit hat. Es ist dies eine Aufgabe nicht nur im Interesse der philosophischen Theorie, sondern des bewussten Lebens selbst – nämlich die, in der Vielfalt seiner Vollzüge die Einheit eines Sich-Verstehens zu ermöglichen und zu wahren. Man muss also fragen, ob die Vorschläge, die sich als Alternative zu einem Einsatz beim Subjekt empfehlen, überhaupt eine Aussicht darauf haben, ihrerseits auch dieser Aufgabe gerecht zu werden. Die Modi des Mitseins des Menschen weisen eine besonders große Verschiedenheit auf, in ihrer Art und auch durch den Grad der Tiefe, in der sie in die Ausbildung dieses Lebens eingreifen. Darüber hinaus, dass die Bindung des Menschenlebens in Weisen seines Mitseins ganz im Allgemeinen einer Erklärung bedarf, stellt sich auch die Frage, wie sich der Mensch als *derselbe* in allen Weisen seines Mitseins zu begreifen vermag. Könnte er sich doch letztlich in der Vielfalt seines Mitseins wie auf einer Art von Theaterbühne agieren sehen, auf der er in verschiedenen Rollen in die unterschiedlichsten Interaktionsspiele hineingezogen wird.

Diese Frage möchte allerdings auch die Verständigungsart, die bei der Subjektivität des Lebens ansetzt, in Schwierigkeiten bringen. Wir können hier schon vorausnehmen, dass sie dann auch gar nicht aufzulösen wären, wenn die Subjektstellung des Menschen im bewussten Leben als Selbstmacht über dies Leben in Ansatz gebracht würde. Dem wurde aber von Beginn an kein Vorschub geleistet. Vielmehr wurde immer wieder klargemacht, warum sich menschliche Subjektivität in allen ihren Gestalten selbst immer auch als bedingt zu verstehen hat. Damit hängt zusammen, dass Begründungen, die bei der Subjektivität ansetzen, sich nicht etwa einer Kette von Selbsterzeugungsakten der Subjektivität nur anschmiegen können. Es ist schon deutlich geworden, dass diese Begründungen vielmehr ganz verschiedene Weisen der Bedingtheit aufzeigen können und dass sie deshalb auch der Entfaltung von Subjektivität keine Dynamik in nur einer Dimension zuschreiben. Das muss aber dem nicht entgegenstehen, dass der Mensch als Subjekt dennoch zu einem in sich einheitlich verfassten Verstehen und zu einem ebenso verfassten Grundentwurf für sein eigenes bewusstes Leben gelangen kann. Von der Subjektivität auszugehen ist gewiss nur dann sinnvoll, wenn man ihr für den Vollzug des bewussten Lebens eine zentrale Bedeutung zuerkennt. Aber das heißt nicht, dass sie selbst die Quelle des Aufschlusses über alles ist. Umgekehrt kann man im Ausgang von ihr zu Quellen des Verstehens geführt werden, die einen weiteren Aufschluss auch über die Subjektivität selbst möglich werden lassen.

Die Sprache ist das wichtigste Medium der Verständigung unter Menschen. Es ist zudem das einzige Medium, über das Gedanken eine genaue Spezifikation ihres Gehaltes erfahren und in dem sowohl Gedanken als auch Absichten in aller Klarheit und in ihrer gesamten Verflechtung anderen Menschen zugänglich werden können. Wittgenstein hat darüber hinaus noch Argumente dafür ausgearbeitet, dass es einem einzelnen Subjekt unmöglich wäre, eine Sprache ausschließlich zum eigenen Gebrauch zu entwickeln. Schon darum liegt es so nahe, dem Vorschlag, alle Erklärungen, auch die von Subjektivität, vom Mitsein des Menschen ausgehen zu lassen, die Gestalt einer Begründung aus der Sprachgemeinschaft des Menschen zu geben. So hat denn auch die Sprache und die Einsicht, dass die Welterschließung des Menschen aus der Form seiner Muttersprache ihr besonderes Profil gewinnt, immer schon das wichtigste Argument gegen die Orientierung der Philosophie am solitären Subjekt abgegeben.

Man meint, die Berechtigung dieser Kritik bereits an der

sprachlichen Ausdrucksweise ablesen zu können, deren sich auch die Subjektphilosophie bedienen muss. Sie muss, um von dem Selbstbewusstsein reden zu können, auf das sie sich gründen will, das Personalpronomen ›ich‹ verwenden. Als Pronomen ist es aber in das System der singulären Ausdrücke eingebunden, in dem ihm als nächste das ›du‹ und das ›wir‹ zugeordnet sind. Ist der ›ich‹-Gebrauch nur da sinnvoll, wo auch der Gebrauch von ›du‹ und ›wir‹ möglich ist, dann ist doch wohl das, was mit ›ich‹ zum Ausdruck gebracht wird, in die Sprachgemeinschaft eingebunden, in der die Interaktion mit einem unter ›du‹ Angesprochenen und der kollektive Ausdruck für eine solche Gemeinschaft selbst ebenso möglich sind. Zwei Varianten der sprachtheoretisch unterbauten Theorie von der Ursprünglichkeit des Mitseins unterscheiden sich sogar durch den Vorrang voneinander, der von ihnen jeweils einem der beiden Personalpronomina gegeben wird, die zu ›ich‹ in einer Korrelation stehen: Vom ›wir‹ her kann das gesellschaftliche Wesen des Menschen, vom ›du‹ her die Angewiesenheit des Menschen auf die personale Nähe von anderen als Ausgangsevidenz eingebracht werden.

Diese Argumentation mag dazu ausreichen, eine skeptische Position zu unterminieren, der zufolge es keine begründete Überzeugung von der Existenz anderer Subjekte geben kann als jeweils des einen, das sich über sich selbst im Gebrauch von ›ich‹ verständigt. Sie erlaubt es, davon auszugehen, dass überall dort, wo das Personalpronomen ›ich‹ gebraucht wird, die Existenz einer Sprachgemeinschaft außer Zweifel steht. Man kann darin einen großen Vorzug der Untersuchungsmethode sehen, die von dieser Evidenz ausgeht. Denn sie kann am Leitfaden der Gebrauchsweise anderer sprachlicher Ausdrücke über Weisen der Subjektivität und der Intersubjektivität des Menschen aufklären und sich dabei auf einem Terrain wissen, das nicht von Rückschlüssen bedroht wird, welche sogleich in den Bereich von Theorien führen, die unter viel größerem

Risiko stehen. Ist das aber der Hintergrund des Nachdrucks, der auf die grundlegende Bedeutung der Sprachgemeinschaft gelegt wird, dann ist damit die Rücknahme der Hoffnung, eine philosophische Aufklärung solle weiter reichen, und die Preisgabe des Interesses am Verstehen von Grundsachverhalten verbunden.

Man sieht das auch daran, dass die gemeinsame Sprache wohl ein grundlegendes Faktum ist, dass aber der Mensch nicht wirklich in sie hineingeboren wird. Geboren wird er nur mit der Fähigkeit, eine Sprache zu erlernen. Es steht schon lange außer Frage, dass das Kleinkind sehr früh ein intelligentes Verhalten entwickelt und dass auch die Kommunikation mit ihm beginnt, bevor von dem Beginn des Erwerbs einer Sprache die Rede sein kann. Dieser Sachverhalt findet eine Ergänzung darin, dass nachzuweisen ist, warum das entwickelte System einer Sprache, in der die verschiedenen singulären Ausdrücke, unter ihnen die Personalpronomen, wechselseitig aufeinander verweisen, nur von einem Menschen zu beherrschen ist, dem mehr als eine rudimentäre Vorstufe des Selbstbewusstseins zugeschrieben werden kann.

Gerade an den Bedingungen, unter denen die Verwendung des Ausdrucks ›ich‹ in Gang kommt, wird das besonders deutlich. Wir haben früher schon gezeigt, dass mit ihm das Kind nicht einfach nur die allgemeine Form, in der andere jeweils von sich selbst sprechen, auch seinerseits in Gebrauch nimmt. Mit dem Ausdruck, den das Kind später als andere Personalpronomina zu gebrauchen beginnt, wird immer auch eigens darauf hingewiesen, dass ein Mensch in seiner Rolle als Sprecher etwas von sich selbst her zum Ausdruck bringt. Der ›ich‹-Gebrauch setzt also entfaltetes Selbstbewusstsein voraus. Eben darum ist er ungeeignet dazu, es verständlich werden zu lassen.

Wer die erschließende Bedeutung der Sprachgemeinschaft betont und wer zugleich den Anspruch aufrechterhalten will, Subjektivität aus sprachlicher Interaktion herzuleiten, müsste seine Erklärung also tiefer ansetzen. Sie lässt sich nicht als eine Erkenntnis gewinnen, die am Sprachsystem und seiner Beherrschung in jener methodischen Klarheit abzulesen ist, welche beim Gebrauch von sprachanalytischen Verfahren zu gewinnen sein mag. Er muss sich auf ein Erklärungsverfahren einlassen, das hinter den entfalteten Sprachgebrauch zurückgeht, um auf diesem Wege die Entstehung eben der Selbstbeziehung des Menschen verständlich werden zu lassen, die im entfalteten Sprachgebrauch vorausgesetzt ist. Die Sozialpsychologie des Behaviorismus hat dazu im Werk von George Herbert Mead ein Modell vorgegeben. Ein gutes halbes Jahrhundert später ist ihm, in Konzentration auf die Genealogie des Selbstseins, durch Jürgen Habermas ein viel beachteter Nachhall zuteil geworden: In einer elementaren Interaktion von Agenten, die noch ganz instinktgesteuert ist, sollen die Reaktionen, die in der Form von Lauten artikuliert sind, die Grundlage für das Selbstverhältnis der Agenten ausmachen – und zwar deshalb, weil solche Lautgebärden, die dem Anderen zugewendet sind, von dem Agenten, der sie ergehen lässt, in der gleichen Weise wahrgenommen werden wie von dem, an den sie adressiert sind. Wer also als Akteur solche Gesten initiiert, wird durch ihren Vollzug zugleich von seinen eigenen Gesten erreicht. Damit ist er nicht nur de facto Initiator, sondern wird über die Rezeption der eigenen Lautgebärden auch von sich selbst als dieser Initiator aufgefasst.

Diese Erklärung ist offensichtlich eine Konstruktion. Ihre Evidenz besteht nicht abgelöst von der Absicht, die mit ihr verfolgt wird. Basis für die Konstruktion ist die Tatsache, dass die Verlautungen des Menschen dessen eigene Rezeptionsorgane in nahezu derselben Weise erreichen wie die seines Adressaten, wodurch sie sich von anderen gestischen Bekundungen unterscheiden. Man kann auf den Versuch, aus dieser Selbstwahrnehmung das Selbstbewusstsein herzuleiten, am ehesten kommen, wenn man von einem Modell des Selbstbewusstseins ausgeht, für das auf den ersten Blick einiges zu sprechen scheint: Im Selbstbewusstsein wird ein Subjekt sich selbst zum Objekt. Das tätige Subjekt agiert also ohne Bewusstsein von sich; dies aber, dass es zum Bewusstsein von sich kommt, kann dann auch nicht Ziel seiner Tätigkeit sein, weshalb es vermittels seiner Passivität sich zum Objekt werden muss. Das Verlauten und das Mithören des eigenen Verlautens lassen sich gut in dies Modell einsetzen. Damit ist dann zugleich die Vorgabe erfüllt, um deren Bestätigung die Konstruktion eigentlich unternommen worden war: Der Mensch gelangt nicht für sich allein zum Selbstbewusstsein. Er verdankt das ihm ganz eigene Selbstbewusstsein, das ihn als solitären geradezu ausmachen soll, selbst noch einer Interaktion mit Anderen.

Hat man einmal den strategischen Vorteil durchschaut, den diese Konstruktion bietet, dann fällt es nicht mehr schwer, auch ihre Schwachstellen zu erkennen. Deren lange Reihe beginnt damit, dass das Für-sich-Sein in ein bewusstlos tätiges und in ein über seine Rezeptivität seiner selbst bewusstes Subjekt ausdividiert wird. Sie endet mit der Annahme, dass Selbstbewusstsein mit dem Gewahren des aktivischen Gebrauchs der eigenen Stimme aufkommt. Denkt man nur an die Rolle der Stimme in der frühesten kindlichen Entwicklungsgeschichte, dann verliert die Konstruktion schnell ihre Plausibilität. Wenn ein Mensch ohne jegliches Selbstbewusstsein gegenüber einem anderen etwas verlauten ließe, so würde er dadurch, dass er seine Verlautung selbst hört, niemals zu Selbstbewusstsein kommen können. Dass man sich im eigenen Sprechen selbst auch hört, wird in der Aufmerksamkeit auch des erwachsenen Sprechenden nämlich gerade ausgeblendet. Allenfalls kann es geschehen, dass der Sprecher dadurch, dass er auf das hinhört, was er verlautet, noch während er spricht, in eine Distanz zu seinem Sprechakt gezogen wird – in eine Distanz, die dann dem Fürsichsein in einer theoretischen Überlegung ähnelt.

Aber dadurch wird Selbstbewusstsein gewiss nicht ursprünglich generiert. Es wird dasjenige Selbstbewusstsein, das – im Unterschied zum adressierten Verlauten, etwa in einer lautlichen Drohgebärde – mit dem Gebrauch der Sprache selbst wirklich schon verbunden ist, nur zum Gegenstand der Aufmerksamkeit und damit zugleich in einen anderen Vollzugsmodus überführt.

Kritische Überlegungen solcher Art taugen immer nur dazu, einen irgendwo erhobenen Erkenntnisanspruch auf genetische Herleitung zu suspendieren, in diesem Falle den, Selbstbewusstsein aus einem Ursprünglicheren hergeleitet zu haben, und zwar aus der Interaktion zwischen den Sprechern einer Lautsprache, der die volle Differenzierung des propositionalen Systems auch noch fehlen kann. Eine solche Kritik muss nicht der Vorbereitung darauf dienen, etwa nunmehr einen anderen Erkenntnisanspruch derselben Art, und zwar den entgegengesetzten, zu erheben. Der würde darauf gehen, die Interaktion umgekehrt aus dem Selbstbewusstsein der Subjekte als eine in Beziehung auf es sekundäre Tatsache begreifen zu können, die sich aus deren Subjektivität heraus entwickelt.

Die Begründung des Für-sich-Seins der Subjekte aus der Interaktion hat die Form einer Erklärung, mit der die Entstehung des Selbstbewusstseins verständlich gemacht werden soll. Wenn in einem philosophischen Begründungsgang von der Subjektivität ausgegangen wird, so muss diese Begründungsart nicht ihrerseits auch die Form einer solchen genetischen Erklärung annehmen. Das philosophische Programm Fichtes war allerdings wirklich auf ein solches Ziel hin angelegt. Er hat es niemals realisiert, und es ist nie deutlich geworden, auf welchem Wege es sich hätte erreichen lassen. Doch die Kritik am Interaktionismus als Basisannahme bedeutet auch nicht, dass man darum den entgegengesetzten Begründungsweg für aussichtsreicher halten und auf ihn, so als verstünde sich das von selbst, nunmehr einzuschwenken hat. Eher sollte man sich durch sie dazu veranlasst sehen, das Begründungsverfahren selbst in Frage zu stellen, das über erklärende Herleitungen immer zugleich, so wie Fichte, eine ›pragmatische Geschichte des menschlichen Geistes‹ insgesamt zu liefern versucht.

Wenn die Herleitung der Subjektivität aus der Interaktion misslingt, dann ergibt sich daraus, dass jene Interaktion selbst, aus der die Erklärung hatte gewonnen werden sollen, nur unter Einschluss des Selbstverhältnisses der Agierenden vollzogen und verständlich gemacht werden kann. So geht also aus der Kritik, als deren positives Ergebnis, zunächst einmal die Erhebung dieser in sich komplexen Tatsache hervor. Statt diese Tatsache nunmehr umgekehrt von der Seite der Subjektivität her aufzulösen und so genetisch rekonstruieren zu wollen, ist es durchaus möglich, sie auch in Beziehung auf die Subjektivität als solche anzuerkennen. Das Misslingen des Nachweises, Subjektivität aus Interaktion herzuleiten, kann die Einsicht zur Folge haben, dass zwischen beiden eine wechselseitige Abhängigkeit besteht. Sowenig Subjektivität sich aus Interaktion verstehe, sowenig könne Subjektivität ohne Interaktion wirklich werden. Wer so, wie es hier geschieht, in seinem Begründungsgang von Subjektivität ausgeht, kann diese komplexe Tatsache als solche anerkennen. Indem man zu dieser Anerkennung über die Preisgabe des Anspruches geführt wird, es sei nur ein Element in dieser Tatsache anzusetzen, um das andere herleiten zu können, wird man die Wechselbeziehung innerhalb ihrer auch von der Beziehung zwischen Konstituierendem und Konstituiertem zu unterscheiden wissen.

Die Anerkennung der Wechselabhängigkeit bedeutet aber natürlich nicht, dass mit ihr das Bedürfnis nach einer Erklärung der komplexen Tatsache als solcher entfallen wäre. Was man zu erklären hat, ist nun nur etwas ganz anderes – nicht das Selbstbewusstsein für sich, sondern es selbst in seinen Verflechtungen. Das kann bedeuten, dass auch die Erklärung ganz anders angesetzt werden muss. Die dem Behaviorismus verpflichtete Herleitung aus der Interaktion war in den weiten Rahmen irgendeiner naturalistischen Erklärung der Subjektivität hinein konzipiert worden. Sofern man meint, diesen Rahmen stabil halten zu sollen, muss nach einer anderen Art von naturalistischer Erklärungsart gesucht werden.

Da man nunmehr davon auszugehen hätte, dass beide, Subjektivität und Interaktion, in einem einzigen Zusammenhang aufkommen, wird man die Bedingungen, aus denen sich dies erklärt, in ein früheres Stadium der Ontogenese des Menschen zurücksetzen, womit man allen übrigen Befunden auch besser entspricht. Daneben kann man auch nach einer neurologischen Erklärung suchen und nachweisen wollen, dass eine intelligente Interaktion ohne die Entwicklung eines Selbstverhältnisses gar keine neuronale Basis hätte. Alle solche Erklärungen sind aber in viel höherem Grade hypothetisch als die behavioristische, die sich doch wenigstens den Anschein geben kann, aus der unmittelbaren Erfahrung ihre Evidenz zu gewinnen.

Setzt man bei Subjektivität ein, dann bleibt die Untersuchung auch dann, wenn sie deren Entfaltung an Interaktion gebunden sieht, jedoch offen für Alternativen zu der naturalistischen Erklärung des Aufkommens bewussten Lebens. Zumal dann, wenn die ontogenetische Ortung der komplexen Tatsache mit deren neurologischer Erklärung verkoppelt bleiben soll, bleibt diese Erklärungsart aber eine weit ausgreifende Extrapolation. Sie ist zwar gedeckt durch den wissenschaftlichen Erkenntnisstand und durch gegenwärtige Basisüberzeugungen, welche die Möglichkeit von Erklärung überhaupt betreffen, ist aber dennoch von einer wirklich geleisteten Erklärung himmelweit entfernt. So kann sie also Rückschlüssen, die sich aus Überlegungen herleiten, die das Selbstverhältnis des Menschen als solches zum Thema haben, nicht definitiv den Weg verlegen. Dass dies Selbstverhältnis eine naturale Basis oder Seite hat, ist den Stoikern so wenig wie etwa Leibniz verborgen gewesen. Dennoch hat Leibniz dies Selbstverhältnis und die Verbindung von allen Wesen miteinander, die in einem solchen Selbstverhältnis stehen, aus einer metaphysischen Konzeption heraus begreifen können – und zwar mit zumindest in seiner Zeit überlegenen Begründungen. Der Einsatz der Untersuchung beim Selbstverhältnis lässt den Weg offen für die beiden Erklärungsarten, die im Widerstreit miteinander stehen. Aber gerade das bedeutet, dass der Widerstreit das Leben der Menschen nicht nur von fern und von außen angeht. Sein Leben ist nämlich selbst in diesen Widerstreit hineingestellt, insofern er an dem offenen Widerstreit zwischen seinen möglichen Selbstdeutungen anschließt, der in diesem Leben immer wieder aufbricht.

3. Mitsein vor Selbstsein?

Damit sind die methodologischen Folgerungen, die an die Kritik der Herleitung von Subjektivität aus Interaktion anzuschließen sind, in die weiteste Perspektive gebracht, die sich aus ihnen ergeben kann. So könnte nun der Faden wieder aufgenommen werden, dem zuvor schon im Ausgang von der Subjektivität bis hin zur Begründung für Notwendigkeit ihrer Verkörperung nachgegangen worden ist.

Aber die interaktionistische Erklärung der Genese von Selbstbewusstsein ist doch nur eine unter den vielen Weisen, die Vorgängigkeit der Intersubjektivität gegenüber dem Selbstsein des Menschen zu begründen. In der weit ausgebreiteten Literatur dazu kann man den Ausdruck einer der Grundtendenzen der Philosophie der ersten Hälfte des zwanzigsten Jahrhunderts sehen. Das Interesse an ihr wird wohl noch lange Zeit anhalten. Diese Literatur folgt ganz verschiedenen Ansätzen, sowohl in ihrem Verfahren wie in ihrer Orientierung an Gehalten. Darum gliedert sie sich in Archipele auf, die nach innen durch lebhafte Kontroversen und nach außen durch weitgehende Kontaktlosigkeit charakterisiert sind – so die französische Debatte über ›Alterité‹, die angelsächsische über ›other minds‹ und die deutschen Varianten der Philosophie des Dialogs. Es ist nicht möglich, hier auch nur die grobmaschige Skizze einer Übersicht über diese Positionen zu geben. Aber nach der Kritik an der interaktionistischen Erklärung sollten doch die Grundzüge von zwei anderen Positionen Erwähnung finden – und zwar deshalb, weil sich damit weitere Bemerkungen zu allen solchen Ansätzen verbinden lassen.

Es ist versucht worden, die Unterscheidung zwischen vereinzelten Subjekten zu hintergehen. Nach Max Scheler geht eine Dimension der Mannigfaltigkeit *erlebter* Mannigfaltigkeit dem voraus, dass solche Subjekte sich Zustände zuschreiben, die nur ihnen selbst eigen sind. Diese Dimension ist noch nicht ausdifferenziert in die Eigensphäre eines Subjektes und in das, was anderen Subjekten zuzusprechen ist. Nur Körpergefühle wie Hunger und Schmerz, so heißt es, seien ursprünglich schon an eine Eigensphäre gebunden. Im Übrigen erfolge die Ausdifferenzierung so, dass das eigene Subjekt und die anderen Subjekte in ein und demselben Prozess aus einem noch undifferenzierten Strom von Bewusstsein hervorgehen. Damit soll dann eine Basis dafür geschaffen sein, dass man auch die Präsenz der Eigensphäre anderer Subjekte für jedes einzelne Subjekt als unmittelbar gelten lassen kann. Es müssen nicht mehr alle personalen Beziehungen zwischen ihnen auf Analogieschlüsse oder auf apprehendierende Akte zurückgeführt werden. Kein Subjekt muss erschließen, es kann vielmehr unmittelbar wissen, dass andere Subjekte aus inneren Zuständen heraus handeln und sich ihm selbst handelnd zuwenden, die seinen eigenen Zuständen gleichen und die ihm nur aus diesem Grund verständlich werden können.

Ganz anders wird angesetzt, wenn sich eine philosophische

These von vornherein auf die Beziehung konzentriert und gründet, in der sich Mitmenschen in der zweiten Person singularis ansprechen – mit ›Du‹, das in der deutschen Sprache bis vor kurzem vor allem vertrauliche Nähe und daneben, oft als deren Verfallsform, Kameraderie anzeigte. ›Ich *selbst*‹ bin ich erst und eigentlich nur, insofern ich von dem Anderen, der *mein* Anderer ist, angesprochen bin, indem ich ihm antworte und wir beide darin für- und mit*einander* sind. Keiner von uns ist darin ein Gegenstand, *über* den gesprochen wird. Was Du bist, sofern ich mich Dir zuwende, ist kein Vorkommnis in der Welt, kein ›Er‹ und kein ›Es‹, sondern Du gehörst, so wie ›ich selbst‹, einer ganz anderen Sphäre an. Als jenes transzendentale Ich vor und über allem, von dem die Idealisten um 1800 handelten, kann ich mich nur finden und verstehen, weil ich mich aus und in einer solchen ›Du‹-Beziehung und -Bindung gegründet weiß. Da dies wechselseitig für jeden gilt, der in einer solchen Beziehung seine Wirklichkeit hat, ist die Beziehung als vorgängig gegenüber jedem Einzelnen anzusehen, der in ihr steht. Sie kann von keinem gestiftet werden, sondern es ist, wie Martin Buber sagt, das ›Zwischen‹, das alles Tun des Ich unlösbar an ein Empfangen dessen bindet, was von dem ausgeht, der für mich Du ist und für den ich gleichermaßen sein Du bin.

Die beiden Positionen haben miteinander gemeinsam, dass sie dem Bewusstwerden des Menschen als ›Ich‹ etwas vorausgehen lassen, das selbst den Status eines Erfahrens hat. Was dies Vorgängige ist, wird von ihnen aber ganz verschieden angesetzt, und gehört, der Sache nach, auch zu ganz verschiedenen Stationen in der Entfaltung der Dynamik des bewussten Lebens. Die Erlebnismannigfaltigkeit, die noch nicht nach erlebenden Subjekten aufgegliedert ist, kann am leichtesten der frühesten Lebensphase zugeordnet werden. Die Ich-Du-Beziehung, in der jeder für den Anderen aus gleichem Lebensgewicht heraus Quelle von Lebenssinn ist, wird man am ehesten mit Gedanken an eine erste Reife des Lebens verbinden. Aber beide Positionen werden darauf bestehen, dass das, worauf sie konzentriert sind, eine ganz allgemeine Relevanz hat. Ohne irgendeine Ungetrenntheit im Erleben sei kein Anderer unmittelbar als Du zugänglich, ohne Ansprache durch Erwachsene, die auch das Kind schon das reife ›Du‹ antizipieren lassen, kommt die Entwicklung des Selbstseins gar nicht erst in Gang. Ein weiterer Unterschied ergibt sich daraus, dass dort, wo die frühe Ungetrenntheit des Erlebens geltend gemacht wird, die Vielfalt aller verstehbarer Subjekte in die Perspektive kommt, und zwar als Ergebnis der Entwicklung, die von ihr ausgeht. Wo die Ich-Du-Beziehung als gründende Dimension der Erfahrung gilt, wird die Intersubjektivität bloßer Subjekte immer als eine defiziente Form eigentlichen Mitseins verstanden werden, und zwar auch dann, wenn sie die unmittelbare Zugänglichkeit dieser Subjekte füreinander einschließt.

Man kann diese beiden Zugangsweisen zum Mitsein des Menschen, mehr noch als dem Interaktionismus, zugestehen, dass sie etwas zur Geltung bringen, das als Tatsache und das auch in seiner Relevanz für eine Verständigung über dies Mitsein anzuerkennen ist. Das Verhalten zu anderen beruht wirklich nicht auf Schlüssen, die den Agenten allererst davon überzeugen, dass die anderen existieren und was in ihnen vorgeht. Auch haben Menschen füreinander eine Bedeutung, die nicht zu verstehen wäre, wenn sie über ihr Mitsein wie über den Gebrauch irgendeiner Fähigkeit disponieren könnten. In beiden Tatsachen liegt damit wirklich eine Herausforderung für jede Verständigung über ihr Selbstsein, die erklärt, wieso sie zum Anlass dafür werden konnten, die Philosophie insgesamt auf einem Irrweg zu vermuten und den Menschen mit ihrer Hilfe aus diesem Irrweg herausführen zu wollen.

Wieder aber wird, wie auch im Falle des Interaktionismus, dieser Irrweg einer Philosophie zugeschrieben, für die Subjektivität als Prinzip gilt. Ihr wird angelastet, dass sie Subjektivität als selbstgenügsam ansetzen will. Sich dieser Philosophie zu entziehen scheint darum dann am überzeugendsten zu gelingen, wenn die Abkünftigkeit der Subjektivität von etwas Grundlegenderem nachgewiesen ist. So ergibt sich zwangsläufig die These, dem Wissen des Subjektes von sich gehe etwas voraus, auf das man nur achten muss, um seinen Hervorgang verständlich zu machen. Doch es ist gerade diese These, von der man sich freimachen muss.

Dass auch diese Nachweise der Abkünftigkeit des Für-sich-Seins scheitern müssen, lässt sich schon bei einem kurzen Blick auf ihre Argumentationsweise absehen. Die These, dass die vielen Subjekte einer ungeschiedenen Erlebnismannigfaltigkeit entspringen, lässt sich zwar nicht, so wie im Falle des Interaktionismus, als zirkuläres Theorem entkräften. Aber mit ihr wird verlangt, eine Sachlage als angeblich phänomenologisch ausweisbare Wirklichkeit zu akzeptieren, die nicht weniger mysteriös ist als die so oft verspottete Schöpfung der Subjektwelt aus einem einzigen absoluten Ich. Zu dieser These Fichtes ist die These von der ursprünglichen Ungeschiedenheit im Erleben sogar das Gegenstück in genauer Umkehrung. Dem Dialogismus ist vorzuhalten, dass er seine Evidenz, deren Lebensbedeutung nicht in Frage steht, überlastet, wenn er bestreitet, dass schon im Gewahren dessen, dass ein anderer mich anspricht, irgendein Selbstverhältnis dessen impliziert ist, der da angesprochen wird. Es gäbe keinen, der Du für mich ist, wenn er nicht in einem damit ein anderer ist, wenn ich also nicht auch sagen dürfte, dass ›er‹, der Mitmensch, in meiner Zuwendung zu ihm als meinem ›Du‹ für mich ein anderer ist als ich selbst. Man kann die Beziehung zu einem ›Du‹ von dem Wissen, das nach theoretischer Erkenntnis modelliert ist, so weit wie möglich abrücken. Die begriffliche Implikation von Andersheit ist dennoch von dem vertrauten Mitsein nicht abzuscheiden, wenn es auch als ein Phänomen eigenen Rechts einer anderen Sphäre als der distanzierten

Erkennens und Überlegens zugehört. Insofern wird in jeder Ich-Du-Begegnung – auch der, die von der tiefsten Bedeutung für beider Leben ist – das Fürsichsein beider als konstitutiv vorausgesetzt, und zwar auch noch für diese Bedeutung als solche. Die theoretische Relevanz dieses Sachverhaltes wird nicht dadurch gemindert, dass er vor dem menschlichen Gewicht der Ich-Du-Begegnung als triviale Tatsache erscheinen mag. Denkt man sie sich als entfallen, dann würden auch die Form und die innere Dynamik der Ich-Du-Beziehung nicht mehr angemessen verstanden werden können.

Beide Positionen, die gerade erörtert wurden, sind der phänomenologischen Bewegung zuzuordnen. Es ist eine von deren anfechtbarsten Seiten, dass sie immer wieder die Tendenz begünstigt hat, von der Auslegung von Phänomenen nahezu unvermittelt einen Bogen zu schlagen zu verwegenen Konstruktionen, die zugleich mit höchster menschlicher Bedeutsamkeit besetzt und durch sie gestützt sein sollen. Ein weiteres Beispiel dafür unter vielen, das auf andere Weise ins Extreme geht, ist die Intersubjektivitätstheorie von Emmanuel Lévinas. Er hat um der Unbedingtheit der Verpflichtung willen, welche die einfachste Begegnung mit einem Menschen dem Mitmenschen auferlegt, die ›Du‹-Erfahrung zum uneingeschränkten Vorrang gegenüber jedem Selbstsein hochgesteigert. Gegen solche Deutungen lässt sich immer zeigen, dass in ihnen die Phänomene einer überanstrengten Profilierung unterworfen sind und dass Alternativen der Ausdeutung dessen beiseite geschoben wurden, welche der phänomenalen Tatsache besser gerecht werden, um deren Bewahrung willen doch die Konstruktion in Gang gebracht wurde.

4. Ortsbestimmung des Naturalismus

Alle diese Erwägungen und ihre Ergebnisse geben zusammengenommen den Anlass dazu, einen Grundsatz zu formulieren, dessen eigentlicher Beweis, wenn es ihn den gibt, nur in einem viel weiter ausgespannten Rahmen zu führen ist: Wo Tatsachen aufgeboten werden, von denen es heißt, dass sie es sind, aus denen sich das Selbstverhältnis eines bewussten Lebens herausbildet, da kann man immer aufweisen, dass in ihnen ein solches Selbstverhältnis bereits gelegen und dass dies Selbstverhältnis für ihre innere Konstitution und ihre Verständlichkeit auch unentbehrlich ist. Das bewusste Leben vollzieht sich in einer vieldimensionalen Dynamik; und diese Dynamik ist mit einer Vielzahl von anderen Elementen – auch solchen, die nicht Modifikationen seines Selbstverhältnisses sind – nicht nur äußerlich und in vielen Fällen sogar notwendig verbunden. Ohne aber zugleich in das Selbstverhältnis als solches und seine Modifikationen integriert zu werden, ist alles, was ihm vorausgehen soll und was mit ihm verbunden ist, entweder gar nicht zu thematisieren oder doch nicht ohne einen Verlust an Verständlichkeit zu beschreiben.

Dass das Selbstsein einer Dynamik unterliegt, bedeutet eben, dass man Stufen seiner Realisierung unterscheiden kann. Auch auf derselben Stufe dieser Realisierung ist es in vielerlei Weisen des Selbstbezuges differenziert – etwa im distanzierten Erkennen und im in Situationen und Umstände verwickelten Handeln. Aber überall ist das Für-sich-Sein als solches etwas Intelligentes und zudem der Zentralpunkt intelligenter Leistungen. Über ihn ist alles andere zueinander in Bezug gesetzt und wie selbstverständlich als etwas genommen, das ›mir‹ zugehört und mir zuzuschreiben ist. Schon deshalb, weil von ihm diese elementare Einheitsbildung im menschlichen Leben ausgeht und abhängt, ist sie auch von allem, was *aus*gedacht werden muss, und von dem zu unterscheiden, was, auf irgendeine Weise, so wie alle Theorien, auch zur Disposition steht und zur Disposition stehen könnte.

Ohne Zweifel gehen im ontogenetischen Prozess des Menschen, der mit seiner Zeugung beginnt, der Bewusstheit des Lebens viele Stadien voraus, in denen solches Für-sich-Sein noch nicht eingetreten ist. Die Selbstverhältnisse, die in ihnen wirksam sind, können zunächst die objektiven, Schaltkreisen ähnlichen Rückkopplungen sein, die für alles Lebendige charakteristisch sind. Sehr bald werden sie dann von einem lebendigen Spüren überformt oder auch in dies Spüren transformiert werden. In der frühkindlichen Symbiose, aus der sich das Selbstbewusstsein erhebt, kommt, was weiter ›Spüren‹ genannt werden kann, zu einer höheren Ausformung. Auf alle diese Vorformen der wissenden Selbstbeziehung kann hier nicht eingegangen werden.

Ihre Wirklichkeit anzuerkennen bedeutet aber auch etwas ganz anderes als den Anspruch erheben zu wollen, das Wissen von sich *aus* etwas, was ihm in einem erfahrbaren Sinne vorausgeht, *erklären* zu wollen. Solche Stadien sind Voraussetzungen, unter denen Leben zu bewusstem Leben wird. Aber der Übergang zu diesem Leben vollzieht sich spontan – spontan insofern, als in der Abfolge der Stadien hin zum bewussten Leben kein zureichender Grund dafür gefunden werden kann, dass die Form des bewussten Lebens erreicht wird.

Das heißt nun jedoch auch nicht, dass die Bewusstheit des Lebens dem Auftritt eines Deus ex machina zuzuschreiben ist. Im Begründungsgang dieser Vorlesungen wurde schon zu Beginn gezeigt, warum das Denken, das zugleich auf Selbstverstehen ausgeht, in zwei gegenläufige Richtungen orientiert ist: in die Erkenntnis einer Welt und in Gedanken, die auf den Grund gehen, aus dem die Subjektivität selbst hervorgeht. Diese Doppelung bleibt auch in Kraft, wenn die Subjektivität nicht mehr nur als einfache Form des Fürsichseins, sondern als dynamischer Vollzug verstanden wird, der in der Kontinuität des Für-sich-Seins zentriert ist. Ist Für-sich-Sein nicht aus Stadien zu verstehen, die diesem Vollzug vorausgehen, dann muss man folgern, dass der Grund, den es sich selbst doch immer voraussetzt, nur in einer Dimension gesucht werden kann, die von diesem Vollzug selbst noch zu unterscheiden ist.

Gedanken, die einem solchen Grund nachgehen, können sich dann auch ihrerseits nur in zwei Richtungen orientieren. Die eine von ihnen verweist auf die Erforschung der naturalen Grundlagen des bewussten Lebens, die andere veranlasst zu Extrapolationen des Subjektbegriffs, die auf das fundiert sind, was aus der Untersuchung des Subjektsinnes selbst zu gewinnen ist. Die Skizze eines Beispiels für die zweite Denkweise hat die vorausgehende Vorlesung mit ihrer Erklärung des sittlichen Bewusstseins gegeben. Die erste Denkart ist in unserer Zeit von den mikrobiologischen und den neurologischen Forschungen zur naturalen Basis von Bewusstsein repräsentiert. Beiden Ansätzen ist aber gemeinsam, was sie zugleich vom Interaktionismus und von den phänomenologischen Thesen zum Mitsein unterscheidet – dass sie sich nämlich *nicht* auf die Dimension einschränken, in der sich bewusstes Leben selbst vollzieht.

Das Selbstsein des Menschen als natürliche Tatsache zu verstehen heißt, es letztlich als in das wissenschaftliche Bild von der subatomaren Welt integriert zu begreifen, es also auch aus Wirklichem herzuleiten, das dem bewussten Leben in seinem eigenen Vollzug hinter einem eisernen Vorhang auf immer entzogen bleiben muss. Die Aufklärung, welche es so über sich empfängt, geht also der ihm eigenen Verstehenstendenz entgegen. In der subatomaren Welt herrschen Gesetze der Korrelation von Zuständen, die sich von den Gesetzen der Krafteinwirkung auf Körper unterscheiden. Es kann sein, dass zu ihnen Gesetze der Kovariation gehören, die sich als Analoga zu Bewusstseinsformen beschreiben lassen. Das

Wissen von sich, das bewusstes Leben ausmacht, kann aber von Kovariationsregeln nicht erfasst werden. Darum können auch die Entdeckungen in der subatomaren Welt, die der Verständigung über Bewusstsein näher zu führen scheinen, den Grenzverlauf zwischen der materiellen Basis von Bewusstsein und der Weise, in der es für sich selbst erschlossen ist, nicht eliminieren.

Ähnliches gilt für die Doppelhelix als Träger des genetischen Codes und die Spiegelneuronen, aus denen sich der Zugang zu Fremdpsychischem erklären soll. Solche bemerkenswerten Entdeckungen können für ein Jahrzehnt den Eindruck heraufrufen, die Lösung des Grundrätsels stehe unmittelbar bevor. Dann aber werden sich immer wieder neue Probleme aufdrängen, die denselben Grenzverlauf nunmehr an anderer Stelle wieder auffällig werden lassen. Oft kann man, wie im Fall der Spiegelneuronen, schon aus der Erklärung der vermeintlich sensationellen Versuchsergebnisse erkennen, dass der Erklärungsanspruch, der mit ihnen verbunden wird, die Folge einer unzulänglichen Beschreibung der Problemlage ist.

Dass alles Für-sich-Sein eine naturale Grundlage hat, ist eigentlich eine triviale Tatsache. Auch dem verstiegensten Metaphysiker und dem weltvergessensten Mönch kann sie nicht verborgen gewesen sein. Je mehr sie aber erforscht wird und subtile Erklärungsversuche auf sich gezogen hat, umso mehr begünstigt sie die Meinung, die naturalistische Erklärung des Geistes müsse irgendwann, und sogar bald, gelingen. Sie legt auch denen, die es für ausgeschlossen halten, die Erklärung wirklich zu finden (von Dubois-Reymond bis Colin McGinn), die Meinung nahe, ein geschlossener Zusammenhang zwischen subatomarer Wirklichkeit und bewusstem Leben müsse dennoch vorausgesetzt werden. Das kann wiederum die Meinung bestärken, man könne dem Naturalismus nur durch eine Erkenntniskritik der naturwissenschaftlichen Methode entgegenwirken, die sich in der Folge mit einer Herleitung der Subjektivität aus dem Mitsein der Menschen verbündet. Denn nur auf diesem Wege sei doch, wie Jürgen Habermas meint, die humane Dimension des Sich-Verstehens gegenüber der naturalistischen Verfremdung noch intakt zu halten.

Aber alle solche Herleitungen erweisen sich als nicht schlüssig. Die Subjektivität des Menschen ist insofern eine letzte und dennoch eine nicht aus sich selbst begründete Tatsache. Das gibt zwar der naturalistischen Erklärung aus einer der Subjektivität selbst entzogenen Dimension zusätzliche Plausibilität. Doch eben das stärkt dann auch die Begründung dafür, eine Alternative zur naturalistischen Erklärung offen zu halten. Denn die naturalistische Erklärung verlangt eine Selbstrevision des Selbstbildes des Menschen. In den wirklichen Lebensprozess des Menschen kann sie nicht unverkürzt eingehen. Auch die, die eine solche Revision heute einfordern, können zwar eingestehen, dass sie ihnen selbst schwer fällt, nicht aber deutlich machen, wie sie sich zu jener Folgerichtigkeit bringen lässt, die im eigenen Leben durchgehalten werden kann. Somit müssten sie weiterhin verlangen, die theoretische Einsicht von der Lebenspraxis abzuscheiden und die Praxis gegen diese Einsicht zu immunisieren. Die Lebenspraxis würde damit zu einem zwar unaufgebbaren, aber durch keine Erkenntnis gedeckten Vollzug. Dabei ist sie doch in sich selbst von einem Verstehen durchherrscht und getragen, das den Zusammenbruch des Wahrheitsanspruchs, der in ihm gelegen ist, nicht überleben könnte. Eine Erklärung, die zu solchen Weiterungen führt, wäre nicht zu akzeptieren, wenn sie nur als Forderung auftritt, vor angeblich für jedermann Offensichtlichem die Augen nicht zu verschließen. So ist der Naturalismus in der Geschichte des Denkens auch gar nicht als bloßer Evidenzappell, sondern als Folgerung aus dem Nachweis aufgetreten, dass alle Denkversuche, die sich der naturalistischen Erklärung des Geistes entziehen oder enthoben glauben, erfolglos geblieben sind und immer bleiben müssen. Damit gewinnt der

Naturalismus eine ganz andere Art der Beglaubigung, lässt sich aber auch auf ein ganz anderes Feld von Überlegungen und Kontroversen ein. Unter diesem Gesichtspunkt müsste die naturalistische Verständigung über das bewusste Leben es eigentlich selbst wünschen, dass sie nicht, so wie es gegenwärtig den Anschein hat, zur Selbstverständlichkeit herabsinkt, weil die Rollen ihrer Antagonisten von niemandem mehr besetzt werden. Heute wird zwar schwerlich jemand in diesen Rollen so überzeugend sein, wie Platon, Leibniz und Kant es waren, als sie den Naturalismus in ihrer Zeit für eine Weile fast zum Verstummen brachten. Dass ihre Rollen aber nicht unbesetzt bleiben, ist gleichermaßen von theoretischem wie von Lebensinteresse.

Zur Diagnose der naturalistischen Erklärungsart gehört es, dass sie aus einer Verbindung von zwei Faktoren hervorgeht, die beide ihren Platz auf dem in der ersten Vorlesung gezeichneten Plafond haben: Sie verbindet den Rückgang der Subjektivität hinter sich selbst in ihrem Gedanken von einem Grund, aus dem sie hervorgeht, mit der Verschärfung des natürlichen zum wissenschaftlichen Bild von der Welt. Insofern koppelt sie ganz unmittelbar zwei gegenläufige Ausgriffe der Subjektivität aneinander. Diese Lokalisierung könnte vielleicht dazu beitragen, dem Widerstand gegen die naturalistische Selbstdeutung, den sich das bewusste Leben anscheinend nicht ausreden lassen kann, einen guten Grund zuzuordnen, der sich unmittelbar aus der Zugriffsart der naturalistischen Erklärung herleitet.

Der Grundriss für eine Alternative zum naturalistischen Selbstbild wird in diesen Vorlesungen skizziert. Auch in ihr ist die Dimension der Tatsachen hintergangen, die sich in diesem Leben unmittelbar aufweisen lassen. Doch dabei wird die Nachfrage der Subjektivität nach ihrem eigenen Grund in Gedanken umgesetzt, die darauf ausgehen, den Prozess der Subjektivität als Folge dieses Grundes zu verstehen, und die zudem in diesem Prozess von der Subjektivität *als* Verständigung über sich selbst wirksam werden können. Das schließt ein, dass sich die Subjektivität im Anschluss an diese Gedanken auch in der Einheit der vieldimensionalen Ausbildung ihres Prozesses begreifen kann. Als Beispiel dafür kann wiederum der Zusammenhang zwischen dem Subjektbegriff und dem sittlichen Bewusstsein stehen, den die vorausgehende Vorlesung zum Thema hatte.

Anders als in der naturalistischen Engführung zwischen der Grundbeziehung des Subjektes und dem wissenschaftlichen Weltbild können die Gedanken vom Grund der Subjektivität *nur* Gedanken sein. Ihr Gehalt hat weder im primären noch im wissenschaftlichen Weltbild unmittelbar ein Korrelat. Daraus ergibt sich mit Notwendigkeit, dass den meisten als ein Argument dagegen in den Sinn kommt, sie in ihrem Lebensgewicht ernsthaft zu erwägen, dass sie nämlich gegenüber den Tatsachen des Erfahrungswissens als lebensferne Abstraktionen erscheinen. Erst nachdem sie für sich entfaltet worden sind, kann damit begonnen werden, von ihnen her ein Bild von der erfahrenen Welt zu entfalten, in dem die Subjektivität und ihre Prozesse nicht ortlos sind. In einem solchen Bild würde der Schleier der Fremdheit aufgehoben sein, unter dem der primäre Weltbegriff und noch mehr die wissenschaftlich erschlossene Weltform für das bewusste Leben der Menschen liegen – unsichtbar zwar, aber über das Bewusstsein der eigenen Ortlosigkeit jederzeit zu spüren. In diesem Bild müssen die Tatsachen respektiert sein und berücksichtigt werden, auf die sich die naturalistische Erklärung der Subjektivität stützt – so wie Platon die Tatsachen nicht ignorierte, die das atomistische Weltbild gestützt haben, und wie Kant von der Weltbeschreibung Newtons sogar dazu veranlasst worden ist, einen philosophischen Grundriss zu entwerfen, in dem Newtons Welt und eine alternative Weltbeschreibung einander zugeordnet werden können.

Die Extrapolation des Grundes der Subjektivität hat mit der naturalistischen Erklärung ferner dies gemeinsam, dass sie die Subjektivität nicht als selbstgenügsam ansieht. Beide Unternehmen, die sich doch gegenläufig zueinander verhalten, sind gleichermaßen geradezu durch die Überzeugung motiviert, dass Subjektivität in ihrem Prozess durchgängig als bedingt anzusehen ist und dass sie sich selbst auch so erfährt. Unterschieden sind sie dadurch, dass die Extrapolation des Grundes in Gedanken das Selbstbild der Subjektivität nicht unterläuft, sondern es, nach vorausgehender Klärung, fundiert und dass sie nicht zur Aufhebung, sondern zur begründeten Zuschreibung von Selbsttätigkeit führen kann. Die nachfolgende Vorlesung wird dies zu verdeutlichen haben.

Was aber die Bindung und die Einbindung der Subjektivität betrifft, so führt die Klärung des Subjektbegriffes zusammen mit der Extrapolation des Grundes dazu, die Subjekte in ihrem Prozess als auf *vielerlei* Weisen bedingt anzusehen und zu verstehen. Durch diese Vielheit ist jedoch die Einheit des Sich-Verstehens nicht aufgehoben. Und diese einheitsstiftende Leistung der Beziehung auf seinen Grund wirkt sich unmittelbar in der Verständigung des Menschen über die Weisen seines Mitseins aus.

Der Mensch ist, wie gesagt, in seinem Leben auch in ganz verschiedene Weisen des Mitseins eingebunden. Einige von ihnen gehören der Sphäre der Erhaltung seiner physischen Existenz zu, in anderen verwirklicht er sich als Subjekt und zugleich in der Beziehung auf das, von woher er sich in seiner Subjektivität als solcher verständigt. Er muss danach streben, sich dieser Vielheit nicht wie ein flexibel reagierender Verhaltensautomat nur anzupassen und gewachsen zu zeigen. Als Subjekt geht er darauf aus, die Einheit seines Lebens noch auf andere Weise zu begreifen als über dessen faktische Kontinuierung in den unterschiedlichsten Funktionen. Der Minimalsinn von Subjekt, der vom Durchhalten der Kontinuität des Wissens von sich bestimmt ist, soll für ihn auch durch einen gehaltvolleren Einheitssinn der Subjektivität erfüllt werden. Er ist Thema der Philosophie ebenso wie Ziel der Bemühung des Lebens selbst – zumal in Beziehung auf die gegeneinander divergierenden Weisen, als Subjekt mit Mitmenschen sein Leben zu führen. In der vorausgehenden Vorlesung haben wir gesehen, dass sich diese Aufgabe bereits innerhalb der Problemdimension des sittlichen Bewusstseins aufdrängt. Mitmenschen zu respektieren und in einem Mitmenschen das eigene Leben sich erfüllen zu sehen sind auch sittlich gänzlich verschiedene Weisen des Mitseins. Ihr Verhältnis zueinander lässt sich weder durch die Registrierung ihrer Differenz noch durch eine Rangordnung zwischen ihnen angemessen bestimmen. Nur durch eine Verständigung über die Dynamik der Subjektivität kann dies Verhältnis aufgeklärt werden, ohne dass die Aufklärung das Bewusstsein von der Tiefendimension jener Differenz verfehlt.

5. Der Leib als Bedingung des Mitseins

Dass Menschen sich ihrer selbst bewusst und dass sie insofern Subjekte sind, ist eine elementare Tatsache, die von niemandem angezweifelt wird. Obschon grundlegend und überdies nach dem ersten Anschein ganz einfach, stellt es sich doch heraus, dass sie in sich komplex ist, dass sie aber dennoch durch keine Analyse auf Einfacheres zurückgeführt werden kann. Die Komplexion, die mit ihr verbunden ist, wächst um ein Vielfaches an, wenn man daran denkt, dass sie zwar unter Bedingungen aufkommt, zu denen zu zählen ist, was man ihre Vorgestalten nennen kann, dass sie aber spontan eintritt und dass sie dann in eine Vielzahl von Weisen des Wissens und Verhaltens eingeht. Man kann sie als Modifikationen der wissenden Selbstbeziehung bezeichnen.

Dass Menschen mit anderen Menschen in Beziehung stehen, gehört wie ihr Selbstverhältnis zu den Tatsachen, die man gleichfalls ohne weiteres für schlechthin elementar gelten lassen wird. Dass dies Mitsein komplex ist und dass es viele Modifikationen aufweist, ist, anders als im Falle des Wissens von sich, ganz offensichtlich. Man muss sich nicht wie im Falle des Selbstbewusstseins um einen Nachweis für diese Tatsache bemühen. Überdies sind auch einfache Menschen für Fragen empfänglich, die ihr Mitsein betreffen – so etwa, wie es wohl zugeht, dass andere ihnen verständlich oder verschlossen sind und ob ein Mensch mit einem anderen wirklich ohne Vorbehalte vertraut oder ohne Schranken ihm zu eigen sein kann. Weiter gilt auch unbestritten, dass die Bedeutung, welche Menschen den Weisen ihres Mitseins für ihr Leben beimessen, mit ihrem Selbstverhältnis in einem Zusammenhang steht – auch unter denen, die alles Selbstsein zuletzt aus einer Weise von Mitsein herleiten wollen. Doch die Vielgestaltigkeit sowohl von Mitsein wie auch von Selbstsein gibt bei der Verständigung über ihr Verhältnis zueinander sehr viele Ansatzpunkte für Divergenzen und Kontroversen. In den vorausgehenden Abschnitten sind sie so weit verfolgt worden, wie es dafür nötig ist, dass die Voraussetzungen übersichtlich werden, unter denen nun im Ausgang von der Subjektivität auf die Weisen des Mitseins des Menschen eingegangen werden kann.

Nicht mehr zu denken ist dabei an eine genetische Herleitung des Mitseins aus dem Selbstsein nach dem Modell jener Art von Herleitung, die denen vor Augen stand, die umgekehrt das Selbstsein als im Mitsein begründet sehen wollten. Weder ist das Selbstsein von einem ursprünglicheren Mitsein erwirkt noch ist es Folge einer Interaktion, die mit dem Selbstsein das als solches erfahrene Mitsein nach sich zieht. Dem entspricht, wie sich noch zeigen soll, die andere Tatsache, dass das Selbstsein auch nicht in einer Weise höchsten Mitseins mit anderem Selbstsein verschmelzen kann. Daraus, dass wir das Selbstsein, und zwar durchgängig, als nicht aus sich selbst begründet ansehen müssen, ließe sich geradezu folgern, dass es auch aus keiner ihm schlechthin externen Voraussetzung hergeleitet werden kann.

Für eine Verständigung über Intersubjektivität, die Subjektivität zu ihrem Ausgangpunkt hat, muss dann die Unableitbarkeit der Subjektivität auch in der Erklärung der Weisen des Mitseins Konsequenzen haben. Sie wird nur zeigen können, inwiefern Weisen des Mitseins an Momente in der Verfassung der Subjektivität angeschlossen sind und welche Weisen des Vollzugs von Subjektivität in den Weisen des Mitseins selbst mitvollzogen werden müssen. Man könnte meinen, dass damit der Nachweis eines Zusammenhanges zwischen Selbstsein und Mitsein ganz in dem Nachweis aufgeht, dass zwischen beiden eine Reihe von Korrelationen besteht. Wirklich ist die Untersuchung der Verflechtungen von Selbstsein und Mitsein die methodische Alternative zu den Herleitungsprogrammen, die auf diesem Gebiet vorherrschen. Beim Korrelationsnachweis von der Subjektivität *auszugehen* heißt jedoch, mit ihm eine weitergehende Erwartung zu verbinden. Im Geflecht der Korrelationen ist die Subjektivität der zentrale Bezugspunkt – und zwar in dem Sinne, dass in Beziehung auf sie die Weisen des Mitseins in die Perspektive der Einheit eines einzigen Verstehenszusammenhanges eintreten können. Von der Subjektivität her, nicht von den Weisen seines Mitseins her kann sich der Mensch in der Einheit seines bewussten Lebens begreifen. Dies könnte nicht so sein, wenn nicht der Subjektivität auch ein Vorrang in der Strukturierung dieses Lebens zukäme.

Solches zu sagen, bedeutet keineswegs, dass das Gewicht der Bedeutung, das der Selbstbeziehung im Vollzug dieses Lebens für es selbst zukommt, gegenüber der Bedeutung nachrangig ist, die sein Mitsein für es hat. Der Aufweis einer Stellung in einem Gefüge von Korrelationen präjudiziert nichts über die Lebensbedeutung der Elemente, die in diesen Korrelationen stehen. Er kann sogar die notwendige Voraussetzung dafür sein, die inkommensurable, alle anderen überragende Lebensbedeutung von Weisen des Mitseins, von Freundschaft und Liebe etwa, nicht nur deutlich, sondern auch verständlich werden zu lassen.

Ebenso wenig wie eine Zuordnung von Bedeutungsgewicht zieht der Nachweis einer Korrelation, in der die Subjektivität eine erschließende Stellung hat, eine These zur genetischen Abfolge von Stadien der Entfaltung von Mitsein nach sich. Dieser Nachweis stand der Anerkennung der Tatsache nicht im Wege, dass das spontane Aufkommen von Selbstsein unter äußeren Bedingungen erfolgt. Es ist um nichts schwieriger, ihn in Übereinstimmung mit der geläufigen Erkenntnis zu halten, dass für den Prozess dieses Aufkommens Weisen des Mitseins des heranwachsenden Menschen von entscheidender Bedeutung sind. Selbstsein muss Mitsein nicht vorhergehen, damit ihm in den Weisen des Mitseins eine Schlüsselstellung zuerkannt werden kann.

Nach allen diesen Klärungen und Unterscheidungen nehmen wir nun den Stand der Überlegungen wieder auf, die im Ausgang von dem Weltbezug der Subjektivität zur Bindung des vereinzelten Subjektes an einen Körper geführt haben. In einer Folge von Schritten, die wiederum nur Skizzen von Argumentationen sein können, ist von diesem Stand aus zum Mitsein der verkörperten Subjekte überzuleiten. Es wird nützlich sein, sich dabei dessen zu erinnern, dass schon die vorausgehenden Überlegungen eine Reihe von Ansätzen dafür ergeben haben, die Vielfalt der Weisen dieses Mitseins auf jeweils andere Weise an die Verfassung und an die Dynamik der Subjektivität anzuschließen. Unter ihnen sind neben der Verkörperung, über die eine Bahn der Erschließung der Welt an eine Position in der Welt gebunden ist, die folgenden drei von Bedeutung gewesen: Subjektivität weiß sich selbst als begründet – in einer Weise, die sich gegenständlicher Bestimmung entzieht. Sie ordnet sich als einzelne immer auch einer Dimension zu, in der Einzelne voneinander zu unterscheiden sind. Subjektivität kommt spontan auf, und diesem Aufkommen sind Bedingungen zuzuordnen, ohne dass diese Bedingungen selbst auch als Ursache der Subjektivität anzusehen sind. Im Zusammenhang mit dem Prozess der Identitätsbildung von Personen und bei der Erklärung der Dynamik, die dem sittlichen Bewusstsein innewohnt, sind weitere solche Ansätze schon zur Sprache gekommen.

Versteht man die Welt als die Totalität dessen, was ein Subjekt überhaupt in einem einzigen System von Relationen als wirklich anzunehmen hat, dann kann man sich von ihr nur einen Begriff machen, wenn man sie als in einen in der Verfassung des Subjekts selbst begründeten Gedanken begreift. Als Totalität steht sie aber zugleich in einer Grunddistanz zu jeder besonderen Auffassung von bestimmtem Wirklichen, die ein Subjekt im Horizont der Totalität und in Beziehung auf sie zu vollziehen vermag. Aus dieser Spannung, die im Subjektsinn selbst begründet ist, ergeben sich weitere Spannungen. Zu ihnen gehört die Differenz zwischen dem eigenen Körper als Gegenstand und als *Leib* eines Subjektes.

Wenn der Mensch durch seinen Körper in seiner Welt positioniert ist, so kann seine Beziehung zu diesem Körper nicht mit der Beziehung zu irgendeinem Gegenstand zusammenfallen, wie eng benachbart man sich beide auch immer vorstellen mag. Denn über den Körper ist seine besondere Beziehung zu der einen Welt vermittelt. Sie kann aber auch nicht der Art einer Beziehung zu einem Gegenstand gänzlich enthoben sein. Denn der Körper vermittelt die besondere Weltbeziehung gerade insofern, als er der Welt zugehört. Es ist eine Besonderheit der deutschen Sprache, dass sie diese Grunddifferenz dadurch ausdrücken kann, dass sie den Leib des Menschen von seinem Körper unterscheidet. Der Leib ist Objekt nur insofern, als er auch als Körper betrachtet werden kann; er ist aber nicht als bloßer Körper zu verstehen.

Diese Unterscheidung, die erst im zwanzigsten Jahrhundert auch für die Philosophie bedeutsam geworden ist, markiert einen weiten Bereich, der von phänomenologischen Beschreibungen und empirischen Untersuchungen der Psychologie und der Neurologie nicht gänzlich auszumessen sein wird. Die Differenz als solche wird, weil sie zu den Grundlagen der Weltbeziehung des Menschen gehört, durch keine empirische Untersuchung zum Verschwinden gebracht werden können – gewiss auch dann nicht, wenn man sich von ihr erhofft, durch die entschlossene Vertiefung in den neuronalen Untersuchungsbereich werde die Auflösung der Differenz als Ergebnis von selbst hervorgehen.

Der Leib kann nicht wie ein Apparat der Weltvermittlung fungieren, dessen Produkte und Informationen man nur zusammenzuführen hat. Er muss als solcher bewusst sein. Denn alle Vermittlungswege der Welterschließung müssen für die Subjektivität in ihm zusammenlaufen und so dem Subjekt in Beziehung auf die Welt eine Position zuwachsen lassen. Darum muss der Leib von einer Art spürenden Wissens durchzogen sein. Es ist nicht aus Elementen zusammengesetzt und doch in Gegenden gegliedert. Deren Beziehung modifiziert sich nach der Lage und der Befindlichkeit der Glieder – und zwar auch für den, der seine Glieder als Glieder eines Körpers niemals hat wahrnehmen können. In dieser Präsenz der leiblichen Eigensphäre, von den Psychologen Propriozeption genannt, kann man ein Pendant zum Selbstverhältnis im Wissen sehen. Aber niemand sollte versucht sein, das Selbstverhältnis des Menschen als durch die Propriozeption definierbar anzusehen. Denn das Subjekt kann die Selbstwahrnehmung auf so einfache Weise wie dadurch verändern, dass es einige Muskeln anspannt und den Körper in aufrechten Stand bringt. In seltenen Fällen kann sich die Propriozeption auch auflösen. Das Subjekt kann dann durch komplizierte Kunstgriffe immer noch seine Körperbeziehung zur Welt über andere Ressourcen, darunter die Außenwahrnehmungen vom eigenen Körper, neu zu ordnen lernen.

Dass das Subjekt seines Leibes inne ist und dass es ihn mittels der Propriozeption durch Handlungsimpulse moduliert, ist eine der Voraussetzungen für jede spontan-absichtsvolle Körperbewegung. Solche Körperbewegungen sind basale Handlungen. Sie können um eines Zweckes willen ausgeführt werden, können Teil einer eingewohnten Praxis sein oder auch lustvoll oder zwanghaft vollzogen werden. Man benötigt jedenfalls keine weitere Handlung, um ihre Ausführung zu bewirken. Um zu trinken, muss man den Mund öffnen. Aber damit er sich öffnet, muss man es nur wollen und initiieren, nichts Weiteres dazu noch veranlassen.

Diese durch nichts vermittelte Präsenz im Leib ist ebenso eine Voraussetzung dafür, dass dem Subjekt über dessen Sinnessphären die Voraussetzungen für je ein Stadium in der Entfaltung seiner Welterschließung zuwachsen, die ja gemäß seiner Positionierung in seiner Welt zu geschehen hat. Was in diese Sphären eingeht, ist, nur im Modus der Extrazeption, ebenso unvermittelt präsent wie der eigene Körper. So wie der gegliederte Leib unmittelbar als das Ganze einer Zuordnung von einem Spüren durchzogen ist, wird deshalb in der Extrazeption nicht nur eine Menge zerstreuter Eindrücke, sondern immer ein integriertes Bild einer Umgebung bewusst.

Wir müssen unterstellen, dass diesen Integrationen, die von ihren Elementen nicht abzuscheiden sind, sehr komplexe Mechanismen zugrunde liegen – aber solche, die das Subjekt selbst nicht handhaben könnte. Die Annahme, dass das Subjekt es sei, das seine innere Körperwahrnehmung, den Vorgang seiner Handlungsinitiationen und seine Wahrnehmungsbilder selbst auch konstruiert, führt sogleich in einen Zirkel. Es könnte nämlich die Konstruktion gar nicht leisten, wenn ihm das zu Konstruierende als Vorgabe für die Konstruktion nicht bereits vorliegen würde. Eine Konstruktion könnte auch allenfalls die Gegenwart in irgendeinem Leib, nicht in dem eigenen bewerkstelligen. Und der Konstruktion einer Weltbeziehung würde immer die Tatsache noch vorausliegen, dass das Subjekt, welches die Konstruktion vollzieht, sich bereits als in seiner Welt positioniert wissen muss. Es kann offen bleiben, von welcher Art die Prozesse sind, welche der Formation von Wahrnehmungsbild und Propriozeption noch vorausgehen. Denn sie können nur erschlossen, nicht selbst auch ins Bewusstsein gehoben werden.

Mit der Unmittelbarkeit, die in der Propriozeption, den basalen Handlungen und dem Weltkontakt gelegen ist, wurde nur ein Teil dessen angesprochen, was das Subjekt vermittels seines Leibes sich selbst zuschreibt. So ist von Eigenwahrnehmungen wie Schmerz und lustvoller Erregung oder von den körperlichen Aspekten der Stimmungen und Gefühle noch nicht die Rede gewesen. Sie machen in der Fremdwahrnehmung von Personen das aus, was diesen Personen – nach ihrem körperlichen Erscheinungsbild – von anderen zuallererst zugeschrieben wird. So könnte es scheinen, auf diese Wahrnehmungsmodi müsse hier eingegangen werden. Ist doch Mitsein der Subjekte, nicht die körperliche Modalität der Selbstbeziehung, das Thema dieser Vorlesung.

Der Leib als Vermittler der eigenen Position des Subjektes in seiner Welt hat aber dennoch für die Verständigung über die leiblichen Grundlagen des Mitseins die größere Bedeutung. Denn die Überlegungen, die ihm gelten, lassen deutlich werden, dass man zwar dem Subjekt eine unmittelbare Präsenz in seinem Leib zuzusprechen hat, dass aber anderseits das Subjekt als solches von der Propriozeption seines Leibes doch unterschieden bleibt. Das setzt die Möglichkeit frei, sich der Auflösung eines Problems anzunähern, von dem die Theorie der Intersubjektivität immer in Unruhe gehalten worden ist: Die Beziehung der Personen zueinander ist einerseits ganz unmittelbar und anderseits von solcher Art, dass die Distanz zwischen denen, die in einer solchen Beziehung zueinander stehen und die durch ihre Differenz gegeben ist, auf keine

Weise aufgehoben werden kann – trotz der scheinbaren Entgrenzung von Personen im kollektiven Handeln und trotz ihrer scheinbaren Verschmelzung in den Akten des intensivsten Miteinanderseins.

Eigenwahrnehmungen sind in Teilen des Leibes lokalisiert oder, wie Abgeschlagenheit, über ihn ausgedehnt. Sie sind also von der Propriozeption des Körpers umfasst oder in ihr fundiert. Wenn man nicht sagen will, dass Gefühle und Stimmungen selbst Modifikationen der Leiblichkeit sind, so ziehen sie doch unmittelbar eine Modulierung des Leibes nach sich. Sie sind wahrscheinlich auch nur verknappt zu erfahren, wenn das Bewusstsein vom eigenen Leib verloren gegangen ist. Der Mensch setzt seine Gestimmtheit spontan in leibliche Haltung und Bewegung um, nicht in der Weise, in der er irgendwelche Tätigkeiten ausführt, sondern einzig um der Gestimmtheit Ausdruck zu geben. So ist der Leib das Medium, in dem auch die Dynamik der Subjektivität zuerst einen Ausdruck findet – und zwar einen solchen, der niemals vollständig von Absichten gesteuert sein kann. Dieser Ausdruck wird auch nicht nur vom anderen Menschen wahrgenommen. Der Mensch erfährt sich selbst als beeinträchtigt, wenn unterbrochen wird, was seinen Leib spontan in eine Bewegung bringt. Und er hat die Fähigkeit und die Neigung dazu, sich auch vor sich selbst in seiner Befindlichkeit darzustellen.

Das alles geht dem Verhalten unter Bedingungen des Mitseins voraus. In ihm sind aber notwendige Voraussetzungen dafür gelegen, dass Menschen miteinander Umgang haben können, ohne aufgrund von Indizien Aufschluss übereinander suchen zu müssen. Erklärt ist mit ihnen dies Mitsein jedoch noch nicht. Es ist auch nicht dadurch erklärt, dass der Leib als Körper nach dem Typus von äußerlicher Wahrnehmung muss wahrgenommen werden können. Dabei wird die Propriozeption mit dem Außenbild seiner selbst zur Deckung gebracht. Aber in der Außenwahrnehmung des eigenen Leibes entziehen sich dem Subjekt dessen spontane Ausdrucksqualitäten fast vollständig. Jeder kennt das zunächst immer Befremdliche und Staunen Machende, das Film- und Tonaufnahmen für den haben, der sich zum ersten Mal samt seinen spontanen Ausdrucksqualitäten und -handlungen in solchen Aufnahmen selbst gewahrt.

Andere Menschen nehmen jedoch nicht nur einen Körper wahr, den sie scharfsinnig – und merkwürdigerweise immer zutreffend – als den Leib eines Subjekts interpretieren. Sie gewahren unvermittelt den Leib eines anderen, und zwar in einer besonderen Haltung, in dem seine Subjektivität einen wie immer begrenzten Ausdruck gefunden hat. Möglich ist das nur, wenn sich zwei zueinander komplementäre Prozesse vollziehen, die ohne irgendeine Initiation durch einen Akteur ablaufen und die sich augenblicklich vollenden: die Umsetzung der Eigenwahrnehmung in einen leiblichen Ausdruck und die Gewahrung des Ausdrucks als einen solchen, also in Beziehung auf einen Zustand, der von dem, der ursprünglich von ihm weiß, nur sich selbst zugeschrieben werden konnte. Diese Prozesse liegen ebenso dem Bewusstsein voraus wie die Prozesse, über die sich die leibbezogenen Extrazeptionen formieren.

Man muss sich deutlich machen, welcher hohe Grad von Komplexion diesen Prozessen zuzuschreiben ist. Und man muss dabei immer beachten, dass sie die Differenz zwischen Eigen- und Fremdwahrnehmung, die von uns nicht aufgehoben werden kann, übergreifen müssen. Nur dann wird man anerkennen, dass wir von ihnen so gut wie nichts wissen, ohne der Versuchung zu erliegen, sie nach den Mustern zu modellieren, die zuvor kritisiert worden sind, und sie damit auf viel höherer Stufe anzusetzen, als die es ist, auf der sie sich wirklich vollziehen.

Aus dem Vorausgehenden können wir eine ganze Reihe von Gründen dafür aufbieten, innerhalb einer Theorie der Subjektivität eine Situation, die so wie diese das Bedürfnis der Erklärung in solchem Maße unbefriedigt bleiben lässt, dennoch akzeptabel zu finden: Die Vermittlung alles Mitseins über die elementare Stufe der Leiblichkeit des Menschen ist unabweisbar. Alle philosophischen Erklärungsversuche, die das außer Acht lassen, haben sich in Zirkel oder in noch weit größere Zumutungen verwickelt. Der Begründungsgang im Ausgang von der Subjektivität ist nicht der einer Herleitung in der Form von Erklärungen. Und schon bei der Explikation des Ausgangsprinzips, der Subjektivität selbst, waren alle Versuche zu einer erklärenden Herleitung aufzugeben.

6. Sprache und Kultur

Die Prozesse der Umsetzung von innerem Zustand in Ausdruck und von Ausdruck in das Verstehen der Eigenwahrnehmungen durch andere, von denen soeben die Rede war, sind nicht auf Menschen beschränkt. Die Interaktion zumindest von Primaten lässt sich nicht nur als wechselseitige Verhaltensreaktion beschreiben. Das bedeutet, dass diese Prozesse zwar zusammengenommen eine elementare Voraussetzung für das Mitsein von Subjekten sind, dass sie aber selbst nicht umgekehrt entwickelte Subjektivität zu ihrer Voraussetzung haben. Dass diese Prozesse so tief in der Phylogenese verwurzelt sind, könnte die Vermutung veranlassen, dass sie es auch sind, über die dem Menschen zur Selbstverständlichkeit wird, was doch auch eine große Überraschung hätte sein können: dass er nämlich von anderen seinesgleichen umgeben ist.

Doch selbst eine Schildkröte, die einsam aus ihrem Ei geschlüpft ist, würde, so sie denn intelligent wäre – auch wenn sie nicht um der Paarung willen nach Geschlechtsgenossen suchte –, darauf gefasst sein, auf ihresgleichen zu stoßen. Damit, dass der Mensch sich selbst und dass er sich also als Einzelnen kennt, und damit, dass er seinen Weg durch die Welt in seiner Besonderheit versteht, ist bereits der Gedanke an Andere, die so sind wie er, in sein Denken eingegangen. Nicht dass es solche Andere wirklich gibt, sondern dass sie ihn in solcher Zahl umgeben und dass sie sich ihm alle irgendwie auch unmittelbar erschließen, könnte also für ihn die große Überraschung sein.

Dass es zu einer solchen Überraschung nicht kommt, folgt allein schon daraus, dass der Mensch zu seiner Subjektivität hin aufwächst und dass er dann auch in ihrer Entfaltung weiter zu wachsen hat. Er findet sich nicht von Beginn an oder gar von Ewigkeit her in ihrem Besitz und Reifestand. Ihr spontanes Aufkommen ist ein Geschehen innerhalb seines Lebens, das kraft dieses Geschehens zum bewussten Leben wird. Dies Leben ist aber nicht selbstgenügsam, sondern der Fürsorge und des Geleits bedürftig. So werden also die Prozesse, über die Andere füreinander erschlossen sind, in frühen Phasen des heranwachsenden Lebens in ihm in Funktion gesetzt. Und sie werden von denen, die für dies Leben Fürsorge und Geleit erbringen, in Zuwendung und Zuspruch von früh an auch in Anspruch genommen. Eine Bedingung dafür, Mitmensch zu sein, beginnt also schon, erfüllt zu sein, bevor der Heranwachsende ins bewusste Leben gelangt und sich aus diesem Leben heraus mitzuteilen vermag.

Daraus folgt aber nicht nur, dass der Mensch sich als anderen zugesellt versteht, wenn er ins Wissen von sich gelangt. Es folgt auch, dass die Art und Weise, in der sich sein Geleit zum bewussten Leben vollzieht und in der die, welche ihn geleiten, über dies Geleit verständigt sind, ihm und somit einem jeden, der jemals solchen Geleites bedurfte, schlechthin vorgegeben sein müssen. Insofern ist nicht nur Intersubjektivität, sondern auch eine Praxis geleitenden Umgangs, eine *Kultur* eine Bedingung dafür, dass Subjektivität in endlichen und als solche heranwachsenden Wesen aufzukommen vermag.

Die Notwendigkeit von Kultur für das bewusste Leben folgt gewiss nicht allein aus dem Bedürfnis nach einer Praxis, die nächste Generation in dies Leben hineinwachsen zu lassen. Sie ist auf noch ganz andere Weise in der Verfassung, nicht nur der Genese von bewusstem Leben verwurzelt, in seinem Ausgriff auf eine Selbstdeutung und der Notwendigkeit zur Stabilisierung seiner Verhaltensart in der Vielfalt der Dimensionen seines Handelns. Dem, der in eine Kultur hineinwächst, wird sie jedoch zunächst über die Art vertraut, in der ihm Fürsorge und Geleit zuteil werden – und dabei wieder zunächst in Haltungen, Gebärden und mit dem, was in ihnen zum Ausdruck kommt.

Aus all dem versteht es sich, dass die Existenz der Anderen für ein solches Subjekt außer Zweifel steht, obwohl doch ihre Existenz gar nicht demonstriert werden kann. Sein Wissen von ihr ist das Resultat eines Prozesses, der für es ebenso prägend wie undurchschaubar ist. Dessen Wirksamkeit liegt dem anderen Prozess noch voraus, in dem das Subjekt ins bewusste Leben hineinwächst. Auch ist die Bezugnahme auf andere Subjekte in seiner Verfassung inkorporiert. Dass sich diese Bezugnahme zum Umgang mit ihnen konkretisiert, ist ihm von dieser Verfassung nicht verbürgt, weshalb man aus deren Analyse allein auch nicht zur Versicherung von dessen Realität durch einen Beweis gelangen kann. Dennoch wird und bleibt sie für den Gang seines Lebens grundlegend.

Doch ist das Mitsein dem Menschen als Subjekt nicht als logische Trivialität und also in dem Sinne selbstverständlich, in dem dies nahezu unisono von der Theorie des zwanzigsten Jahrhunderts in Anspruch genommen wurde – als eine Art von Grundartikel dessen, worüber man die theoretische Zeitgenossenschaft zu definieren hat. Wer den Zweifel daran, dass sie so selbstverständlich sei, in theoretischem Ernst oder in Lebensnot in sich aufkommen sieht, dem muss also nicht die Diagnose gestellt werden, in den Grundlagen seiner Subjektivität einer Störung zu unterliegen. Stattdessen muss man sagen, dass dem, für den der Umgang mit anderen überall den Charakter einer trivialen Selbstverständlichkeit angenommen hat, gerade auch die tieferen Formen menschlichen Mitseins verschlossen bleiben. Für solche Erfahrungen ist es nämlich wesentlich, dass die Gemeinsamkeit mit dem Anderen vom eigenen Selbstsein unabscheidbar wird, dass in ihr aber dennoch, und gerade auch deshalb, das Dasein des Anderen dem Menschen immer wieder in seiner unhintergehbaren Faktizität aufgeht und ihn ergreift.

Geht man bereits von der Sprache aus, dann ist allerdings die Gemeinschaft von Sprechern ihr notwendiges Implikat. Deshalb ist der Verweis auf sie auch eine sehr einfache Strategie, darauf abzuzielen, dass die Frage nach der Gewissheit der Anderen verstummt. Die Lautsprache, von der alle Schriftsprachen abgeleitet sind, setzt aber die Prozesse von Ausdruck und Wiedererkennung voraus. Sie gebraucht sie allerdings auf einer höheren Stufe, auf der die Artikulation des Ausdrucks von Regeln und von einer bereits reflektierten Kenntnis des Ausdrucksgeschehens bestimmt wird. Wer ins bewusste Leben hineinwächst, ist zunächst einmal einer Sprache ausgesetzt. Würde er nicht angesprochen und Sprechende um sich haben, so würde er nie zum Gebrauch einer Sprache gelangen. Er müsste sie ja selbst, zusammen mit der Fähigkeit, sie zu verstehen, allererst erfinden – ein wahrhaft übermenschliches Projekt. Dennoch lassen sich weder seine Intelligenz noch sein Selbstbezug vom sprachlichen Ausdrucksgeschehen her erklären. Was für den Gebrauch des Personalpronomens ›ich‹ früher gezeigt worden ist, trifft für den Sprachgebrauch ganz allgemein zu.

Allerdings ist die Sprache nicht nur Medium der Mitteilung von zuvor schon lautlos Artikuliertem. Vom Ausdrucksgeschehen insgesamt gilt, dass, was zum Ausdruck kommt, gegenüber dem Ausdruck selbst nicht indifferent ist, dass sich also der Ausdruck in einem mit dem ausbildet, wovon er der Ausdruck ist. Dass sich das Denken absichtslos in ständigem Bezug auf seinen sprachlichen Ausdruck artikuliert, ist nur ein besonders bedeutsamer Fall derselben Grundtatsache.

In diesem Fall gilt ebenso umgekehrt, dass der Intelligenz durch das Medium der Sprache Möglichkeiten zuwachen, mit deren Ausbildung sie ohne dies Medium niemals so weit hätte kommen können. Um Gedanken in feinster Differenzierung zu fassen, muss man sie in die Sprache einbringen und in ihr abwägen und fixieren können. Ohne die propositionale Form gäbe es gar keine Gedanken von Objekten. Sie ist von der Intelligenz unablösbar, und so müssen wir annehmen, dass sie aus der Intelligenz in die Sprachform eingeht. Deshalb ist es auch wahrscheinlich, dass sie schon vor dem und unabhängig vom Sprachgebrauch verstanden und genutzt wird oder werden konnte. Zu einem wirklich universal anwendbaren, konsistenten System der Identifizierung und der Charakterisierung von Objekten, das als solches durchsichtig und reflektiert anzuwenden ist, kann sie aber nur im Zusammenhang mit der Sprachbeherrschung werden.

Was aber nun die Beziehung von Sprache und Subjektivität betrifft, so erbringt die Sprache gerade für sie noch eine weitere Leistung, die für menschliches Leben von höchster Bedeutung ist. Sie lässt die Subjektivität, und zwar als solche, *für andere* zugänglich werden. Dabei unterscheidet sie sich grundsätzlich vom Verstehen des Ausdruckgeschehens. Schon in jeglichem Verstehen von Ausdruck erschließt sich dem Verstehenden etwas, was ihm nicht selbst zukommt. Der Schmerz und die Trauer eines Anderen berühren über ihren Ausdruck, ohne in einem damit auch mitgetragen werden zu müssen. Jeder Ausdruck ist insofern mit der Eigensphäre eines Erlebens, das in ihn eingeht, unmittelbar verbunden und in einem damit die Grundlage dafür, dass dies vom anderen verstanden wird, ohne dabei auch mit vollzogen werden zu müssen. Die eigene Subjektivität des Verstehenden schließt sich dem Verstandenen insoweit an, als ein eigenes Erfahrungspotential als solches aktualisiert wird, jedoch in der doppelten Distanz sowohl zum Anderen wie zum eigenen Leben. Das ist auch dort noch der Fall, wo der Ausdruck des Anderen, wie im Falle des Ausdrucks von Aggressivität, unmittelbar eine eigene Abwehrhaltung aktiviert. Im Ausdruck, der das Erste ist, welches das Verstehen auf sich zieht, lässt sich immer auch etwas von dem ganzen Leben erspüren, in dem das, was Ausdruck findet, aufkommt und in das es eingebettet ist. Aber der gesamte Zusammenhang, in dem sich die Subjektivität in ihrem Für-sich-Sein und in der Dynamik vollzieht, die aus dem Für-sich-Sein heraus aufkommt, kann nicht genauso wie das, was unmittelbar zum Ausdruck kommt, in einen Ausdruck eingehen und aus ihm verstanden werden.

Das ist auch die Folge davon, dass das bewusste Leben in Ambivalenzen verwickelt ist. In jedem Menschen gibt es eine Disposition, sie zu einem Ausgleich zu bringen, und die Anmutung einer Weise des Ausgleichs ist wohl in dem Gesichtsausdruck eines jeden Porträts gelegen. Doch verstanden würde ein Leben nur, wenn auch der Vollzug des Ausgleichsgeschehens in den Ausdruck einginge. Dann müsste man aber dem Für-mich-Sein dessen, dessen Leben einen solchen Ausdruck findet, so nahe kommen, dass sich in der Folge davon die Distanz zum eigenen Für-mich-Sein auflösen würde. Geschähe dies, dann würde die Differenz der Subjekte, die für alles Ausdrucksverstehen konstitutiv ist, selbst eingezogen werden. Bleibt aber die Differenz des Für-mich-Seins der Subjekte stabil, dann zerspringt der Ausdruck des ganzen Lebens in die Vielzahl der Ausdruckselemente, die je für sich Erfahrungspotentiale des jeweils eigenen Lebens aufrufen können. Die Einheit müsste von dem, der sie zu verstehen sucht, aus dem eigenen Leben heraus allererst wiedergewonnen werden.

Die Sprache ist ein Ausdrucksmedium ganz besonderer Art.

Ihre Regeln werden spontan und ohne explizites Wissen von ihnen gebraucht. Um einen Gebrauch, der aus einer Intention hervorgeht, handelt es sich, anders als im normalen Ausdrucksgeschehen, aber doch durchweg. In das Sprachsystem als ganzes ist die Mitteilung der Perspektive des Subjekts über das ›ich‹ der ersten Person singularis eingefügt – und zwar auch dort, wo es die Behauptungssätze, die in ihr artikuliert werden, verlangen, durch Gründe gestützt zu werden. Denn zur Begründung gehört nicht nur die Distanz gegenüber dem Eigenlebens des Subjektes, sondern ebenso, dass es sich selbst die Gründe zu eigen macht. Daraus wächst der Sprache die Möglichkeit zu, dass sich in ihr das Für-mich-Sein eines Subjektes als solches artikulieren kann – und zwar so, dass in der Form der sprachlichen Mitteilung ein Widerhalt dagegen gelegen ist, das Für-mich-Sein der anderen durch die Aktivierung von Erfahrungspotentialen an sich anzugleichen. Eine solche Vergegenwärtigung des eigenen Für-mich-Seins, die aber von einer Objektivierung zu unterscheiden bleibt, leistet die Sprache dann weiter auch für den Sprechenden selber – in seinem Selbstgespräch und in der sprachlichen Artikulierung seiner eigenen Gedanken. Sie kann spontan aufkommen, aber im angestrengten Denken auch explizit angestrebt werden.

Man verkürzt also die Leistungen der Sprache, wenn man ihre propositionale Form allein auf ihre Leistung hin profiliert, die wahrheitsfähige Objektbestimmung zu ermöglichen oder zu stabilisieren. Gewiss gibt es zahlreiche Formen von Sprechakten, die ohnedies den Sprecher in anderen Rollen als der des Behauptenden zur Voraussetzung haben. Aber mit der Propositionalität selbst ist bereits eine gedoppelte Möglichkeit verbunden: auf die Welt bezogene Aussagen zu begründen und die eigene Subjektivität als solche für andere, aber auch für sich selbst aufzuschließen. Die Verkürzung lässt sich dort leicht erkennen, wo diese zweite Leistung als ›expressiver‹ Gebrauch der Sprache bezeichnet wird. Die Sprache als solche ist immer Ausdruck. Aber sie ermöglicht insbesondere eine Ausdrucksform, welche die Vergegenwärtigung der Subjektivität von einem Ausdrucksgeschehen gerade unterschieden sein lässt.

Man kann daraus weiter folgern, dass in der Sprache als solcher ursprünglich schon eine doppelte und gegenläufige Tendenz zu ihrer weiteren Entwicklung angelegt ist: Die zur Wissenschaft und die zur Dichtung. Denn sie ermöglicht gleichermaßen die Stabilisierung der Weltbeziehung und die Vergegenwärtigung der Subjektivität. In der gesprochenen Sprache sind beide Tendenzen auch nicht gänzlich voneinander abzuscheiden. Denn die Subjektivität geht ihrerseits notwendig auf Welterkenntnis und auf ein Verstehen aus, kraft dessen sie sich selbst in einem Ganzen zu begreifen vermag. Und in die sprachlich verfasste Welterkenntnis gehen untergründig immer auch Züge ein, die sich aus der Sprachform als Ausdrucksgeschehen herleiten. Wie immer die Beziehung beider zueinander genauer zu fassen ist – daraus, dass sie besteht, wird wiederum deutlich, dass die Sprache ein Gut der Kultur ist.

Sie ist es auch in dem Sinne, in dem der Begriff von Kultur zuvor aus dem Zusammenhang heraus zu erklären war, in den bewusstes Leben hineinwachsen muss. Das Kind wird, wenn die Eltern es ansprechen, dies zunächst als ein bloßes Ausdrucksgeschehen wahrnehmen. Die Eltern werden selbst auch im Wissen davon die Ausdruckskraft der Sprache mit einem besonderen Nachdruck einsetzen. Zusammen mit der Entfaltung seiner Intelligenz wird das Kind dann die Sprache der Eltern als solche zu verstehen beginnen. Und es wird, über Ansätze zu ihrer Aneignung aus seiner eigenen Kreativität heraus in der Gestalt der Kindersprache und deren allmählicher Revision, schließlich dahin kommen, die Normalform seiner Muttersprache korrekt und regelgerecht zu gebrauchen. In einem damit eignet sich das Kind die Gliederung der Welt und die Ansätze zu ihrer Deutung an, die in die Sprachform eingebildet sind. Eine Alternative zu ihnen ist vorerst kaum zu erahnen und kann gewiss nicht erwogen werden. Dennoch gewinnt das Kind auf diese Weise die Möglichkeit, sein Überlegen eigenständig gegenüber anderen zu vertreten – und damit schließlich auch die Grundlage dafür, ein Bild von der Welt selbständig aufzubauen und die Artikulationsfähigkeit der Sprache dafür einzusetzen. Wiederum in einem damit gewinnt es die Möglichkeit, dem, was es selbst bewegt und wovon es andere bewegt sieht, die distanzierte Form des Ausdrucks zu geben, der zugleich intendierte Mitteilung ist. In dem weiteren Zusammenhang dieses Prozesses lässt sich schließlich auch die Erklärung der späten Aufnahme des Gebrauchs des Personalpronomens ›ich‹ einordnen, die schon in einer der vorausgehenden Vorlesungen gegeben worden ist.

Für das Kind wird es überdies von Bedeutung bleiben, dass es aufwuchs und zur Selbständigkeit kam, indem sich Andere ihm im betonten Gebrauch der lautlichen Ausdrucksqualitäten der Sprache zugewendet haben. Zwischen dieser Erfahrung und dem kindlichen Sinn für poetische Sprachgestalten, etwa für den Reim, wird sich wohl ein Zusammenhang aufweisen lassen.

Das könnte wieder erklären helfen, warum nach vollendeter Beherrschung der Sprache eine Grenze ihrer Fähigkeit auffällig bleibt, Subjektivität zu vergegenwärtigen. Daraus lässt sich die Tendenz erklären, über diese Grenze hinauszukommen. Die Sprache ist, wie gesagt, durch die Möglichkeit der Vergegenwärtigung von Subjektivität von allen elementaren Ausdrucksformen unterschieden. Diese ihre Fähigkeit ist von der propositionalen Form nicht abzulösen, mit der eine primäre und dominante Ausrichtung der Intention auf die Objektbestimmung verbunden ist. So geht mit ihr in die sprachliche Vergegenwärtigung der Subjektivität, die ohne eine Distanz zu ihrem Vollzug gar nicht möglich wäre, auch eine Angleichung der Subjektivität an die Grundform des objektivierenden Weltbezuges, also eine Distanzierung ein. Die kann dann als Einschränkung ihrer Kraft zur Vergegenwärtigung erfahren werden. Im Ausgang davon kann man sich einen Aspekt in der Form des eigentlichen Kunstwerks, zumal des musikalischen, erklären: Sie leistet die Aufhebung auch dieser Einschränkung.

Das darf nun aber nicht dahingehend missverstanden werden, dass man Kunstwerke als einen Rückgang zur ursprünglichen Ausdruckskraft der Lautgeste verstehen sollte. Sie setzen immer die vielgestaltige Distanzierung voraus, die mit der Entwicklung der Intelligenz und des Sprachgebrauchs vollzogen worden ist. Sie versuchen also, über diese Distanzierung hinauszuheben, nicht aber, hinter sie zurück zu drängen. Damit versteht sich dann auch, in welchem Sinne das Kunstwerk die propositionale Form in sich selbst voraussetzt, ohne sie explizit zu gebrauchen und von ihr her angemessen begriffen werden zu können.

7. Individuen in sozialen Ordnungen

Das Kind lernt seine Muttersprache in direktem Kontakt mit wenigen Bezugspersonen; und vielleicht wird keine Verbindung in seinem späteren Leben dieser Lebensnähe gleichkommen. Aber die Sprache ist nicht von denen geschaffen, die sie dem Kind weitergeben. Sie wurde ihnen einst in derselben Weise gelehrt. Auch dient sie gerade nicht der Erhaltung vertrauter Nähe. Die Symbiose zwischen Kind und Eltern löst sich auf, während sich dem Kind mit der Sprache ein Bereich von weit ausgreifenden Interaktionen öffnet. Denn schon bevor die Sprache in der Kunstgestalt einer Schrift übersetzt war und dann ganz ohne die Vermittlung durch einen Sprecher wirken konnte, waren mit sprachlichen Botschaften große Gruppen zu erreichen und fern voneinander lebende Menschen in Konsonanz und Kooperation zu bringen – durch einen Befehl, durch eine Proklamation oder im Weitergeben von Botschaften und Erzählungen von Mund zu Mund. Die Sprache ist also nicht nur Medium für den Individualkontakt. Sie ist ebenso ein Verständigungsmedium in der großen Gruppe und über weite Distanzen. In dem Maße, in dem das Erlernen der Sprache des Individualkontakts bedarf, wächst das Kind, das sie erwirbt, in eine solche größere Gruppe hinein und damit immer in eine Kultur. Sie interveniert auch in der Weise, in der die Menschen von der natürlichen Begabung zu Ausdrucksgesten Gebrauch machen.

Man kann die Sprache als eine Institution verstehen, wenn man Institutionen von sozialen Ordnungen wie etwa Verbänden und Betrieben unterscheidet, mit denen Muster von sozialen Rollen vorgegeben werden. Die Sprache koordiniert Äußerungen und Verstehensakte und lässt es entbehrlich werden, in jeweils einer Eins-zu-eins-Beziehung und in eigens unternommener Anstrengung Intentionen und Reaktionen miteinander abzugleichen. In ihrer propositionalen Form macht sie sogar von der Aktualität irgendeiner solchen Beziehung ganz unabhängig – mit der indirekten Folge, dass auch alle sprachlichen Interaktionen in einer Beziehung auf das Ganze der Welt orientiert sein können und dennoch nahezu mühelos fungieren. Im Ausgang von dem Mitsein der Subjekte, das sich zusammen mit ihrem Selbstsein entfaltet, kommt also über die Sprache die Beziehung der Subjekte zu den größeren Personenverbänden in den Blick, in denen sich ihr Leben vollzieht, und zugleich zu deren Position in der Welt insgesamt.

Die Sprache kann nicht, wie eine Familienstiftung, eine Institution sein, die von Menschen eingerichtet worden ist. Sie nimmt zwar von Beginn an die Intelligenz des Menschen in Anspruch; und Sprachen werden durch intelligente Leistungen weiter entwickelt. Weil aber die ursprüngliche Einrichtung einer Sprache die Fähigkeit, Sprache zu verstehen, und damit die

Sprachlichkeit selbst voraussetzt, lassen sich die Anfänge der Institution der Sprache nur aus Gründen erklären, welche jeglicher Lebensführung vorausliegen, die von Intentionen und Überlegungen zu steuern ist. Ohne Rekurs auf einen solchen weiten Bereich von Ausdrucksgeschehen lassen sich die Weisen menschlichen Mitseins nicht begreifen, wenn auch das, was ihnen eigentümlich ist, nicht aus ihm allein hervorgeht. In diesem Bereich ist mit der Sprache auch schon eine Perspektive für die Entfaltung von sozialen Beziehungen gelegen, welche über den Bereich der Interaktion von Personen hinausreichen, deren Beziehungen und Beziehungsmuster von ihnen selbst jederzeit zu überschauen sind.

Dieser Nahbereich sozialen Handelns ist von vielen anderen Institutionen wie etwa Verwandtschaftsordnungen durchgliedert. Schon seit langem wirkt aber auch ein ganz anderer Typus von Ordnung in ihn hinein. Solche Ordnungen sind den Personen nicht in derselben Weise vertraut, durchsichtig und selbstverständlich. Zwar grenzen auch jene vertrauten Institutionen die Möglichkeiten des Handelns der Einzelnen ein, indem sie ihm zugleich Bahnen des Verhaltens aufschließen, ohne die er auch nicht in eine Eigenständigkeit zu finden vermöchte. Doch die Ordnungen, welche diesem Nahbereich nicht zugehören, werden in ganz anderer Weise als eingrenzend und, im Vergleich mit den Ordnungen des Nahbereichs, zunächst als fremde Mächte erfahren. Obwohl sie sich in der eigenen Sprache vernehmen lassen, erscheinen sie in der Gestalt von Repräsentanten wie Briefträgern, Polizisten und Kassierern. Die Ordnungen, welche durch sie repräsentiert sind, stellen sich eben deshalb, weil sie nicht wie vertraute Institutionen im Vollzug von Handlungen aufgehen, die sich überschauen lassen, wie riesige, als solche aber unsichtbare Apparate dar, die in einem scheinbar untangierbaren Ordnen und Anordnen in die vertraute Umgebung eingreifen – übermächtig und faszinierend zugleich kraft der Weite, in die sie hineinziehen, und in ihrer alle personalen Verhältnisse überragenden Festigkeit.

Die Beziehungen, welche sich zwischen den Individuen und den vielerlei Ordnungen ausbilden, in welche die Individuen einbezogen sind, sowie deren Wandel sind der Gegenstand der Sozialwissenschaften. Auf die Grundlagen dieser Wissenschaften zielen zwei Fragestellungen, mit denen zugleich auch philosophische Probleme aufgeworfen sind: Was ist der Status sozialer Ordnungen im Ganzen des Wirklichen, von dem wir wissen? Wie ist das Verhältnis der Individuen zu diesen Ordnungen grundsätzlich zu begreifen? Die erste Frage stellt sich zunächst als eine solche der Ontologie, lässt sich aber auch im Rahmen einer methodologisch-erkenntnistheoretischen Betrachtungsart formulieren. Dann bestimmt sie sich näher als die Frage nach dem Ursprung der Begriffe von Kollektiven und danach, ob solche Kollektive, wie großformatige Individuen, als für sich bestehendes Einzelding thematisiert und erklärt werden können oder ob sie nur Bündel von Interaktionen sind, die unter wechselnden Perspektiven ein Erkenntnisinteresse auf sich ziehen. Jede Antwort auf die zweite Frage nach dem Verhältnis von Individuen und sozialen Ordnungen wird letztlich immer auch in einen Versuch zur Antwort auf die erste hineinziehen. Mit ihr ist aber das Problem gestellt, auf das diese Vorlesungen eingehen müssen. Denn es betrifft die Subjektivität der Subjekte als solche, welche überall der Einsatzpunkt ihrer Überlegungen zu sein hat. So ist auch versucht worden, die Weisen des Mitseins der Menschen im Ausgang von ihrer Subjektivität zu verstehen. Dem entsprechend muss nun erwogen werden, wie sich ihr Eingegliedertsein in soziale Ordnungen von ihrer Subjektivität her begreifen lässt.

Solche Überlegungen haben auf zwei Aufgaben einzugehen: Es ist zu fragen, inwieweit die Subjekte in ihrem Mitsein durch die sozialen Ordnungen bestimmt sind und inwieweit dies, dass sie sich als in solche Ordnungen eingebunden erfahren, etwa prinzipiell dem entgegensteht, philosophische Grundfragen auf die Subjektivität und das bewusste Leben des Einzelnen auszurichten. Vorab ist aber zu erwägen, ob und wie gezeigt werden kann, dass die Möglichkeit der Ausbildung sozialer Institutionen und anonymer Strukturen in der Verfassung der Subjektivität selbst verwurzelt ist. Der Aufbau von Ordnungen, die dem Nahbereich des Lebens und Handelns entzogen sind und die diesen Bereich dann durchherrschen und überformen können, ist doch ein Resultat, das im Lebensprozess derjenigen Wesen hervorgeht, die zu ihrem eigenen Leben in einem Verhältnis stehen, das von ihrem Wissen von sich geprägt ist. So ist davon auszugehen, dass diese Koinzidenz nicht zufällig ist, dass sie also von den Ordnungen, denen sie unterworfen sind, doch nicht einfach nur überkommen werden.

Die Tatsache des Bestehens solcher Ordnungen wird sich auch nicht so einfach wie etwa dadurch erklären lassen, dass diese Organisationen der Selbsterhaltung und der Komfortsteigerung eines Lebens dienen, das über die Fähigkeit intelligenter und arbeitsteiliger Güterproduktion verfügt. Die Effizienz dieser seiner Fähigkeit wird offensichtlich dadurch gesteigert, dass große Räume und lange Ketten im Produktionsprozess übergriffen werden und dass Funktionsbereiche der Organisation seiner Selbsterhaltung verselbständigt und gleichzeitig miteinander verkoppelt gehalten werden. Nach diesem Modell wäre die soziale Organisation selbst ein Apparat, der zweckmäßig eingerichtet wurde. Eine solche Erklärung mag in jenem Verständnis von Subjektivität nahe liegen, dem Subjektivität als durch Selbstmacht und Weltbeherrschung ausgezeichnet erscheint. Doch die selbstbezügliche Eigenständigkeit, in der sich alle Prozesse der Subjektivität wirklich vollziehen, führt immer die Einsicht in die Grenzen mit sich, die ihrer Spontaneität nicht von außen auferlegt sind, sondern die sie in ihr selbst ermöglichen. Große soziale Formationen lassen sich wohl eher im Ausgang von einer solchen Verständigung über Subjektivität verstehen. Insofern solche Ordnungen nämlich keine Naturtatsachen sind, sind sie den Subjekten gleichermaßen auferlegt wie in ihnen selbst entsprungen.

Sofern Subjekte Personen sind, handeln sie in ihrer Welt. Von Handeln kann nur dann die Rede sein, wenn die Aktionen des Leibs nicht automatisch ausgelöst und wenn sie über Motive eingeleitet sind, die vom Subjekt erwogen werden könnten, wenn sie auch gerade nicht erwogen worden sind. Dementsprechend ist eine soziale Handlung mehr als ein Verhalten, das sich allein auf andere Personen bezogen oder mit anderen Personen koordiniert vollzieht. Denn die Koordination im sozialen Handeln tritt nicht, wie in einem Fischschwarm, über die Auslösung eines Impulses ein und ist also der Überlegung immer zugänglich. Das wiederum ist nur dann der Fall, wenn jede der Personen die Subjektivität der anderen Personen, auf die sie in ihrem Handeln bezogen oder mit deren Handeln ihr eigenes koordiniert ist, als solche auch im Sinne hat. Personen müssen von anderen Personen als von Subjekten wissen und ihr eigenes Verhalten von diesem Wissen her anlegen und als begründet einsehen können. Von diesem grundlegenden Sachverhalt her ergibt sich auch eine Beziehung zwischen der Subjektivität des Menschen und der Möglichkeit seiner Positionierung in sozialen Ordnungen aller Art, in die sein Leben eingebettet ist. Denn man hat sich zu fragen, wie das Leben des Menschen verstanden sein muss, damit diese Einbettung zugleich mit seinem Selbstverhältnis als Subjekt verständlich gemacht werden kann.

Soziales Handeln ist in seinem elementaren Fall eine Wechselbeziehung, also Handeln in Beziehung auf oder im Einverständnis mit anderen Personen, die sich ihrerseits in der gleichen Weise zu dem Handelnden verhalten: Sie konkurrieren mit ihm, handeln mit ihm gemeinsam oder bemühen sich um ein Einverständnis mit ihm in irgendeiner Hinsicht. Alle Handlungen sind also in einem weiten Sinne auf Ziele oder Zwecke bezogen, die im Handeln oder über das Handeln erreicht werden sollen. Auch der Paartanz ist insofern ein zweckbezogenes soziales Handeln, obwohl sein Ziel mit seinem Vollzug zusammenfällt. Solche Handlungen sind umgriffen und durchwirkt von Aktivitäten ganz anderer Art. Handlungen in der Welt haben offenkundig die Orientierung in der Welt zur Voraussetzung, also Wahrnehmungen und alle die komplexen kognitiven Leistungen, kraft deren Wahrnehmungen in einen Weltbezug eintreten. Ähnliches gilt nun auch für das, was dem Handeln eine soziale Dimension gibt, so dass es zum sozialen Handeln werden kann. Die Dimensionen dieser Sozialität gehen also ebenso wenig aus dem Handeln hervor wie der Weltbezug der Wahrnehmungen. Und sie sind wie dieser Weltbezug in Aktionen begründet, die ihrerseits wiederum von dem Selbstverhältnis der Subjekte her ihre Strukturierung erhalten. Wenn man diesen Zusammenhang abblendet und wenn man dann Handeln in seiner Alltagsbedeutung nimmt, dann muss es wohl naheliegen, die Sozialität des Handelns eingeengt auf das zu verstehen, was nach dem Modell rationaler Vorzugswahl Handeln überhaupt und folglich auch Handeln in gesellschaftlichen Ordnungen ausmachen soll. Die Personen verfolgen in ihrem Handeln Zwecke, und sie sind dabei bestimmt von Beweggründen, die sich als einfache Antriebe oder in weit ausgreifenden Strategien geltend machen. Dass ihr Handeln rational ist, versteht sich daraus, dass sie in jeder Handlungssituation auf Präferenzen unter ihren Beweggründen zurückgreifen können und dass sie in der Situation, also unter den gegebenen Umständen, diejenige Handlungsart zu wählen und einzuleiten versuchen, welche dazu geeignet erscheint, den angestrebten Zweck wirklich werden zu lassen. Ein Musterbeispiel für solches Handeln ist die Nutzenmaximierung bei wirtschaftlichen Entscheidungen unter der Bedingung knapper Ressourcen.

Eine soziale Dimension gewinnt solches Handeln auf dreierlei Weise: Die einzelne Person handelt in Situationen sowie im Spektrum von Handlungsmustern, die durch andere Personen erwirkt wurden, und sie weiß davon. Im Vollzug ihres Handelns hat sie andere Personen zu berücksichtigen und ist durch deren Handlungsbereiche eingeschränkt. Ihr Handeln geht auf Ziele, die sich nur verwirklichen lassen, wenn sie sich einfügen in die Gesamtheit der Bedingungen, unter denen sich in der Zukunft Handlungssituationen ausbilden werden.
Soziale Strukturen, die, anders als etwa die Institution der Sprache, dem Horizont des Lebens und der Erfahrung der einzelnen Personen weitgehend entzogen sind, kommen in der Trias dieser Aspekte am Anfang und an ihrem Ausgang zur Geltung. So ist die Situation, in der sich eine Handlung vollzieht, von der Rechtsordnung eines Gemeinwesens mitbestimmt. Und die Ziele des Handelns der Einzelnen, die auf die Optimierung des jeweils eigenen Nutzens ausgehen, wirken zusammen dahin, dass sich ein Markt ausbildet, während die einzelnen Akteure, unter Voraussetzung dessen, dass er zustande gekommen ist, auch den Markt, seine jeweilige Ordnung und sein Funktionieren in die Kalkulation ihres Nutzens einbeziehen.
Es ist offensichtlich, dass bei dieser Zugangsart zur sozialen Dimension des Handelns die anonymen sozialen Strukturen für den jeweils einzelnen Handlungsfall als gegebene Voraussetzungen gelten müssen, unter denen das Handeln erfolgt. Nicht nur können sie vom Handeln selbst her nicht verständlich gemacht werden. Es bleibt auch unverständlich, wie sich das Handeln aus seiner eigenen Verfassung als soziales Handeln heraus zu ihnen überhaupt in ein Verhältnis zu setzen vermag. Wenn man dennoch daran geht, die Ordnungen vom Handeln selbst her zu erklären, dann muss man sie entweder als zweckmäßig geplante Einrichtungen oder als Folgen verstehen, die ungeplant und als ungewollte Wirkungen der

Handlungen vieler Personen in miteinander verknüpften Situationen eintreten, um dann auf die einzelnen Handlungen als Voraussetzung zurückzuwirken. Dem ersten Erklärungstyp entspricht die Vorstellung von der Staatsgründung über einen Vertrag, dem zweiten Adam Smith' Erklärung des Marktes, der wie von einer ›unsichtbaren Hand‹ geschaffen, aber ohne jeden externen Schaffensakt aus der Verflechtung der Wirkung von unzähligen Handlungsintentionen hervorgeht. Beide Modelle können allerdings nur über eine Differenzierung von Stufen der Ordnungsgenese hinweg zu einem Erfolg geführt werden. Das ergibt sich aus dem einfachen Hinweis auf einen Regress, der mit dem undifferenzierten Gebrauch dieser Modelle eintritt: Die Staatsgründung über den Herrschaftsvertrag hat die Institution des Vertrages zur Voraussetzung, und der Marktmechanismus hat institutionelle Voraussetzungen, die aus der Konkurrenz in der Nutzenkalkulation nicht wie eine von deren Nebenwirkungen automatisch ins Dasein kommen.

Hat man das eingesehen, dann liegt es nahe, sich Institutionen und anonyme Ordnungen nicht allein als Folge von Interaktionen von Personen verständlich zu machen. So könnte man aus dem Zirkel herauskommen, sie am Ende immer noch als bloß faktische Voraussetzungen des sozialen Handelns von Personen in Anspruch nehmen zu müssen, aus dem sie doch umgekehrt hatten erklärt werden sollen. Um ihnen die Möglichkeit zuzuschreiben, auch unabhängig vom unwillkürlichen Zusammenspiel sehr vieler Agenten zu entstehen, könnte man, wie manche Sprachtheoretiker, eine konstante ontogenetische Ausstattung der Spezies zur Etablierung großräumiger Ordnungsformen voraussetzen. Oder man könnte annehmen, dass soziale Ordnungen zwar nicht als Folgen komplexer Interaktionen zu analysieren sind, dass sie aber als neue Stufe der Koordination solcher Aktionen spontan eintreten. Existieren sie aber einmal, dann wird von ihnen die Verhaltensart der Individuen mitbestimmt werden. Der englische Philosoph C.D. Broad hat schon vor langem für das regelmäßige Auftreten höherstufiger Ordnungen in der Natur, das aus den vorausgehenden Bedingungen nicht hergeleitet werden kann, den Ausdruck ›Emergenz‹ geläufig werden lassen.

Obwohl Ordnungen in allen Bereichen der Erfahrungswelt spontan zu entstehen scheinen und obwohl der Ausdruck Emergenz die Einbindung dieser Tatsachen in eine erklärende Theorie suggeriert, ist doch kaum zu übersehen, dass diese Weise der Einordnung von Institutionen in die Beschreibung dessen, was wir als wirklich anerkennen, nicht in einem noch einigermaßen präzisen Sinn von Erklärung als Erklärung anzuerkennen ist. Entweder unterstellt man, dass unbekannte Komplexionen von Ereignissen bewirken, was Emergenz genannt wird. Oder man spricht von Emergenz, wenn unter bestimmten Bedingungen regelmäßig Unerklärbares eintritt. Eine Einrede ähnlicher Art kann gegen die Beschreibung sozialer Ordnungen als sich selbst erhaltender und sich in der Selbsterhaltung differenzierender Systeme geltend gemacht werden. Alle diese Strategien haben es miteinander gemeinsam, den sozialen Ordnungen eine Eigenständigkeit gegenüber der Interaktion der Individuen zuzusprechen, welche in diesen Ordnungen handeln. Als einzige Alternative zu jeglicher Strategie von solcher Art bleibt das Programm der Erklärung von sozialen Ordnungen als eines Effektes, der aus der komplexen Verkoppelung vieler Handlungsverläufe hervorgeht.

Dies Programm verwickelt sich aber auf immer neue Art in die Schwierigkeit, auf irgendeiner Stufe seiner Erklärungen von gegebenen Ordnungen, innerhalb deren sich Handlungen akkumulieren, nur noch ausgehen zu können. Sofern sich das als unabwendbar erweist, bleibt nur die Möglichkeit, die Emergenz der in der Erklärung vorauszusetzenden Ordnungen so weit wie möglich einzugrenzen und emergente Ordnungen nicht ihrerseits als Ursachen von anderen Ordnungstatsachen in Anspruch zu nehmen. In der methodologischen Debatte über diese Frage wird man also nicht ohne umständliche Argumentationen auskommen. Zudem wird man zwischen den Alternativen, die dabei zu erwägen sind, sicher auch in Hinsicht darauf zu entscheiden haben, ob sie sich bei der Analyse wirklicher sozialer Ordnungen und also in Beziehung auf Empirie bewährt.

Wir aber betrachten das Mitsein der Menschen in Ordnungen von dem Einsatz bei der Subjektivität der Handelnden her und müssen uns also in diese Argumentationen nicht hineinarbeiten. Das entlastet vorerst davon, zur möglichen Unabhängigkeit der sozialen Ordnungen von der Kumulation der Handlungen und zu dem Grad dieser Unabhängigkeit eine eigene Position zu beziehen. Auch müssen wir hier nicht versuchen, dies Problem in der Perspektive jener Begriffe von Einheit auszuleuchten, welche die nächste Vorlesung ausarbeiten soll.

Aber eine Bedingung muss doch formuliert sein, die erfüllt zu sein hat, wenn den sozialen Ordnungen eine eigene Realität soll zugeschrieben werden können: Der Ort, an dem solche Ordnungen ihre eigenständige Wirklichkeit erweisen, muss immer das wirkliche Handeln und damit auch die Subjektivität der Individuen sein, die in solche Ordnungen einbegriffen sind.

Es liegt wohl sehr nahe, sich den Bestand von sozialen Ordnungen wie Objekte von einem Großformat vorzustellen, mit dem sie die Individuen so überragen wie Landschaften oder gar Kontinente. Staaten und Imperien haben sich wirklich über riesige Flächen erstreckt. Heute ist der einzelne Mensch und Bürger den Aktivitäten von mächtigen Verbänden und potenten ökonomischen Agenturen ausgesetzt, die überall auf dem Globus präsent sind und die hypertrophen Polypen zu gleichen scheinen. Aber die Vorstellung von den sozialen Ordnungen als ausgedehnten Objekten oder Objekt-Archipelen ist doch nur eine Illusion. Die Illusion wird noch verstärkt, weil die meisten Ordnungen nicht als Produkt der Individuen erfahren werden. Man spricht dann gern davon, dass Individuen in diese Ordnungen integriert sind, dass die Ordnungen ihnen womöglich aufgezwungen wurden oder dass sie in ihnen gefangen sind. Solche Formulierungen, die man auch kaum vermeiden kann, lassen die Ordnungen als etwas erscheinen, was die Individuen wie ein befestigter Raum einschließt. Und dennoch gibt es gar keine soziale Ordnung jenseits der Individuen, die der jeweiligen Ordnung zugehören.

Dieser Satz mag paradox klingen, wenn man im Sinn hat, dass gewaltige Massierungen von Wirklichem mit sozialen Ordnungen verbunden und von ihnen abhängig sind – Großbauten, Bewässerungssysteme und Verkehrswege, Arsenale von Armeen, Horte von Edelmetall, elektronische Netzwerke und Regelwerke. Dokumente und Akten, die das Funktionieren der Ordnung sichern, füllen riesige Archive. Auch die Wirkungsweise der Institutionen ist durchaus nicht auf die Prägung von Überzeugungen beschränkt. Sie agieren, wie auch die Individuen, als Kraftzentren in der materiellen Welt; und eine ihrer wichtigsten Wirkungsweisen ist die Ausübung aller Formen von Macht und von physischer Gewalt. Dies alles macht evident, warum die Individuen auch immer wieder die Übermacht von Institutionen und Ordnungen über ihr Leben erfuhren und weiterhin erfahren.

Aber in allen diesen Wirklichkeiten haben die Institutionen doch nicht ihren Sitz. Sie bedienen sich ihrer nur oder lassen sie zu Medien ihres Fungierens werden. Man kann weiter auch sagen, dass in ihnen die Ordnungen einen Ausdruck finden und dass über sie den Ordnungen eine Beständigkeit und Wirksamkeit zuwächst, die sie über Interaktionen allein nicht gewinnen könnten. Auch Sprachen sind ein hochkomplexes Muster möglicher Mitteilungen, das kein Individuum vollständig zu gebrauchen weiß. Sie können schon vor der Erfindung der Schrift, etwa durch die kollektive Vermittlung der heiligen Texte auf die jeweils nächste Generation durch die Brahmanen, eine Stabilität über große Räume und Zeiten hinweg gewinnen. Aber im Falle der Sprache ist es doch offensichtlich, dass Sprachen – trotz aller Lexika, Tonträger und Großbibliotheken – keine andere Existenz als in den Individuen der Sprachgemeinschaft haben. Etwas anders verhält es sich im Falle von Normierungen, die auf Akten der Einsetzung beruhen, von Rechtssystemen bis zu Rechtschreibregeln. Sie können nicht in Geltung sein, ohne in gegenständlichen Satzungsdokumenten fixiert zu werden. Man braucht aber nur an Rechtstraditionen vor der Erfindung der Schrift und an die Weise, wie eine Sprache ausgesprochen wird, zu erinnern, um zu sehen, dass auch sie sich nicht grundsätzlich von der Sprache unterscheiden, deren Wirklichkeit ganz an die einzelnen Personen gebunden ist. Freilich sind Personen verkörpert und insofern selbst, ebenso wie ihre sozialen Handlungen, in der Welt wirklich. Darüber ist ihre Verflechtung mit Weltdingen und Weltverhältnissen überhaupt zu verstehen, nicht aber der Ursprung der Ordnungen ihres Handelns als solcher.

So haben wir also einen weiteren Grund, die Frage unentschieden zu lassen, ob sich alle sozialen Ordnungen als die Verwicklung ungezählter Aktionen und Interaktionen von Personen erklären oder ob ihnen auch eine eigene Wirklichkeit zukommt. Ist einmal akzeptiert, dass soziale Ordnungen keine separate gegenständliche Wirklichkeit haben, so folgt daraus, dass diese Frage immer auf die Verfassung der Personen als Akteure und auf ihre Interaktionen ausgerichtet bleiben muss. Man muss sich also von der Vorstellung lösen, eine Ordnung, die nicht aus den Interaktionen der Akteure hervorgeht, müsse ihnen wie eine Welt aufgehen oder eine Wirklichkeit sein, in der sie sich finden. Schließt man das aber aus, so blockiert das doch nicht die Möglichkeit, Ordnung auch anders denn als Interaktionsprodukt und Vorgabe aus vorausgehenden Interaktionsverflechtungen herzuleiten. Wenn nämlich auch die Frage nach dem Status eigenständiger Ordnungen auf die individuellen Akteure eingeschränkt ist, bleibt doch die Möglichkeit, Ordnungen als unter Bedingungen, aber eigenständig eintretend zu denken, nicht weniger offen als unter der Herrschaft der Vorstellung von den Ordnungen als Quasi-Objekten. Die Emergenz einer eigenständigen Ordnung muss dann nur als ein spontanes Aufkommen unter Bedingungen gefasst werden – als das Aufkommen einer Handlungsart *in den Individuen selbst*, und in einem damit ebenso einer Verstehensweise, die mit dem Vollzug dieser Handlungsart verbunden ist.

In der Entwicklungsgeschichte der Individuen sind Ereignisse sehr häufig, die als eine Art von Emergenz im Individuum erscheinen. Wir haben selbst zu zeigen versucht, dass Selbstbewusstsein zwar unter Bedingungen eintritt, aber nicht herleitbar aus dem, was im Kind und in seinen Interaktionen seinem Selbstbewusstsein vorausging. Bei allen solchen Entwicklungen im Individuum lässt sich zwar immer unterstellen, dass sie zwar nicht intern herzuleiten sind, wohl aber in der Bezugnahme auf neuronale Potenzen und Prozesse im Gehirn eine adäquate Erklärung finden. Dabei muss dann freilich wieder offen bleiben, ob diese Prozesse ihrerseits eine Emergenz von neuronalen Ordnungsweisen über mikrophysikalische voraussetzen oder nicht. Auf diese Weise könnte man sich auch die Ermöglichung von neuen Interaktionsformen und einer Disposition zur Orientierung in und auf großräumigen sozialen Ordnungen innerhalb der Individuen erklären. So ist das Schachspiel zwar offenkundig eine Interaktionsform. Sie ist aber ebenso offenkundig in der Denk- und Imaginationskraft der Individuen verwurzelt und hat keine andere Existenz als allein in ihnen.

Niemand wird denken, dass soziale Ordnungen eine Existenz ganz und gar unabhängig von den Individuen haben. Es wäre sogar widersprüchlich, solchen Ordnungen eine Existenz ohne jede Beziehung auf die Individuen andichten zu wollen. Das schließt aber natürlich nicht aus, dass ihnen eine quasi-gegenständliche Wirklichkeit zugeschrieben werden könnte, in welche die Individuen eben nur einbegriffen sind. Ist aber gezeigt, dass auch alle möglicherweise emergenten Ordnungen ihre Wirklichkeit nur in und zwischen den Individuen haben können, dann scheidet eine Vorstellung aus dem Bereich dessen zwingend aus, was der Erwägung wohl wert scheinen könnte: Soziale Ordnungen können jedenfalls nicht direkt auf Ordnungen eine reale Wirkung haben. Damit ist dann ein Grundsatz für die Erklärung aller sozialer Tatsachen etabliert: Im Verstehen des Übergangs von Ordnungsform zu Ordnungsform muss man den Weg über das Verstehen der Individuen nehmen, die in solche Ordnungen einbegriffen sind. Ordnungen können auf Individuen Einfluss haben und ihrem Leben eine Form aufprägen. Sie können das auch dann, wenn ihre Existenz von den Individuen gar nicht ablösbar ist. Sie können es umso mehr, wenn alle Individuen in eine Lebensform hinein aufwachsen müssen oder wenn Ordnungen etwa emergent aufkommen, die in ihrem Entstehen dem Verfügungswillen der Individuen eben deshalb gänzlich entzogen sind. Aber dennoch gehen Ordnungen nicht direkt aus Ordnungen hervor, sondern nur aus Veränderungen in den Individuen, welche in der Ordnung stehen – auch dann, wenn sie in den Individuen unter Bedingungen einträten, auf die mit dem Ausdruck Emergenz Bezug genommen werden soll. Die Soziologie und noch mehr die Geschichtstheorie sind immer in der Gefahr, diesen Grundsatz zu verletzen. Zumeist geschieht das nicht offen, sondern auf versteckte Weise. Und nicht selten sind umständliche Analysen notwendig, um den Fehlschluss offensichtlich werden zu lassen.

8. Die Subjektivität in sozialen Ordnungen

In der Aufklärung der Beziehungen, welche das Handeln der Individuen mit den sozialen Ordnungen verbinden, sehen die Sozialwissenschaften ihre Aufgabe, in der Beherrschung des Verhältnisses von Handeln und Ordnung ihr theoretisches Grundproblem. Aus der Vielgestaltigkeit dieser Beziehungen, ihrer Verflechtung und aus ihrem geschichtlichen Formwandel ist ein nie zu erschöpfender Fundus von Themen ihrer Forschung gelegen. Dass alle diese Themen der hohen Komplexion des Bereichs ausgesetzt sind, der dieser Forschung ihre Probleme aufgibt, sorgt dafür, dass grundlegende Auffassungen über die Beziehung von Handlung und Ordnung die Verfahrensart der Forschungen zu organisieren suchen und sie dann auch mit ihrer Methodenreflexion begleiten und erläutern.

Diesen Prozess wird die Philosophie am besten sich selbst überlassen. An der Grundfrage nach dem Verhältnis von Individuum und Ordnung hat sie aber aus sich selbst heraus ein Interesse – gerade auch dann, wenn sie ihre eigene Problematik von Subjektivität her entfaltet. Wenn sie auch die sozialwissenschaftliche Forschung gewähren lässt, wird sie doch auf deren methodologische Seite mit ihren eigenen Überlegungen eingehen müssen. Im Nachdenken über Subjektivität wird sie das Verhältnis von Handeln und Ordnung zwar nur von einem seiner Aspekte her berühren. Doch muss der deshalb für die Methodenreflexion der Sozialwissenschaften nicht gleichgültig sein, sondern kann ein Defizit in deren Selbstverständnis und in ihrer Sprachform ins Licht bringen. In jedem Fall muss er aber in die Verständigung über das Mitsein der Personen als Subjekt einbezogen werden.

Wenn die Beziehung der Personen auf die Ordnungen, in denen sie leben, als das Verhältnis von *Handlung* und Ordnung in Ansatz gebracht wird, dann hat das die Tendenz zur Folge, die Weise, in der sich Personen in Ordnungen verstehen können und verstehen, in einer eingeschränkten Perspektive wahrzunehmen. Der Ansatz beim Handeln wirkt nämlich dahin, daß davon abgesehen wird, wie sich Personen als Subjekte allen Handlungen *vorab* in der Welt positionieren. Die Vielfalt dieser Selbstpositionierung ist aber eine der Voraussetzungen dafür, wie sie ihre Beziehung auf soziale Ordnungen verstehen und wie sie folglich ihr eigenes Handeln in der Beziehung zu solchen Ordnungen zu orientieren vermögen.

Diesem Zusammenhang soll nun ein Stück weit nachgegangen werden. Dafür ist zunächst in Erinnerung zu bringen, was sich in den früheren Vorlesungen zu dieser Positionierung der Subjekte ergeben hat. Dem ersten Anschein nach handelt es sich dabei um unbedeutende oder gar triviale Grundtatsachen des bewussten Lebens. Daraus, dass sie ebenso einfach wie grundlegend sind, ergibt sich aber dennoch ein Ansatz zu einer Analyse der Situation des Menschen in der Vielheit der sozialen Ordnungen und in den Konflikten, die zwischen diesen Ordnungen aufkommen und in die sie die Menschen verwickeln können.

Als Subjekt und somit kraft seines Selbstbewusstseins steht der Mensch allem gegenüber, wovon er überhaupt einen Gedanken fassen kann. Über eben dies Selbstbewusstsein weiß er sich aber ebenso in eine Welt eingebunden, der er zugehört. Von dem Hintergrund des Widerspiels zwischen diesen beiden Aussagen entfalten sich letztlich auch alle die Konflikte, denen der Mensch in seinem Mitsein ausgesetzt ist. Den ersten Ansatz dafür, sie in diesem Licht zu verstehen, gewinnt man daraus, dass sich dies Widerspiel aus einer jeweils anderen Bezugnahme auf Ordnungen entfaltet, die in den Weisen seines Wissen von sich impliziert sind.

In seinem Selbstbewusstsein weiß das Subjekt von sich als von einem Einzelnen. In dieser Einzelnheit ist impliziert, dass es von allen anderen Subjekten unterschieden ist. Dass sein

Selbstbewusstsein in Beziehung auf sein Wissen die schlechthin grundlegende Tatsache ist, hat zur Folge, dass es sich als von allen anderen Subjekten, möglichen wie wirklichen, unterschieden weiß, ohne damit auch schon zu wissen, ob es solche andere Subjekte überhaupt gibt und wie sich seine Unterschiedenheit von ihnen des Näheren bestimmen lässt. Das Subjekt weiß nur, dass der gesamte Zusammenhang von Erfahrenem und Gewusstem, welcher der seine ist, nicht der eines anderen Subjekts sein kann. Das verhielte sich auch so, wenn man etwa annehmen wollte, dass andere Subjekte ganz und gar dieselben Erfahrungen machen könnten, wenn sie im Besitz genau derselben Gehalte von Wissen wären.

Daraus folgt unmittelbar, dass jedes wirkliche Subjekt als solches eine Ordnung von Subjekten denken muss, innerhalb deren Subjekte voneinander unterschieden sind. Diese Ordnung ist nicht mit der Ordnung identisch, in der es wirklich anderen Subjekten begegnet. Ohne dass sich das Subjekt in einer wirklichen Ordnung zu positionieren weiß, würde der Gedanke von Ordnung, der mit seinem Subjektsein verbunden ist, nicht konkretisiert werden können. Dieser Gedanke ist aber doch die Grundlage dafür, dass sich das Subjekt in einer solchen Ordnung und in jeder Begegnung mit anderen Subjekten als singulärer Ankerpunkt der ihm eigenen Welt zu positionieren und als dasselbe Subjekt festzuhalten vermag. Das Subjekt wird somit jedem anderen Subjekt, dem es begegnet, eine Position in derselben Ordnung zusprechen, in der es sich selbst als Subjekt positioniert weiß. Aber diese Ordnung wird immer noch von jeder Ordnung zu unterscheiden sein, innerhalb deren Subjekte wirklich einander begegnen.

Der Gedanke dieser Ordnung ist nichts weiter als die logische Konsequenz aus der Verbindung aus der inneren Einheit und Einzigkeit, die jedes Subjekt in seiner Beziehung auf sich aufweist, mit der Einzelnheit, die es sich immer ebenso zuschreibt. In der Zuschreibung der Einzelnheit ist impliziert, dass die innere Einzigkeit des Subjektes nicht den Anspruch auf Einzigkeit überhaupt begründet, sondern dass sie damit zusammengeht, die Singularität anderer Subjekte zu denken und folglich anerkennen zu können, wobei dann jedem dieser Subjekte in Beziehung auf sich dieselbe Einheit und Einzelnheit eignet. Darin, dass diese Ordnung den Subjekten als solchen nicht vor Augen steht, dass sie nicht zu einem Weltgehalt neben anderen werden kann, kommt nichts anderes als die Singularität des Subjektes in seiner Beziehung auf alle Weltgehalte zum Ausdruck. Aber der Gedanke dieser ursprünglichsten Ordnung der Subjekte als solcher lässt dem Subjekt doch die Möglichkeit zu einer Distanzierung von jeder anderen Ordnungsform zuwachsen, in der es sich in wirklichen Beziehungen innerhalb seiner Welt und zu anderen Subjekten findet, welche dieser Welt zugehören. Darum gibt es keine Ordnung in seiner Welt, die das Subjekt in Gedanken von sich selbst nicht übersteigen könnte – auch dann, wenn es unabdingbar in sie eingebunden ist.

Dies gilt sowohl für Großraumordnungen wie für die Ordnungen der engsten Lebensumgebung, die auf je andere Weise damit eintreten, dass das Subjekt nicht nur seine Welt als ganze zum Korrelat seines Wissens von sich hat, sondern dass es zugleich in dieser seiner Welt positioniert ist. Vom Ganzen des Gedankens der einen Welt ist der Weg zu unterscheiden, in dem sich jedem Subjekt die Gehalte der Welt erschließen. Mit dem Gedanken von einem Ganzen der Welt ist aber die unerschöpfliche Vielzahl solcher möglicher Wege zu ihrer Erschließung verbunden; und jedem der Wege kann ein anderes Subjekt zugeordnet werden. Insofern die Wege sich überschneiden, können diese Subjekte einander begegnen. Doch hat jeder Weg auch einen Ausgangspunkt in der Welt. In dieser Vorlesung ist schon dargelegt worden, dass die Subjekte durch ihre Verkörperung mit diesem Weg und dessen Ausgang verbunden sind.

Ein wirkliches Subjekt kann anderen wirklichen Subjekten nur über die Vermittlung durch die Verkörperung begegnen, die eigene und die des anderen gleichermaßen. Wir haben gesehen, dass alle Versuche scheitern müssen, die Probleme zu umgehen oder durch einen Handstreich zu lösen, die damit gegeben sind, dass die Vergegenwärtigung des Anderen im Modus der Gewissheit und doch nur über ein komplexes Geschehen möglich ist, in dem vieles zusammenwirken muss, was die Subjektivität mit ihrem verkörperten Dasein verbindet. Das bedeutet, dass jede Beziehung eines Subjektes auf andere Subjekte ihren Anfang mit der körperlichen Präsenz von Mitmenschen nehmen muss. Erst in der Folge kann sie auch eine der Formen indirekter Präsenz annehmen. In der Selbstbeziehung der Subjekte ist aber ein Ausgriff auf die Koexistenz von Subjekten in ganz anderen Ordnungsformen als denen der Interaktion von Angesicht zu Angesicht gelegen.

Tiere können in Herden leben, die sich von anderen Herden abgrenzen. Einige Arten, etwa der Bienen und der Ameisen, können sich auch bei komplexer Arbeitsteilung über leistungsstarke Informationssysteme orientieren, und die Individuen mancher Arten können sich an einem einzigen Ort der Erde versammeln. Aber kein anderes Lebewesen greift so wie der Mensch in seinem sozialen Ordnungsbezug von Beginn an über alle Erfahrungen in seiner Umgebung hinaus. Er ist damit in seiner Orientierung hin auf soziale Ordnungen aller Art flexibel und zur Koordination vieler Ordnungen unterschiedlichen Typs fähig und seit langem auch auf sie angewiesen.

Man kann dies nicht einfach als eine der vielen Auswirkungen der ihm eigenen Rationalität begreifen. Die Rationalität ermöglicht es ihm, einzelne Tatsachen in Beziehung auf alle überhaupt möglichen Tatsachen aufzufassen und zu identifizieren. Wenn sich aber das Subjekt selbst in Ordnungen denkt und versteht, dann muss der Ausgriff auf diese Ordnungen in seinem Selbstverhältnis verwurzelt sein. Dies Selbstverhältnis ist allerdings mit seiner Rationalität in einem einzigen Funktionszusammenhang verbunden. Doch rationale Schlussfolgerungen könnten das Subjekt nur dahin gelangen lassen, auf Ordnungen zu schließen, die auf sein Leben aus großer Ferne einen Einfluss haben. Die Beziehung auf solche Ordnungen muss aber nicht durch Überlegungen erschlossen werden. Vielmehr ist die Öffnung für sie damit schon eingetreten, dass der Mensch als Subjekt einer Welt gegenübertritt und sich als Einzelner in seiner Umwelt geltend zu machen lernt.

Deshalb ist auch die Meinung verfehlt, man könne die Tatsache, dass Menschen in Reichen und Hochkulturen und dass sie dann in modernen komplexen Gesellschaften leben, einzig über historische Prozesse und soziale Dynamiken verständlich werden lassen. Diese Prozesse selbst wären nämlich unverständlich, wenn sie nicht einem Potenzial entsprächen, das sich in den Menschen über ihr Selbstverhältnis ausgebildet hat. Dem steht nicht entgegen, dass die Aktivierung dieses Potenzials mit dem Gang eines historischen Geschehens und der wirklichen Ausbildung von großräumigen sozialen Ordnungen verkoppelt ist.

Wo dies Potenzial aktiviert ist, kommen im Menschen auch die Spannungen zur Auswirkung, die sich für ihn zwischen dem Nahbereich seines Lebens in körperlicher Gegenwart, seiner Eigenständigkeit und einem großräumigen Ordnungssinn auftun. Dieser Ordnungssinn könnte sogar Welten übergreifen, lässt ihm aber zugleich auch die Tatsache, dass er in reale und fernwirkende Ordnungen eingebunden ist, anders als nur als einen ihm fremden Zwang erscheinen. Denn gerade indem er zu seiner Selbständigkeit findet, weiß er doch auch, in ihr nicht einzig und in ihr nicht omnipotent zu sein. Damit ist sein Wissen von sich mit Gedanken verbunden, in denen die Sphäre für Bezüge auf Ordnungen aufgeschlossen wird, die ihm nicht im Nahbereich seines körperlichen Daseins aufgehen können – eine Beziehung auf Ordnungen, in die er in seiner Eigenständigkeit einbegriffen ist, dann aber auch auf Ordnungen, welche diese Eigenständigkeit über ihre Fernwirkung einschränken.

Die Methodenlehre, die von Soziologen in Beziehung auf die Grundlagen ihrer eigenen Wissenschaft entwickelt wurde und die in vielen Kontroversen weiter diskutiert wird, geht, wie gesagt, davon aus, dass deren Schlüsselproblem die Bestimmung des Verhältnisses von *Handlung* und Ordnung ist. Diese Zuordnung muss dann eine Einschränkung des Blicks auf die Problemlage bewirken, wenn Handeln als bewusstes, auf Ziele ausgerichtetes Tun verstanden wird, mit dem der Mensch etwas in der Welt wirklich werden lässt. Aber im Menschen als Subjekt vollzieht sich auch eine andere Tätigkeit, die mit dem Wort ›Handeln‹ ungenau oder gar nicht getroffen ist. Sie setzt keine Mittel ein, um ein Ziel zu erreichen, und sie hat auch kein Ziel vor Augen, das in der Welt wirklich werden soll. Sofern sie ein Ziel hat, ist es die Stabilität seiner komplexen Beziehung auf die Wirklichkeit und auf die Vielfalt der Ordnungen, denen das eigene Leben zugehört. Solches Handeln vollzieht sich nicht als planvolles Tun, sondern als ein Einpendeln und Andocken von Einstellungen, die sich entfalten müssen, ohne hervorgebracht werden zu können. Doch sind Anstrengung und wache Kontrolle nötig, damit sich, was mehr Prozess denn Handlung ist, nicht verkürzt, abgeschwächt oder deformiert vollzieht. So ist, was hier Handeln heißt, dem spontanen Wissenserwerb ähnlicher als der umsichtigen Praxis. Der Ich-Bezug in ihr ist aber noch prominenter als in dieser Praxis. Denn die Tätigkeit geht auf nichts anderes aus als auf die Stabilität des Subjektseins in Beziehung auf alle Dimensionen des Lebens und des Mitseins der Person in der Welt, in der sie positioniert ist.

Und doch greift dieser Prozess in alle Weisen des sozialen Handelns in dem eigentlichen und engeren Sinn von Handeln ein. Viele Weisen der Aktion und der Interaktion lassen sich ohne Bezugnahme auf Ordnungen gar nicht begreifen, die aus ebenderselben Quelle hervorgeht, die auch in den Prozess der Stabilisierung des Subjektseins hineinzieht. Auf diesen Prozess, der auch als inneres Handeln noch ungenau bezeichnet wäre, muss man sich also einlassen, wenn umfassend verstanden werden soll, was alles damit zusammengeht, dass eine Person eine Rolle übernimmt oder sich in einer Rolle findet.

Schon in der zweiten Vorlesung ist von der Identitätsbalance die Rede gewesen, auf die hin das bewusste Leben, das sich in der Welt zu behaupten hat, in seiner Dynamik tendiert. Es ist derselbe Prozess, der nunmehr unter dem Gesichtspunkt der Subjektivität in ihrem Mitsein und ihrem Bezug auf Ordnungen dieses Mitseins erneut in den Blick kommt. Wenn man Handeln nur aus der rationalen Entscheidung über Ziele und Mittel unter der Voraussetzung von Rahmenbedingungen definiert, welche ebenfalls auf solche Entscheidungen bezogen sind, und zwar dadurch, dass sie deren Möglichkeiten einschränken und ausrichten, dann wird auch das Subjekt dieses Handelns nur in einer verkümmerten Gestalt zum Thema der Analysen gemacht werden. Wie sehr man sich dann auch darum bemüht, seine Motive und seine Interessenlage in ihrer Komplexion einzubeziehen – die Dynamik seiner Subjektivität ist bereits durch die Verkürzung im Ansatz aus der wissenschaftlichen Problemlage herausdefiniert.

Dies alles soll nicht etwa nahe legen, umgekehrt zu versuchen, alles zielorientierte Handeln allein aus der Dynamik der Subjektivität zu erklären. Denn dies Handeln ist eine Folge der Verkörperung der Person, die sich und ihre Positionierung in der Welt zu erhalten hat, so dass schon damit, dass die Person handelt, auch die für Handeln spezifischen Gründe und Kräfte wirksam werden und folglich in der Erklärung des Handelns vor allem zu beachten sind. So sind also Reduktionen jeglicher Art zu vermeiden. Dazu hat man die Aufmerksamkeit auf die Verfugung der Dimensionen zu lenken, um so deutlich werden zu lassen, wie die Subjektivität der Personen in der Organisation ihres Handelns zur Wirkung kommt, ohne alles Handeln aus ihrer Dynamik abzuleiten.

Die Ordnungen des sozialen Handelns sind darum immer auch unter zwei Gesichtspunkten zu betrachten: Nach der Verflechtung der Interaktionsweisen, in denen sie sich ausbilden und stabilisieren, und nach Funktionen, die durch sie erfüllt werden. Das hat zur Folge, dass sie nicht nur wie Naturkräfte zu akzeptieren sind, sondern auch aus guten Gründen gewollt, in einigen Fällen, wie etwa den Anstalten, auch planvoll geschaffen werden können. In der Kombination beider Gesichtspunkte lassen sich auch die Normen erklären, die mit der Ordnung in Kraft gesetzt sind. Ein Beispiel dafür mag die Geldwirtschaft sein, die sich seit langem etabliert hat – als unausweichliche, aber vieler Steuerungsinstanzen bedürftige und auch wegen ihrer Leistung aus guten Gründen akzeptierte weiträumige Ordnungsform für den Austausch von Gütern und Leistungen.

Doch hier geht es nicht darum, den Versuch einer Umrisszeichnung für eine Typologie sozialer Ordnungen in Gang zu setzen. Diese Ordnungen sind überhaupt nur im Zusammenhang mit der Dynamik zum Thema geworden, die von der Subjektivität ausgeht. Diese Dynamik wird im Mitsein der Menschen gesteigert in Anspruch genommen, das sich innerhalb der Vielfalt dieser sozialen Ordnungen orientieren und positionieren muss, während die Ordnungen zugleich doch in dieser ihrer Komplexion ohne die vielfältige Beziehung der einzelnen Subjekte auf Ordnung nicht hätten entstehen können.

In jeder Weise des Mitseins ist eine Ordnung impliziert – von der symbiotischen Intimität bis zum unbestimmten, aber universalen Gedanken eines Inbegriffs aller Subjekte, der mit der Eigenständigkeit des einzelnen Subjektes verbunden ist. Im Bereich zwischen diesen Extremen kann sich das Subjekt als einbezogen und auch als agierend in Ordnungen von jeglicher Dimensionierung wissen und erfahren. Ein Anhalt dafür ist in seinem Selbstbewusstsein insofern zu finden, als es von der eigenen Position in seiner Welt als eine unter unbestimmt vielen anderen weiß und als es ferner auch weiß, dass die Wege durch die Welt sich berühren und miteinander verflechten können – unüberschaubar vielgestaltig und so, dass sie das Subjekt selbst einschließen können oder ausgegrenzt lassen. Die Grundstruktur einer solchen Vielfalt muss im Selbstverhältnis selbst angelegt und vorbereitet sein. Nur dann kann sie zur Erfahrung der jeweils wirklichen sozialen Welt ausgebildet werden.

Dabei wirkt sich die im eigenständigen Selbstsein immer mitgedachte Ordnung wie eine Art von Grenzbegriff aus. Kraft ihrer sind die Subjekte unmittelbar, ohne also auf Schlussfolgerungen angewiesen zu sein, dazu befähigt, sich als in großräumig wirksamen sozialen Ordnungen positioniert anzusehen. Denn daraus, dass sich Subjekte immer zum Ganzen einer Welt verhalten, folgt nicht unmittelbar, dass für sie auch der Lebens- und Wirkungshorizont, den man ›Gesellschaft‹ nennt, erschlossen ist – und zwar auch dann, wenn er die Sphäre weit überschreitet, in der Subjekte mit anderen Subjekten direkt interagieren. Im Ausgang von der Ordnungsimplikation im Subjektsinn können sich Subjekte dann aber auch auf vielerlei Weise in solchen Ordnungen positioniert wissen: als ihrer Übermacht ausgesetzt, als in sie eingegliedert, als ihr Nutznießer, als in oder an ihnen tätig und auch als ihre Träger oder Gründer.

Das Bewusstsein, den Ordnungen in einer der erwähnten Weisen passiv zu unterliegen, ist als Ausgang umso wahrscheinlicher, je großräumiger, in der Wirkungsart anonymer und undurchschaubarer eine Ordnung ist. Dafür bietet sich die Geldwirtschaft wiederum als Beispiel an. Aber im Grenzbegriff der Ordnung der Subjekte ist doch angelegt, dass in den Subjekten die Tendenz wirksam werden kann, sich in einer großräumigen Ordnung wiederzufinden, sich also als ihr Glied mit einer solchen Ordnung identifiziert zu wissen. Das Gefüge der sozialen Ordnungen muss also nicht Schritt um Schritt nach der Abfolge der Weiträumigkeit der Wirksamkeit der Ordnungen erschlossen werden. Schon dem Kind fällt es leichter, sich in ein Königreich zu imaginieren, als die Gliederung in seiner eigenen Verwandtschaft zu überschauen und sich ihr zugehörig zu wissen.

Die Selbstidentifikation in der großen Ordnung steht in permanenter Konkurrenz mit der Einbindung in die Kleingruppe. Auch den Menschen, deren Leben ganz in ihrer Familie aufzugehen scheint, geht doch der Bezug auf die großen Ordnungen nicht ab. Er ist nur in ihrer Aufmerksamkeit marginalisiert. Doch jegliche Erwerbstätigkeit zieht die Menschen in Ordnungen hinein, welche die eigene Kleingruppe übergreifen. Diese Ordnungen haben ihren Platz in dem weiten Zwischenbereich zwischen dem Mitsein, in dem alle angesichts aller anderen agieren, und jener Ordnung, die in der erfahrbaren Wirklichkeit am weitesten ausgreift und die deshalb der Ordnung aller Subjekte am nächsten kommt. Auch in Beziehung auf diese Ordnungen im Zwischenbereich, von der Peergroup, dem Verein, dem Betrieb und der Gemeinde bis zur Behörde und zur Armee, bildet sich ein vielgliedriges Spektrum von Graden und Arten der Einbindung in Ordnungen. Sie müssen alle gegeneinander aufgewogen sein und immer aufs Neue ausgewogen werden. Indem dies geschieht, kann die Person zugleich ihre Aufgabe wahrnehmen, die Identitätsbalance in ihren Rollen zu gewinnen und zu bewahren. Und so bildet sich auch ihr individuelles Profil in den Ordnungen ihres Mitseins.

Es ist leicht zu sehen, dass mit dem Grad der Einbindung in Ordnungen auch Grade der Distanzierung von anderen Möglichkeiten und Graden der Identifikation verbunden sind. Für beides ist das Selbstverhältnis der Subjektivität die Voraussetzung. Insofern die Einbindungen aber einem Prozess der Entfaltung und der ständigen Abwägung unterliegen, führt dieser Prozess auch zum Anwachsen der Selbstdistanz der Person in ihren Rollen und in den Ordnungen, denen diese Rollen zugehören. Wie die Person handelt und wie sie sich in ihrem Handeln versteht, ist aus diesem Prozess der Suche nach einer inneren Balance in den Weisen ihres Mitseins nicht weniger bestimmt als von den Zielen, denen sie in der Wahrnehmung ihrer Rollen nachgeht. Diese Suche ist gleichermaßen ein Geschehen, in dem sich die Subjekte finden, als auch ein Unternehmen, das ihre Denkkraft und ihre Kraft zur Wegbahnung und zum Gewinn einer guten Ordnung für ihr eigenes Leben unausgesetzt in Anspruch nimmt.

Damit ist der Ansatz zu einer Untersuchung aufgewiesen, die den Modifikationen der Subjektivität nachzugehen hätte, welche sich im Zusammenhang mit dem Wechsel der Balance in den vielerlei Weisen ihres Mitseins ausbilden. Sie könnte weit ausgreifen. Denn sie hat ein Terrain zu erschließen, das von zwei anderen Seiten, von der Literatur und von der Psychiatrie, bisher besser beleuchtet worden ist als von der Philosophie. Selbst die Verfahrensart einer solchen Untersuchung bedürfte noch weiterer Erläuterung. Denn der Prozess des bewussten Lebens ist keine Tatsache, die man in einer geduldigen Deskription oder in Erhebungen würde aufschließen können. Man muss sich in ihn selbst versetzen und die Untersuchung an die Tendenzen zur Selbsterschließung und zur Selbstdistanzierung Anschluss finden lassen, die den Prozess als solchen durchziehen.

Doch am Eingang zu einem solchen Unternehmen muss hier innegehalten werden. Nur eine Überlegung soll noch angeschlossen werden, welche die Tendenz zur Einbindung in Ordnungen unter dem Widerspiel der großen Ordnungen und der Ordnungen der Nähe betrifft. Die Zuordnung des

Einzelnen zur Ordnung des großen Formats geht nicht nur als Möglichkeit, sondern auch als Tendenz ganz unmittelbar aus der Eigenständigkeit der Subjekte hervor. Sie hat auch die Bedeutung, nicht nur den Blick, sondern auch die Lebensbewegungen über viele Bindungen hinweg zu entgrenzen. Keiner der Gründungsakte großräumiger Weisen des Mitseins, zu denen auch die Weltreligionen gehören, wäre ohne sie möglich geworden.

In neuerer Zeit wurden aber Erfahrungen vor allem mit der destruktiven Gewalt gemacht, die aus der Identifikation in die große Ordnung freigesetzt werden kann. Diese Identifikation kann aus dem Versuch hervorgehen, dem Widerspiel zwischen der Bindungskraft der Nähe und dem Ausgriff auf eine Ordnung allen Selbstseins zu entkommen – und also zu dem Versuch führen, die Intimität des Lebens von Angesicht zu Angesicht in die große Ordnung zu transferieren. Daraus folgt unmittelbar der Scheincharakter des Ergebnisses solchen Transfers, aber auch die hartnäckige Tendenz, an ihm nicht rütteln zu lassen, bis das Produkt der imaginären Synthesis von Intimität und weltausgreifender Macht von sich aus in Zerfall übergeht. Schon bei der Bildung der Weltreiche konnten die Eroberer eine Tendenz zur Universalisierung der Ordnungsmacht bei den Unterworfenen in ihren Dienst stellen. Die Ideologien des neunzehnten und des zwanzigsten Jahrhunderts haben sich dann an diese Tendenz dadurch angeschlossen, dass sie sie ins Extrem steigerten und dass sie dazu aufforderten, jegliches Mitsein als ausgehend von der großen Ordnung zu vollziehen. Ohne die Fähigkeit der Subjektivität zur Distanzbildung in Anspruch zu nehmen, und zwar in viel höherem Grad, als es beim Übersteigen der Ordnungen der Nähe ohnedies immer geschieht, lässt sich dieser destruktiven Möglichkeit nicht Herr werden. Sie bietet an, dem beschränkten Kreis der Wirksamkeit endlicher Subjekte durch deren Einbezogensein in die Wirksamkeit einer großen

Ordnungsmacht zu entkommen, die auch eine Gegenmacht sein kann. Um diesen destruktiven Mechanismus in Gang zu setzen, bedarf es nicht einer religiösen Mission. Sie kann aber zur Rechfertigung des Verhaltens, das aus dem Mechanismus hervorgeht, nach außen und nach innen dienen.

Eine Aussicht, die auch zu Hoffnungen berechtigt, ergibt sich nun daraus, dass eine Weltzivilisation im Entstehen ist, die ihren Ausgang von dem Bewusstsein der Randstellung des Menschen im Universum und von seiner Bedrohung durch ihn selbst genommen hat. Wenn sie sich zu einer realen Ordnung der Selbsterhaltung des menschlichen Lebens ausbildet, wird sie die Fähigkeit kleinräumigerer Ordnungen zu ideologischer Aufladung mindern und selbst zu einer solchen Ordnung werden, die keinen Ansatz dazu bietet, eine Substitution für die Erfahrung des Mitseins der Nähe zu werden. Sie muss auch nicht unbedingt nur in der Kälte einer globalen Megalopolis erfahren werden. Denn letztlich wären auch alle Ordnungen der Nähe nur innerhalb einer solchen globalen Ordnung zu bewahren. Als einer Organisation der Erhaltung, nicht der Selbststeigerung, und aus der Selbstpositionierung der Menschheit in einem kosmischen Geschehen könnte ihr also doch die Möglichkeit zu einer Einbindung des Lebens der Menschen zuwachsen. Und nur über eine solche Fundierung in Erfahrung würde sie den unbestimmten Grenzgedanken einer Ordnung aller Subjekte in eine soziale Ordnung transformieren, die in den Formen des sozialen Handelns wirksam wird.

Solche Überlegungen lassen verstehen, worin die Leistung der Bildung von Nationen einmal bestanden hat: die Grenzen der Heimat zu übersteigen und einen Zusammenhang des Handelns und des Sich-Verstehens im eigenen Handeln zu schaffen, mit dem den anonymen ökonomischen und politischen Ordnungen der Moderne eine Verankerung im Leben der Personen zuwuchs. Ansonsten wären diese Ordnungen nur in ihrer Funktion zu durchschauen, im Übrigen aber als dem Leben fremde ›stählerne Gehäuse‹ zu erfahren gewesen. Was ehedem, und zwar überwiegend spontan, die Nationen geleistet haben, soll heute für die europäische Union über eine Anstrengung zur Vermittlung von historischem Bildungswissen erreicht werden. Was für sich allein ein vergeblicher Versuch bleiben muss, kann nur realisiert werden, wenn sich Europa als inbegriffen in ein Geschehen verstehen lernt, dem die Menschheit unterliegt, um sich von ihm her selbst neu zu konzipieren.

Es hat Folgen für die Vollzugsweisen sozialen Handelns, wenn die Ordnung, die einmal als die umfassendste des Lebens wirksam war, ihre Bindungskraft verliert, ohne durch eine umfassendere soziale Ordnung ersetzt worden zu sein. Mit dem Anhalt des Lebens in einer Ordnung im Bereich des weitesten Ausgriffs dieses Lebens wächst auch die Distanz der Subjekte zu den vielen Ordnungen der mittleren Reichweite. Zwar könnte man denken, die Anonymität in der letzten Ordnungsdimension und die Fremdheit, in der sie begegnet, könnte die Bereitschaft steigern, Ordnungen von begrenzter Dimensionierung für das eigene Handeln maßgebend werden zu lassen. Doch der Rückstoß, der von der fremden Faktizität des letzten Horizonts ausgeht, treibt die Subjekte auf ihren Nahbereich und im Übrigen auf ihre Fähigkeit zurück, ihr Leben, so gut es geht, durch die Zwänge faktischer Notwendigkeiten hindurchzumanövrieren und zu manipulieren. Was die Sphäre einer eigenständigen Ordnung des Handelns sein könnte, wird dann zu einem der vielen Bereiche, in denen strategische Fähigkeiten in nutzenmaximierender Absicht zu praktizieren sind. Die Aufgabe einer Identitätsbalance wird dadurch sogar erleichtert. Aber der Preis dafür ist eine blockierte Dynamik der Subjektivität, die sich dann diesen ihren Zustand hinter der äußeren und dazu abgenötigten Mobilität ihrer wechselnden Engagements verhehlen muss.

9. Soziale und sittliche Ordnung

Die Überlegungen der letzten beiden Abschnitte haben sich an das Grundlagenproblem der Sozialwissenschaften angeschlossen, wie die Beziehungen von sozialer Handlung und Ordnung zu verstehen sind. Ihr Ziel war es, hinter dem und innerhalb dessen, was ›Handlung‹ heißt, die Prozesse der Subjektivität sichtbar werden zu lassen – und in einem damit die Verfugung dieser Prozesse mit der Beziehung der Personen auf soziale Ordnungen.

Der Sinn von ›Person‹, der dabei vorausgesetzt wurde, ist aus der sozialwissenschaftlichen Perspektive übernommen und nicht weiter noch zur Diskussion gestellt worden. Die Dynamik der Subjektivität, von der dabei die Rede war, ist insoweit immer eine solche gewesen, die auch nach den methodischen Vorgaben der Sozialpsychologie zum Thema gemacht werden könnte. Im Zuge dieser letzten Überlegungen sind also keine Probleme aufzunehmen gewesen, die genuin philosophische sind, obwohl sie alle auch in der Theorie der Subjektivität, die philosophisch argumentiert, ihren Platz erhalten sollten. Um nun den Anschluss an die vorausgehende Vorlesung wiederzugewinnen und weiter zu Überlegungen gelangen zu können, die auf die nachfolgende hin ausgerichtet sind, ist zunächst an die Erklärung des sittlichen Bewusstseins zu erinnern, die Thema der dritten Vorlesung gewesen ist.

Auch Grundfragen der Ethik kann man unter Gesichtspunkten beantworten, die für die Sozialpsychologie maßgebend sind, also unter naturalistischen Prämissen. Die dritte Vorlesung wollte aber zeigen, dass das sittliche Bewusstsein in dieser Art der Analyse nicht angemessen thematisiert und erklärt werden kann. Wir haben seine Analyse in die Argumentationsführung der Subjektivitätstheorie eingefügt, um auf diese Weise ein altes Problem zu lösen, welches das philosophische Nachdenken über das im sittlichen Sinne Gute immer in Unruhe gehalten hat: Die unauflösbare Faktizität, die dem sittlichen Bewusstsein eignet, lässt sich verstehen, wenn man in diesem Bewusstsein zugleich einen Aufschluss des Subjektes, das sich seinen eigenen Grund entzogen weiß, über die ihm wesentliche Verfassung sieht. Nur so ist die unreduzierbare Faktizität des sittlichen Wissens damit zu vereinbaren, dass die Person mit ihm weder unter ein ihr auferlegtes Gesetz noch unter eine natürliche Notwendigkeit gerät, die ihr nicht weniger auferlegt wäre – dass es vielmehr gerade in jener Faktizität, wie man sie immer schon dem Gewissen zugeschrieben hat, sich selbst erfasst und verstehen kann.

Mit solchen Begründungen ist offenbar über die Grenzen hinausgegangen, in denen auch noch der Begriff von einem Subjekt gehalten wird, von dem man ausgehen muss, wenn in die Definition des sozialen Handelns, so wie es im Vorstehenden geschah, eine Dimension von Subjektivität eingebracht werden soll. Die Schlussfolgerungen, die sich in diesen Begründungen ergeben haben, müssen nun den Überlegungen zur Beziehung von sozialem Handeln und sozialer Ordnung zugeordnet werden.

Dazu ist als Erstes anzumerken, dass die Analyse des sittlichen Bewusstseins auf die Subjektivität der Person in ihrer Einzelnheit konzentriert gewesen ist. Einer von vielen philosophischen Schulen geteilten Meinung entgegen lässt sich die Durchgängigkeit der Geltung der Grundnorm für das Handeln nicht als soziale Institution verstehen. Obwohl der Moralkodex in einer Gesellschaft als eine solche Institution beschrieben werden kann, ist doch auch er letztlich in der Verfassung der einzelnen Person verankert. Nur die faktische Kraft zur äußeren Durchsetzung der Norm, nicht sie selbst, und darüber hinaus die jeweils besonderen Ausprägungen des Normbewusstseins lassen sich als Folge der Institutionalisierung der Moral und aus deren historischen Bedingungen erklären.

Das sittliche Bewusstsein setzt ein entwickeltes Subjekt im

Bewusstsein seiner Eigenständigkeit voraus. So setzt es also auch voraus, dass sich in ihm die Weisen des Mitseins entfaltet haben, die solche Subjekte zueinander in Beziehung setzen. Über die sittliche Grundnorm sind diese Subjekte wirklich einander auf neue und besondere Weise zugeordnet. Das geschieht aber aus dem sittlichen Bewusstsein aller Einzelnen heraus, die je für sich und damit auch gegenseitig ihr Handeln unter diese Norm gestellt wissen und die daraus Folgerungen ziehen. Die Personen wären allerdings zu den Einzelnen, als die sie so zusammenwirken, nicht geworden, wenn sie nicht in die Institutionen einer Kultur hinein aufgewachsen wären. Dabei sind sie in ein Mitsein hineingewachsen, das sich, wie jegliche Evidenz von der wirklichen Gegenwart der Anderen, in der Unmittelbarkeit vollzieht, einander angesichtig zu sein. In der Genese der Subjekte ist also die ›face to face‹-Beziehung grundlegend, während die Institutionen in die Weise eingreifen, in der sich diese Begegnungen vollziehen.

Alle sittliche Ordnung geht gleichfalls von dem Bewusstsein der Einzelnen aus. Und doch wird sie sogleich zu einer solchen, die nicht auf die jeweilige ›face to face‹-Interaktion beschränkt ist. Sie lässt vielmehr jede solche Interaktion von der Durchgängigkeit und der Allgemeinheit ihres Ordnungsprinzips, die aus der Durchgängigkeit folgt, umgriffen sein. Dieses Ordnungsprinzip steht insofern in einer Koinzidenz mit jenem Gedanken einer Ordnung aller Subjekte, der schon im einfachen Selbstbewusstsein der Subjekte als einzelner impliziert ist. Aber dieser Gedanke erhält im sittlichen Bewusstsein eine ganz andere Ausprägung. Er ist nicht ein unbestimmter Grenzbegriff, sondern von vornherein als innere Form einer Verhaltensart konzipiert. Darum muss er auch nicht in einen Gedanken transformiert werden, der ihm einen Gehalt zuordnet – nämlich die größtmögliche soziale Ordnung unter Bedingungen des wirklichen Lebensvollzugs.

Man kann also sagen, dass zwischen Ethik und Sozialtheorie

zueinander gegenläufige Verhältnisse von Situation und Ordnung ebenso wie von Einzelheit und Mitsein zu konstatieren sind. Diese Gegenläufigkeit führt aber nicht dazu, dass sich Widersprüche ergeben. Denn sie ist aus den verschiedenen Einsatzpunkten und Perspektiven zu verstehen, die für Ethik und Sozialtheorie maßgebend zu sein haben. Nach modernem Verständnis ist die Ethik nicht mehr, wie für Aristoteles, eine universale Theorie des Handelns. Und ebenso wenig ist die Sozialtheorie als eindimensionale und aus sich selbst heraus abschließbare Erklärung von Mitsein und Handeln anzusehen. Zur weiteren Klärung ihrer Beziehungen müsste wieder eine eigene Untersuchung in Gang gesetzt werden.

Nun ist aber weiter noch daran zu erinnern, dass dem sittlichen Bewusstsein eine eigene Dynamik zugeschrieben worden ist. Die Untersuchung dieses Bewusstseins begann mit der Frage, wie sich die besondere Weise von Verbindlichkeit verstehen lässt, die der Grundnorm des sittlichen Bewusstseins eignet, und damit mit der Frage nach dessen Ursprung. Sie ist mit der Antwort auf sie aber nicht abgeschlossen worden. Die Grundnorm betrifft Handlungssituationen ganz im Allgemeinen und hat eben deshalb mit dem Ordnungssinn etwas gemeinsam, der im Selbstbewusstsein des Einzelnen als solchem vorausgesetzt ist. Aber die verkörperte Person, die ihr Leben aus ihrem Selbstbewusstsein heraus führt, erfährt sich als in noch ganz anderen Ordnungen positioniert. In einer Entsprechung dazu hat die dritte Vorlesung eine Begründung dafür gegeben, warum das sittliche Bewusstsein als solches die Person dazu veranlasst, ihr Handeln nicht allein an der Allgemeingültigkeit der Grundnorm zu orientieren. Sie muss bestimmte Bindungen eingehen und sich ihnen gegenüber auch in besonderer Weise verpflichtet wissen. Es wurde gezeigt, dass dies nicht bedeutet, dass eine solche Bindung die Geltung der Grundnorm suspendiert oder auf einen minderen Rang verweist. Wohl aber ergeben sich aus deren Widerspiel innerhalb des sittlichen Bewusstseins selbst die wichtigsten der Dilemmata, in die das sittliche Bewusstsein verwickelt werden kann – ebenso jedoch eine Vertiefung, die aus der sittlichen Beurteilungskraft unter der Grundnorm allererst den letztlich orientierenden Lichtpunkt in einer komplexen Lebensdynamik werden lässt.

Mit der Bindung des sittlichen Bewusstseins in besondere Verhältnisse treten unmittelbar auch Einbindungen in soziale Ordnungen ein, die dem Nahbereich des sozialen Handelns zugehören. Zwar muss der Einzelne sein Handeln auch dann, wenn er es allein von der Grundnorm bestimmt sehen sollte, an den besonderen Situationen ausrichten, die in seinem Leben eintreten. Es liegt darüber hinaus an ihm, sich unter dieser Norm auch besondere Handlungsziele zu setzen, etwa Gerechtigkeit zu fördern oder Not zu lindern. So kann er auch, wie Albert Schweitzer in Lambarene oder wie Amnesty International, unter dieser Norm eigene Handlungssphären und Institutionen ausbilden. Auch damit vollzieht sich eine Einbindung in besondere Verhältnisse. Aber diese Institutionen sind dann auch als Konkretisierungen zu verstehen, vermittels deren die Grundnorm mit besonderem Nachdruck wirksam wird. Insofern ergibt sich aus ihnen nicht, zumindest nicht unmittelbar, ein Konfliktpotential in Hinsicht auf die Allgemeinheit der Norm und in weiterer Folge eine Vertiefung des sittlichen Bewusstseins.

Dagegen impliziert die andere Bindung, die aus dem sittlichen Bewusstsein folgt, eine Einschränkung der Geltung der Grundnorm, insofern ihr alle Handlungskontexte in gänzlich neutraler Allgemeinheit unterstehen sollen. Und eine Einschränkung dieser Art hat immer die Form der Privilegierung einer besonderen Handlungssphäre. Dabei können diese Sphären dann aber in ganz verschiedener Weise eingeschränkt sein.

Eine Weise der Einschränkung ergibt sich dadurch, dass eine Verantwortung für eine Situation übernommen wird, in der große soziale Ordnungen vor einem Absturz bewahrt oder in bessere Lebensverhältnisse überführt werden müssen. Der politische Akteur (er kann auch durch Zufall in eine Situation versetzt sein, die ihn zu einem solchen werden lässt) wird dann aus dieser Verantwortung heraus Verletzungen der Grundnorm mit Erfordernissen abwägen müssen, die aus seinem Handlungsziel folgen. Eine andere Weise der Einschränkung ergibt sich daraus, dass ein Leben unter eine besondere Aufgabe oder Mission gestellt ist, etwa den Aufbau einer Institution oder die Erhaltung und Transformation eines Betriebs, die dann auch ansonsten suspekte Mittel rechtfertigen könnten. Noch verwickelter wird die Aufgabe des Abwägens, wenn es darum geht, an einer Lebensaufgabe, etwa einem künstlerischen Werk, festhalten zu können, in dem das Eigeninteresse von der Einschätzung seines inneren Wertes und seiner Bedeutung für andere und für die Welt noch schwerer zu trennen ist. Die größte Bedeutung im sittlichen Leben hat aber die Einbindung in Lebensverhältnisse, innerhalb deren eine Person mit anderen Menschen im Geben und Nehmen auf Dauer verbunden ist und in denen sie so wechselweise aufeinander angewiesen sind. Die Hauswirtschaft, die Crew, die Familie sind in allen Kulturen übergreifende Wirklichkeiten solcher Art, denen eine distanzierende Bindungskraft gegenüber allgemeinen Normen eignet.

So stehen also Personen zu sozialen Ordnungen in Beziehungen verschiedenen Ursprungs, die allesamt in ihrer Verfassung als Subjekte, aber in einem jeweils anderen Aspekt ihrer Subjektivität verwurzelt sind. Der Dimension des Mitseins, die sich aus dem Selbstverhältnis als solchem herleitet, ist deshalb als die grundlegende anzusehen, weil von ihr her zu verstehen ist, wieso sich Subjekte in Ordnungen jeglichen, auch sehr weit ausgreifenden Zuschnitts ohne jede weitere Vermittlung einbezogen wissen können. Die Lebensbedeutung der sozialen Ordnungen versteht sich aber offenbar nicht aus dieser Genese des Mitseins aus dem Selbstverhältnis.

Auf den Bezug des sittlichen Bewusstseins auf soziale Ordnungen ist eigens eingegangen worden, weil die Verständigung über dies Bewusstsein zuvor Thema dieser Vorlesungen war. Hätten wir hier auf alle Antriebsquellen einzugehen, aus denen dem Mitsein der Personen Bedeutung zuwächst, dann müsste noch einmal ganz neu eingesetzt werden. Dabei wäre das endliche Dasein der Menschen, die in ihre Selbständigkeit geleitet werden müssen, der gemeinsame Ausgangspunkt. Von der Sexualität bis zum Gewinn einer Anerkennung, die Subjekten versagt sein kann, entfalten sich viele Dimensionen des Mitseins von dieser Grundsituation her. Dabei ist klar, dass die Sexualität auf ein Mitsein im Nahbereich angelegt ist und dass sie aus sich selbst heraus dazu tendiert, andere Ordnungen zu gefährden, während der Kampf um Anerkennung umgekehrt in einem Bezug auf die Positionierung der Personen in weiter ausgreifenden Ordnungen ausgetragen wird. All dies hat Komplexionen in der Dynamik des Lebens zur Folge, die hier außer Betracht bleiben müssen. Es sind diese Komplexionen, durch die auch die moralische Dimension des Lebens, die auf keine dieser anderen Dimensionen zu reduzieren ist, in viele ihrer Konflikte hineingezogen wird. Doch unser Leitfaden schließt es aus, auch diese Interdependenz noch zum Thema zu machen.

Wer aber auf den Gang aller Vorlesungen zurückblickt, der wird darauf aufmerksam werden, auf welche Weise in der Betrachtung aller Weisen und Ordnungen des Mitseins, auf die bisher eingegangen wurde, die beiden grundlegenden Thesen hinsichtlich von Subjektivität auch wirklich geltend gemacht worden sind: die Einzelnheit des Subjektes und sein doppelter und gegenläufiger Ausgriff auf seine Welt und seinen Grund.

Was die erste dieser basalen Thesen betrifft, so ist die Dynamik des Lebens im Mitsein immer als die des jeweils einzelnen Subjektes verstanden worden – unangesehen des Unterschieds der Art, wie sich die Subjekte in Beziehung aufeinander verstehen und in diesem Verstehen agieren. Sie handeln im Blick auf andere und im Zusammenwirken mit ihnen. Aber in all dem vollzieht sich doch zuletzt das Leben der jeweils Einzelnen – aus den Gründen, welche dieses einzelne Leben bestimmen. Am deutlichsten wird das dort, wo man am ehesten anderes erwarten könnte: im Falle der Sittlichkeit, in der das Subjekt, das sich doch auf neue Art selbst versteht, immer das Subjekt des Einzelnen bleibt. Und auch seine Bindung, in die er sich als sittliches Wesen begibt, ist ganz die seine. Es ist die Bindung, in der sich sein eigenes Leben verwirklicht – auch dann, wenn sich dies Leben als aus der Ordnung ermöglicht weiß, in die eingebunden der Mensch handelt.

Die andere basale These hat dagegen in allen Begründungen noch nicht das Gewicht erhalten, das ihr nach der Anlage des gesamten Gedankenganges zukommen müsste. Sie betrifft die Voraussetzung eines Grundes für alle Subjektivität, auf die in den vorausgehenden Analysen immer wieder hat in Anspruch genommen werden müssen. Zwar hatten alle Auslegungen von Weisen des Mitseins zum Ziel, die konstitutive Bedeutung der Subjektivität des Menschen für die Weisen seines Mitseins herauszuheben. Dazu genügte es aber bisher, von den Momenten in der Verfassung der Subjekte auszugehen, die mit dem Gedanken eines in seiner Welt positionierten Subjektes verbunden sind. Schon in der ersten Vorlesung war aber dargelegt worden, dass für Subjekte neben dem Ausgriff in eine Welt noch eine andere Bewegung des Ausgriffs charakteristisch ist: dem Ausgriff auf eine Welt, in der sie selbst positioniert sind, korrespondiert gegenläufig die Erkundung des Grundes, von dem her Subjekte sich verstehen können, *insofern* sie Subjekte sind.

Auf diese zweite Bewegung ist in den bisherigen Auslegungen der Weisen des Mitseins noch keine Rücksicht genommen worden. Angesichts der Korrelation der gegenläufigen Ausgriffbewegungen zueinander wird aber anzunehmen sein, dass zur Verständigung über die Weisen des Mitseins nicht nur der Rückgang auf Subjektivität vollzogen werden muss, sondern ebenso auf die ihrer Gedanken, die ihrem eigenen Grund zugewendet sind. Darum ist zu erwarten, dass einige der vorausgehenden Auslegungen noch einmal aufgenommen werden müssen, wenn in das Nachdenken über das Mitsein nunmehr auch die andere, die zur Weltbeziehung gegenläufige Ausgriffbewegung der Subjektivität eingebracht wird.

10. Wesentliches Mitsein

In ihrer Subjektivität liegt begründet, dass Personen Wesen von hoher Komplexität sind. Sie können sich zur selben Zeit in verschiedenen Ordnungen verstehen und orientieren. Und sie sind in ihrem Verstehen und Sich-Positionieren in hohem Maße modifikabel. Immer sind sie dabei, zwischen den Motiven, die ihr Leben bestimmen, eine Zuordnung und Balance zu finden. Selbst wenn sie sich, wie es denn oft der Fall ist, in einer einmal erworbenen Einstellung verschanzen, so geschieht auch dies in der Abwehr einer Überforderung, die von der Vielzahl ihrer Motive ausgeht. Forderungen können häufig nur deshalb auch von außen auf sie eindrängen, weil ihre Resonanz in den Subjekten ihnen eben dies ermöglicht. In dieser Abwehr erstarrt die Subjektivität, die sich sonst in einen Gang gewiesen sähe, in dem sich die Durchgängigkeit des Bewusstseins, ein und dasselbe Subjekt zu bleiben, in der Erprobung und der Entfaltung veränderter und auch erweiterter Weisen des Sich-Verstehens eigentlich erst zu bewähren hat.
Diese Modifikabilität des Bewusstseins wird auf dem Entwicklungsweg zum erwachsenen Leben notwendig in Anspruch genommen. Es führt ein weiter und verschlungener Weg von der symbiotischen Erfahrung schon im Mutterleib bis zu der

Selbstpositionierung als Bürger von Staat und Nation und als abhängiges Glied in Ordnungen, von denen einige den Planeten umspannen. Auf den Etappen dieses Weges verändert sich das Bewusstsein – einerseits zur Stabilisierung der Subjektstellung des einzelnen Lebens hin, andererseits durch die Weise, in der es sich in seinem Inbegriffensein in Ordnungen zu sehen und zu verstehen vermag.

Mit jeder sozialen Beziehung ist allein aufgrund von deren Gegenseitigkeit eine Abhängigkeit verbunden. Das Bewusstsein, in einer Ordnung zu stehen, ist immer zugleich auch ein Bewusstsein davon, nicht allein aus sich gegründet zu sein. Das gilt selbst für den, der eine Ordnung allererst schafft – es sei denn, dass er sich ihr gegenüber zugleich gänzlich in einer Distanz zu halten vermöchte. Abhängigkeit manifestiert sich auch darin, wie sich ein Leben, das in einer Ordnung steht, dadurch in seinen Möglichkeiten gesteigert, beschränkt oder in Zusammenhänge versetzt erfährt, die ihm ohne die Ordnung nicht erschlossen sein würden. Insoweit ist wohl zu sagen, dass Personen kraft ihrer Zugehörigkeit zu Ordnungen tiefgreifend verändert werden können. Aber diese Veränderungen betreffen nicht ihr Subjektsein als solches. Auch im sittlichen Bewusstsein werden Subjekte nur in eine veränderte Perspektive auf sich selbst versetzt. Soweit also der Gedanke an den Grund, aus dem Subjekte überhaupt hervorgehen, für das Verstehen ihres Inbegriffenseins in Ordnungen Bedeutung erlangt, artikuliert er sich als der Gedanke an die Bestimmbarkeit der Subjekte als Folge dessen, dass sie nicht aus einer Selbstermächtigung Subjekte sind. Dieser Gedanke ist sicher auch im Spiel, wenn sich Subjekte mit einer weit ausgreifenden Ordnung identifizieren. Aber auch dabei bestimmt doch der Gedanke an den Grund der Subjektivität nicht die Weise, in der sie als Subjekt in ihrem Mitsein stehen und handeln.

Von einer Verwandlung, die sich im Subjektseins selbst vollzieht, wird erst dann die Rede sein können, wenn in Personen aus dem Zusammenhang der Erfahrung in ihrem Mitsein heraus der Gedanke freikommt, vom Grund ihres Subjektseins her in einen Vollzug ihrer Subjektivität zu gelangen. Dieser Gedanke kann nicht einzig aus einer Erfahrung im Mitsein aufkommen. Es gibt auch Erfahrungen der Verwandlung der Subjektivität, die sich im Leben einer einzelnen Person vollziehen. Ist diese Erfahrung aber ganz an eine Weise des Mitseins gebunden, dann liegt in ihr, dass sich die Subjekte dieses Mitseins nicht mehr nur als die Subjekte verstehen können, die durch andere oder eine Ordnung des Mitseins in irgendwelche Bedingungen und Bahnen hineingezogen sind oder für sie aufgeschlossen wurden. Sie verstehen dann ihr Mitsein als einen Vollzug oder ein Geschehen, in dem, was sie selbst sind, in einem mit dem, was das Subjektsein anderer ausmacht, über die Einzelnheit je eines Subjektes hinausgeführt wird – aber so, dass sie als Subjekte nicht etwa vergehen, sondern vielmehr gesteigert sie selbst werden können.

Einige Philosophen des zwanzigsten Jahrhunderts haben solchen Erfahrungen eine Schlüsselbedeutung für ihr gesamtes Denken gegeben. Dabei haben sie Motive der Vereinigungsphilosophie aufgenommen, die – aus platonischen Quellen gespeist und von Shaftesbury ausgehend – schon im achtzehnten Jahrhundert zur Gegenströmung gegen die Kathederphilosophie wurde. Diese Strömung hat dahin gewirkt, dass die Frage nach dem Mitsein der Subjekte schließlich mit dem Nachdenken über ihre Subjektivität in einem einzigen Gang vorangetrieben werden musste. Vermittelt durch Jacobi und Herder hat diese Vereinigungsphilosophie in Hegels und Hölderlins Frühschriften auch die akademische Philosophie über die bisherigen Grenzen ihrer Gelehrsamkeit und theoretischen Besinnung hinauszuführen versucht.

Im zwanzigsten Jahrhundert wurden diese platonischen Motive differenzierter entfaltet – in größerer Distanz zum Enthusiasmus der Vereinigungsphilosophie, aber in einer ähnlichen Gegenstellung zu den philosophischen Schulen. Nur zwei Beispiele dafür seien erwähnt: Karl Jaspers hat das heute zum Allerweltsgebrauch abgegriffene Wort Kommunikation für den Prozess wechselseitiger Vergewisserung eingeführt, in dem sich Menschen miteinander dessen bewusst werden, was ihr Leben ausmacht und trägt. Für Jaspers ist der Wahrheitsbezug des philosophischen Denkens letztlich in solcher Kommunikation fundiert und nur in ihr zu bewähren. Martin Buber hat die Beziehung von Mitmenschen, die einander begegnen, indem sie sich als ›Du‹ erfahren und ansprechen, als ein Geschehen beschrieben, das nicht vom ›ich‹ einer Person und also auch nicht von deren Anderem ausgehen kann. Es ist ein Geschehen, das zwischen ihnen aufkommt, aus dem sie beide auch in ihrem Selbstbezug verändert werden und aus dem sie sich in allem, was ihnen eigen ist, als allererst ermöglicht und vergewissert erfahren.

Für beide Weisen der Explikation eigentlichen Mitseins ist ein Transzendenzbezug wesentlich. Jaspers' Erklärungen lassen sich gut in Beziehung setzen zu der Leben erschließenden Bedeutung, die Platon dem philosophischen Gespräch zugeschrieben hatte, und zu der sittlichen Bedeutung der Freundschaft, so wie Aristoteles sie beschrieb. Bubers Konzeption nimmt dagegen die Theologie der Liebe auf, die aus Gott entspringt und die allein auch Gott selbst im Mitsein der Menschen angemessen erfahren lässt.

Im Vergleich beider miteinander ist deshalb die Erwägung nahegelegt, ob Jaspers, seiner Absicht entgegen, das Gespräch als Vollzugsart der Kommunikation nicht noch zu sehr in der Nähe einer gemeinsamen Erkundung von Ideen ansiedelt. Mit Gadamer wäre es dagegen als ein Geschehen zu verstehen, in dem sich der Aufschluss für Wahrheit in einem mit der Verwandlung der Horizonte des Verstehens vollzieht, das von Lebensbewegungen getragen ist. In Beziehung auf Buber ist einzuwenden, dass er immer wieder dazu tendiert, den

Selbstbezug derer unberücksichtigt zu lassen, die ihr Leben füreinander öffnen.

Wenn Versuche zum Aufschluss über eine Erfahrung so weit voneinander wegführen und wenn sie dabei doch offenbar demselben Phänomenbereich gelten und auch derselben Grundabsicht folgen, dann müssen sie wohl einen hochkomplexen Lebensvollzug zum Thema haben. Wir haben inzwischen Voraussetzungen dafür erarbeitet, diesen Komplexionen differenziert nachzugehen, ohne die Lebensbedeutung zu mindern, die von so vielen Philosophen einer Schlüsselerfahrung des Mitseins zuerkannt worden ist.

Diese Lebensbedeutung schließt ein und ergibt sich auch daraus, dass in dieser Erfahrung eine Tiefendimension des Mitseins erschlossen ist, die anderen Weisen des Mitseins entweder ganz fehlt oder die in ihnen doch nur indirekt und unausdrücklich wirksam ist. Sie betrifft und verändert insofern das Bewusstsein, Subjekt zu sein, als es in ihr ganz ausgeschlossen ist, das je eigene Subjekt gegenüber dem Mitsein als das ursprünglichere und immer noch als vorgängig und distanziert gegenüber einem Ganzen zu erfahren, in das es zugleich einbegriffen ist. Dies Mitsein kommt vom anderen ebenso wie von mir selbst her auf. Und da das für beide in ganz der gleichen Weise gilt, muss in der Erfahrung etwas mit ihnen geschehen, was sie selbst auf keine Weise einleiten und erwirken können. Gleichwohl ist es gegenüber ihrem Selbst- und Subjektsein kein fremdes und nicht einmal ein anderes. Denn dies Mitsein lässt nichts etwa nur mit oder an der Subjektivität geschehen. Sie erfährt und versteht sich vielmehr in dem Geschehen als sie selbst, und zwar ganz und sogar gesteigert.

Wenn es nun darum geht, dieser Erfahrungsart in dem Rahmen der Erklärung von Subjektivität gerecht zu werden, dann kommt dafür als theoretisches Explikationsmittel einzig die Bezugnahme auf den Grund der Subjektivität in Frage. Subjekte sind, in der Gegenbewegung zu ihrer Welterschließung, darauf verwiesen, Gedanken über ihren Grund nachzugehen, der selbst nicht als Datum in der Welt auf- und ausgewiesen werden kann. Als Grund der Subjekte und als ein Grund, in dem der Prozess ihrer Subjektivität durchgängig ermöglicht ist, kann dieser Grund nicht wie eine auslösende oder kontinuierlich erwirkende Ursache gedacht werden. Daraus ergibt sich zunächst einmal die Möglichkeit, den Subjekten nicht je einen eigenen, sondern einen ihnen gemeinsamen Grund zuzuordnen. Ein solcher Grund wird dann in jedem von ihnen gleichermaßen gegenwärtig sein. Damit ist aber weiter auch die Möglichkeit freigesetzt, Subjekte in einer Beziehung zueinander zu denken, welche die Prozesse ihrer Subjektivität aneinander bindet und der dazu führt, dass sie in einander verwoben sein können, so dass beide darin sie selbst sind, dass sie in ihrem Mitsein sich miteinander vollziehen. Nur so ist zu verstehen, dass sie in diesem Mitsein ganz und gesteigert sich selbst erfahren können.

In diesem Gedanken ist ein Prozess, der Subjektivität ermöglicht, mit dem Vollzug von Subjektivität zusammengeführt. Es ist dies aber auch nicht nur ein Gedanke *über* eine Weise von Mitsein. Er kann in einem damit unterhalten werden, dass sich die Erfahrung eigentlichen Mitseins vollzieht. Man muss sogar weiter gehen und sagen, dass der Gedanke dem Vollzug dieses Mitseins wesentlich zugehört. Denn in ihm ist die Erfahrung, bei sich selbst angekommen zu sein, mit der Erfahrung der Unverfügbarkeit des Erfahrenen und dem Bewusstsein eines tieferen Aufschlusses über Grund und Bewandtnis des Lebens so verbunden, dass er dieser Erfahrung zugleich ihre feste und explizite Form gibt. So ist es dieser Gedanke, über den sich der Transzendenzbezug in der Erfahrung solchen Mitseins artikuliert. Das geschieht noch diesseits jeder Verankerung in einer kodifizierten Religion. Die kann und muss ihrerseits den Vollzug einer solchen von Gedanken durchherrschten Erfahrung als ihre Beglaubigungsquelle aufrufen.

Von diesem Zusammenhang her lässt sich nun auch fassen, wodurch sich die Erfahrung eigentlichen Mitseins von dem Einbegriffensein in eine Ordnung aller Subjekte und auch vom sittlichen Bewusstsein unterscheidet. Der Ordnungsbezug ist mit dem Subjektsein selbst gesetzt, er begründet ein Mitsein, aber ein solches, das den Selbstbezug jedes Subjektes ganz untangiert voraussetzt. Das sittliche Bewusstsein bildet sich in einem vertieften Aufschluss des Subjektes über sich selbst. Auch daraus ergeben sich ganz unmittelbar Konsequenzen für sein Mitsein. Aber nur dann, wenn die Bindung der Subjekte, die gleichfalls aus dem sittlichen Bewusstsein hervorgeht, im Modus des eigentlichen Mitseins erfolgt, führt die Selbsterfahrung über das Subjektsein selbst auch zum gemeinsamen Grund der Subjekte zurück.

Aus diesem wenigen wird bereits deutlich geworden sein, dass wir einen Punkt erreicht haben, an dem es notwendig wird, den Horizont der Untersuchung zu erweitern. Es müsste nunmehr dem Gedanken vom Grund im Selbstsein weiter nachgegangen werden. Buber und Jaspers lassen in ihren Auslegungen die Dimension der Transzendenz aus dem eigentlichen Mitsein ohne weitere Vermittlung hervorgehen. Es sollte aber auch möglich sein, diese Dimension in Gedanken zu entfalten, die nicht ad hoc aufgeboten werden, die vielmehr schon im Zusammenhang der Grundlegung der Analyse von Subjektivität verankert sind. Daraufhin würde sich eine über sich selbst verständigte Schlüsselerfahrung von Subjektivität auch ganz von sich aus als in einen solchen Zusammenhang eingefügt und ihm zugehörig beschreiben und begreifen lassen – so wie dies einmal Hegels Absicht war, als er seine spekulative Logik zu entwickeln begann.

Auf dem Punkt, an dem diese Aussicht erreicht ist, müssen wir hier nun aber doch einhalten. Erst die nachfolgende, die letzte Vorlesung soll Schritte in den Bereich des Denkens tun, mit denen der Rückgang der Subjekte zu ihrem Grund in die Form eines durchsichtigen und übersichtlich begründeten Aufbaus zu bringen ist. Auch dort wird die Perspektive, die soeben ausgezogen wurde, erst am Abschluss wieder erreicht werden können. Denn die letzte Vorlesung wird es ebenso zum Ziel haben, einen Sinn von Freiheit zu bestimmen, der sich in einen ausgearbeiteten Gedanken vom Grund der Subjektivität einfügen lässt – und zwar einen ersten, aber auch grundlegenden Freiheitssinn in der Abfolge möglicher Bedeutungen von Freiheit. Dieser Freiheitssinn ist aber an das Handeln des Einzelnen, nicht an sein Mitsein gebunden.

Für diese Vorlesung steht dagegen noch eine andere Aufgabe an. Über das Mitsein, in dem Subjekte doch als solche gesteigert sie selbst sind, ist bisher nur wenig gesagt worden. Zusammen mit der Aufgabe, diese Weise des Selbstseins zu explizieren, stellt sich aber die andere Aufgabe, solches Mitsein innerhalb des Zusammenhangs aller der Weisen des Mitseins zu begreifen, die leicht mit ihm verwechselt werden können. Das bewusste Leben endlicher und verkörperter Menschen vollzieht sich unter vielerlei Bedingungen. Wir haben uns darum bemüht, auf sie bei der Explikation der Weisen des Mitseins von Beginn an Rücksicht zu nehmen. Wie eigentliches Mitsein sich ausbilden und vollziehen kann, bleibt aber von diesen Bedingungen nicht unberührt. Daraus ergeben sich Differenzierungen in der Erfahrung und in den Idealen vollendeten Mitseins, die in der Geschichte der Vereinigungsphilosophie immer wieder übersprungen worden sind. Auch in der Intersubjektivitätstheorie des vergangenen Jahrhunderts hat ungenügende Rücksicht auf sie Spuren hinterlassen.

Liebe ist ein Wort hoher Bedeutung, aber mit nur scheinbar eindeutigem Bezug. So haben schon die frühen Kulturen Namen für Weisen der Liebe voneinander unterschieden und sie verschiedenen Gottheiten zugeordnet. Offenbar bedarf man eines von Beginn an auf Differenzierung angelegten Ansatzes, um nicht nur die Gestalten der Liebe, sondern auch deren innere Verbindung miteinander begreifen zu können. Für ein menschliches Leben ist beides charakteristisch: ihre Differenz, ihr unter Umständen scharfer Gegensatz, aber auch die Möglichkeit zu ihrer Vereinigung.

Menschen werden aus der symbiotischen Lebensform in ihr Leben als Subjekt durch die Einführung in eine Kultur geleitet. Sie kennen auch auf den frühen Stadien dieses Weges ihre Gefährdung und ihr Angewiesensein auf verlässlich zugewendete Pflege und erfahren in einem damit die heile Geschlossenheit einer Welt, in der sie diese Zuwendung fraglos bergend umschließt. In diese Weise des Mitseins sind sie eingebunden; durch sie sind sie zu dem, was ihnen eigen ist, ermutigt und zugleich zu ihm hingetragen. In der Entwicklungspsychologie kann es als ausgemacht gelten, dass jede anhaltende Störung des Vertrauens in die Bindung, in der dies Mitsein ruht, eine dauerhafte Verletzung mit der Folge lebenslanger Störungen nach sich zieht. Doch auch der Versuch, einen heranwachsenden Menschen im fürsorglichen Mitsein des Kindesalters festzuhalten, führt zu Störungen – nämlich zum Festsitzen in einer Bindung, die es ausschließt, zur Erweiterung des Lebens und zu einer anderen Bindung zu gelangen, in die Subjekte nur aus einer eigenständig erworbenen Weltbeziehung heraus finden können.

Diese Zusammenhänge gehören wohl schon weit länger zum Alltagswissen, das in Lebenserfahrung gegründet ist, als zum Grundwissen einer Psychiatrie, die, um zu ihnen zu gelangen, sich erst über Sigmund Freud hinausarbeiten musste. Es lässt aber auch noch ein Weiteres verstehen: warum nämlich der Mensch die Bindungserfahrung seiner Kindheit niemals einer distanzierten Erinnerung überlassen und so von sich abstoßen kann. Die Erinnerung muss so zu vollziehen sein, dass in ihr immer eine Hoffnung darauf gesetzt bleibt, das Erinnerte möge nicht gänzlich der Vergangenheit angehören. Es möge also ein Mitsein wiedergewonnen werden, in dem die anfängliche Geborgenheit des Lebens insgesamt mit der Freiheit des Selbstseins zusammengeführt ist.

Diese Hoffnung hat den vielen Lehren von einem Dreischritt in der Menschheitsgeschichte Plausibilität zuwachsen lassen. Ihnen zufolge führt die Entwicklung der Kulturen ebenso wie die der Individuen von einem Ursprung in erfüllter Unmittelbarkeit über dessen Entzweiung und die Entfaltung der in ihm angelegten Potenziale hin zu einer neuen Einheit auf einer höheren Stufe – ein Dreischritt, der von Hesiod bis Hegel die Geschichtsphilosophie durchzogen und zumeist beherrscht hat. Auch in der Ahnenreihe der Theorie der Subjektivität gehört ein solcher Dreischritt zu den geläufigsten Denkfiguren. Umso mehr Anlass hat man, darauf zu achten, dass die Faszination, welche von diesem Muster immer noch ausgeht, nicht dahin führt, die Dynamik des Menschenlebens als eindimensional aufzufassen – auch dann, wenn die Vorstellung von einem Dreischritt im Lebensgang ihre Bedeutung nicht verlieren muss. Als eindimensionale Stadienfolge gefasst, würden mit ihm die Verwicklungen und die Potenziale dieser Dynamik jedoch gleichermaßen verfehlt. Die Hoffnung des Menschen geht zwar nicht auf ein Ziel, in dem er seinen Ursprung von sich abgestoßen hat, aber ebenso wenig auf die Restitution des Ursprungs in einer höheren Sphäre.

Das Mitsein von Personen in ihrer entfalteten Subjektivität kann nicht fraglose Einigkeit sein. Es muss sich über ein Widerspiel zwischen Wegen in der Welt und Wegen der Selbstverständigung einspielen – zunächst zu einem Gleichgewicht und einer wechselseitigen Bereicherung und dann zu einem Einvernehmen, das über den Unterschied hinwegreicht und das sich über einen Gedanken vom Lebensgrund erschließt. In solchem Einverständnis gewinnt dann dies Mitsein innere Zustimmung ohne Vorbehalt. Es wird zu einem Lebensvollzug, der gegenüber keiner anderen Lebensmöglichkeit noch als zweiten Ranges und als der Vollendung entbehrend erfahren werden könnte. Aber diese Gewissheit geht aus einem Gespräch im umfassenden Sinn dieses Wortes hervor, das die Bereitschaft zum erkundenden Mitvollzug der Lebensbewegung des Anderen einschließt. Zunächst muss eine solche Begegnung als möglich erspürt und gesucht sein, um dann, oft überraschend, zu gelingen und sich weiterhin und aufs Neue zu bewähren. In der Folge kann dies Gespräch von der Erfahrung bewährter Gemeinsamkeit getragen sein und weiter ausgreifen und reifen.

Solches Mitsein versetzt nicht in eine jenseitige Welt der Vereinigung in und durch Ideen. Es sind fragile Personen, die als Subjekte in dieses Mitsein finden. Sie wissen also von ihrer Erfahrung frühkindlichen Geborgenseins. Darum haben sie auch die Möglichkeit, sich miteinander und füreinander auf eine Situation hin zu bewegen, in der auch die Erinnerung an die Geborgenheit als Kind einen Widerhall und eine Art von Wiederholung findet. In der Gestalt und der Atmosphäre, die reife Menschen ihrer gegenwärtigen Verlässlichkeit geben, kann das, was als Erinnertes nicht wiederkehren kann, doch eine Entsprechung finden.

Es ist dies aber auch keine bloße Kompilation gänzlich wesensverschiedener Motive des Mitseins. Denn das Kind hat seine Geborgenheit in der Zuwendung von Menschen erfahren, die selbst im erwachsenen Leben standen. Das Kind kann die Weise des Mitseins der Eltern und Hausgenossen im gemeinsamen Geben der Geborgenheit erspüren und so etwas von dem vorausnehmen, woran es dann selbst als Subjekt im eigentlichen Mitsein wird anschließen können. Die Erinnerung an frühe Geborgenheit in einer Bindung ist auch eine Erinnerung an die Intensität im Leben derer, von denen die bergende Zuwendung ausgegangen ist. Die Kraft und Glaubwürdigkeit einer Kultur gehen zwar gewiss nicht in diesem Elementargeschehen der Traditionsbildung auf, sind von ihm aber auch nicht abzulösen.

Viele weitere Faktoren können auch in diese Vollzugsart des Mitseins von Subjekten eingreifen. Sexuelle Spannung und Attraktion kann zur Abhängigkeit in einer Art von Sucht führen, kann aber auch Anlass dazu werden, dass sich die Subjektivität aus der Erfahrung körperlichen Mitseins heraus intensiviert und für Differenzierungen aufgeschlossen wird. Wenn reifes Mitsein zum Zusammenklang Eigenständiger und Differenter führt, dann ist ihm mit der Spannung zwischen den Geschlechtern, die doch zugleich Wissen von einer Zuordnung und Angewiesenheit aufeinander ist, das nächstliegende und auch das reichste Feld für seine Ausbildung aufgeschlossen.

Aber auch andere Lebenstendenzen des Menschen können sich in solchem reifen Mitsein konzentrieren und sich dabei zugleich miteinander verbinden. Von zwei dieser Tendenzen, von denen schon die Rede war und aus denen sich auch eine eigene Weise des Mitseins herleitet, lässt sich das leicht einsehen: In der Verfassung der Subjekte ist die Tendenz begründet, sich mit Ordnungen zu identifizieren. Auch diese Tendenz kann sich auf die Kleingruppe wenden, in der eigentliches Mitsein wirklich zu werden vermag. Aus dem sittlichen Bewusstsein geht die Tendenz zur Bindung an eine Wirklichkeit in Verantwortung hervor. Auch sie kann sich in diesem Mitsein erfüllen. Das eigentliche Mitsein begründet im Übrigen bereits von sich selbst her eine Verantwortung, welche diejenigen, die in ihm leben, in eine wechselseitige Fürsorge bindet.

Es lässt sich aber wohl auch sagen, dass es dem bewussten Leben nicht gemäß wäre, alle seine Tendenzen in einer einzigen Wirklichkeit zu konzentrieren. Der weltbezogene Ausgriff der Subjektivität und damit auch der Reichtum dieses Mitseins selbst würde dann unter eine Einschränkung kommen. Und die Identitätsbalance, welche diesem Leben auch in der Erfahrung des wesentlichsten Mitseins aufgegeben ist, würde ihre Beweglichkeit verlieren und in einer auf einen Punkt versammelten Identität eingegossen. Ihr gegenüber wären nur noch die Rollen in der Daseinsvorsorge und die Pflichten der Person auszubalancieren, die aus der sittlichen Grundnorm folgen.

Subjekte leben immer im Bewusstsein eines ihnen selbst nicht verfügbaren Grundes. Sie können diesen Grund für ein faktisches Geschehen, etwa für einen hochkomplexen Prozess in ihrem neuronal gesteuerten Körper halten. Sie können sich diesem Grund aber auch in einem Gedanken erschließen, in dem ihrem Lebensgang eine Bewandtnis zugewiesen ist, die nicht in dem Faktum der Unausweichlichkeit seines Vollzuges aufgeht. Ein solcher Gedanke ist dann unverzichtbar, wenn auch nur das sittliche Bewusstsein in dem Verständnis dieses Lebens ohne Umdeutung und Abschwächung inbegriffen sein soll. Aber diese ihre Beziehung auf den Grund ist die auf den Grund des jeweils einzelnen Lebens eines Subjektes. Viele Weisen des Mitseins verlangen nach gar keiner anderen Grundbeziehung. So ist es doch das eigene Leben, dem ein Mensch Bedeutung dadurch verleiht, dass er es einer großen Sache unterordnet. Daran ändert sich dadurch nichts, dass allen Subjekten zugestanden ist, auf diese oder auf welche Weise immer ihr Leben in noch anderem als den Gesetzen verankert zu sehen, unter denen sich die Art homo sapiens reproduziert.

Wenn sich aber Personen einander in der gemeinsamen Erschließung einer Welt und der Begründung einer gemeinsamen Lebenssphäre in dieser Welt begegnet sind, dann können sie, was ihnen gelang oder zuteil wurde, nicht aus dem jeweils eigenen Grund ihres Lebens allein verstehen. Sie müssen ihren Lebensgrund als mit dem des anderen verschlungen denken und erfahren. Dass ihre Erfahrung ihnen dies nahelegt, ist selbst wiederum ein besonders nachhaltiges Motiv dafür, das eigene Leben in allen seinen Vollzügen nicht als unabwendbares Geschehen, sondern im Lichte und aus der Erfahrung eines Grundes zu verstehen, der von durchaus anderer Art ist.

Wesentliche Begegnungen, in denen sich ein Leben wandeln kann, und Bindungen, die aus ihnen hervorgehen, werden in den vielen Weisen des Mitseins der Menschen gewiss nicht zur Normalsituation. Im Alltag der sozialen Welt und auch noch in der komplexen Dynamik des bewussten Lebens könnten sie als Randphänomen und als Ausnahmeerfahrung gelten. Aber von ihrer Möglichkeit her können auch alle anderen Weisen des Mitseins betrachtet werden und in eine veränderte Perspektive kommen. Inwiefern eine Weise des Mitseins nur abgenötigt oder inwiefern sie okkasionell und beiläufig bleibt, bemisst sich letztlich vor dem Hintergrund der Möglichkeit wesentlichen Mitseins.

Eine Dimension möglicher Tiefe und Erfüllung spannt sich so im Hintergrund alles alltäglichen Mitseins aus – einer Erfüllung, für die die meisten Menschen schon aus der Erfahrung ihrer Kindheit geöffnet sind. Nur in stummer Resignation können Verhältnisse ertragen werden, in denen diese Möglichkeit entzogen oder dauerhaft verloren worden ist. Jeder Mensch, dem wir begegnen, kann und sollte von uns als ein solcher wahrgenommen werden, der in der ihm eigenen Weise in der Erfahrung eigentlichen Mitseins stehen kann oder wirklich steht. Die Rede von Rechten des Menschen ist zwar einer Begründung aus ganz anderen, etwa sittlichen Gründen zugänglich. Aber ein Ton von Hohlheit und Deklamation wird aus ihr doch nicht verschwinden, solange im Begriff des Menschen nicht mitgedacht ist, dass sich seine Subjektivität in einem ihm jeweils ganz eigenen Mitsein verwirklichen muss und dass sie ein Recht darauf hat, sich so verwirklichen zu können.

V. Einheit, Einzelnheit und Freiheit

1. Extrapolierendes Denken

In früheren Vorlesungen haben wir von Weisen des Wissens gehandelt, die für jegliche Gedankenführung in der Theorie notwendige Voraussetzungen sind, die aber selbst nicht in ein theoretisches Wissen überführt werden können. Grundlegend für sie alle ist das Wissen, das jeder Mensch in seinem Selbstbewusstsein von sich selber hat.

Dies Wissen von sich lässt sich nicht aus Komponenten begreifen, die es aufbauen, oder aus Bedingungen erklären, aus denen es hervorgeht. Spricht man über es, so muss man sich auf ein wirklich vollzogenes Wissen beziehen. Es kann nicht hervorgebracht werden, sondern die Aufmerksamkeit muss sich auf dies Wissen, das schon eingetreten ist, einstellen und konzentrieren. Dies Wissen ist insoweit selbst Vollzug, als sich an es ohne jeglichen Sprung Weisen von Denken und Wissen anschließen, die – wie das Denken von Objekten – selbst nur als Aktivitäten zu verstehen sind. Und es ist zugleich insofern Zustand, als es ein gänzlich invariantes Wissen ist, das sich in allen diesen Vollzügen als dasselbe durchhält, ohne dass dabei erkennbar Aktivitäten ins Spiel kommen.

In der dritten Vorlesung war dann vom sittlichen Bewusstsein die Rede. Auch es ist nicht in theoretisches Wissen zu übersetzen, ist aber auch nicht aus dem Selbstbewusstsein abzuleiten, von dem her sich das theoretische Wissen ausbildet. Doch der Mensch als Subjekt, das sich in seinem Selbstbewusstsein konstituiert, erhält in seinem sittlichen Bewusstsein einen vertieften Aufschluss über sich selbst – und zwar so, dass er sich in seinem Handeln als Person nunmehr in einem verwandelten Sinn als Subjekt versteht und vollzieht. Dass in jedem Wissen von sich unaufhebbar eine Faktizität gelegen ist, kommt also mit dem sittlichen Bewusstsein wiederum, wenn auch auf andere Weise, zur Evidenz.

Diese Faktizität ist Teil des Wissens, das im Selbstbewusstsein wie auch im sittlichen Bewusstsein mitvollzogen wird. Zugleich ist sie eine Tatsache, die im theoretischen Überlegen festgehalten und auf ihre Implikationen und Konsequenzen hin erwogen werden kann. Überlegungen solcher Art haben auch zu einigen Schlussfolgerungen geführt, die in den vorausgegangenen Vorlesungen entwickelt worden sind: (1) Dem Selbstbewusstsein muss ein Grund vorausgesetzt werden. Jeder weitere Gedanke über diesen Grund darf die besondere Situation nicht aus dem Blick verlieren, die dadurch bestimmt ist, dass sich Selbstbewusstsein neben der Herleitung auch der vollständigen Explikation entzieht. (2) Im sittlichen Bewusstsein wird der Subjektsinn, der durch Selbstbewusstsein erschlossen ist, erweitert und vertieft, ohne dass diesem Bewusstsein etwa ein anderer Grund zugeordnet werden kann. Dieser eine Grund ermöglicht das Subjekt in allen den Hinsichten, die es ausmachen, also auch seine Freiheit – in welchem Sinn sie immer zu verstehen ist.

Damit sind Rahmenbedingungen festgelegt für die Verständigung über Subjektivität insgesamt. Es ist aber noch kein Denken in Gang gebracht, das über die Tatsache des Wissens des Subjekts von sich und über die Denkweisen, die von diesem Selbstbewusstsein seinen Ausgang nehmen, auch noch *hinausgreift*. Doch haben wir gleichfalls schon gesehen, dass das Denken, das in der Subjektivität seinen Ursprung hat, einen solchen Ausgriff wirklich vollzieht – und zwar aus einer ganzen Reihe von Gründen, die sich innerhalb seiner eigenen Dynamik geltend machen. Einige von ihnen seien in Erinnerung gebracht: (1) Innerhalb des Ganzen der Welt, die sich dem Subjekt im Zusammenhang mit der Durchgängigkeit seines Selbstbewusstseins erschließt, hat das Subjekt als Person zwar eine Position, die sein Leib einnimmt. Es kann sich aber aus ihr nicht begreifen, *insofern* es Subjekt ist. So muss es gleichermaßen den gegenläufigen Ausgriff auf seinen Grund und auf das Ganze einer Welt vollziehen, in der Subjekte einbegriffen sind und aus der nicht, wie im naturwissenschaftlichen Bild von der Welt, und zwar schon aufgrund von dessen formaler Anlage, der Subjektbegriff vollständig eliminiert ist. (2) Dieser Ausgriff wird umso dringender, je mehr das Subjekt von der Frage nach der Bewandtnis seines Lebens bedrängt und in Orientierungskonflikte gezogen wird. Diese Frage geht darauf, ob das Ganze, dem jener Grund zugehört, von dem es weiß, dass es ihn nicht ausforschen kann, in einer Konkordanz mit seinem Lebensvollzug steht oder ob es gegen dies Leben gänzlich indifferent ist, so dass jegliche Affirmation, unter der das Leben sich vollziehen kann, nur aus ihm selbst gewonnen oder herausgesonnen werden müsste. (3) Sittliches Handeln unter der Grundnorm impliziert die Überzeugung, dass der Handelnde seine Folgen verantworten kann. Das verwandelte und vertiefte sittliche Bewusstsein weiß sich weiter auch in Lebensverhältnisse gebunden, denen es eine Bewandtnis zuschreibt, die allein nicht auf die Absichten der Menschen, die in diesen Verhältnissen stehen, zurückgeführt werden können. So verstärkt also die sittliche Lebensdimension den Impuls hin zu einer Form der Verständigung, durch die der Grund der Subjektivität und ihre Orientierung auf ein Ganzes jenseits der Grenzen der erkennbaren Welt in einem einzigen, in sich geschlossenen Verstehen zusammengeführt sind. Und das Bewusstsein vom gemeinsamen Lebensgrund der Menschen in ihrem eigentlichen Mitsein weist und wirkt ebenso in diese Richtung.

In der Geschichte der Menschheit hat sich diese Tendenz immer schon mit unwiderstehlicher Macht zur Geltung gebracht. Man kann die Mythen als Konzeptionen von Ursprung und Bewandtnis des bewussten Lebens und der aus ihm begründeten Institutionen interpretieren. Die Religionen sind ebenso Versuche, sich dieses Ursprungs und der Mächte zu versichern, die dem Leben Bedeutung und Bewahrungskraft zuwachsen lassen. Die darin wirksame Praxis der Selbstverständigung vollzieht sich immer zugleich um der emotionalen Beruhigung, Vertiefung und Steigerung des Lebens willen angesichts von vielfältig unfassbarem Menschengeschick. In ihrem Kern ist sie aber *Denken*. Es gibt keinen Mythos und keine Religion, die nicht ebenjenes Denken in Anspruch nehmen, das im Prozess der Subjektivität verwurzelt ist. In Mythos und Religion ist dies Denken freilich unausdrücklich und also ohne Kenntnis seiner selbst am Werke. Es bildet sich im Medium des Entwurfs von Geschichten aus, die eben deshalb, weil sie lebenserschließende und lebensbewahrende Bedeutung haben, als verbindliche Grundlagen des Lebensvollzugs eingesetzt und aufgenommen werden können. Wenn aber das Denken, das ihnen innewohnt, auf sich selbst gestellt und als solches in Bewegung versetzt wird, dann wird es zur Philosophie und verliert in einem damit die Autorität der heiligen Texte und der religiösen Verständigungsart, die gegen jede Alternative abgeschottet bleiben.

Aber auch damit wird dies Denken doch nicht zur theoretischen Erkenntnis. Zunächst einmal ist die Motivation, die ihm zugrunde liegt, dieselbe geblieben. Es bleibt Denken, das von der Dynamik des bewussten Lebens und den Problemlagen bestimmt ist, in die diese Dynamik hineinzieht. Nur macht es diese Problemlagen nunmehr auch durchsichtig. Eine der Folgen davon ist, dass es, anders als die Religion, nicht beanspruchen kann, damit, dass ein Konzept überhaupt entfaltet wird, über dessen Wahrheit auch schon entschieden zu haben. Eine solche Entscheidung fällt erst dadurch, dass sich Subjekte in diesem Konzept wieder erkennen und dass sie es in ihr eigenes Leben integrieren, es also als dessen Selbstdeutung im eigenen Lebensvollzug ohne Zwang und Verdrängung akzeptieren können.

Des Weiteren ist auch die Verfassung dieses Denkens selbst eine andere als die der theoretischen Erkenntnis. Zwar wird sich dies Denken in denselben Grundfunktionen vollziehen, in denen sich das Denken im Prozess der Subjektivität und dann auch die theoretische Erkenntnis ausbilden. In dem Denken, das die gegenläufigen Ausgriffe der Subjektivität zusammenführen soll, werden diese Funktionen jedoch in einen anderen Gebrauch genommen. Sie können nunmehr weder dazu dienen, die Dynamik der Subjektivität zu explizieren und zu analysieren, noch kann sich in ihnen eine Erkenntnis von Gegenständen aufbauen. Sie greifen über alles hinaus, was dem Subjekt gegeben ist, und sie versuchen, in möglichst einem einzigen Zugriff und Inbegriff eine Verständigung über die Subjektivität, ihren Grund und ein Ganzes, dem sie zugehört, zu erreichen. Insofern ist dies Denken notwendigerweise *synthetisch* und in einem damit *extrapolierend.* Denn sein Konzept kann nicht irgendwelchen Bereichen von Wirklichem abgelesen oder angepasst sein. Es lässt sich nur als begründeter Entwurf gewinnen. Es ist weiterhin *postulierend* – und zwar insofern, als es ihm nicht darum gehen kann, einen Nachweis seiner Wahrheit zu führen. Es kann sich nur als konsistent und als annehmbar erweisen – auch gegenüber allen Alternativen. Das aber tut es dadurch, dass es der Subjektivität eine Selbstverständigung ermöglicht, die allen Zügen, die in ihrer Explikation aufgewiesen wurden, gerecht wird und die alle diese Züge zugleich in einen einsichtigen Zusammenhang einbegriffen sein lässt.

Die vierte Eigenschaft eines solchen Konzeptes folgt daraus, dass es über die Selbstreflexion der Subjektivität hinausgreift, dass es sich dabei aber nicht an die Weltformen der Gegenstands- oder der Handlungswelt einfach nur anschließen kann. Wo der Grund der Subjektivität mit einem Ganzen zusammenzuführen ist, das nicht den Bedingungen unterliegt, unter denen sich die Welten der Objekte formieren, da werden auch andere formale Verhältnisse als die angesetzt werden müssen, welche die alltagspraktische Orientierung und die gegenständliche Erkenntnis ermöglichen. Da ein solches Konzept dennoch von der Weltform auszugehen hat, welche der Subjektivität aus ihrer primären Weltbeziehung vertraut ist, muss es aus einer überlegten Revision der Anwendung von deren Grundfunktionen hervorgehen. Ein solches Konzept muss also, um synthetisierend sein zu können, in den Gebrauch *revisionärer* Begriffsformen hineingezogen werden.

Diese vier Eigenschaften machen erneut deutlich, dass Mythen und Religionen nicht allein als Kreationen eines Denkens zu verstehen sind, das ohne Disziplin und nur von seinen Wünschen angetrieben ist und das eine überbordende Phantasie in seinen Dienst gestellt hat. Der Grundriss, auf dem sie sich aufbauen, entfaltet sich vielmehr aus den Impulsen eines Denkens, das in der Verfassung der Subjektivität angelegt ist. Wenn dies Denken die Gestalt der Philosophie annimmt, können sich die imaginativen Fähigkeiten des Menschen nicht mehr so bruchlos wie zuvor mit diesen Impulsen verbinden. Was wesentlich Gedanke ist, ist also nicht mehr in ein dichtes Symbolsystem hineinzusteigern, welches das alltägliche Weltbild überformt, es mit seinem Reichtum übertrifft und dabei, indem es so das Gruppenleben stabilisiert, auch das Selbstbild aller ihrer Mitglieder in sich integriert hält. An die Stelle der symbolischen Ausgestaltung tritt nunmehr die methodische Selbstreflexion in der Extrapolation von Gedanken. Die mit ihr verbundene Selbstkritik muss dazu führen, dass das Konzept, in dem die Subjektivität sich selbst übersteigt, noch von einer anderen Versuchung abzulassen hat: Sie kann die symbolische Überformung des Alltagslebens auch nicht durch eine metaphysische Wissenschaft ersetzen, die sich in eine Kontinuität mit dem wissenschaftlichen Weltbild zu bringen versucht. Das hat wiederum zur Folge, dass die Gedanken der Konzeption, die eine Selbstverständigung des bewussten Lebens ermöglicht, nicht zu einer inneren Differenzierung gelangen kann, welche die Alltagswelt oder die wissenschaftliche Welt in ihrem Reichtum an Gehalten überbietet. Dies wird aber nur so lange als ein Mangel erscheinen, wie man nicht im Auge behält, dass die im Überstieg gewonnenen Gedanken von einem Ganzen an Form und Prozess der Subjektivität zurückgebunden bleiben. Mit diesen Gedanken, die auch ›Ideen‹ genannt werden können, gewinnt die Subjektivität den weitesten Horizont, innerhalb dessen sie zu der Selbstverständigung gelangen kann, auf die sie ihrer Grundverfassung nach ausgeht. Die Weise, wie dieser Horizont als solcher artikuliert wird, muss aber im Grad seiner Differenzierung der formalen Grundverfassung doch nicht unterlegen sein, welche die unübersehbare Vielfalt der Gehalte der Welten von Alltag und Wissenschaft in sich einbegreift.

2. Grund und Sinn

Wir haben nun damit zu beginnen, die Art des Denkens sich ein Stück weit entfalten zu lassen, das sich in der Form der Extrapolation an die Grundform der Subjektivität anschließt. So wird sich auch zeigen, wieso es schon mit den ersten Schritten eine revisionäre Begriffsform annehmen muss und welche Begründungsformen sich dabei ergeben.

Das Wissen von sich, welches das Subjekt konstituiert, lässt sich nicht aus sich selbst begreifen. Denn seine Analyse zeigt, dass jedes seiner Elemente, auf das sich die Analyse konzentrieren kann, die Selbstbeziehung im Wissen des Subjektes von sich bereits zur Voraussetzung hat. Verlangt diese Selbstbeziehung also weiter nach der Voraussetzung eines Grundes, dann muss dieser Grund dem entsprechen, was die Selbstbeziehung ausmacht. Daraus ergibt sich wiederum, dass dem Grund besondere und ungewöhnliche Eigenschaften zugeschrieben werden müssen. Er kann die Form des Wissens von sich nicht wie eine Konstruktion ermöglichen, die, einmal eingerichtet, selbsttragend weiter besteht. Denn dann müsste zwar nicht die Genesis, wohl aber das Bestehen der Form des Wissens von sich aus ihr selbst verständlich sein. Der Grund kann deshalb auch nicht wie ein Ereignis gedacht werden, das ein anderes Ereignis nach sich zieht, welches sich dann weiter aus sich selbst heraus in alles Denken hinein kontinuiert. Denn das Wissen von sich ist ein stabiles, seiner Form nach invariant sich durchhaltendes Wissen. Wenn es auch seiner Form nach der Begründung bedarf, dann muss dieser Grund ebenso kontinuierlich effektiv sein, wie dieses Wissen besteht. Darum kann man ihn ebenso wenig als ein verursachendes Ereignis denken, das sich in großer Dichte wiederholt.

Insofern er Grund der Form und der Wirklichkeit des Selbstbewusstseins in einem ist, kann er überhaupt keiner der vier Arten des Grundes entsprechen, die Aristoteles voneinander unterschieden hat. Zwar kommt auch ihm wie dem formalen und dem materialen Grund die Eigenschaft zu, nicht externer Grund sein zu können. Was er begründet, kann nicht als von ihm abgelöst gedacht werden. Insofern ist er *in* ihm gegenwärtig, aber nicht so, wie die Form oder die Materie, die etwas zu dem werden lassen, was es ist. Denn durch diese beiden lässt sich, was sie begründen, auch in grundlegender Weise charakterisieren. Das Subjekt ist aber durch das Wissen von sich und die in ihm begründete Spontaneität charakterisiert. Sein Grund ist also im Modus der Entzogenheit und doch durchgängig mit ihm verbunden. Nur so ergibt sich wenigstens der Umriss eines Gedankens, der nicht dem entgegensteht, dass dem Subjekt, obwohl es nicht aus sich begründet ist, dennoch Selbsttätigkeit und Selbstbestimmung eignen können. Der Grund ist insofern als interne Ermöglichung der Selbsttätigkeit zu denken, nicht als eine verdeckte Ursache, die dann die Selbstbestimmung als bloße Illusion nach sich zieht.

Im Verlauf dieser wenigen Überlegungen zeichnet sich bereits ab: Der Rückschluss auf einen Grund erfolgt zwar gemäß einem ganz normalen Schlussverfahren; er führt aber zur Voraussetzung eines Grundes, dem Eigenschaften zuzusprechen sind, die nicht mehr in derselben Weise normal genannt werden können. Das kann nicht überraschen, weil jener Rückschluss über das Selbstbewusstsein der Subjektivität und damit auch über die Begründungsarten in den ihr erschlossenen Welten hinausführt. Ein solcher Grund ist also nicht nur der Erkennbarkeit entzogen. Er ist auch, verglichen mit diesen Begründungsarten, seiner Form nach irregulär. Damit zeichnet sich also auf andere Weise ab, warum die Begriffsform des extrapolierenden Denkens an einer solchen Grenze gar nicht umhinkann, revisionistisch zu werden.

An dieser Grenze entsteht damit auch der Eindruck der Gefahr der Verwirrung und des Verlustes jeglicher Bodenhaftung. Die Einsicht, dass der Schritt zu einer revisionären Denkart dennoch unvermeidbar ist, kann aber erleichtert werden, wenn man erwägt, was es bedeutet, dass das sittliche Bewusstsein als einbegriffen in die Selbstverständigung der Subjektivität gedacht werden muss. In der vorletzten Vorlesung wurde gezeigt, dass sich im sittlichen Bewusstsein das Wissen von dem vertieft, was ein Subjekt ausmacht. So muss also der Grund, der dem Subjekt vorausgedacht wird, auch als Grund des sittlichen Bewusstseins gedacht werden. Aber man kann sich doch das sittliche Bewusstsein nicht als ein Produkt von ihm fremden Ursachen denken, ohne dass sich daraus ganz unmittelbar die Folgerung ergibt, dass sein eigenes Selbstverständnis nicht wahrheitsfähig ist. Stattdessen könnte man das sittliche Bewusstsein als Produkt einer Subjektivität verstehen wollen, die sich selbst genügen will. Dieser Weg ist aber gleichfalls verschlossen, weil die Subjektivität ihrerseits bereits zur Voraussetzung eines Grundes genötigt hatte. So kommt man also gar nicht umhin, mit der Subjektivität auch für das sittliche Bewusstsein einen Grund in Ansatz zu bringen. Aber dieser Grund muss von der Art sein, dass er etwas wie Selbstbestimmung möglich werden lassen könnte. Solches kann nur dann angenommen werden, wenn die Voraussetzung eines Grundes nicht schon ausschließt, dass Spontaneität und Selbstbestimmung überhaupt als Folgen gedacht werden können. So muss also der Gedanke von einem Grund in einer Weise gefasst werden, von der im normalen Erkenntnisprozess kein Gebrauch gemacht werden kann. Wir können uns vorstellen, Apparate zu konstruieren, deren Aktionen von einem eingebauten Mechanismus verursacht oder durch einen Zufallsgenerator ausgelöst werden. Von der Produktion eines sich selbst bestimmenden Subjektes haben wir aber gar keinen Begriff, der sich in eine Erkenntnis umsetzen lässt – und ebenso wenig von einem Subjekt, dessen Selbstbestimmung in ihrem Vollzug von einem Grunde ermöglicht ist. Da wir endliche Subjekte aber auch nicht als Erzeugnisse ihrer selbst denken können, nimmt der Gedanke des Grundes, den wir auf sie anwenden müssen, zwangsläufig den Status an, einer revisionären Ontologie zuzugehören – es sei denn, man würde es als banale Wahrheit und eine selbstredend zu akzeptierende Prämisse ansehen, dass alles Wissen und mit ihm das Wissen von sich eine Tatsache ist, die in der Natur, welche die physikalische Wissenschaft beschreibt, ihre Erklärung findet, und zwar auch dann, wenn wir selbst diese Erklärung niemals zu geben vermöchten.

Wir stehen noch am Anfang der Überlegungen, die eine Skizze des Aufbaus des extrapolierenden Denkens ergeben sollen. So ist dies nicht der Ort, an dem die Frage nach der Bedeutung von Freiheit aufzunehmen ist. In der Folge soll aber gezeigt werden, warum man denen nicht zustimmen muss, die meinen, Freiheit nur als eine besondere Weise der Bedingtheit verstehen zu können, nämlich als die, in der das Ergebnis einer Überlegung, also wohlerwogene Gründe die Handlungsweise eines Menschen nach sich ziehen. Wenn aber Selbstbestimmung in einem stärkeren Sinn angenommen wird, dann sind, wie jetzt bereits abzusehen ist, die Grenzen der regulären Erklärungsart erreicht – obwohl heute viele meinen, den Konsequenzen, die sich daraus ergeben, um nahezu jedem Preis ausweichen zu müssen.

An diesen ersten Schritt in den Bereich des extrapolierenden Denkens ist nun ein zweiter Schritt anzuschließen. Der erste wurde vom Subjektbegriff her vollzogen. Das extrapolierende Denken wurde aber nicht nur als Schritt *zurück* hinter das Selbstbewusstsein motiviert. Ein anderes Motiv ergab sich daraus, dass für Subjekte in den Formen, in denen sich ihnen das Ganze einer Welt erschließt, kein Platz eingeräumt werden kann. Ebenso sehr, wie sich Subjekte einen Grund voraussetzen, müssen sie also den Gedanken von einem Ganzen, wie immer dunkel, vor Augen haben, in das Subjekte als solche einbegriffen sind. Dieser Überstieg vollzieht sich in der *Gegenrichtung* zur Richtung des Rückgangs zu dem Grund der Subjekte – nicht vom Subjektbegriff, sondern von der Weltform aus und über sie hinaus. Aber beide sind extrapolierende Denkbewegungen, die als Elemente in der Selbstverständigung des Subjektes zusammengehören. So müssen also auch die Gedanken vom Grund des Subjekts und von einem Ganzen, das Subjekte einschließt, zusammengeführt werden. Das extrapolierende Denken vollzieht sich damit, wie gesagt wurde, als synthetisierendes Denken.

Für jedes Subjekt gilt, dass es ein *Einzelnes* ist. Damit ist ein Ausdruck – und noch ganz im geläufigen Sinn wieder aufgenommen, dem im Folgenden, in völlig anderer Fassung, eine wichtige Rolle zuwachsen wird. Der im Subjekt vorausgesetzte Grund ist ein ihm interner Grund und mit dem Vollzug der Subjektivität durchgängig verbunden. Der Grund muss also insoweit selbst als vereinzelt gedacht werden, als er mit dem vereinzelten Subjekt in durchgängiger Beziehung steht. Wenn beide, Grund und Ganzes der Subjekte, zusammengeführt werden, ergibt sich die Aufgabe, die Weise, in der Subjekte Einzelne sind, und die Einheit, in der sie als Einzelne miteinander koexistieren, als einen einzigen Zusammenhang zu denken.

Als wir soeben den Grund, der dem Subjekt vorausgesetzt werden muss, näher zu bestimmen suchten, war bereits klar geworden, dass es notwendig ist, bei diesem Schritt über den Bereich des gegenständlich Ausweisbaren hinauszugehen und revisionäre Begriffsformen zu gebrauchen. Der zu diesem Schritt komplementäre Übergang zu einem Weltbegriff, der Subjekte einschließt, erfolgt gleichfalls an einer solchen Grenze. So wird auch der Begriff eines solchen Ganzen in einer revisionären Begriffsform zu konzipieren sein. Anders wäre es ja auch von vorn herein ausgeschlossen, diesen Begriff mit dem Grund im Subjekt zusammenzuführen.

Man kann sich klarmachen (und ich habe es früher mehrfach zu zeigen versucht), dass jenseits dieser Grenze die Unterscheidung zwischen der Form der Welt und ihren Gehalten, die doch für die ›natürliche‹ Welt eine Voraussetzung ist, nicht mehr in der gleichen Weise fortbestehen kann. Diese Differenz ist dadurch zu erklären, dass in der Verfassung dieser Welt ein Subjekt vorausgesetzt ist, *für* das eine Welt in der für eine solche Welt charakteristischen Form erschlossen ist. Die Differenz muss also entfallen, wenn diese Subjekte selbst als in ein Weltganzes einbegriffen gedacht werden. Das hat dann zur Folge, dass auch die Einzelnen zu dem Ganzen in einer anderen Beziehung gedacht werden müssen. Die Form wird nicht mehr eine andere Dimension gegenüber den Gehalten sein, die in ihr auftreten. Umgekehrt werden die Gehalte in dem, was sie jeweils als einzelne ausmacht, aus der Weltform als solcher zu verstehen sein. Form und Gehalt der Welt sind somit in einem Gang und als unabtrennbar voneinander zu denken. Derselbe Zusammenhang, der hier vom Subjektgedanken her entwickelt worden ist, wird ganz unmittelbar in einem der ältesten Grundgedanken der griechischen Philosophie zum Ausdruck gebracht. Er artikuliert das Erstaunliche und zunächst Befremdliche im Gedanken von einem Ganzen, das als unter keiner weiteren Bedingung stehend zu denken ist, in einer prägnanten Formulierung, die aber auch wie ein Zauberwort klingt: Die Welt muss als *All-Einheit* verstanden werden.

Damit ist ein zweiter Schritt vollzogen. Achten Sie nun bitte auf die Konstellation, die zwischen diesem Gedanken und dem anderen Gedanken entsteht, der im komplementären Übergang vom Subjekt zu seinem Grund zuvor schon erreicht worden war! In beiden Gedanken ist jeweils ein besonders enges Verhältnis zwischen zwei Elementen artikuliert, einerseits zwischen Subjekt und Grund, andererseits zwischen Weltform und Einzelnem. Beide Gedanken sind in Beziehung auf diese Elemente *Immanenz*gedanken – sie sind Gedanken davon, dass eine Differenz, die wir sonst überall voraussetzen, für diese beiden Verhältnisse nicht in der gleichen Weise angesetzt werden kann. Der Grund ist im Vollzug der Subjektivität durchgängig Ermöglichungsgrund; die Weltform macht gegenüber den Gehalten der Welt keine andere Dimension aus.

Beide Gedanken sind nicht Immanenzgedanken in genau der gleichen Weise. Die revisionär konzipierte Weltform zieht die Differenz zwischen Form und Einzelnem ganz ein; der Grund im Bewusstsein ist mit Form und Dynamik des Subjekts nur besonders eng verbunden. Doch ergibt sich aus den Bedingungen, unter denen der Rückgang und der Überstieg zu diesen beiden Gedanken vollzogen worden sind, unmittelbar die Aufgabe, sie zu einem einzigen Gedanken zusammenzuführen. Erst indem dies geschieht, ist der Gedanke von einem Ganzen erreicht, in dem Subjekte wirklich sind. Eine solche Integration setzt aber voraus, dass die Beziehung zwischen der Einheit des Ganzen, dem Subjekte zugehören, und der Einzelnheit, die jedem Subjekt doch notwendig zukommt, in der revisionären Begriffsform noch weiter hat erklärt werden können.

Ehe dem nachgegangen und so ein dritter Schritt vollzogen wird, sei auf eine Folgerung aufmerksam gemacht, die aus den beiden Immanenzgedanken für die Selbstverständigung von Subjekten zu gewinnen ist. Wir sind dabei, das voraussetzende und extrapolierende Denken so zu explizieren, als handele es sich bei ihm um irgendeine theoretische Untersuchungsart. Dabei ist doch längst deutlich geworden, dass dies Denken mit einem Lebensinteresse der Subjektivität verwoben ist. Würden die Subjekte nicht dazu genötigt sein zu erkunden, wie sie die Dynamik ihres Lebens in eine Grundverständigung über sich selbst einbringen können, dann würde das extrapolierende Denken, das sich über die Grenzen des Ausweisbaren hinwegsetzt, nur als ein Gedankenspiel zustande kommen. Auch ein solches Spiel setzt voraus, dass in ihm eine Möglichkeit von Vernunftgebrauch in Anspruch zu nehmen ist. In ihm würde aber weder nach einer Wahrheit gesucht noch eine Entscheidung über die Orientierung des Lebens der Personen anstehen, die Subjekte sind. Darum haben wir allen Anlass, während seiner Entfaltung den lebenspraktischen Ursprung des extrapolierenden Denkens nicht aus dem Blick zu verlieren.

Sie erinnern sich an die Untersuchungen der vorausgehenden Vorlesungen, die zeigten, wie die Frage, die wir als die ›*Sinnfrage*‹ kennen, in der Dynamik des bewussten Lebens, und zwar mehrfach, aufbricht. In dieser Verwendung bezieht sich die Rede von Sinn nicht auf das, was sprachliche Ausdrücke bedeuten, und auch nicht auf die Funktion von Elementen oder Einrichtungen für einen Zweck, den Menschen sich setzen oder den sie verfolgen. Im Menschenleben als ganzem kann Sinn gefunden oder vermisst werden. Nun können

Menschen durch Ziele, die sie sich setzen, ihrem Tun selbst einen Sinn geben. Auch kann, was sie sind und wirken, für das Leben anderer bedeutsam werden, woraus ihnen selbst wiederum ein Sinn zuwächst. Aber Menschen fragen darüber hinaus danach, ob ihr gesamtes Leben als solches in der Weise wichtig zu nehmen und als affirmiert anzusehen ist, in der sie es selbst wichtig nehmen müssen. Sie fragen also, ob ihrem Leben eine Bewandtnis eignet, die nicht aus dem hervorgeht und in dem erschöpft ist, was sie leisten und was sie sich selbst und anderen bedeuten – ein Sinn also, der sowohl ihrer eigenen Einschätzung und Erfahrung als auch dem, was faktisch von ihnen bewirkt wird, noch vorausgeht. Diese Frage greift über das bewusste Leben und alle in ihm allein begründeten Bezüge hinaus. Dabei wäre es möglich, dass einem größeren Ganzen, dem Subjekte zugehören, selbst bereits Sinn innewohnt – möglich aber auch, dass von diesem Ganzen her allein dem bewussten Leben ein solcher Sinn zuwächst. Solcher Sinn wäre, obwohl er nur ihm zu eigen ist, dann doch nicht aus dem bewussten Leben heraus gestiftet.

Schon bei der Untersuchung des sittlichen Bewusstseins ist deutlich geworden, dass den Subjekten ein solcher Sinn nicht allein kraft ihrer Stellung in einer Ordnung von Zwecken zuwachsen kann, in die sie eingefügt sind und die sie zu verwirklichen versuchen. Sinn müsste, so er denn zur Evidenz kommt, dem Vollzug der Subjektivität selbst innewohnen – immer schon und unabhängig von dem, was erreicht werden soll und erreicht wird.

In Anbetracht dessen zeigt sich nun aber auch sogleich, welche Bedeutung für die Lebensinteressen der Subjektivität eine Selbstverständigung haben kann, die es vermag, einen immanenten Begründungszusammenhang zu denken zwischen einem Ganzen, welches die Subjekte einbegreift, und diesen Subjekten selbst. Ein solcher Gedanke scheint dafür ganz unentbehrlich zu sein, dass dem Vollzug von Subjektivität rein für sich ein Sinn zugesprochen werden kann, der doch nicht aus ihm selbst hervorgeht. Denn ein solcher Sinn kann den Subjekten nicht extern durch irgendetwas oder irgendjemanden verliehen werden. Der Gedanke von einem Sinn des Lebens, der schwer zu konkretisieren und dennoch unabweisbar und wahrscheinlich omnipräsent ist, kann folglich Halt nur in einer Denkweise gewinnen, die sich von der Subjektivität her in einem Rückgang in sie und dem nachfolgenden Überstieg über sie aufbaut.

Wahrscheinlich muss man die Immanenz des Sinngrundes im Prozess der Subjektivität auch voraussetzen, wenn man verstehen will, wie es möglich ist, dass der Sinngrund des eigenen Lebens einem Subjekt in Momenten jäh aufkommender Einsicht deutlich zu werden vermag. Als in der zweiten Vorlesung von diesen Momenten die Rede war, haben wir zwar auch gesehen, dass sie für sich die Sinnaffirmation nicht in jeder Hinsicht sichern und auf Dauer stellen können. Das wäre auch unvereinbar damit, dass das extrapolierende Denken seine postulatorische Eigenschaft niemals abzulegen vermag, dass es also nicht in einer intuitiven und quasi theoretischen Gewissheit aufgehen kann. Will man aber solchen Momenten auch nur die Fähigkeit zuerkennen, in Prozessen der Verständigung bewahrheitet und stabil zu werden, dann ist die Bedingung dafür, dass man von der immanenten Gegenwart eines jeden affirmierenden Sinngrundes im bewussten Leben ausgehen darf. Und auch die Sicherheit, dass es sich so verhält, wird sich immer wieder in Momenten der Durchsicht durch das Leben und das eigene Leben bewähren müssen, auch wenn sie nicht mehr die überwältigende Kraft und Klarheit des ersten Aufgangs einer solchen Einsicht haben können. Daraus wird wiederum deutlich, wie eng der Entwurf eines Weltganzen, welcher der Bahn eines revisionären Denkens folgt, mit der Lebensdynamik der Subjektivität verbunden ist. Aus dieser Dynamik muss jegliches extrapolierende Denken nicht nur seine Motivation, sondern zuletzt und vor allem seine Beglaubigung gewinnen. Daran erkennt man aber auch, dass dies Denken, das nach der philosophischen Tradition ›spekulatives Denken‹ heißen kann, durchaus keine Angelegenheit einer lebensentrückten Spekulation ist. Jeder Mensch, der die mögliche Bedeutung einer Religion für sein Leben auch nur erwogen hat, kennt die Grundanlage seiner Bahn – auch dann, wenn er ein solches Denken weder ausbilden noch folgerichtig vollziehen kann und wenn er der Weise, in der es noch in den hochgesteigerten Symbolbildern der Religion wirksam ist, nicht vertraut.

3. All-Einheit und endliche Einzelnheit

Wir können nun zum dritten Schritt in diesem extrapolierenden Denken übergehen. Es ist der Frage nachzugehen, wie sich Einzelnes in seiner Selbständigkeit innerhalb eines Ganzen überhaupt denken lässt, dem gegenüber die Einzelnen und die einzelnen Subjekte nicht ursprünglich selbständig sind. Dass die Subjektivität durchgängig und in ihrem Prozess durch ihren Grund intern ermöglicht ist, darf doch nicht auf ein Dementi von deren Einzelnheit und Selbständigkeit hinauslaufen – es sei denn, man ist bereit, die Voraussetzung eines solchen Grundes auch schon auf die Folgerung festgelegt zu sehen, dass sich das, als was Subjekte sich selbst verstehen und was wir als für die Subjektivität charakteristisch ansahen, schließlich als leere Meinung und als Fiktion herausstellen muss, der nichts Wirkliches entspricht. Es kommt also vielmehr darauf an, *aus* dem Gedanken der Einheit, die All-Einheit ist, einen Gedanken von Einzelnheit zu gewinnen und so Einzelnheit als mit ihm kompatibel zu verstehen.

Darum haben wir nun ein kurzes Stück auf dem Weg der Überlegungen zu gehen, der von Heraklit und Parmenides bis zu Platon und dann wieder von Spinoza bis zu Hegel eine der Hauptstraßen der Philosophie gewesen ist.

Aus dem, was die vorausgehenden Vorlesungen ergaben, sind wir darauf verpflichtet, dabei ein Warnzeichen zu beachten: Wird das endliche Subjekt in seiner Einzelnheit aus einer ursprünglichen Einheit begriffen, die selbst nicht auch einzeln oder endlich sein kann, dann darf das nicht darauf hinauslaufen, dass es kraft dieser Affirmation seiner Einzelnheit auch aller seiner Hinfälligkeit enthoben wird. Es darf nicht zu einem Einzelnen verklärt werden, das auf einen Zustand hin tendiert, in dem es sich in die Unendlichkeit seines Einheitsgrundes verwandelt. Soll die Einzelnheit des Endlichen von diesem Einheitsgrund her so verstanden werden, dass ihm dabei auch ein Lebenssinn zuwächst, dann muss das unter Einschluss dieser seiner Hinfälligkeit geschehen. Dass dies Warnzeichen leicht aus den Augen verloren wird, zeigt die Geschichte der Gedanken über einen immanenten und dabei aller Differenz enthobenen Einheitsgrund auch am Beispiel ihrer prominentesten Vertreter.

Und doch lässt sich das Profil einer Lösung dieser Aufgaben vergleichsweise leicht aus der Logik des Ausgangsgedankens gewinnen. Im Gedanken von einem Ganzen, das der Einheit eines Weltganzen revisionär entgegengestellt wird, kann die Differenz zwischen der Einheit und den Einzelnen allerdings nicht mehr die einer ursprünglichen Korrelation sein. Einheit und Einzelnheit sollen nun nicht mehr so, wie es in der ›natürlichen‹ Welt geschieht, als Beziehungsglieder gedacht werden, die, obwohl voneinander nicht abzulösen, doch von je eigener Verfassung und Herkunft sind. Das Revisionäre in dem veränderten Begriff liegt eben gerade darin, dass nunmehr die Nichtdifferenz den Grundzug dessen ausmacht, wie beide zu denken sind.

Diese Nichtdifferenz muss im Sinne der Nicht-*Ursprünglichkeit* der Differenz verstanden werden, impliziert also nicht, dass die Differenz überhaupt entfallen ist. Schlechthin wegfallen darf die Differenz schon deshalb nicht, weil die revisionäre Begriffsbildung die Wirklichkeit von Subjekten und dessen, was ihnen in ihren Welten erschlossen ist, gar nicht bestreiten kann, da sie ja doch von ihnen durchaus ausgeht. Sie soll vielmehr anders und profunder über sie verständigen. Wird also in diesem Sinne nur die Ursprünglichkeit der Differenz aufgehoben, dann muss angenommen werden, dass die vielen Einzelnen insgesamt in der Einheit impliziert, also kraft ihrer zugleich gesetzt sind. Ebendas will die überkommene Formulierung besagen, der zufolge die ursprünglich-selbständige Einheit als *All*-Einheit verstanden werden muss.

Daraus *folgt* nun aber, dass man auch allen Einzelnen eine Grundverfassung zusprechen muss, durch die sie sich von dem gar nicht unterscheiden, was die Einheit in der All-Einheit als solche definiert. Denn sonst würde die Einheit sie nicht einschließen, womit sie selbst nur zusammenfassend, nicht allbefassend wäre. Dann fragt es sich aber sogleich, auf welche Weise die Einzelnen in die Einheit eingeschlossen und doch zugleich *selbständige* Einzelne bleiben können.

Steht man vor dieser Frage, dann wird man vielleicht zunächst die Antwort versuchen, das Einzelne sei insofern selbständig, als es sich in den Einheitsgrund von allem, dem es zugehört, zu verwandeln und aufzuheben vermag. Doch eine solche Antwort käme nicht nur einer Verunendlichung des Endlichen und zwar als deren negative Version, sehr nahe. Zudem wird sie bereits durch eine Präzisierung des Problems ausgeschlossen, das zur Auflösung ansteht. Gemäß dem Ansatz, aus dem der revisionäre Grundgedanke hervorgeht, muss man nämlich denken, dass die Einzelnen durch das, was sie mit der alle umfassenden Einheit gemeinsam haben, überhaupt zu den selbständigen Einzelnen *werden*, die sie sind.

Damit kommt aber ein Gedanke in Gang, welcher dem Antwortversuch, der zunächst nahezuliegen schien, geradewegs entgegengesetzt ist: Dem Einzelnen ist nicht die Tendenz zum Aufgehen in der Unendlichkeit des ursprünglich Einen zuzusprechen. Vielmehr ist den Einzelnen kraft der Nichtdifferenz zum ursprünglich Einen die Tendenz zu ebender *Selbstgenügsamkeit* eigen, die das All-Eine als solches kraft seiner differenzenthobenen Ursprünglichkeit auszeichnet. Die radikale Abhängigkeit des Einzelnen und seine ursprüngliche Selbständigkeit, welche aus der Nicht-Differenz zu dem allbefassenden Einen gefolgert werden kann, muss in der Extrapolation dieses Denkens als ein und derselbe Sachverhalt gedacht werden.

Da dies Denken seinen gesamten Impuls aus der Selbstverständigung des bewussten Lebens gewinnt, wird es eine solche Balance immer im Blick darauf formulieren, wie sie sich in der Selbstverständigung der Subjektivität auswirkt und bewährt. Wenn man von diesem Kriterium ausgeht, wird man zuerst darauf zu achten haben, wie das revisionäre Denken die ursprüngliche Einheit des Ganzen mit der Einzelnheit gerade der Subjekte verbinden kann. Denn im Selbstbewusstsein der Subjekte ist ja deren Einzelnheit zuallererst gelegen. Sie sind einzelne Subjekte, insofern jedes für sich besteht und sich aus sich vollzieht und ebenso insofern jedes von anderen Subjekten zu unterscheiden und damit ein endliches Einzelnes ist. Nur unter dieser Voraussetzung kann von dem im Prozess der Subjektivität gegenwärtigen Grund die Rede sein und auch von einer Zuordnung zwischen dem Subjekt und jener Einheit, die dem Grund und aller endlichen Einzelnheit wiederum vorausgeht – einer Zuordnung, die vom sittlichen Bewusstsein im Gange seiner Entfaltung schließlich selbst auch ausdrücklich vollzogen werden muss. Die Aufgabe geht also dahin, einen Übergang vom Gedanken einer Einheit, die alle Differenz übergreift und die darin selbstgenügsam ist, zu dem der endlichen, aber selbständigen Einzelnheit denken zu können.

Nach der Logik des revisionären Denkens lässt er sich schon aus wenigen Begriffselementen gewinnen. Dabei kann man Überlegungen aufnehmen, von denen Hegel gesagt hat, dass sie schlechthin grundlegend für sein eigenes Denken gewesen seien: Die ursprüngliche Einheit ist, wie gesagt, zwar nicht in Differenz zu denken; sie ist aber auch nicht schlechthin differenzenthoben. Als All-Einheit schließt sie die Differenz in sich selbst ein. Diese Einheit, weil sie eben nicht gegenüber irgendwelchem Anderen different ist, muss als *das* Eine, das also einzig ist, gedacht werden. Weiter ist sie, weil durch nichts eingeschränkt, als unendlich zu denken. Damit ist dann klar, dass die in ihr eingeschlossenen Differenten als endliche gedacht werden müssen. Nun sind sie aber doch Einschlüsse, nicht Korrelate des unendlich All-Einen. Insofern müssen sie auch als Endliche mit ihm als Ganzem noch dasjenige gemeinsam haben, was als Grundeigenschaft des All-Einen selber anzusehen ist.

Diese Eigenschaft muss nicht in weit ausgreifenden Überlegungen gesucht werden. Denn sie ist bereits in der Beschreibung des Ganzen als des All-Einen impliziert, weshalb man nicht allererst auf die Suche nach ihr gehen muss: Das All-Eine ist jenes selbstgenügsame Eine, das sich selbst ursprünglich in Alles *differenziert* hat oder das kraft seines Wesens ursprünglich in Alles differenziert *ist.* Diese Selbstdifferenzierung ist die Eigenschaft, die an die Stelle der ursprünglichen Differenz zwischen der Einheit und den Vielen getreten ist. Die Korrelation zwischen der Einheit als Form und der Vielheit der Inhalte ist für das normale Bild von einer Welt charakteristisch. In ihm sind auch die Vielen in deren Formeinheit aufeinander bezogen, dabei aber als viele immer bereits vorausgesetzt. Dagegen ist das All-Eine durch Selbstdifferenzierung bestimmt. Die Vielen sind in ihm als dem All-Einen eingeschlossen und daher mit ihm von der grundsätzlich gleichen Verfassung. Daraus folgt ganz unmittelbar, dass den im All-Einen eingeschlossenen Vielen *gleichfalls* die Eigenschaft der Selbstdifferenzierung zugesprochen werden muss.

Nun ist aber die Eigenschaft der Selbstdifferenzierung, die das Viele kraft seiner Inklusion in das All-Eine und in Übereinstimmung mit ihm besitzt, mit einer anderen Eigenschaft zusammenzudenken. Jedes der in das Eine eingeschlossenen Vielen unterscheidet sich von der Unendlichkeit des Ganzen dadurch, dass es ein endliches Einzelnes ist. Unter der Bedingung seiner Endlichkeit muss die Selbstdifferenzierung eine andere Form annehmen. Denn in der Selbstdifferenzierung des Endlichen muss zugleich die Differenz gegen die anderen endlichen Einzelnen gewahrt und gesichert werden. Das endliche Eine darf sich dadurch, dass es Differenzen aus sich selbst heraus entfaltet, nicht auflösen oder unter dem Einfluss der Selbstdifferenzierung der anderen verlieren. Seine Selbstdifferenzierung muss darum so beschaffen sein, dass es vermittels ihrer anderes von sich ausgeschlossen hält und dass es in einem damit sich selbst in seiner Beziehung zu sich kontinuiert. In der Selbstdifferenzierung gleicht es dem All-Einen selbst, das nur in der Entfaltung der Differenz des Vielen in der für es charakteristischen Einheit Bestand hat. Aber in seiner gefährdeten Selbstbehauptung kommt seine Endlichkeit zum Ausdruck, die ihrerseits im Gedanken des All-Einen als Eigenschaft aller der Vielen immer mitgedacht werden muss.

Damit ist nun begrifflich bestimmt, was die Einzelnheit eines Endlichen ausmacht. Die Selbsterhaltung ist Selbstunterscheidung von Anderen *vermittels* von Prozessen der inneren Differenzierung. In und kraft dieser Differenzierung entfaltet sich das Einzelne, und es behauptet sich zugleich nicht nur *in* der ihm eigenen Komplexität, sondern ebenso *durch* sie. Diese formale Erklärung kann – je nach der Beschaffenheit von Bereichen endlicher Einzelner – auf ganz verschiedene Weise erfüllt sein – als Organismus, als Subjektivität oder als emergentes System – wenn denn, wie Hegel meinte, auch Kollektive unter der Begriffsform von Einzelnheit beschrieben werden dürfen.

Eine solche Auskunft ist offensichtlich grundverschieden von der semantisch-epistemologischen Erklärung dessen, was ein Einzelnes ausmacht. Diese letztere ist durch die Zuschreibung der Identität eines Objektes definiert, das über seine Stelle, die es in Raum und Zeit einnimmt, und über die Bahn, die es in Raum und Zeit durchläuft, als dasselbe angesprochen werden kann. Der Begriff des Einzelnen, der unter der Voraussetzung revisionären Denkens entwickelt wird, will dagegen das Einzelne von ihm selbst her charakterisieren, nicht über die Weise, wie auf es Bezug genommen wird. Man kann diese Zugangsart im Vergleich mit der semantischen als die formalontologische bezeichnen. Sie wirft besondere Probleme auf. So sind nicht alle Einzeldinge nach der semantischen Erklärung auch Einzelne, die Selbstdifferenzierung aufweisen. Maschinen und andere Artefakte sind nicht solche Einzeldinge, sondern allenfalls Komplexe aus Elementen von solchen. Auch kann man fragen, ob Atome und Moleküle, insofern sie sich nicht selbst differenzieren und dann keine Einzeldinge sind, in ihrer Beziehung aufeinander als Bedingungen der Möglichkeit endlicher Einzeldinge formalontologisch zu fassen wären. In Anbetracht der subjekttheoretischen Ausgangsbedingungen und Interessen des gesamten Überlegungsganges können wir hier allen solchen Fragen ausweichen.

Denn alle Schritte zur Bestimmung von Einzelnheit in diesem formalontologischen Sinne stehen unter dem Vorzeichen oder in der Klammer der Erkundung des Gedankens von einem Ganzen, das sich in seiner Grundverfassung unterscheidet vom Ganzen der erschlossenen Welt und für das zweierlei gilt: Es soll von Subjekten als Horizont der Selbstverständigung akzeptiert werden können, in der sie über sich selbst und ihren Grund noch hinausdenken. Und dieser Gedanke soll zudem die Möglichkeit dazu eröffnen, der Subjektivität und ihrer Dynamik einen Sinn zuzuschreiben, der nicht allein dadurch entstehen kann, dass er von Subjekten erfahren oder erworben wird, der ihnen aber dennoch immanent ist, ihnen also nicht durch einen Verleihungsakt zuwächst. So muss man alles, was über Einheit und Einzelnheit gesagt wurde, verstehen als motiviert und in Gang gesetzt von der Aufgabe der Verständigung der Subjektivität über sich selbst. Zudem ist dies nur der formalontologische Nukleus und als solcher auch nur das Minimum eines Zusammenhanges von Gedanken, über den die Subjektivität den Gedanken von ihrem eigenen Grund weiter zu bestimmen vermag und dabei zu dem Gedanken von einem Ganzen gelangt, das aber nicht auf Korrelationen begründet ist. Die Konturen des Zusammenhangs mit dem, was in den vorausgehenden Vorlesungen über Subjektivität als eine im Wissen von sich begründete Dynamik entwickelt wurde, treten aber auch so schon deutlich genug hervor. In der Folge wird dann zuzusehen sein, wie sich auch Folgerungen aus der Verständigung über Freiheit in sie einfügen lassen.

Die Gedanken, die aus dieser Motivation entwickelt werden, waren als extrapolativ bezeichnet worden. Diese Benennung ist, nach dem genannten, noch durch einen weiteren Grund veranlasst: Obwohl sie in Rückgang und Überstieg über die Subjektivität hinausgreifen, können sie dazu keine anderen Ressourcen nutzen als die, die der Subjektivität bereits zur Verfügung stehen. Sie greifen also zwar über die Grenzen von allem hinaus, was zur Gegebenheit kommen oder in der Analyse der Begriffsform aufgewiesen werden kann, die sich in alltäglichem Gebrauch befindet. Sie können dabei aber keine separaten, keine ganz neuen Erkenntnisquellen erschließen. So müssen sie von geläufigen begrifflichen Mitteln ausgehen, müssen ihnen dann aber eine abweichende Bedeutung geben – in Entsprechung zu den durch das extrapolierende Denken gesetzten veränderten Bedingungen ihres Gebrauchs. Auf ebendiese Weise hat sich der revidierte Begriff der Einzelnheit ergeben.

Es sollte noch einmal hervorgehoben werden, dass diese Art zu denken keine Kreation von Philosophen ist. Sie ist den Menschen nicht fremd, sondern aus dem Untergrund ihrer Erfahrungen mit der Dunkelheit in ihrem Weltverstehen vertraut. Die Philosophie stabilisiert nur in einer begrifflichen Form, was im bewussten Leben als Impuls und Tendenz bereits wirksam und erfahren ist. So macht sich auch in der Geschichte der Kultur überall die Tendenz geltend, das, was Lebensbedeutung hat, nicht durch das erschöpft zu sehen, was aus Alltagsgeschäften und Alltagswissen vertraut ist. Und überall geht eine Vormeinung dahin, dass das Geläufige von einer Dimension umgriffen wird, die nicht in der gleichen Weise wie das alltäglich Vertraute erschlossen ist. Wenn diese Dimension nicht im Unbestimmten und Unbegreifbaren gelassen werden soll, dann muss man sie sich in einer anderen als der eingewohnten Denkart artikulieren lassen. In den Religionen ist irgendeine alternative Denkart überall am Werke. Auch in ihnen ist sie insoweit gegen Willkür geschützt, als sie sich mit einer kohärenten Verstehensart von Ursprung, Verwandlung und Ziel des menschlichen Lebens verbinden muss. Der Philosophie eigentümlich ist nur die methodische Kontrolle der Begriffsform und der Schritte zu ihrer Entwicklung. Wo diese Kontrolle fehlt, kann sich das Wissen davon, dass sich jenseits der Grenze des alltäglichen Verstehens auch die Verstehensart verwandeln muss, erneut mit Bildern und Vorstellungen verbinden, über die Elemente der alltäglichen Verstehensart wieder in eine Dimension hineinprojiziert werden, die in Gedanken nur auf ganz andere Weise zu erschließen ist.

Auch die Philosophen haben zumeist eine Dimension jenseits des Alltäglichen anerkannt. Diejenigen, die sie nicht unberührt dahingestellt sein ließen, mussten bei ihrer Erschließung auch eine methodische Kontrolle geltend machen, durch die sich die Philosophie von der kodifizierten Religion immer unterscheiden wird. Dass diese Kontrolle sich aber innerhalb eines extrapolierenden Denkens vollzieht, galt dabei nicht immer für ausgemacht. Es lag näher, eine eigene Wissenschaft des Unbedingten anzustreben. Man konnte sie nach einer schon etablierten oder nach einer exklusiven Methode zu entwickeln suchen. Jede solche Wissenschaft muss sich aber der Forderung unterordnen, schlüssige Wahrheitserweise zu führen. Erst als deutlich geworden war, dass und warum diese Forderung jenseits der Grenzen der Subjektivität nicht zu erfüllen ist, ließ sich einleuchtend machen, dass das Denken, das die normalen Bedingungen von Erkenntnis übersteigt, gar nicht als Erkenntnis zu verstehen ist. So ließ sich das Programm eines voraussetzenden und postulierenden Denkens formulieren. Es kann keine Beweise führen, ist aber dennoch zur Begründung seines Weges und zur methodischen Ordnung seiner Schritte fähig.

Im Anschluss daran lässt sich noch ein anderer Zug hervorheben, der für die Versuche zur denkenden Erschließung des Ursprünglichen immer schon charakteristisch gewesen ist: Diese Versuche können nicht dieselbe durchgängige Bestimmtheit erreichen wie die Aufklärung von Wissen, das unter normalen Bedingungen erworben wird. Die Begriffsform des extraplorierenden Denkens kann nicht weiter gelangen als zu einem Entwurf oder einer Skizze. Diese Skizzen sind aber auch nicht, wie in der Architektur, Zwischenstadien und Mittel zur Ausführung einer kompletten Konstruktionszeichnung, um die es eigentlich geht. Sie sind selbst das Ziel, das sich durch nichts übertreffen lässt. Prägnanz und Konsistenz können dem Entwurf aber dennoch eignen, auch wenn man sich nicht einmal vorstellen kann, wie er im Detail noch weiter ausgeführt sein könnte. Man kann dies auch auf noch ganz andere Weise zum Ausdruck bringen – indem man sagt, vom Grund der Subjektivität und dem Ganzen, das dem bewussten

Leben Sinn verleiht, können wir nur eine *Idee* haben, nicht einmal den Grundriss zu einer Wissenschaft. Rousseau und Kant, die wirkungsmächtigsten der Begründer eines postulatorischen Denkens im Dienste der Selbstverständigung, unterschieden dies Denken auf solche Weise bereits von einem metaphysischen System.

Mit diesen Erinnerungen im Hintergrund haben wir nun noch einmal auf die Begriffsform selbst zurückzukommen, in der allbefassende Einheit und Einzelnheit einander zugeordnet worden sind. Diese Begriffsform ist bisher in zweierlei Absicht vorgestellt worden: Sie ist Beispiel eines extrapolierenden Denkens, das zugleich revisionär angelegt ist, und sie schließt die Möglichkeit ein, eine Sinnvermittlung für die Dynamik der Subjektivität zu denken, die ihr aus ihr selbst heraus zuwächst und die doch nicht ihren Ursprung in ihr hat. Um das zu erreichen, musste ein Begriff von Einzelnheit aus dem revisionären Begriff einer alles einschließenden Einheit gewonnen werden.

Dieser Begriff ist zwar bereits zu dem in ein Verhältnis gebracht worden, was Subjekte als solche auszeichnet. Aber der Gedanke von einem Grund, der alle Subjektivität ermöglicht, ist noch nicht stringent mit der Begriffsform von Einheit und Einzelnheit zusammengebracht worden. Diese Aufgabe führt in den Übergangsbereich zwischen der revisionären Begriffsform, in der Gedanken von der Welt neu konzipiert werden, und dem, was sich zuvor in der Analyse des Selbstbewusstseins von Subjekten ergeben hat. Es ist zu erwarten, dass die Erkundung einer solchen Vermittlungsstelle in Schwierigkeiten hineinzieht. Die meisten von ihnen dürfen aber in dem, was folgt, beiseitegelassen werden.

Die Verfassung von Subjekt und Person lässt sich in Entsprechung zu der formalen Verfassung interpretieren, die dem revisionären Begriff der Einzelnheit zugeordnet worden ist: Sie differenzieren sich kontinuierlich und halten ihre Bestimmungen zugleich in der Einheit ihrer Selbstbeziehung zusammen – die Subjektivität in der Durchgängigkeit der Einheit des Selbstbewusstseins innerhalb seiner auf alles Gegebene ausgreifenden Weltbildung, die Person in der Bildung von Identitäten und einer Identitätsbalance. Beides sind Prozesse der Differenzierung bei gleichzeitiger Einheitsbildung, die sich als die Selbsterhaltung von Einzelnen beschreiben lassen. Man kann also Subjekte und Personen als Einzelne denken, deren Verfassung aus der ursprünglichen Einheit zur endlichen Selbständigkeit freigekommen ist.

Diese Zuordnung berücksichtigt aber noch nicht den dem Prozess der Subjektivität vorauszusetzenden Grund. Es ist gezeigt worden, dass die Aufgabe, diesen Grund bestimmter zu denken, selbst schon in den Bereich eines revisionären Denkens hineinzieht. An dieser Vermittlungsstelle ergeben sich aber Optionen, zu denen auch solche gehören, die sich dem extrapolierenden Denken alsbald wieder zu entziehen suchen.

Zunächst hat man zwischen zwei Möglichkeiten zu wählen: (1) Man kann den Grund in den Einheitsgrund von allem überhaupt setzen. Das würde bedeuten, dass das Subjekt, solange es besteht, von diesem Einheitsgrund kontinuierlich in seine Einzelnheit und Selbständigkeit eingesetzt werden muss. (2) Man kann aber auch nicht das Subjekt für sich, sondern seinen Grund oder es zusammen mit seinem Grund als das Einzelne ansehen, dem die Selbständigkeit des Einzelnen eignet.

Mit der zweiten Option ist der Ausgang von einem endlichen Einzelnen verbunden, das bereits selbständig ist und das sich im bewussten Leben realisiert – wie immer es als solches mit seinem all-einen Ursprung weiterhin auf andere Weise in Verbindung steht. Unter dieser Voraussetzung kommt das extrapolierende Denken in die Situation, zwischen noch zwei weiteren Varianten zu wählen, mit denen dies Einzelne näher zu bestimmen ist.

Man kann nämlich (A) nun den Grund auch mit dem belebten Körper identifizieren wollen, dessen Funktionen die Dynamik der Subjektivität auf irgendeine Art kontinuierlich aus sich hervorgehen lassen. Wir haben früher gesehen, dass sich das Subjekt in einem Leib ausdrücken muss, um sich als Subjekt zu anderen Subjekten verhalten zu können. Geht man von diesem Gedanken aus, dann liegt es nunmehr nahe, (B) dem belebten Körper und der Dynamik des Subjektes einen ihnen gemeinsamen Grund zuzuordnen. Dieser Grund ist dann so zu denken, dass aus ihm die Dynamik der Subjektivität direkt hervorgeht, aber so, dass sie mit der Ausbildung des Leibes koordiniert vor sich geht. Die philosophische Tradition hat an dieser Stelle zunächst den Gedanken von einer Seele eingesetzt. Sie ist auch die Stelle des Gedankens von einem Subjekt, das nicht in seinem Selbstbewusstsein aufgeht.

In der ersten Variante, die das Einzelne als Körper versteht, ergibt sich nunmehr wieder eine unmittelbare Verbindung zum szientifischen Naturalismus und damit zu dessen jüngster Variante in der Gestalt der neurologischen Erklärung alles Subjektiven. In diesem Naturalismus wird dann selbstredend nicht zum Gebrauch revisionärer Begriffsformen weitergegangen. Der Grund in allem Bewusstsein wird sogleich in die zur Physik transformierte Gegenstandswelt zurückversetzt und als die Zusammenschaltung der Aktivitäten von Neuronenverbänden des Gehirns identifiziert. Dies Zusammenspiel selbst müsste sich, grundsätzlich und letztlich, in der Sprache der subatomaren Physik beschreiben lassen. Dass aber die Frage nach der Weise, wie dies Zusammenspiel als Grund des Subjektiven fungiert, gerade dann an die Grenze aller gegenständlicher Erkenntnismöglichkeiten führt, müsste von einem solchen Naturalismus nach dieser seiner Genealogie nunmehr selbst zugestanden werden. Seine Vertreter ziehen es zwar fast immer vor, ihr Erklärungsdefizit als transitorisch anzusehen und dem Stand der Forschung anzulasten, die eben erst in

Gang gekommen sei. Doch Forschritt der wissenschaftlichen Erkenntnis beseitigt wohl Unwissenheit, lässt aber zugleich das ganze Ausmaß unserer Unwissenheit im Großen und Prinzipiellen überhaupt erst deutlich hervortreten.

Mit der anderen Variante ist die Bereitschaft verbunden, für alles Subjektive einen Grund anzusetzen, der sich weder als Teil der natürlichen noch der wissenschaftlichen Weltform überhaupt entschlüsseln lässt. Man kann ihn dann nur als Voraussetzung oder auch als ›Idee‹ im extrapolierenden Denken fassen. Bedenkt man die Verlegenheiten, in die schon alle Modelle als solche führen, nach denen das Verhältnis von Gehirn und Bewusstsein verstanden werden soll, verdient diese Konzeption, die auch die Kantische gewesen ist, mehr Kredit, als ihr heute noch gern zugestanden wird. Übernimmt man sie mit allen ihren Konsequenzen, dann führt sie alsbald zu der These weiter, dass das revisionäre Denken synthetisch angelegt sein muss, dass also der Gedanke vom Grund im Bewusstsein nur im Zusammenhang mit einer revisionären Konzeption eines Ganzen konzipiert werden kann. Zwar kann diese Konzeption auch die Hoffnung zu begünstigen scheinen, mit dem gänzlich veränderten Ansatz einer möglichen Physik der Zukunft könne man immer noch einer wissenschaftlichen Erklärung der Beziehung von Gehirn und Bewusstsein näherkommen. Aber die Konzeption selbst zielt nicht auf eine Neuorganisation der wissenschaftlichen Erkenntnis. Sie ist eine rationale Extrapolation, deren die Subjektivität bedarf, um zu einer stabilen Selbstverständigung zu gelangen, die aber auch in dem Denken in Beziehung auf Ideen verwurzelt ist, das mit der Subjektivität selbst immer schon und notwendig auf seinen Gang gekommen ist.

Die Debatte über Varianten des Naturalismus, über Wege, die zu ihm führen können, und über die Alternativen zu ihm füllt längst Bibliotheken. Hier sollte nur noch deutlich gemacht werden, dass auch der szientifische Naturalismus nicht unsensibel für die Impulse sein muss, die in das extrapolierende Denken hineinziehen. Das Spektrum der Varianten einer möglichen Zuordnung von Grund und Ganzem zeigt weiterhin, dass der bloße Übergang in die Domäne revisionärer Gedanken über ein Ganzes, das die Subjektivität einbegreift, nicht in jedem Fall auch eine Selbstinterpretation stützen muss, für die ein Lebenssinn als von diesem Ganzen her begründet erscheint. Dass eine revisionäre Konzeption unterstellt wird, ist dafür zwar eine notwendige, aber noch keine hinreichende Bedingung. Der Ansatz zu einer revisionären Konzeption kann auch in die Nähe des Naturalismus zurückgeführt werden. Wenn zuvor zu betonen war, dass es keine demonstrierte Entscheidung darüber geben kann, welche Lebensdeutung als verlässlich zu gelten hat, so ist nun darüber hinaus deutlich geworden, dass auch mit dem Eintritt in ein revisionäres Denken eine solche Entscheidung noch nicht gefallen ist.

Das ist deshalb von Bedeutung, weil alles dafür spricht, dass ohnedies jeder, der vor Grenzproblemen des bewussten Lebens steht, in ein solches Denken hineingezogen wird. Die Bereitschaft, das eigene Leben in einem anderen Denken als dem, das sich vom alltäglichen Weltverstehen und von wissenschaftlichen Theorien gelöst hat, auf seinen Grund und auf ein Ganzes hin zu übersteigen, immunisiert also für sich allein noch nicht gegen jede Form des Naturalismus – und somit auch nicht dagegen, dass sich die Erfahrung des Sinnverlustes schließlich doch durchsetzt. Spinozas Denken und seine Nachgeschichte sind dafür der beste historische Beleg. Doch jeder, der sich einer solchen Sinnquelle im eigenen Lebensvollzug sicher geworden ist, wird sich dann, wenn er sich über sie Rechenschaft zu geben versucht, in solchem Denken bewegen, ob er es weiß und will oder nicht. Und er wird es auch in eine Richtung und zu einem Ausgriff lenken, mit dem die Möglichkeit einer Umwendung dieses Denkens zurück in die Bahnen der naturalistischen Selbstauslegung aufgehoben ist.

Alle diese Überlegungen haben ihren Ort im Vorfeld von Überlegungen zum Freiheitsproblem. Was in dieser fünften Vorlesung bisher ausgeführt wurde, zieht zwar Schlussfolgerungen aus allen vorausgehenden Analysen der Subjektivität, geht aber auch darauf aus, das Problem der Freiheit, das dessen mehr als jedes andere Problem bedarf, in einen möglichst weit ausgreifenden Rahmen einzufügen. Indem das Freiheitsproblem in diesem Zusammenhang durchdacht wird, soll sich eine Perspektive ergeben, die dann auch die Irritationen verständlich werden lässt, die von diesem Problem wie von kaum einem anderen ausgehen. Niemand, der mit ihm vertraut ist, wird meinen, man könne es auflösen oder abschaffen, indem man auf irgendeine unleugbare Tatsache verweist. Wohl gibt es einige Weisen von Freiheit, die selbst als Tatsachen gelten können. Zu ihnen gehören die Fähigkeit zum Urteilen und die zu einer Vorzugswahl aufgrund von ungezwungener Überlegung. Wo aber Freiheit zu einem philosophischen Problem geworden ist, da galt mit dem Verweis auf solche Tatsachen noch niemals etwas für entschieden.

Freiheit in dem Sinn, in dem sie die Philosophie als ganze in Anspruch nimmt, ist vielmehr ebenso wenig unter Beweis zu stellen wie die Beschaffenheit eines Ganzen, in dem Subjekte wirklich werden und aus dem sie ein sinnvolles Leben führen. Auch die Freiheit gehört dem Grenzbereich an zwischen dem, wovon verlässliches Wissen aus Selbsterkenntnis möglich ist, und dem anderen, was nur im extrapolierenden Denken erschlossen werden kann – also dem Grenzbereich zwischen dem, dessen wir uns bewusst sind, und dem, was wir als Grund dieses Bewusstseins voraussetzen. Das Bewusstsein von einer Freiheit, die sich von einer unübersehbaren Tatsache unterscheidet, ist aber ebenso wie die Fähigkeit zum Zweifel an der Realität ebendieser Freiheit allen Menschen eigen. Auch daran kann man sehen, warum sich das wirkliche Leben der Menschen in ständiger Beziehung auf jenen Bereich vollziehen muss, den das spekulative Denken gemäß seiner revisionären Verfahrensart zu erschließen versucht. Davon weiß das bewusste Leben selbst, auch wenn es dies Wissen nicht explizieren und nicht gegen dominante Zeittendenzen verteidigen kann. Dem entspricht, dass alle Weltreligionen diese Beziehung in der einen oder anderen Weise aufnehmen und über sie, mit anderen Religionen, aber ebenso innerhalb ihrer selbst, in Kontroversen über die Freiheit des Menschen geraten sind.

4. Selbstbewusstsein der Freiheit?

Mit dem Übergang zum Problemtitel ›Freiheit‹ muss nun beim Einsatz und Aufbau des Gedankenganges eine grundlegende Wendung vollzogen werden. Noch ist nicht mehr als der erste Ansatz zu einer Formalontologie entwickelt worden, in der die Gedanken von Einheit und Einzelnheit nach den Vorgaben des extrapolierenden Denkens zusammengeführt werden. Aber wie weit auch dies Einheitsprinzip auf demselben Wege weiter entwickelt werden mag – es wird nicht dahin führen, dass sich Selbstbewusstsein und Freiheit im Gange dieser Entfaltung als deren bloßes Resultat erreichen lassen.

Die Rechtfertigung des extrapolierenden Denkens ergab sich ja selbst aus der Untersuchung der Subjektivität; und so blieb es auch durchgängig an die Voraussetzung der Wirklichkeit von Selbstbewusstsein gebunden. Noch weniger kann ein Gedanke von der Freiheit der Subjekte aus einer formalontologischen Reflexion als Resultat hervorgehen. Zwar wird im extrapolierenden Denken den Subjekten letztendlich ein Ort in einem Ganzen erschlossen – aber immer unter der Voraussetzung, dass der Ausgangspunkt dieses Denkens in die Verfassung und die Notwendigkeit der Selbstverständigung der Subjekte gesetzt bleibt.

Auch in Beziehung auf das sittliche Bewusstsein war zu zeigen, dass es nur im Ausgang von ihm selbst verständlich wird und so in der Subjektivität einen Kontext gewinnt. Es ist aus nichts anderem, auch nicht aus dem Selbstbewusstsein als solchem, herzuleiten, obwohl doch in ihm ein Grundzug dessen bewusst wird, was Subjekte ausmacht. Die Verständigung über Freiheit muss sich unter vergleichbaren, aber noch komplexeren Bedingungen und also unter noch größeren Schwierigkeiten vollziehen.

Freiheit kann allerdings, anders als Selbstbewusstsein, auch als ein formalontologischer Begriff verstanden werden. Sie lässt sich als eine Kapazität von irgendwelchem Wirklichen denken, ohne dass man dabei schon Selbstbewusstsein vorauszusetzen hat, und zwar als die Fähigkeit, Wirkungen zu initiieren, ohne durch vom Initiationsakt unterschiedene Ursachen zu diesem Bewirken wiederum genötigt zu sein. Aber ein solcher Begriff von Freiheit mutet fremd an, weil in ihm nichts von dem enthalten ist, was für das Bewusstsein von Freiheit charakteristisch ist. Dieser Begriff scheint nur im Gange des Aufbaus eines vollständigen Inventars ontologischer Begriffe gebildet zu sein – so lange jedenfalls, wie er nicht dazu dient, einer Weise von Selbstbewusstsein im Handeln ein ontologisches Korrelat zuzuordnen. Es sind aber Personen, welche von sich wissen, die sich selbst als frei verstehen, womit sie dahin gelangen können, sich selbst jene ontologische Eigenschaft zuzuschreiben. Nur deshalb, weil sie in ihrem Denken vom Bewusstsein ihrer Freiheit ausgehen, können sie diese Zuschreibung für sich auch in Anspruch nehmen.

Von der ontologischen Eigenschaft der Freiheit, die sich Personen selbst zusprechen, gilt aber in noch einem ganz anderen Sinn, dass sie nicht von einem externen Standpunkt aus eingesehen und zugeschrieben werden kann. Man kann selbst niemals ein sicheres Wissen davon haben, dass man frei gehandelt hat. Denn das würde voraussetzen, dass alle verdeckten

Ursachen ausgeschlossen worden sind, die, dem Bewusstsein solcher Freiheit entgegen, eine bestimmte Weise des Bewirkens in Wahrheit doch verursacht haben. Aber auch unabhängig davon, dass dies unmöglich ist, und darüber hinaus lässt sich einsehen, dass man sich gar keine Vorstellung davon machen kann, was es heißen könnte, man *beobachte* einen Akt der Freiheit als ein Ereignis, das sich – anderen Ereignissen vergleichbar – in einer Welt vollzieht oder das in ihr von irgendeinem eingeleitet wird. Man kann Symptome freien Handelns erkennen, nicht aber Freiheit im Vollzug. Darum ist Freiheit, wenn sie denn wirklich ist, etwas Wirkliches, von dem gilt, dass es überhaupt nur ›von innen‹ gewusst werden kann – gewusst im Bewusstsein dessen, der Grund hat, sich selbst als frei zu verstehen, und in der Situation, in der für ihn dieser Grund evident ist.

Insoweit sind Selbstbewusstsein und Freiheit noch nicht voneinander unterschieden. Aber die Evidenz, aus der heraus Freiheit zugeschrieben wird, kann auch nicht bedeuten, dass Freiheit in ihrem Vollzug mit dem Bewusstsein von Freiheit parallel geht oder zusammenfällt. Von einem Vollzug aus Freiheit ist dem, der sich dieser Freiheit bewusst ist, immer auch etwas entzogen. Darin ist das Bewusstsein der Freiheit dem sittlichen Bewusstsein mehr als dem Selbstbewusstsein als solchem verwandt. Freiheit und sittliches Bewusstsein sind aber mit dem Subjekt insofern verbunden, als das Subjekt über sein Selbstbewusstsein hinausdenken muss, ohne dabei zu etwas anderem als zu konstitutiven Zügen seines Selbstseins zu gelangen. Auch daran lässt sich die Folgerung anschließen, dass es von solchem Wirklichen grundsätzlich kein Wissen geben kann, dem seine Wirklichkeit kraft eines Nachweises einsichtig geworden ist.

Diese doppelte Resistenz des Gedankens der Freiheit gegen eine Beherrschung im Rahmen einer Theorie kann dem Verdacht Nahrung geben, der Rede von Freiheit könne, insofern sie ontologische Implikationen hat, gar nichts Wirkliches entsprechen. Das, wovon ein Wirklichkeitsbeweis nicht einmal *denkbar* ist, sei auch kein Gehalt einer möglichen Überzeugung und gerate damit in die Nähe eines inkonsistenten Gedankens. Auf der anderen Seite kann denen, die aus solchen Gründen an der Wirklichkeit der Freiheit zweifeln, entgegengehalten werden, dass man für etwas einen Existenzbeweis nach irgendeiner Beweisart gar nicht verlangen darf, wenn die Anwendung dieser Beweisart selber schon die Nichtexistenz der in Zweifel stehenden Sache voraussetzt. Ein Beweis der Wirklichkeit der Freiheit setze aber, per impossibile, voraus, dass eine Unendlichkeit von möglichen Bedingungen ausgeschlossen wird. Gleichwohl wird der, der an der Wirklichkeit von solcherart Freiheit festhält, ins Nachdenken darüber gezogen, wie unser Gedanke von einem Ganzen des Wirklichen konzipiert werden kann und muss, in den sich ein solches Wirkliches überhaupt eingliedern lassen möchte.

Damit wird auf noch andere Weise klar, warum dann, wenn Freiheit in den Zusammenhang einer extrapolierenden Ontologie eingebracht werden soll, der Ausgang dafür doch immer in dem Selbstbewusstsein dessen genommen werden muss, der sich selbst Freiheit zuschreibt. Nur über die Umstände, aus denen die Selbstzuschreibung von Freiheit in den Subjekten selbst hervorgeht, lässt sich der Gedanke von Freiheit genauer bestimmen. Aus ihnen allein können sich auch die Gründe dafür ergeben, an dieser Selbstbeschreibung festzuhalten, obwohl sie in so viele problematische Folgegedanken hineinführt. Und nur über diesen Weg kann sich schließlich auch ein Zusammenhang mit dem ergeben, was zuvor über das extraplorierende Denken eines Ganzen zu sagen war, in das die Subjekte einbezogen werden können.

So haben wir also vorerst alle Gedanken beiseitezulassen und zurückzustellen, mittels deren das Verhältnis von Einheit und Einzelnheit über das erreichte Minimum hinaus weiter entwickelt werden könnte. Er würde uns ohnedies nicht zu einer Definition von Freiheit verhelfen können, sondern es nur erlauben, eine zuvor gewonnene Definition in den Rahmen extrapolierenden Denkens einzufügen.

Stattdessen müssen wir uns ganz darauf konzentrieren, uns in die Bedingungen hineinzuarbeiten, unter denen Menschen als Subjekte sich selbst Freiheit zuschreiben. Dabei wird insbesondere darauf zu achten sein, ob in dieser Zuschreibung ein Sinn von Freiheit ins Spiel kommt, der gegen Versuche der Trivialisierung widerständig bleibt, und unter welchen Bedingungen die Zuschreibung erfolgt. Diese Bedingungen werden letztendlich auch darüber entscheiden, ob es notwendig und auf welche Weise es möglich ist, diesen Gedanken der Freiheit in den Rahmen eines extrapolierenden Denkens eintreten zu lassen.

5. Freiheitszuschreibung und Konsequenzprinzip

›Freiheit‹ ist, anders als der formalontologische Begriff, ein Wort mit einer großen Zahl verschiedener Bedeutungen. Seine Grundbedeutung ist ›Zustand oder Tätigkeit ohne Behinderung oder Einschränkung‹. Die Anwendung von ›Freiheit‹ in dieser Bedeutung reicht vom freien Fall der Körper bis zur Unabhängigkeit eines Staates von Fremdherrschaft. Auch in der Anwendung auf den einzelnen Menschen bedeutet das Wort vielerlei – von der Befreiung aus dem Sklavenstand bis zu jener Freiheit, die in der Realisierung aller seiner Kräfte und Möglichkeiten hervorgeht, und weiter bis zur Freiheit von aller Lebensnot im Stand der Seligen. Wir werden uns hier ganz auf den Gebrauch von ›Freiheit‹ konzentrieren, der sich auf bewusste Leistungen der Subjektivität bezieht, zu denen ihr Erwägen, Wollen und Handeln gehört. Dies ist auch der Bereich, in dem die Zuschreibung von Freiheit zu einem der philosophischen Probleme geworden ist, die über Jahrtausende in nahezu unveränderter Gestalt und mit im Prinzip immer den gleichen Argumenten debattiert wurden.

Für alle Situationen und Fähigkeiten in diesem Bereich gilt, dass ihnen Freiheit in einem doppelten Sinn zuzuschreiben ist: Zum einen darf man nicht auf einen Vollzug festgelegt sein, zu dem es überhaupt keine Alternativen gibt. Zum anderen darf die Beziehung zu den Alternativen, aus der heraus eine Entscheidung zwischen ihnen getroffen wird, nicht durch äußeren oder inneren Zwang bestimmt sein. Im freien Fall hat man keine Alternative zum beschleunigten Sturz. Wer, wenn ihm eine Zigarette angeboten wird, unter Suchtzwang nach ihr greift, ist zwar in einer Situation, die eine solche Alternative offenlässt. Er kann auch beurteilen, welche Handlung in seinem Interesse läge, hat aber zu der Alternative keine für sein wirkliches Wählen und Handeln relevante Beziehung.

Nun ist es grundsätzlich immer möglich, in Beziehung auf alle Handlungssituationen mit offenen Alternativen – auch dann, wenn der, der zwischen ihnen entscheidet, unter keiner Art von einsehbarem Zwang steht – die Vermutung zu hegen, dass seine Option dennoch vorab festgelegt ist – zwar nicht offenkundig, aber doch bei eingehender Untersuchung. Diese Vermutung wird von einem grundlegenden Prinzip der Naturerklärung gestützt, dessen Geltung wir auch im Alltag ständig unterstellen, so dass es in dem Anschein steht, gänzlich unausweichlich zu sein. Dies Prinzip wird in den Debatten über Freiheit auch das *Konsequenzprinzip* genannt. Es besagt, dass das Eintreten aller Ereignisse durch vorausgehende Ereignisse festgelegt ist. Alle jeweils vorausgehenden Ereignisse stehen dann ihrerseits unter ebensolchen Bedingungen. Da nun diese Bedingungskette über das Dasein eines jeden endlichen, der Entscheidung fähigen Wesens hinweg zurückreicht, müssen auch alle seine Entscheidungen als vorab festgelegt und somit als außerhalb seiner Macht stehend angesehen werden.

Wer nicht zwanghaft oder gezwungen und wer überlegt nach eigener Einsicht handelt, kann zwar insofern frei genannt werden. Er ist aber nicht deshalb frei, weil er in dem nach Gesetzen geregelten Ablauf der Ereignisse eine Veränderung bewirkt. Freiheit ist dann nichts anderes als ein Ausdruck zur Beschreibung einer besonderen Art, in der sich die allgemeine Bedingtheit aller Ereignisse in einigen Fällen vollzieht – nämlich im Durchgang durch einen Prozess der Überlegung und Entscheidung hindurch und durch die Bemühung, deren Ergebnis wirklich werden zu lassen.

Nimmt man dies Prinzip, das genannte Konsequenzprinzip, als universal gültige Voraussetzung an, dann lässt sich Freiheit nur noch aufgrund von Kriterien zuschreiben, die auch und gerade dann erfüllt sind, wenn eine (kausal oder probabilistisch) vorbestimmte Handlung ausgeführt wird. Zu diesen Kriterien könnte gehören, dass der Handelnde in seinem Überlegen davon ausging, eine Alternative zu haben, und dass er sich also nicht gleichzeitig mit seinem Überlegen das Konsequenzprinzip etwa so lebhaft vergegenwärtigte, dass er dadurch im Überlegen und im Mobilisieren seiner Kräfte behindert wird. Zu ihnen gehört aber nicht, dass statt der wirklich vollzogenen Handlung in genau derselben Situation eine andere Handlung hätte ausgeführt werden können. Das Konsequenzprinzip schließt ein, dass der Handelnde vielleicht die Befähigung hat, eine andere Handlung zu vollziehen, nicht aber in genau derselben Situation. Im Alltag und vom Handelnden selbst wird wohl unterstellt, dass Handelnde bei völliger Gleichheit der Situation imstande gewesen wären, dem Handeln wirklich eine andere Richtung zu geben. Nahezu ebenso geläufig ist aber auch die Praxis, nach erfolgter Handlung darüber nachzudenken, was einen Akteur zu seinem Verhalten disponiert und bewogen hat. Diese letztere Praxis scheint mit der Annahme, dass der Ausgang unabwendbar war und dass jeglicher Ausgang gleichermaßen festgelegt war, ohne weiteres zu harmonieren. So sind mit dem Bewusstsein von Freiheit schon im Alltag Folgerungen verbunden, die sich als philosophisches Dilemma formulieren lassen. Denn zusammen mit dem Konsequenzprinzip steht das alte Problem in Frage, wie denn ein gehaltreicher Freiheitsbegriff mit der rationalen Voraussetzung der Determiniertheit eines Weltlaufes zu vereinbaren ist, der sich nach irgendwelchen unverbrüchlichen Gesetzen vollzieht.

Von dieser Problemlage her fällt ein Licht auf die Situation, in der sich jede Diskussion des Freiheitsproblems zu entfalten hat. Dem Konsequenzprinzip eignet eine hohe Plausibilität. Geht man von ihm aus, dann sind auch schon enge Grenzen für die Zulässigkeit eines Freiheitsbegriffes festgeschrieben. Man muss sich dann bemühen, so viele Phänomene wie möglich innerhalb dieser Grenzen berücksichtigen zu können; und an klugen Versuchen dazu fehlt es in der ausgedehnten Literatur nicht. Wer meint, in dieser Begrenzung lasse sich ein Freiheitssinn einleuchtend formulieren, der wird auch meinen, aller weiteren philosophischen Probleme ledig zu sein, die vom Freiheitsbewusstsein ausgehen. Wer aber einzusehen meint, dass ein derart eingegrenzter Freiheitsbegriff mit dem Selbstverständnis der Personen in signifikanten Handlungssituationen nicht vereinbar ist, der ist zu sehr weitgehenden Folgerungen genötigt: Entweder muss er den Freiheitssinn, der in diesen Situationen angenommen ist, für obsolet, womöglich für inkonsistent erklären, dann aber auch, zumindest für seinen eigenen Fall, das Selbstverständnis von Personen revidieren. Oder er muss diese Situationen in eine Gesamtinterpretation einbetten, die auch zu dem gesamten Kontext, innerhalb dessen das Konsequenzprinzip seinen Platz hat, noch eine Alternative erschließt. So versteht es sich, dass die Philosophen in der Zwangslage stehen, entweder ihr Freiheitsverständnis dem Konsequenzprinzip anpassen zu können und in der Folge eine Revision des Selbstverständnisses von Menschen anstreben zu müssen oder eine Position zu beziehen, die sie in der Folge weit von der Alltagswelt und auch von der gegenwärtigen Ausformulierung des wissenschaftlichen Weltbildes abführen wird. Da scheint zunächst eine Position anziehend zu werden, die nicht nur die Möglichkeit ausschließt, etwas in Beziehung auf Freiheit zu wissen, sondern auch die Möglichkeit, über sie irgendwelche gut artikulierte Gedanken zu haben, obwohl man ihre Realität annehmen muss. Aber auch diese Position setzt ja voraus, dass der unausdenkbaren Freiheit in den uns erschlossenen Welten kein Platz eingeräumt werden kann. Als Alternative zu ihrem Agnostizismus bleibt nur das extrapolierende und postulierende Denken, das Thema des ersten Teils dieser Vorlesung gewesen ist, und der Versuch zu seiner Rechtfertigung.

Zu einer umfassenden Darlegung der Problemlage gehört es ebenso festzuhalten, dass die universale Gültigkeit des Konsequenzprinzips gleichfalls nicht unter Beweis zu stellen ist – ebenso wenig wie die Wirklichkeit der Freiheit, wenngleich aus anderen Gründen. Ohne das Konsequenzprinzip würde die alltägliche Lebensführung zum Vabanquespiel, und wissenschaftliche Ursachenforschung wäre unmöglich. Daraus ergibt sich eine starke Plausibilisierung, aber kein Beweis einer Gültigkeit unter allen Bedingungen und in allen Dimensionen. Wäre ein solcher Beweis möglich, dann würde Freiheit in jedem Sinn, der mit dem Prinzip nicht kompatibel ist, aufgegeben werden müssen. Die Einbettung des Konsequenzprinzips in einen Kontext, der ihm seine Plausibilität zuwachsen lässt, schließt es aber aus, dass es aufgrund eines Gegenbeweises grundsätzlich verworfen oder als ungültig für bestimmte Situationen erklärt werden muss. Das hat dann zur Folge, dass das Prinzip immer wieder aufs Neue gegen einen Freiheitsbegriff wird geltend gemacht werden können, der mit ihm nicht vereinbar ist. Will man nun dem Verdacht, der von diesem Prinzip unmittelbar ausgeht, nicht nur ad hoc ausweichen, dann bedarf jeder Freiheitsbegriff, der *nicht* mit dem Konsequenzprinzip kompatibel ist, gleichfalls einer Kontextbildung. Sie muss so beschaffen sein, dass sie den Kontext, dem das Konsequenzprinzip zugehört, eingrenzen kann. Auf solche Weise öffnet sich dann jenseits des Bereichs, in dem seine Geltung nicht in Frage steht, eine Dimension für Gedanken über Freiheit, die aber das Konsequenzprinzip nicht einfach nur ignorieren.

Daraus, dass die universale Geltung des Konsequenzprinzips nicht zu *widerlegen* ist, ergibt sich die für uns wichtige Folgerung, dass dieser alternative Kontext seinerseits nicht unter Beweis gestellt werden kann. Würde ein solcher Beweis doch der universalen Geltung des Konsequenzprinzips entgegenstehen. So wird man auch auf diesem Wege zu der Erkenntnis geführt, dass das Freiheitsproblem, wenn es sich denn nicht in Zusammenstimmung mit dem Konsequenzprinzip völlig erledigen sollte, die Einbettung in ein Denken, das als extrapolierend zu verstehen ist, und die Rechtfertigung eines solchen Denkens verlangt.

Ehedem bedurfte es der ganzen Ausdehnung und Anstrengung der Kantischen Philosophie, um zum ersten Mal ein Muster für die Lösung dieser Aufgabe zu entwerfen. An ihm kann man sich noch immer orientieren. Die bisherigen Überlegungen sollten in jedem Fall dies deutlich gemacht haben, dass in einem weniger weit ausgespannten Horizont das Bewusstsein der Freiheit und die Gedanken, die sich von ihm herausbilden, von vornherein nicht vollständig aufgenommen und aufgeklärt werden können.

Mit dem Widerspiel zwischen Konsequenzprinzip und Freiheitsbewusstsein ist ein Grundproblem bezeichnet, auf das sich jede Erörterung des Freiheitsproblems einlassen muss. In der Folge wird es darum gehen, einen Ansatz zu seiner Lösung zu erkunden. Sie hat im Rahmen dessen, was zuvor entwickelt worden ist, eine dreifache Aufgabe: Es soll ein Sinn von Freiheit bestimmt werden, der nicht von vornherein der universalen Geltung des Konsequenzprinzips angepasst ist. Er muss so gefasst sein, dass er sich in den Zusammenhang einfügen lässt, der zwischen der Subjektivität und dem Grundmuster einer Fundamentalontologie aufgewiesen wurde, welche an den Gedanken von einem Grund der Subjektivität angeschlossen worden ist. Und er muss, wie jeder Freiheitsbegriff, in die Analyse dessen eingebracht werden, wie Menschen in Situationen über ihr Handeln entscheiden und, mehr noch, wie sie Einstellungen in Beziehung auf ihr künftiges Handeln ausbilden.

Auf dem Weg zu einem solchen Lösungsvorschlag kann eines der Resultate der Erörterung des Konsequenzprinzips aufgenommen werden: Dies Prinzip kann nicht dadurch widerlegt werden, dass man auf eine Art von Freiheitsgebrauch als unleugbare Tatsache verweist, es kann aber in seinem universalen Geltungsanspruch auch nicht unter Beweis gestellt werden. Wo immer ein Freiheitssinn in irgendeiner Art von Handeln in Anspruch genommen wird oder auch genommen werden muss, da ist es möglich, an dem Gedanken festzuhalten, dass die Weise, in der es über diesen Freiheitsgebrauch zu einer Entscheidung kommt, jenseits dessen, wessen sich der Handelnde bewusst ist, doch in der Kette von Ursache und Wirkung oder von Systemzustand zu Systemzustand ohne Alternative bestimmend ist. Diese Kette ist nur durch das Überlegen des Menschen und den Spielraum der Freiheit, den er dabei beanspruchen muss, hindurch festgelegt. Dabei ist zugestanden, dass sich diese Determination dem unmittelbaren Bewusstsein entzieht, und dies vielleicht auch mit Notwendigkeit. Wer die Möglichkeit, so zu denken, als solche bestreiten will, der müsste auch jenen positiven Beweis der Wirklichkeit von Freiheit anstreben, der im Vorausgehenden ausgeschlossen worden ist.

Aus alldem folgt, dass auch wir nicht daran denken können,

einen Freiheitssinn zu rechtfertigen, der das Konsequenzprinzip durch eine Widerlegung zu Fall bringt. Im besten Falle kann gezeigt werden, dass das Prinzip gegen einen Freiheitssinn einzig noch als abstrakte Möglichkeit aufgeboten werden kann. Wer also auch dann an seiner Geltung festhält, muss es um der Konsistenz und Vollständigkeit der Welterklärung willen tun. Er kann sich aber nicht auf Befunde stützen, die aus der Analyse der Handlungssituationen und des Bewusstseins der Handelnden in ihnen selbst hervorgehen, in denen ein Freiheitssinn, der dem Konsequenzprinzip entzogen ist, angeblich in Anspruch genommen werden muss. Wenn das Konsequenzprinzip auf eine Denkmöglichkeit reduziert ist, die niemals ausgeschlossen werden kann, dann können Gründe für die Annahme der Wirklichkeit einer Freiheit, der nur die formale Möglichkeit, das Prinzip zu behaupten, entgegensteht, eine ganz andere Kraft entfalten. Sie können aus den Umständen, in denen ein solcher Freiheitssinn in Anspruch genommen wird, hervorgehen – damit aus dem bewussten Leben, das unter solchen Bedingungen für die Selbstbehauptung in dem, was für es unverzichtbar ist, nicht mehr den Preis des Opfers seiner intellektuellen Aufrichtigkeit entrichten muss.

Aus derselben Überlegung geht aber auch hervor, dass, wer das Konsequenzprinzip gegen Freiheitsansprüche, die ihm scheinbar entgegenstehen, starkmachen will, nicht darauf beschränkt ist, allgemeine Gründe dafür geltend zu machen, dass man das Prinzip keinen Einschränkungen unterwerfen darf. Er kann auch seinerseits auf die Situationen eingehen, in denen Menschen Freiheit für sich in Anspruch nehmen, um zu zeigen, dass diese Situationen so beschrieben werden müssen, dass sich daraus bereits Gründe dafür ergeben, an dem Konsequenzprinzip festzuhalten und also nur einen Freiheitssinn zu beanspruchen, der mit ihm vereinbar ist. Und er kann diese Strategie bis zu dem Punkt verfolgen, an dem die Berufung auf das Konsequenzprinzip als Grundprinzip aller Erklärung von

Wirklichem nur noch als eine ergänzende und verstärkende Argumentation aufgeboten werden muss.

Diese Art der Argumentation gegen Freiheitsansprüche hat für den, der einen mit dem Prinzip inkompatiblen Freiheitssinn zu verteidigen sucht, besonderes Gewicht. Denn die Gründe, die für das Konsequenzprinzip sprechen, kann er ohnedies nicht entkräften, und er muss ihnen mit ebenfalls sehr allgemeinen Gründen entgegentreten. Wenn aber die Plausibilität des Prinzips bereits aus der Analyse der Handlungssituationen heraus behauptet werden kann, dann lässt sich kein Freiheitssinn mehr verteidigen, der mit der Anerkennung des Prinzips unvereinbar ist. Ein solcher Freiheitssinn lässt sich also nur im Zusammenhang mit der Erklärung einer Handlungsart gewinnen und verteidigen, die nicht in dieser Weise selbst schon eine Erklärung unter Voraussetzung des Konsequenzprinzips nahelegt.

Damit ist eine Dialektik zwischen Argumentationen in Beziehung auf die Grundfrage der Verständigung über Freiheit etabliert. Man kann sie aufnehmen und sich zunutze machen, wenn man einen Freiheitssinn zu bestimmen sucht, der eine Aussicht darauf hat, gegen den allgemeinen Anspruch, welcher mit dem Konsequenzprinzip verbunden ist, behauptet werden zu können. Dieser Freiheitssinn müsste sich auf ein Freiheitsbewusstsein gründen, von dem sich *nicht* durch eine Analyse der Situationen, in denen dies Bewusstsein aufkommt, selbst schon zeigen lässt, dass er nur als dem Konsequenzprinzip unterworfen verstanden werden kann. Die dialektische Natur dieser Begründungsaufgabe tritt unmittelbar auch dadurch hervor, dass man zur guten Begründung eines Freiheitssinnes nur dann gelangen kann, wenn man vorab die Erklärung des Handelns nach dem Konsequenzprinzip so stark wie möglich gemacht hat.

6. Anlass für die Freiheitszuschreibung?

So werden wir also im Stil einer Quaestio exploranda der Aufgabe nachgehen, einen solchen Freiheitssinn zu erkunden. Das hat in zwei Stufen zu geschehen. Deren erste dient dazu, diesem Freiheitssinn über ein Ausschlussverfahren einen Ort zu bestimmen und diesen Begriff selbst zu gewinnen. Nur dieser Teil der Begründung wird hier des Näheren ausgeführt werden. Die zweite Stufe, die nur noch skizziert wird, hat ihn selbst und seinen Anwendungsbereich im Einzelnen zu entfalten. Dabei sind dann auch die Handlungssituationen, die zunächst in einer Art von dialektisch-typologischer Betrachtung durchgegangen worden sind, um diesen Freiheitssinn erreichen zu können, noch einmal zu betrachten. Nachdem wir den gesuchten Freiheitssinn gewonnen haben, werden sie sich in einer größeren Komplexion darstellen.

So wird im Folgenden zunächst eine Reihe von Situationen betrachtet, in denen Personen auf verschiedene Weise Freiheit zugeschrieben werden kann. Neben dem Sinn von Freiheit in der jeweiligen Zuschreibung wird dabei vor allem darauf zu achten sein, ob aus der Weise, in der diese Zuschreibung geschieht, selbst Gründe für die Geltung des Konsequenzprinzips herzuleiten sind. Wo der Mensch selbst in der Situation, in der er sich eine Freiheit zuschreibt, darauf aufmerksam werden kann, dass und wodurch sein Handeln letztlich bewirkt worden ist, da hat das Konsequenzprinzip auch in seinem eigenen Leben die höhere Plausibilität. Wo ihm aber sein Freiheitsbewusstsein durch eine solche Reflexion auf die eigene Situation, in der er sich als handelnder Mensch befindet, nicht in Zweifel gezogen wird, da wird auch die allgemeine Plausibilität des Konsequenzprinzips für ihn nicht das entscheidende Gewicht für seine Selbsteinschätzung gewinnen. Würde die Annahme des Prinzips doch, anders als im ersten Fall, zu einer Grundrevision seiner eigenen Verständigung über sein Selbstsein führen müssen. Sein Freiheitsbewusstsein kann später im Ausgang von dieser Evidenz noch weiter gestärkt und gesichert werden, wenn es in den größeren Kontext einer Grundverständigung über das bewusste Leben insgesamt integriert werden kann. Sie ist das Thema des letzten Teils dieser Vorlesung.

In dem nun folgenden Durchgang durch einige der Situationen, in denen Freiheit in Anspruch genommen wird, werden Sie wieder keine Argumentationen erwarten können, die sich auf alle Details einlassen. Über eine jede der Problemdimensionen in Hinsicht auf Freiheit, die sich dabei eröffnen, könnte eine längere Abhandlung geschrieben werden. Aber auch im schnellen Gang durch diese Stationen kann man zu einer Bestimmung des Zusammenhangs gelangen, in dem, und zwar in Beziehung auf Subjektivität, ein anderer als ein minimaler Sinn von Freiheit gewonnen und auch verteidigt werden kann. Dabei wird sich wie von selbst auch ergeben, wie Freiheit, die so leicht die Assoziationen von Uneingeschränktheit heraufruft, mit der Endlichkeit des bewussten Lebens zusammengeht und selbst durch Endlichkeit charakterisiert ist.

Schließlich sei noch eine Unterscheidung hervorgehoben, die in allen diesen Analysen ein großes Gewicht haben wird. Dem Menschen stehen in seinem Handeln, und insbesondere dann, wenn er in ihm Entscheidungen zu treffen hat, die Alternativen, über die zu entscheiden ist, genügend klar vor Augen. Viel weniger klar ist ihm, welche Fernziele er bei seiner Entscheidung verfolgt. Diese Ziele sind ihrerseits mit den Motiven verwoben, die ihm solche Ziele in den Blick bringen und die ihn vor Alternativen zu der einen oder anderen Entscheidung bestimmen. Was ihn wirklich in seiner Wahl bestimmt, kann ihm nur dunkel vorschweben und mag seinem Bewusstsein auch ganz entzogen sein. Dennoch geht in alle Entscheidungen, direkt oder indirekt, auch ein Abwägen von Motiven ein. Von welcher Art und von welchem Gewicht es ist, wird für die Klärung des jeweiligen Sinnes von Freiheit Bedeutung haben.

a) Schon in den Bereichen, in denen sich Wissen und Erkenntnis ausbilden, gibt es Anlässe dafür, eine Zuschreibung von Freiheit zu erwägen. Das gilt noch nicht für die elementaren Aktivitäten im Aufbau einer Weltbeziehung. Das Subjekt, das im Wissen von sich steht, ist notwendig mit dem Vollzug solcher Aktivitäten verbunden. Es erhält sich als dasselbe über die Abfolge aller seiner Phasen des Wahrnehmens, des Meinens und des Einsehens. In ihnen allen versteht es sich als einer Welt zugeordnet, die es aktiv erkundet. Von deren Konstanz, Ordnung und Offenheit würde es ohne die Identifizierungsleistungen von Weltgehalten nichts wissen können, die mit seiner eigenen Identität verkoppelt sind. Im Zustand der Wachheit (auch des Traumes) gehen alle diese seine Aktivitäten unbehindert vor sich, ohne dass sie eines Anlasses oder Aufwandes bedürfen. Sie werden also wohl *spontan* und ohne das Bewusstsein irgendeiner Außensteuerung vollzogen. Für die Zuschreibung von Freiheit fehlen ihnen aber zwei Eigenschaften: Sie sind keiner Alternative ausgesetzt; und das Subjekt vollzieht sie ohne alles Erwägen und Überlegen. Seine Aktivitäten sind durchaus regelgeleitet. Aber diese Regeln werden, wie grammatische Regeln, nicht ausdrücklich zur Kenntnis genommen und nicht überlegt befolgt und auch nur unüberlegt verletzt.

Anders verhält es sich im Falle der Regeln des schlussfolgernden Denkens. Das Schlussfolgern unterscheidet sich von der Konstanzbildung von Objekten dadurch, dass es nicht nur spontan erfolgt, sondern auch überlegt erfolgen kann. Es steht dann explizit unter der Frage, ob es folgerichtig vollzogen worden ist oder nicht. Wird es so vollzogen und nach der jeweiligen Antwort auf diese Frage nach der korrekten Vollzugsart auch ausgerichtet, dann kann man dem Subjekt, das die Rationalität seiner Folgerungen erwägt, also eine Freiheit zuschreiben – nämlich die, Fehlurteilen auszuweichen sowie richtige und wahre Urteile aus eigener Bemühung gewinnen und begründen zu können.

Dieser Freiheit fehlen nun aber einige Eigenschaften, die einen wichtigen Grund für die Zuschreibung von Freiheit in Handlungssituationen ausmachen: Es gibt überhaupt kein Motiv dafür, zu falschen Schlussfolgerungen zu gelangen. Man kann beim Folgern Fehler machen, und das kann gravierende Folgen haben. Man kann sich deswegen Vorhaltungen machen und sich anstrengen, solche Fehler zu vermeiden. So kann man die Verhaltensarten, die zu solchen Fehlern führen, unter Kontrolle zu bringen suchen. Es macht aber keinen Sinn, den Gründen entgegenzuwirken, derentwegen man ein Motiv dazu hat, falsche Schlussfolgerungen zu ziehen. Die grundlegende Orientierung auf den richtigen Regelgebrauch spielt sich beim Schlussfolgern also gleichsam automatisch ein.

Darum gibt es auch keinen zwingenden Grund, das eigene Tun im Fall des Schlussfolgerns, das spontan auf den korrekten Regelgebrauch ausgeht, als unvereinbar mit der Determination aller Ereignisse in der Welt anzusehen. Ich bin mir zwar keiner solchen Determination bewusst. Sie müsste, wenn sie besteht, jenseits meines Bewusstseins zur Wirkung kommen. Ich muss aber einer solchen Annahme, sofern sie von guten Gründen gestützt ist, auch nicht entgegentreten, um mir Freiheit im Schlussfolgern weiterhin zuschreiben zu können. Meine Schlussfehler kann ich wie Unfälle ansehen, so wie sie mir auch in täglichen Verrichtungen immer zustoßen können. Allerdings kann ich mich darum bemühen, ihnen vorzubeugen. Diese Bemühung ist aber eine Ausrichtung von innerem Handeln, die von dem spontanen Schlussfolgern noch unterschieden werden muss. Obwohl in meiner Rationalität verwurzelt, ist sie doch eine Handlungstendenz, der es etwa darum geht, Ablenkungen fernzuhalten, die eigene Aufmerksamkeit zu disziplinieren und die Fähigkeit zum präzisen Schlussfolgern weiter zu entwickeln. So geht also das Freiheitsbewusstsein, das mit dieser Tendenz verbunden sein kann, nicht mehr ausschließlich aus dem Gebrauch der Aktivitäten des Wissenserwerbs hervor.

Nun ist das Schlussfolgern nur eine der vielen intelligenten Aktivitäten im Erwerb von Wissen. Unter den anderen sind verschiedene Arten der Analyse, die Erklärung und die Bildung von Theorien. Hier darf davon ausgegangen werden, dass das, was sich hinsichtlich von Freiheit im Falle des Schlussfolgerns ergab, für sie alle auf ähnliche Weise gilt. Im weiten Bereich der Generierung von Wissen gibt es also wohl Freiheitsbewusstsein, aber keinen zwingenden Grund, das Subjekt in einer dieser Aktivitäten der allgemeinen Determination alles Geschehens zu entziehen.

Das philosophische Freiheitsproblem konzentriert sich damit auf das *Handeln* der Person, in dem weiten Sinn, in den auch ein inneres Sichbemühen eingeschlossen ist – und damit auf den Bereich dessen, was die Person als ›gut‹ erkennt, anerkennt und zu verwirklichen sucht. In diesem Bereich sind zunächst drei Fragen voneinander zu unterscheiden. Sie sind immer, und zwar im Zusammenhang miteinander, gestellt, wenn erwogen wird, was gut für eine Person ist: Welche Ziele will ich erreichen?, wie kann ich sie erreichen?, wie viel bedeuten sie mir und wie viel will ich deshalb in der Bemühung um sie einsetzen?

Die Antwort auf jede der drei Fragen verlangt Überlegung im Lichte von Alternativen, und sei es nur der, ob man ein Ziel verfolgen oder von ihm ablassen soll beziehungsweise ob man ein Mittel gebrauchen soll oder nicht. Das ist die Voraussetzung dafür, dass man in Beziehung auf sie alle von Freiheit sprechen kann.

Damit ist nicht gesagt, dass jegliches Handeln von Personen eine solche überlegte Antwort voraussetzt. So werden, um ein

Beispiel aufzunehmen, Handlungsziele fast immer ohne ausdrückliche Überlegung verfolgt. Dass es möglich und angemessen gewesen wäre, sie abwägend zu bedenken, reicht aber für die Zuschreibung einer Freiheit im Bereich ihrer Wahl aus. Denn man kann von dem, worauf man schon aus ist, zurücktreten und zusehen, ob es besser wäre, einen anderen Weg einzuschlagen. Man kann sich auch dieser Überlegung wissend entziehen oder zu viel Zeit vergehen lassen, bis man sich auf sie einlässt.

b) Wir haben also nun zunächst die Möglichkeit einer Wahl zwischen Zielen, nach denen sich bemisst, wie in einer Situation zu handeln ist, ganz im Allgemeinen zu betrachten. Dabei wird sich herausstellen, dass aus diesem Bereich vernünftigen Handelns, den man wohl am ehesten für eine Domäne der Freiheit halten wird, noch kein Grund dafür hervorgeht, der den Gedanken erzwingt, ihn als dem Konsequenzprinzip und also der allgemeinen (kausalen oder probabilistischen) Determination aller Ereignisse entzogen zu denken, obwohl man dies vielleicht von ihm am ehesten erwarten möchte.
Die Fähigkeit zur Abwägung von Handlungszielen ist einer der großen Vorzüge der rationalen Lebensführung. Ohne diese Fähigkeit würden langfristige Ziele, die nicht ständig von gegenwärtig erfahrenen Impulsen gestützt sind, überhaupt nicht verfolgt werden können. Die Fähigkeit zu solcher Abwägung schließt die Fähigkeit zur Distanz gegenüber den jeweils gerade jetzt wirkenden Handlungsimpulsen ein. Darin ist schon eine Freiheit, nämlich die von einer absoluten Vorherrschaft dieser Impulse, gelegen. Unter deren Herrschaft wären selbst dann, wenn verlässlich wirkende Instinkte vorauszusetzen wären, der Lebensumkreis und die Chancen der Selbsterhaltung eingeschränkt. Die Wahl zwischen Zielen, die aus solcher Distanz heraus geschieht, öffnet das Leben für weit ausgreifende Pläne und auch dafür, zwischen solchen Zielen eine Prä-

ferenzordnung zu bilden. Aus dieser Distanz kann die Person erwägen, welchen von ihnen unter welchen Umständen zuerst nachzugehen sein wird. Sie kann sich sogar zu sich selbst in eine solche Distanz bringen. Dann kann sie versuchen, eigene Eigenschaften zu verändern – dann nämlich, wenn sie sie daran hindern, Ziele zu erreichen, die ihr besonders wichtig sind. Sie kann diese Veränderung ihrer selbst auch zu einem eigenen Handlungsziel machen – nicht nur, wenn sie heftig wünscht, in irgendeiner Hinsicht ein Anderer zu sein, sondern auch, wenn sie fähiger zu einer klugen Zielwahl und tüchtiger für deren Verwirklichung werden will.

Man kann meinen, dass die Distanz zu den primären Handlungsimpulsen in die souveräne Freiheit der Beurteilung und dann der Wahl möglicher Ziele versetzt. Der Selbstzuschreibung von souveräner Verfügungsfreiheit in der Vorzugswahl von Zielen wirkt aber alsbald die Nachfrage nach dem entgegen, was uns denn dazu *bringt*, gewisse weiträumige Ziele für unser Handeln ins Auge zu fassen. Man kann darauf antworten, dass wir zu erwägen haben, was wirklich ›gut‹ für uns ist, und dass wir die Antwort auf diese Frage von dem unterscheiden, was wir ohne Überlegung wünschen und anstreben. Wird aber an dieser Stelle die Rede von dem, was gut ist, nicht auf grundlegende Weise differenziert, dann kann unter dem, was gut für uns ist, nur das verstanden werden, was sich danach bemisst, welchen Gefallen wir an der Vorstellung des Zustandes finden, in den wir gelangen, wenn wir erreichen, was wir anstreben – oder auch an dem Missfallen, das uns ein künftiger Zustand in der Antizipation erweckt, den wir dann eben deshalb zu vermeiden wünschen. Wohlstand strebt man an, um die Übel der Armut zu meiden, um viele Wünsche erfüllen zu können, um Unabhängigkeit und Ansehen zu genießen. Gesundheit strebt man an, weil sie Voraussetzung alles Wohlbefindens ist und weil der Gedanke an künftige schwere Krankheit erschreckt.

So scheint es also zwar, dass die Wahl letzter Ziele ganz beim Handelnden stünde. Aber die Wahl zwischen ihnen folgt doch nur einer Überlegung, innerhalb deren deutlich wird, welche Attraktionskraft für den Handelnden mit den Zuständen verbunden ist, die mit dem Erreichen der Ziele eintreten würden. Um dies abschätzen zu können, muss man allerdings wirklich von den primären Handlungsimpulsen entlastet sein, um die antizipierten Handlungsziele ruhig und anhaltend auf sich einwirken lassen zu können, so dass ihre Attraktionskraft sich gegeneinander auswiegen kann. Dabei können Ratgeber, auch Lehrer in Sachen Lebensklugheit, konsultiert werden. Im anhaltenden Abwägen können immer neue Gründe des Für und Wider vorgebracht werden. Gründe, auf die Berater zu sprechen kommen, können auf Aspekte einer möglichen Vorzugswahl hinweisen, deren Gewicht sich noch nicht ausgewirkt hatte. Sie können Eigenschaften des Menschen zur Sprache bringen, die eine Zielwahl nahelegen oder von ihr abraten lassen. Und sie können darauf hinweisen, dass ein Ziel sich nur dann erreichen lassen wird, wenn der Mensch sich auf dem Wege zu ihm selbst auch zu wandeln vermag. Wie aber das Ergebnis dieses Abwägens letztendlich ausfällt, das ist doch dann noch immer vorbestimmt durch die Attraktionskraft, welche die Ziele auf den ausüben, der sie für sein eigenes Leben in Erwägung zieht. Darüber, dass es sich so verhält, ist sich der Handelnde in der Situation, die durch solches Abwägen geprägt ist, selbst auch im Klaren. Wie anders könnte er sich seine eigene Entscheidung erklären und woraus sonst sie für begründet ansehen?

In all dem ist also die Funktion des Gebens von Gründen eine ganz andere als im Falle der Rechtfertigung oder der Widerlegung von Aussagen und Hypothesen: Die Gründe verdeutlichen nur Aspekte und Konsequenzen einer möglichen Entscheidung. So entfaltet sich mit ihnen ein Plafond, auf dem sich die Tendenzen im eigenen Leben, die eine Entscheidung tragfähig werden lassen, schließlich deutlich abheben und geltend machen können. Deshalb benötigt man zum Abwägen wichtiger Entscheidungen auch dann noch Zeit, wenn alle Gründe längst durchdacht worden sind. Und deshalb sind Entscheidungen besonders prekär, die allein deshalb, weil die Sache nicht unentschieden bleiben kann, getroffen werden müssen, ohne dass ein Übergewicht der Richtung eines Interesses in der eigenen Gesamtmotivation den Ausschlag geben kann.

Aus all dem geht hervor, dass die Situation des Abwägens, die vom Zwang der primären Handlungsimpulse entlastet und insofern frei ist, dass selbst die Freiheit in der Distanz zu sich, die den Handelnden selbst zu einem Handlungsziel macht, noch keinen Grund dafür an die Hand geben, sich die Freiheit zuzuschreiben, statt einer bestimmten Entscheidung in derselben Situation eine andere Zielwahl treffen zu können. Ich könnte das nur, wenn sich mit dem Entscheidungsgrund auch die Anziehungskraft verändern würde, die bestimmte Ziele auf mich ausüben. Zwar kann ich auch versuchen, die Anziehungskraft, die gewisse Ziele für mich haben, zu mindern, indem ich mir klarmache, inwiefern es mir schaden würde, wenn ich sie erreiche. Aber auch die Abwendung dieses Schadens ist doch dann wieder ein Handlungsziel von grundsätzlich der gleichen Art.

So muss also der Grund oder der Komplex von Gründen, die wirklich jeweils zu einer Entscheidung führen, vom Handelnden selbst so verstanden werden, dass das, wodurch sie zu Gründen werden, ein Teil der Konsequenzordnung ist, aus der auch alle seine Anlagen hervorgegangen sind, unter ihnen die, gewisse Zustände und Eigenschaften als solche zu erfahren, die anziehend oder zu vermeiden sind. Dann aber ist es durch nichts mehr ausgeschlossen, auch die Wahl, die aus der Fähigkeit zum Überlegen in Selbstdistanz hervorgeht, als eingefügt in die Determiniertheit des Weltlaufs zu begreifen.

Diese Tatsache verstellt man sich, wenn man davon spricht, dass die Überlegung, die dann handlungsrelevant wird, wenn Wünsche und Impulse nicht mehr unmittelbar Handlungen auslösen, der Frage gilt, welches Leben denn ein ›gutes Leben‹ ist. Denn was hier ›gut‹ heißt, kann nach allem, was bisher zur Erwägung stand, nur das *für mich* Gute sein. Das aber kann wiederum insoweit nur als das, was mein Interesse auf sich zieht, verstanden werden, wobei mein Interesse sich von dem mir *letztlich* Wünschenswerten her bemisst. Wer von seinen unreflektiert verfolgten Wünschen freikommt, ist damit nicht aus dem Bereich der Wünsche herausgetreten. Auch besonnen gehegte und in Selbstdistanz reflektierte Wünsche motivieren ihn in derselben Weise wie die unreflektierten – nur unter der Voraussetzung einer größeren Übersicht. Sie kann, wie gesagt, auch Ratgebern verdankt sein, die mit den Besonderheiten des einzelnen Menschen, dem sie gerade Rat geben, und dem, was für ihn gut wäre, vertraut sind. Dabei müssen diese Wünsche nicht etwa in dem aufgehen, wodurch vermehrt wird, was man primär unter dem Eigennutz versteht. Solche Wünsche können durch andere überwogen werden – durch das Begehren von Macht, durch die Sehnsucht nach Lebensnähe oder nach dem Einbezogensein in ein eindrucksvolles Kollektiv, auch durch den Wunsch nach Ansehen und einem Selbstbild, das in den eigenen Augen dafür geeignet sein sollte, Ansehen auch wirklich einzutragen, aber auch durch den Wunsch, ein zufriedenes Leben nach den eigenen Gaben und Bedürfnissen zu erreichen.

In diesen Überlegungen zur Vorzugswahl zwischen Handlungszielen sind einige Bedeutungen von Freiheit einbezogen gewesen. Sie werden überall vorauszusetzen sein, wo ein Sinn von Freiheit bestimmt werden soll, der aus dem Geltungsbereich des Konsequenzprinzips herauszuführen vermag. Neben der Freiheit zu vernünftig abwägendem Überlegen, das einer Zielwahl vorausgeht, gehört zu ihnen auch die Freiheit, die aus der Distanz hervorgeht, eigene Eigenschaften und Wünsche beurteilen zu können. Diese Distanz ist die Voraussetzung dafür, sie und ihre Chance zur Verwirklichung richtig einzuschätzen, aber auch dafür, dass man ihre Veränderung zu einem Ziel des eigenen Handelns werden lassen kann.

Der amerikanische Philosoph Harry Frankfurt hat vor einigen Jahrzehnten viel Beachtung gefunden, als er vorschlug, Freiheit und Moralität aus dieser Art von praktischer Selbstdistanz zu verstehen. Wir haben nun gesehen, dass sie für sich allein nicht aus der Bindung an Wunsch- und Strebensrichtungen und den Vergleich von deren Stärke heraushebt, so dass sie also auch nicht für sich allein den Geltungsbereich des Konsequenzprinzips eingrenzen kann. Vom Kettenrauchen kann man loskommen wollen, weil es die Gesundheit gefährdet, weil es hässliche Finger bewirkt oder weil man sich in der eigenen Sucht abstoßend findet. Der Raucher weiß aber selbst immer, dass diese Motive, die wirklich ganz verschiedene sind, sich – auch zusammengenommen – nur in ein konsequentes Handeln werden umsetzen lassen, wenn sie stark genug werden.

So scheint sich das Konsequenzprinzip auch vor scheinbar überzeugenden Gegeninstanzen in seiner universalen Geltung behaupten zu können. In allen unseren Überlegungen stand aber bisher auch keine Alternative zu deren erstem Ausgangspunkt zur Verfügung. In ihm ist die praktische Freiheit mit der Vorzugswahl zwischen Zielen verbunden, von der in der Folge deutlich zu machen war, dass sie ihrerseits von der Abwägung der Stärke der Motivationen abhängig ist. Der weitere Gang der Untersuchung wird zeigen, dass die Wahl einer Lebensweise noch nicht angemessen verstanden sein kann, wenn man sie als das Ergebnis der Wahl zwischen Zielen gleichsetzt, mit denen Motivationen unterschiedlichen Gewichts verbunden sind.

In der Folge davon soll sich ein Freiheitssinn ergeben, der die Freiheiten des Überlegens und der Selbstdistanz zwar voraussetzt, der in ihnen aber nicht aufgeht. Insofern beide damit als in einen komplexeren Freiheitsbegriff integriert zu denken sind, wird auch ihre Beziehung zum Konsequenzprinzip noch einmal neu zu erwägen sein. Das kann nur die weitere Folge nach sich ziehen, dass sich die Situation, in der sich Menschen Ziele setzen und über ihre Zielsetzung mit sich und anderen zu Rate gehen, gleichfalls als noch komplexer darstellen wird als in den vorausgehenden Überlegungen.
Aber noch wurden viele Implikationen nicht erwogen, die unmittelbar an den Freiheitssinn der überlegten Vorzugswahl anzuschließen sind. Wir haben also damit fortzufahren, die anderen Anwendungsfälle desselben Freiheitssinnes zu erörtern.

c.) Hat man sich einmal ein Ziel gesetzt, dann hat man auch gute Gründe dafür, die Mittel zu gebrauchen, die nötig sind, um es wirklich werden zu lassen. Welche Mittel zu gebrauchen sind, entscheidet sich nicht mehr in derselben Weise wie bei der Vorzugswahl der Ziele dadurch, dass man sie mit der eigenen Motivationslage konfrontiert und die Motivation zum Entscheidungsgrund über ihren Gebrauch werden lässt. Zwar scheiden Mittel aus, die man verabscheut – ebenso wie solche, die man nicht zu gebrauchen versteht. Aber die kluge Abwägung hat in diesem Bereich eine noch größere Bedeutung als bei der Zielwahl selber. Von dieser Abwägung her bestimmt sich dann auch, in welchem Sinne mit der Mittelwahl Freiheit verbunden ist. Ein Akteur ist unfrei, der ohne Überlegung auf sein Ziel zustürmt, der sich nicht nach geeigneten Mitteln umsieht und der auch dann, wenn er sie kennt, nur solche Mittel verwendet, an die er gewöhnt ist, obwohl ihm die anderen leicht zur Verfügung stünden und auch sonst nichts gegen deren Gebrauch spricht. Ein Beispiel dafür ist die Bauersfrau, die das Katzenfell auflegt, die Salbe aber wegkramt, die man ihr aus der Apotheke geholt hatte.

Freiheit versteht sich hier ganz daraus, dass die besten Gründe die Mittelwahl und die aus ihr folgenden Handlungen auch wirklich nach sich ziehen. Der Akteur ist insofern frei, als diese Gründe seine Entscheidung und deren Folgen bestimmen. Er hat zwar auch die Möglichkeit, bewusst ein untaugliches Mittel einzusetzen. Das müsste sich dann aber aus einem Sabotageplan, einem Spleen oder dem Wunsch, eine absurde Pointe zu produzieren, erklären. Was also die Entscheidung über die Mittel angeht, so ist sie, wenn sie frei erfolgt, von dem, was die Einsicht ergeben hat, auch determiniert. Insofern ist sie also mit dem Konsequenzprinzip ohne weiteres vereinbar – es sei denn, man setzte schon voraus, dass es überall dort außer Kraft gesetzt ist, wo Gründe eingesehen und wo sie wirksam werden.

Diese Determination vermittels Einsicht hat zur Voraussetzung, dass der Akteur überhaupt in die besonnene Mittelwahl eingetreten ist. Dass er überlegt und anhaltend überlegt, versteht sich nicht von selbst – selbst dann nicht, wenn seine Überlegung keine eigene Phase im Verlauf des Handelns ausmacht, sondern den Prozess des Handelns begleitet und dabei immer mehr Einfluss auf es gewinnt. Abgesehen davon, dass Handeln fast immer mit solchem Überlegen zusammengeht, gibt es Gründe, die genauso in das Abwägen der Mittel hineinziehen wie sie aufgrund solchen Abwägens zum Gebrauch irgendeines Mittels veranlassen. Kann man das Erwägen der Mittel selbst doch als ein Mittel zweiter Stufe ansehen, das zugleich eine der wichtigsten Voraussetzungen für die Verwirklichung des Handlungszieles ist. Insofern kann auch für eine Entscheidung, gut zu überlegen, dieselbe Motivationslage und damit derselbe Freiheitssinn bestimmend sein, der sich auch als für die Wahl bestimmter Mittel charakteristisch erwies.

Allerdings gibt es auch Gründe dafür, dass man sich die Überlegung bei der Mittelwahl nicht zu weit ausbreiten lässt. So hat zum Beispiel im Schachspiel und in der Ausführung einer Komposition solche Überlegung nur ein begrenztes Recht. Bedeutende strategische Innovationen gelingen nur, wenn man einem originären Einfall den Raum gibt, sich ungehindert zu entfalten. Die Entscheidung, ob man im Überlegen verharrt oder sich dem Impuls einer Idee überlässt, die im Moment aufleuchtet, ist selbst eine solche, die nicht aus dem Zustand des Überlegens heraus getroffen werden kann. Mit Erwägungen dieser Art sind wir aber bereits in den folgenden Problembereich eingetreten. Denn die Frage, inwieweit man der Überlegung Raum geben soll, lässt sich auch als Fall unter der allgemeineren Frage nach der Entscheidung über Art und Ausmaß eigener Bemühung verstehen.

d.) Man kann Zielen, die man anstrebt, in verschiedenen Graden der Bemühung nachgehen. Wenn das Ziel in der Ausübung einer Tätigkeit besteht, dann kann man sich mit verschiedenen Graden ihrer Ausübung zufrieden geben. Nicht jeder, der an einem Marathonlauf teilnehmen will, wird deswegen auch zum New-York-Marathon anreisen. Manche von ihnen werden schon zufrieden sein, wenn sie die Strecke irgendwo durchstehen und wenn sie am Ziel ankommen, bevor die Kontrollstelle geschlossen wurde. Sich ein Ziel setzen, das in der Fähigkeit zum Ausüben einer Tätigkeit besteht, heißt zwar immer auch, diese Tätigkeit in einem gewissen Grad beherrschen zu wollen. Man muss nicht Geigenvirtuose werden wollen. Wenn einer aber Geige spielen will, dann ist er nicht zufrieden, wenn er auf dem Instrument niemals einen reinen Ton hält.

In dem Bereich, in dem nichts als über ein Mehr oder Weniger zu entscheiden ist, besteht ein Freiheitsspielraum, der sich von dem in der Zielwahl unterscheidet. In manchen Fällen ist die Wahl, etwas in einem Grade zu wollen, ebenso in der eigenen

Disposition wie die Ausübung einer basalen Handlung. Wie ich, wenn ich nicht behindert bin, einfach einen Fuß vorsetzen kann, sofern ich das will, ohne dafür irgendwelche Mittel aufzuwenden, so kann ich auch wollen, ihn kräftig und gerade aufzusetzen. Bei der Verfolgung eines Zieles kann ich mich zumeist ein wenig mehr einsetzen oder auch jetzt und hier von ihm für eine Weile ablassen. Und beides steht ganz bei mir. Genau dieselbe Freiheit habe ich aber auch, mit dem Überlegen darüber zu beginnen, welche Gründe für Ziele sprechen, denen nachzugehen ich geneigt bin.

Doch die Evidenz, dass ich in dieser Freiheit stehe, geht zusammen damit, dass es vergleichsweise gewichtslose, gleichgültige Umstände sind, die mich zu einem Verhalten in genau diesem Grade der Anstrengung veranlassen. Ich folge Gewohnheiten, tendiere dazu, zu ermatten oder mich ablenken zu lassen. Allerlei Umstände können es also bewirken, dass ich von der Anstrengung ablasse, die ich mir doch vorgenommen habe. Die Erinnerung an meinen Vorsatz kann mich dann aus der Erlahmung herausreißen, so wie mich ein Ansinnen aus meiner Umgebung, das zumindest meine Aufmerksamkeit verlangt, dazu bringen kann, meine Bemühung abzudämpfen. Dass diese ›kleinen‹ Gründe in mir selbst und auf mein Wollen wirken, bedeutet, dass ich ohne Zwang reagiere. Aber um eine Reaktion handelt es sich dennoch. In dem Maße also, in dem Gründe überhaupt im geläufigen Sinn wirksam sein können, ist, was ihnen zufolge geschieht, nicht weniger, wenn auch anders determiniert als es eine automotorische Handlung aus physiologischen Ursachen ist.

In ähnlicher Weise löst sich auch das vermeintliche Rätsel von Buridans Esel auf. Er soll in genau gleicher Entfernung zwischen zwei ebenfalls genau gleich großen und gleich beleuchteten Heuhaufen verhungern müssen, weil er keinen Grund finden kann, sich in der einen oder anderen Richtung in Bewegung zu setzen. Der Esel wird dann von dem Mechanismus bestimmt werden, im Hin- und Herblicken zwischen den beiden Haufen an einen Punkt der inneren Erschöpfung seiner Fähigkeit zum Abwägen zu gelangen. Er wird sich auf den Heuhaufen zu bewegen, den er genau in dem Moment im Auge hat, an dem dies Ereignis eintritt. Auch wir überlassen uns durchaus wissentlich solchen Mechanismen und schützen uns so zugleich vor einer Überforderung unserer Kapazität, Gründe zu erwägen.

Man wird nun zunächst denken: Situationen, in denen bei einer Zielwahl zugleich der Grad der Aktivität erwogen wird, mit der das Ziel angestrebt werden soll, unterscheiden sich von anderen Situationen der Überlegung nur durch die sehr viel höhere Komplikation. Das trifft wohl dann auch zu, wenn einzelne Ziele für sich ins Auge gefasst werden. Wenn es große Anstrengung verlangen würde, solche Ziele zu verwirklichen, dann wird man die Frage, ob man sich ihnen zuwenden soll, wohl am besten mit Rücksicht auf die Erfahrungen erwägen, die man mit den eigenen Fähigkeiten und deren Grenzen schon gemacht hat. Insoweit wird kein anderer Freiheitssinn benötigt als der, der mit einer universalen Gültigkeit des Konsequenzprinzips vereinbar ist. Doch es ist möglich, dass in den Fällen komplexer Zielabwägung nunmehr ein anderer Freiheitssinn ins Spiel kommt, so dass man auch mit einer ganz anderen theoretischen Problemlage zu rechnen hat.

Wenn einer Ziele nämlich so ins Auge fasst, dass er dabei erwägt, mit welcher Kraft er sie anstreben sollte, dann liegt es immer auch nahe, dass ein Mensch dabei sein ganzes Leben und die Präferenzordnung dessen im Sinn hat, was ihm in seinem Leben wichtig ist. Es könnte dies sogar die Dimension sein, die bei der Zielwahl untergründig die größte Bedeutung hat. Steht aber bei der Zielwahl das eigene Leben insgesamt im Blick, dann ist es jedenfalls nicht mehr offensichtlich, dass es nur darauf ankommt, den Gehalt der einzelnen Ziele und die Gründe, die jeweils für sie sprechen, gegeneinander aufzuwiegen – und zwar so, dass man über sie dadurch entscheidet, dass man die Stärke der Motive vergleicht, die zu ihnen hinziehen. Der Mensch hat die künftigen Präferenzen seines Lebens nicht derart in Übersicht, dass er ihm nach Kriterien der Vorzugswahl und der Interessenabwägung eine Richtung würde geben können. Der Sinn dessen, dass er ein Leben führt, lässt sich auch nicht von dieser Art der Abwägung her verstehen. Diese Differenz wird alsbald bedeutsam dafür werden, einen Freiheitssinn zu fassen, der nicht in der Erwägung von Gründen und ihrer überlegten Umsetzung in Handlungen aufgeht. Im Übergang dazu haben wir aber noch eine andere Dimension zu berücksichtigen, der im Umkreis der Vorzugswahl von Zielen ein eigenes Gewicht zugesprochen werden kann.

e.) Bei der Untersuchung der Entscheidungsgründe, die einen Handelnden in seiner Zielwahl bestimmen, ist gezeigt worden, dass eine solche Entscheidung aufgrund der Abwägung der motivierenden Kraft erfolgt, die für ihn mit den Gedanken verschiedener Handlungsziele verbunden ist. Wer ihm in seiner Überlegung beisteht, wird bei seinem Rat im Auge haben, was nach aller Abwägung als das *für ihn* Beste erscheint. Im Anschluss daran hat sich gezeigt, dass dieser Entscheidungsgrund auch die Mittelwahl und den Grad der Anstrengung dominiert, in dem ein Ziel verfolgt wird.

Nun legt sich aber zunächst einmal ein Einwand nahe, mit dem man den Ausgang der Analysen, nämlich ihre Beschreibung der Situation, in der eine Zielwahl erfolgt, in Frage stellen kann. Mit der Erörterung dieses Einwands treten wir bereits in das Vorfeld einer Bestimmung von Freiheit ein, welche sich von dem Grundzug von Freiheit unterscheidet, die Urteilsfreiheit und Überlegensfreiheit miteinander gemeinsam haben. Im Urteilen und im praktischen Überlegen bemisst sich das jeweilige Ergebnis nach einem Maßstab, der zwar nicht leicht zu handhaben, der aber in sich selbst eindeutig bestimmt ist: Nach den Regeln von Richtigkeit und Wahrheit oder nach dem Handlungsziel, mit dem ein überwiegendes Interesse verbunden ist.

Gegen die Ausschließlichkeit dieses Maßstabes macht nun dieser Einwand geltend, dass es Handlungsziele des Menschen gibt, für deren Wahl ganz andere Gründe als die ihrer Attraktionskraft für das je eigene Leben sprechen. Kunstwerke von welterschließender Kraft zu schaffen, grundlegende und lebensfördernde Erkenntnisse zu gewinnen oder eine Rechtsordnung zu gründen oder zu verteidigen sind dafür Beispiele. Man kann sagen, und zwar über alle Differenzen zwischen solchen Zielen hinweg, dass ihnen eine andere *Wichtigkeit* als nur die für jeweils einen Akteur eignet, so dass sie als Inhalt seiner Zielwahl auch aus seinem eigenen Interesse nicht angemessen erklärt werden kann.

Diese Wichtigkeit lässt sich weiter ausdifferenzieren. Es kann sich, wie bei der Bewahrung einer Institution, um eine Wichtigkeit handeln, die sich unmittelbar von dem Interesse einer Gruppe von Menschen herleitet. Andere Handlungsziele gehen auf Leistungen aus, die, wie Kunstwerke und Erkenntnisse, zunächst um ihrer selbst willen gewollt werden müssen, ehe sie für viele Nutzen bringen können. Dieser Nutzen kann dann wieder vor allem darin bestehen, dass viele Menschen an Werk und Erkenntnis Anteil haben, oder auch darin, dass sie, wie etwa ein Kirchenbau, den Stolz einer Gemeinschaft von Menschen ausmachen. Es kann sich aber auch um Ziele handeln, bei denen der Gedanke an andere Menschen gänzlich abgeblendet ist. Ein Künstler kann meinen, dass seine Komposition einzig dem Lob Gottes dient oder dass er sich um sie müht, weil nur er imstande ist, etwas wirklich werden zu lassen, was um seiner selbst willen der Verwirklichung bedarf. In allen diesen Fällen geht ein Akteur, der sich solche Aufgaben stellt, noch anderem als dem nach, was ihm immer als das ›für ihn‹ Gute erscheinen mag. In seinem Handeln können seine persönlichen Interessen ganz vergessen werden. Es scheint, dass er über sie durch sein Ziel hinausgehoben wird, so dass seine eigene Wichtigkeit der Wichtigkeit der Aufgabe, der er nachgeht, untergeordnet bleibt oder dass sie von der Wichtigkeit der Aufgabe hergeleitet ist.

Der Unterschied zwischen dem, was als in irgendeinem Sinn als objektiv wichtig anzusehen ist, und dem, was nur in meinem Interesse liegt, muss anerkannt und in die Erwägung einbezogen werden. Man kann sich also auch fragen, ob von ihm her ein Freiheitssinn zu entwickeln ist, der von der allgemeinen Freiheit im Überlegen abgehoben werden kann. Er wäre dann als die Freiheit zu verstehen, sich dem zuzuwenden, was in sich wichtig und wertvoll ist, oder aber in einer wohl kalkulierten Lebensplanung mit dem Eigeninteresse als Leitstern zu verharren.

Die Formulierung dieser Alternative bringt wirklich etwas in den Blick, was für Klärung eines Freiheitssinnes von Bedeutung ist, der nicht mit der Freiheit des Überlegenkönnens zusammenfällt. Er orientiert das Freiheitsproblem weg von einzelnen Handlungen oder Interessen und hin auf den Entwurf von Lebensweisen. Aber der Gegensatz zwischen dem objektiv Wichtigen und dem Wichtigen nur für mich, der die Formulierung der Alternative beherrscht, muss doch noch immer hinterfragt werden. Aus ihm allein lässt sich ein Freiheitssinn nicht gewinnen, der dem Konsequenzprinzip entzogen ist.

Was dem entgegensteht, lässt sich von zwei Seiten her verdeutlichen. Zum einen ist in seiner Formulierung nicht auf die Subjektivität Rücksicht genommen, die einer solchen Alternative ausgesetzt ist. Zum anderen ist die Bezugnahme auf objektiv Wichtiges (man könnte auch sagen auf objektiv geltende ›Werte‹) selbst undurchsichtig und einer Erklärung bedürftig. Sie kann wiederum nicht ohne Rücksicht auf Subjektivität gegeben werden.

Subjektivität ist der orientierende Ausgangspunkt dieser Vorlesungen. Wird in ihnen Freiheit zum Thema, dann ist vom Subjekt auszugehen – so wie es bei dem Versuch geschah, einen Ansatz für die Grundlegung der Ethik auszuarbeiten. Es ist unbestreitbar, dass nicht nur, was unentbehrlich und was attraktiv ist, sondern auch, was in sich wichtig ist, Menschen in Tätigkeit versetzt. Aber es bricht nicht von außen in deren Subjektivität ein, sondern findet in dem, was ihre Subjektivität ausmacht, eine Resonanz. So wird nicht nur, was in sich wichtig ist, sondern mehr noch, was ihm Einfluss auf das Handeln zuwachsen lässt, auch nur im Zusammenhang mit Subjektivität verständlich zu machen sein.

Der Gegensatz zwischen dem, was an sich, und dem, was nur für uns wichtig ist, räumt all dem die Möglichkeit ein, als etwas an sich selbst Wichtiges angesehen zu werden, was in einem Kontrast zu dem steht, an das alle Menschen offenbar über ein Interesse gebunden sind, das in ihren natürlichen Bedürfnissen oder in Attraktionen begründet ist. Man kann zwar nicht sagen, dass die vorausgehenden Vorlesungen alles, für das eben dies gelten kann, bereits in eine Übersicht gebracht hätten. Aber einige Beispiele solcher Wichtigkeit und Ansätze zu weiteren Beispielen lassen sich aus ihnen entnehmen. Es sind dies allesamt Beispiele, durch die zugleich der Zusammenhang auch des in sich Wichtigen mit Subjektivität verdeutlicht werden kann.

So war bei der Erklärung von Weisen des Mitseins von der Tendenz der Subjekte die Rede, sich als Glied großräumiger Ordnungen zu verstehen. In dieser Tendenz ist die Möglichkeit begründet, sich solche Ordnungen zum Zweck zu machen. Damit wird ihnen eine Wichtigkeit gegeben, welche von den unmittelbaren Lebensbedürfnissen der Person abgelöst ist. Dennoch ist der Grund der Wichtigkeit der Institution und das Engagement für sie nicht allein in deren Nutzen für andere, sondern in der Subjektivität des Engagierten begründet. Wenn aber die Institution wirklich für das Wohl eines Gemeinwesens von Bedeutung ist, kann dem Engagement für sie noch in einem stärkeren Sinn eine Wichtigkeit an sich zugeschrieben werden. Die versteht sich dann aber aus der Subjektivität des sittlichen Bewusstseins eines Handelnden – sei es, dass die Institution seinem Handeln unter der Grundnorm einen besonderen Schwerpunkt gibt, sei es, dass er in ihr seine besondere sittliche Lebensbindung verwirklicht hat. So können sich Motivationen, die zu einem Handeln um willen von an sich Wichtigem führen, auch miteinander verschränken – ganz abgesehen davon, dass sie auch nicht von einem Handeln reinlich zu trennen sein werden, das um willen des Ansehens oder der Ausübung eines Talentes gesucht wird.

Weitere Weisen des an sich Wichtigen sind in Interessen verankert, die sich unmittelbar an die Grunddynamik der Subjektivität anschließen. Es ist dargelegt worden, dass sich das Programm einer exakten Naturwissenschaft aus dem Problem heraus entwickelt, in einem weltübergreifenden Bezug auf identifizierbare Gegenstände zu einer immer schärfer eingestellten Aufgliederung des Objektbezugs zu gelangen. Dem entgegen wirkt die Kunst dahin, Weltentwürfe durchzugestalten, aus denen Subjekte und die Prozesse der Subjektivität nicht eliminiert sind. Und die Religionen erschließen die Möglichkeiten eines Verhaltens, in dem die Beziehung der Subjektivität auf den ihr entzogenen Grund mit einer Gestaltung der Lebenspraxis in der Welt zusammengeführt ist.

Damit sind nur einige Formen dessen genannt, was als in sich selbst wichtig angesehen werden kann. Doch das genügt, um deutlich werden zu lassen, dass, was oft einer einzigen Dimension des An-sich-Gültigen oder der ›Werte‹ zugeordnet ist, mit verschiedenen Vollzugsweisen der Subjektivität verfugt ist. Es kann hier nicht darum gehen, von diesem Ansatz aus alle Dimensionen eines so genannten ›Reichs‹ der Werte durchzumustern. Denn das, was bereits den vorausgehenden

Vorlesungen zu entnehmen war, genügt schon, die Frage zu beantworten, ob sich damit, dass die Dimension des an sich Wichtigen in die Überlegung einbezogen wird, die Situation des Abwägens der Stärke von Motivationen, welche über die Zielwahl entscheiden, etwas grundsätzlich verändert.

Wir haben uns dazu, ebenso wie in den zuvor erwogenen Situationen des Überlegens und Abwägens, in Handlungssituationen zu versetzen, in denen darüber zu entscheiden ist, ob der Rücksicht auf etwas objektiv Wichtiges gegenüber der Verfolgung eines anderen Lebensinteresses der Vorzug zu geben ist. Dabei ist von solchen Situationen abzusehen, in denen ein moralischer Imperativ mit einem Handeln um des objektiv Wichtigen willen verbunden sein könnte. So gibt es zum Beispiel eine sittliche Pflicht, für Andere Wichtiges nicht aus Eigeninteresse in Gefahr zu bringen. Wenn es darum geht, den Verlust von lebensrettenden Kenntnissen nicht zu riskieren, dann ist nicht im Blick auf den Gewinn von Erkenntnis zu überlegen und zu handeln, sondern im Blick auf deren Bedeutung für Menschenleben, die dem Handelnden anheimgegeben sind. Der sittlichen Grundnorm eignet die Kraft, in Handlungssituationen einen Anspruch geltend zu machen, der über den Vorbehalt hinweggeht, man könne ihm nur folgen, wenn besonnenes Überlegen zu der Erkenntnis führt, dass er durch hinreichend starke Motive gedeckt ist.

Was in der erläuterten Weise als objektiv wichtig gilt, ist aber mit einem Anspruch solcher Art nicht verbunden. Das hat zur Folge, dass dann, wenn in Handlungssituationen nichts anderes als die Alternative zwischen objektiv Wichtigem und nur für den Akteur Wichtigem zur Entscheidung steht, die Verwurzelung des objektiv Wichtigen in der Subjektivität des Akteurs für die Entscheidung des Akteurs maßgebend werden muss. Was objektiv wichtig ist, hat seinen Grund in einer der Dimensionen, in denen sich die Subjektivität der Personen verwirklicht – so die Wichtigkeit einer Institution in deren

Ordnungsimplikation und die der Wissenschaft in der rationalen Aufgliederungskapazität ihres Weltverhältnisses. Sieht man von allen moralischen Argumenten ab, dann bemisst sich das Gewicht, das in einer Handlungssituation irgendeinem solchen objektiv Wichtigen zukommt, nach dem Grad, in dem der Akteur dieser Form der Entfaltung von Subjektivität in seinem eigenen Leben Gewicht gegeben hat oder zu geben bereit ist. Die Möglichkeit dazu wächst jedem mit der Distanz zu sich selbst zu, die in einem mit der Freisetzung der Dimensionen des objektiv Wichtigen für alles im Selbstbewusstsein vollzogene Leben konstitutiv ist.

Insofern sich ein Leben mit Sphären des objektiv Wichtigen verbunden hat, sind sie zu einem Teil seines Lebensinteresses geworden. Dies einzusehen bedeutet immer noch etwas anderes als den Unterstellungen nachzugeben, mit denen so oft ein Engagement für objektiv Wichtiges verdächtig gemacht werden soll. Wem Erkenntnis wichtig ist, der hat dabei nicht das Ansehen im Sinn, das ein Forscher erwerben kann, oder gar den materiellen Gewinn, auf den seine Ergebnisse vielleicht eine Aussicht geben. Eher schon könnte die Freude, mit der er arbeitet, sein Interesse erklären. So hat selbst Kant Wissenschaft und Sinnenglück, was die Motivation betrifft, als in ›gleichen Paaren‹ gehend gesehen. Aber auch diese Erklärung trifft nicht ins Zentrum. Denn es ist vielmehr der Widerstand dagegen, einem Kontext Einbuße zu tun oder einen Einbruch in ihn hinzunehmen, der einen Menschen, in dessen Leben objektiv Wichtiges Bedeutung gewonnen hat, mit diesem objektiv Wichtigen nunmehr über ein Interesse verbunden sein lässt.

Damit wird nun aber auch deutlich, warum objektiv Wichtiges in der Situation, in der Handlungen zu erwägen und einzuleiten sind, nicht dem nur für mich Wichtigen als eine ganz andere Instanz der Begründung und Entscheidung entgegengestellt werden kann. Mit dem objektiv Wichtigen ist in solchen Situationen keine nur ihm eigene Motivationskraft verbunden, die den Handelnden dazu in den Stand setzen könnte, sich von dem nur für ihn Wichtigen zu distanzieren und sein Handeln nur durch das objektiv Wichtige bestimmen zu lassen. Damit entfallen aber auch zwei Möglichkeiten, dem Akteur vor dem objektiv Wichtigen eine Freiheit zuzuschreiben, die sich daraus erklären müsste, dass ihm objektiv Wichtiges als solches vor Augen steht. Man kann ihm nicht eine Freiheit zuschreiben, die darin bestünde, dass er sich von dem nur für ihn Wichtigen löst und einer Motivation vom objektiv Wichtigen her die Bahn freigibt. Man kann Freiheit aber auch nicht dem Akt zuschreiben, mit dem er sich für eine Handlung im eigenen Interesse oder aber für eine solche im Dienst oder aus Respekt für das objektiv Wichtige entscheidet. Sieht man nämlich von moralischen Handlungsgeboten ab, dann ist das objektiv Wichtige für ihn nur in dem Maße handlungsrelevant, in dem es mit dem, was er als Person ist, eine Verbindung einging und somit in seiner eigenen Handlungsart bereits eine motivierende Bedeutung gewonnen hat.

Dann aber ist die Entscheidung für oder gegen objektiv Wichtiges, ebenso wie bei der Zielwahl im Allgemeinen, das Ergebnis dessen, dass die Motivationsgewichte auf beiden Seiten gegeneinander aufgewogen werden. Bei diesem Auswiegen kommt, wieder wie bei der Zielwahl überhaupt, die Einschätzung der eigenen Fähigkeit mit ins Spiel, objektiv Wichtigem in eigenem Handeln zu entsprechen. Es ist aber auch möglich, dass sich das Leben eines Menschen mit einer Sphäre von objektiv Wichtigem so eng verbunden hat, dass er, was in dessen Interesse liegt, wie in einer Obsession zu tun bereit ist, also allem für ihn selbst Wichtigen entgegen. Auch dies Beispiel zeigt, dass Entscheidungen in solchen Situationen immer noch aus dem Auswiegen des relativen motivationalen Gewichts der Handlungsalternativen hervorgehen. Daraus folgt wiederum, dass das Bewusstsein, in dem dies Auswiegen erfolgt, keinen

Anhalt dafür gibt, dass sich der Akteur in solchen Situationen selbst Freiheit zuschreibt.

So sind wir also nun mit einer ersten Phase in der dialektischen Erkundung des Freiheitsproblems zum Ende gekommen. In nunmehr fünf Schritten haben wir Möglichkeiten zur Antwort auf die Frage untersucht, ob sich im Bewusstsein des Handelnden, der in einer Situation über Alternativen seines Agierens entscheiden muss, ein Ansatz dafür aufweisen lässt, die Realität von Freiheit zu behaupten. Die Freiheit, die dabei in Frage stand, sollte eine andere sein als die Freiheit von Zwang und Zufall und als die Freiheit, die im Überlegen als solchem und in der Unabhängigkeit von unwiderstehlichen Impulsen immer gelegen ist. Denn von all diesen Begriffsbestimmungen von Freiheit lässt sich ohne weiteres einsehen, dass ihre Wirklichkeit mit dem Konsequenzprinzip verträglich ist. Die Untersuchung ergab, dass ein Freiheitssinn, für den das nicht gilt, aber keinen Anhalt in der Weise besitzt, wie Menschen in den Handlungssituationen, die bisher erörtert wurden, zu einer überlegten Entscheidung gelangen. Der bisherige Untersuchungsgang hat also in Beziehung auf einen Freiheitssinn dieser Art zu einer negativen Schlussfolgerung geführt.

So fragt sich nun, ob damit die Untersuchung etwa abgeschlossen und ob sich damit, dass die Notwendigkeit zum Verzicht auf einen solchen Freiheitssinn erwiesen ist, jeder Widerstand gegen die universale Geltung des Konsequenzprinzips als haltlos herausgestellt hat. Dass mit der Untersuchung fortzufahren ist, liegt aber schon allein deshalb sogar auf der Hand, weil bisher das sittliche Bewusstsein in allen Überlegungen noch gar keinen Platz gefunden hat. Zwar gibt es viele Gründe dafür, sich der Traditionslinie zu entziehen, in der das Freiheitsproblem in strikter Bindung an die Probleme der Ethik entwickelt worden ist. Aus den vorausgehenden Untersuchungen kann man aber auch folgern, dass ebenso wenig davon auszugehen ist, man könne dieses Bewusstsein in Beziehung auf das Freiheitsproblem als allen anderen Dimensionen des Handelns gleichgeordnet ansetzen.

Im Folgenden soll sich zeigen, dass man, indem man Handeln nunmehr im Zusammenhang mit dem sittlichen Bewusstsein zum Thema macht, zugleich einen allgemeinen Rahmen für das Freiheitsproblem entwickeln kann. Dabei wird auch eine Voraussetzung, unter der die vorausgehenden Erörterungen gestanden haben, als solche deutlich werden und in ihrer Problematik hervortreten. So soll sich der Ort näher bestimmen lassen, in Beziehung auf den ein anderer als der mit dem Konsequenzprinz ohne weiteres kompatibler Freiheitssinn zu gewinnen und zu verteidigen ist. Dass die Realität dieses Freiheitssinnes ebenso wenig wie die des Konsequenzprinzips unter Beweis gestellt werden kann, ist dabei als ein Ergebnis festzuhalten, das jeder Differenzierung des Freiheitssinnes vorab festgeschrieben sein muss. Für den Gedankengang dieser Vorlesungen wird aber eine weitere Einsicht von besonderem Gewicht und Interesse sein: In Beziehung auf den Zusammenhang, in dem sich vom sittlichen Bewusstsein her ein Freiheitssinn bestimmt, wird auch verständlich werden, dass die Bestimmung von Freiheit und die Untersuchung der Subjektivität in einem einzigen Begründungsgang vorangebracht werden müssen. Die Erklärung eines gewichtigen Freiheitssinnes führt nämlich unmittelbar zur Verständigung über die Dynamik der Subjektivität zurück.

7. Verhaltensart und Lebensentwurf

Unlängst sollte aus einem neurologischen Experiment ein Argument gegen die Möglichkeit von Willensfreiheit abgeleitet werden. Das Experiment hatte zum Ergebnis, dass das Bewusstsein, eine bestimmte Taste bewegen zu wollen, dem neuronalen Impuls, der die Handlung auslöst, um etwa eine halbe Sekunde nachfolgt und ihm nicht, wie man erwarten möchte, vorausgeht. So hat die Handlung also schon begonnen, wenn der Beschluss zu ihr zustande kommt, der vermeintlich die Handlung doch erst auslöst.

Man sollte sich zunächst klarmachen, dass dies Argument gegen jeglichen, also auch den mit dem Determinismus kompatiblen Freiheitssinn vorzubringen ist. Nimmt doch auch nach dieser Erklärung von Freiheit die Überlegung eine Stelle in der kausalen Kette ein, welche die Handlung nach sich zieht. Das Experiment lässt dagegen die Überlegung und deren Folge, den Beschluss, als Nebenprodukte oder Epiphänomene einer ohnedies bereits geschlossenen kausalen Kette erscheinen. So könnte das Experiment also sogar einen Freiheitssinn unterminieren, der doch für gar nicht disputabel gilt.

Wer dem Experiment eine Beweiskraft gegen Freiheit zuschreibt, geht nun aber ohnedies von einer verkürzten Vorstellung vom überlegten Handeln aus. Hebt man diese Verkürzung auf, dann ergibt sich eine andere Perspektive auf das Freiheitsproblem. Am leichtesten kann man sie sich in Beziehung auf das sittliche Bewusstsein klarmachen.

Wohl wird in der Ethik, wenn Probleme der moralischen Beurteilung erörtert werden, vom Vollzug einzelner Handlungen wie etwa einer Lüge ausgegangen. Das ist insofern auch korrekt, als bei der Beurteilung von sittlichem Handeln immer zunächst einmal nicht langfristige Ziele, sondern Gründe der Richtigkeit von Verhalten in einzelnen Situationen erwogen werden. Doch gilt für Handlungssituationen, die eine ganze Verhaltens*art* in Frage stehen lassen, notwendigerweise, dass nicht für die jeweilige Situation allein eine Entscheidung zu treffen ist. Auch wenn die Situation der Anlass ist, diese Frage zum ersten Mal zu erwägen, bleibt das Resultat ein solches, das für gleichgeartete Situationen dieselbe Gültigkeit haben soll.

Für sittliches Handeln gilt das in besonderem Maße. Denn bei ihm wird, wenn es um ein Urteil über die Person geht, *niemals* nur das Verhalten in jeweils einer bestimmten Situation, sondern ein allgemeinerer Typus, eine Verhaltensart beurteilt, und zwar schon deshalb, weil ein Verhalten im sittlichen Bewusstsein immer zusammen mit der Motivation, aus der es hervorgeht, in Frage steht. Wer sich fragt, ob er jetzt jemanden durch eine Lüge täuschen soll, dem gehen Bilder von ihm selbst durch den Sinn – als einem, der entweder gescheit genug ist, sich in solchen Situationen geschickt durchzulavieren und sich so Vorteile zu verschaffen, oder als einem, der solcher Verhaltensweise nicht bedarf oder sich von ihrem Erfolg jedenfalls nicht abhängig macht.

Zumeist hat man aus Furcht oder im Schreck schon gelogen, bevor die sittliche Grundnorm in der Erinnerung gegen dies Verhalten anzugehen beginnt. Die Grundnorm des sittlichen Bewusstseins ist aber nicht allein dadurch wirksam, dass sie sich immer wieder als Regulator einzelner Handlungen anmeldet. Damit beginnt wohl im frühen Leben die Ausbildung eines Gewissens. Dann aber dringt das sittliche Bewusstsein alsbald auf die Bildung von *Vorsätzen* für in seinem Sinne korrektes Verhalten. Überhaupt bildet sich sittliches Verhalten als eine Verhaltens*art* aus, die eine Person wissentlich anstrebt und die zu dem gehören soll, was seinem Leben eine Prägung gibt. Dadurch unterscheidet es sich von dem natürlichen Charakter eines Menschen, der ihm durch seine Anlagen zufiel, und ist insofern immer ein erworbener Charakter. Man kann einen solchen Charakter allerdings nicht in abstracto, sondern nur über den Gewinn einer Disposition zu einzelnen Handlungen erwerben und auch nur in solchen Handlungen bewähren. Insofern bildet sich eine Handlungsart selbstredend in Beziehung auf Situationen aus wie etwa der, in der eine Lüge als Ausweg naheliegt.

Ist aber einmal der Vorsatz, nicht zu lügen, Teil eines solchen Charakters, dann wird kaum ein Überlegen und kein bewusster Beschluss, sondern allenfalls eine Erinnerung an einen solchen Beschluss, der aufrichtigen Rede noch vorausgehen müssen. Das erste wäre nur dann zu unterstellen, wenn es für die Menschen in jeder Handlungssituation zunächst einmal unentschieden sein müsste, wie und mit Rücksicht auf was sie zu handeln haben. Die moralphilosophische Diskussion von Handlungsbeispielen ist dazu geeignet, ein solches Bild zu suggerieren. Es ist aber dem wirklichen Handeln dann unangemessen, wenn man dies Handeln in seiner Ausbildung und seinem ganzen Umfang betrachtet, und es widerstreitet sogar dem, worauf die sittliche Grundnorm selbst hinwirken muss – nämlich eine Verhaltensart und mit ihr eine Motivation auszubilden, auf die in allen Situationen Verlass ist. Das folgt auch daraus, dass sich im sittlichen Bewusstsein die Ausbildung einer Identität der Person vollzieht, die in ihrer Konstanz der durchgängigen Identität des theoretischen Bewusstseins entspricht.

So ist also zu erwarten, dass der, der einen sittlichen Charakter entwickelt hat, in Handlungssituationen ein bestimmtes Verhalten zeigt, ohne dass er es vorher abzuwägen hat. Für ihn gibt es dann auch keine Alternative mehr, gegen die er sich eigens zu entscheiden hätte. Doch darf man daraus nicht folgern, dass Freiheit ohne die Möglichkeit zu einer Alternative zu denken ist. Denn ein solches Verhalten in der Situation, für das Alternativen nicht mehr in Frage stehen, ist eben nur die Folge einer vorausgehenden Erwerbung, von der man sagen kann, dass sie mit einer Entscheidung geendet hat. Ist nämlich die Ausbildung einer Verhaltensart die Weise, in der sich sittliches Bewusstsein eigentlich realisiert, dann ist sie auch der Ort, an dem man eine für Sittlichkeit charakteristische Freiheit suchen und finden muss. Was aus einem Entschluss hervorgeht, wird in den Handlungssituationen zu habituellem Verhalten. Der Akteur ist sich dieses Ursprungs aber noch immer bewusst, so dass er auch auf die Genese seines Entschlusses zurückkommen kann, wenn sich die Handlungssituation komplizieren und ihm einen größeren Verzicht abverlangen sollte.

Die Habitualisierung, die sich im Gange der Ausbildung des sittlichen Handelns ergibt, hat eine Entsprechung in allem Verhalten, dem eine Zielwahl zugrunde liegt. In jeglichem Verhalten haben Routinen große Bedeutung. Körperpflege, regelmäßige Medikamenteneinnahme und die verlässliche Ausführung unangenehmer Arbeiten wandelt sich von Vorsätzen zu solchen Routinen. Wäre es nicht so, dann würde der Alltag mit ständig wiederholten und oft unverlässlichen Willensanstrengungen belastet. Jegliche Zielwahl geht darum auch darauf aus, im alltäglichen Verhalten ohne neuerliche Überlegung berücksichtigt zu werden. Die Ausbildung von Routinen im Verhalten liegt somit im Interesse dessen, der sich Ziele setzt, und man kann deshalb voraussetzen, dass sie auch unter Mitwirkung derselben Motivationen wie die Zielwahl selbst zustande kommen.

Dass die Zielwahl von sich aus zur Verhaltensbildung tendiert, bedeutet aber nicht, dass der Alltag rein nur als Routine ablaufen kann. Er muss wach und überlegensbereit gelebt werden. Vordringliches muss als solches erkannt werden, und man hat damit zu rechnen, mit unbekannten Situationen und mit Dilemmata konfrontiert zu werden. Das ändert aber nichts daran, dass sich eine Verhaltensart wohl im Ausgang von einer Handlungssituation, dann aber auch abgehoben von einzelnen Situationen bildet. Zumeist bedarf sie einer Zeit, in der sie, darin einem Entschluss ähnlich, ›heranreift‹, um in der Folge den Handlungssituationen vorauszugehen und in ihnen nur noch praktiziert zu werden.

Routinen des Alltags sind allerdings selbst wieder interessebedingt. Denn die Frage, zu welcher Routine ich mich hinbringen sollte, findet ihre Antwort im Blick auf die Vorteile und die Attraktionskraft des Zustandes, in dem ich mich finden werde, wenn ich sie erreicht habe. Darum ergibt sich aus ihnen keine veränderte Perspektive auf den Freiheitssinn. Wir haben gesehen, dass sittliches Verhalten ganz in der Ausbildung einer Verhaltensart gegründet ist. So zeigt sich, warum sich unser Überlegungsgang zum Freiheitsproblem jedenfalls zunächst einmal auf die Frage hin zuspitzt, ob, und in welchem Sinne von Freiheit, der Person bei ihrer Ausbildung einer sittlichen Verhaltensart Freiheit zuzuschreiben ist.

Vom Bewusstsein der sittlichen Grundnorm ist dabei auszugehen. Zur Bildung eines sittlichen Vorsatzes kommt es dann, wenn die Absicht herrschend wird, in künftigen Handlungssituationen nicht die jeweilige Interessenlage, also das, was aus anderer Zielwahl folgt, dominieren zu lassen, sondern dem, was aus der Grundnorm folgt, den Vorrang zu geben – in Entsprechung zu dem konkreten Fall, die Lüge zu unterlassen, auch wenn das unbequem, unhöflich oder auf andere Weise nachteilig sein sollte.

Die sittliche Grundnorm steht aber nicht zur Wahl wie die Regeln eines Spiels, zu dem wir eingeladen sind, an dem wir uns aber nicht beteiligen müssen. Davon, dass sie verbindlich ist, meint man wie von einer Erkenntnis zu wissen, obwohl man von deren Begründung doch keinerlei Kenntnis hat, die durch einen Erweis zu sichern wäre. In vielen ihrer Anwendungsfälle betrifft die Norm das Handeln gegenüber anderen Menschen, und wir haben, wenn wir sie verletzen, mit deren Missbilligung zu rechnen. Das legt es nahe zu mutmaßen, die Geltung der Norm könnte sich aus deren Interesse herleiten, das sich über mein Wissen von Sanktionen, die im Falle der Verletzung zu erwarten sind, zu einer von mir verinnerlichten Instanz verwandelt. Aber die Norm gilt auch für Handlungen, die nur mich selbst betreffen. Und weiter ist das Bewusstsein von der Norm auch von einem Wissen davon begleitet, dass sie in irgendeiner Weise mit dem verbunden ist, was mich selbst ausmacht. Ich kann sie und ihre bindende Kraft nicht als Ergebnis einer Vereinbarung betrachten, auf die ich mich aus guten und wohlerwogenen Interessen heraus eingelassen habe.

In der dritten Vorlesung wurde versucht, den Zusammenhang zwischen der unvermittelten Geltung der Norm und ihrem Selbstbezug zu erklären: Die Verfassung der Subjektivität ist aus ihr selbst heraus nicht aufzuklären, und die Subjekte leben auch im Wissen von der Unbestimmtheit ihres Hervorgangs. Sie sind deshalb notwendigerweise offen für einen Aufschluss über sich selbst, und ein solcher erfolgt mit dem sittlichen Bewusstsein. Dies ist nun eine philosophische Erklärung und also kein Wissen, das zusammen mit dem Bewusstsein der Grundnorm eintritt. Sie soll, was in diesem Wissen wirklich gelegen ist, verständlich machen, nicht aber an seine Stelle treten. Im wirklichen Leben entspricht ihr das Bewusstsein, dass sittliches Verhalten mir aus mir selbst heraus aufgegeben ist und dass ich mit ihm zugleich auch in irgendeiner Übereinstimmung mit dem Grund meines Lebens bin.

In der Situation, in der sich die Grundnorm geltend macht, steht aber deren Anspruch und das Bewusstsein, dass er mich nicht als etwas Fremdes angeht, immer in einer Konkurrenz mit der Notwendigkeit, anderen Zielen nachgehen zu müssen, und dem Interesse daran, sie zu erreichen – auch solchen Zielen, die favorisiert werden müssen, wenn die jeweilige Identitätsbalance des eigenen Lebens nicht in eine prekäre Lage kommen soll.

So öffnet sich also im sittlichen Bewusstsein ein Spielraum eigener Art zwischen einem Wollen, das der Norm entspricht, und einem Wollen, das sich ihr entzieht oder das sie in der Präferenzordnung der Ziele an einer unteren Stelle eingliedert. Denn im sittlichen Bewusstsein ist ein Verhalten, das der Norm entspricht, *nicht* mit überwiegender oder überwältigender Attraktionskraft ausgestattet. So kann sich das Interesse daran auswirken, die Norm abgeschwächt wahrzunehmen und wirksam werden zu lassen, um andere Lebensziele ohne Irritation zu verfolgen. Ein solcher Spielraum lässt sich aber auch als der Bereich des Ins-Spiel-Kommens und der Verwirklichung von Freiheit verstehen – und als die Bedingung dafür, ihr selbst Wirklichkeit zuschreiben zu können.

Es versteht sich nicht von selbst, dass Menschen überhaupt fähig zu einer Organisation ihres Verhaltens sind, die nicht durch die Stärke eines Lebensinteresses motiviert ist. Zwar ist auch das sittliche Bewusstsein mit einem Lebensinteresse besonderer Art verbunden, das mit Selbstverständigung und Identitätsbildung im Zusammenhang steht. Aber dies Interesse äußert sich im Bewusstsein der Grundnorm nicht als eine Zugkraft, die den Motivationen entgegenwirkt, welche zu anderen Zielwahlen geführt haben, so dass der Widerstreit durch das Abwägen von Gewichten zu entscheiden wäre. Darum ist die Freiheit als solche notwendig mit zwei unter einander *inkommensurablen* Möglichkeiten konfrontiert. Sie ist ebenso die Fähigkeit, der Grundnorm zu entsprechen, wie auch die, sich der Grundnorm dort zu entziehen, wo das Handeln, das ihr entspricht, nicht mit den wichtigen Lebensinteressen übereinstimmt, die einer Vorzugswahl zugrunde lagen. Mit beiden Möglichkeiten ist die Fähigkeit zur Ausbildung von Einstellungen verbunden – die Fähigkeit zu einer Einstellung und Verhaltensart, die dem sittlichen Bewusstsein ein eigenes Motivationsgewicht zuerkennt und allmählich zuwachsen lässt, beziehungsweise die Fähigkeit, aus Einstellungen zu leben, in denen die Grundnorm nur insoweit Beachtung findet, wie sie mit der Präferenzordnung der anderen Zielwahlen in keinen Konflikt kommt.

Dass die beiden Möglichkeiten nicht nur einander entgegengesetzt, sondern, was eine Entscheidung zwischen ihnen betrifft, inkommensurabel zueinander sind, ist die Voraussetzung dafür, der Person, die zur Ausbildung der einen oder der anderen Einstellungsart gelangen muss, Freiheit in einem ganz spezifischen Sinn zuzuschreiben. Denn in einem solchen Fall kann man nicht mehr sagen, die Person sei in ihrer Entscheidung durch die ›besseren Gründe‹ bestimmt, die für die eine oder die andere Möglichkeit sprechen. Das Gewicht der Grundnorm lässt sich nicht auf derselben Ebene mit dem Gewicht der Interessen vergleichen, welche über die Zielwahl in der Lebensführung bestimmt haben. Auch die Stärke der Motive, die in die eine oder andere Richtung ziehen, lässt sich nicht vergleichen, indem man in sich hineinhorcht und sie gegeneinander auszuwiegen versucht. Es ist eine Sache, sich von dem Anspruch der Grundnorm und dem dunklen Bewusstsein bestimmen zu lassen, dass sie mit dem verbunden ist, was den Vollzug des eigenen Lebens als Subjekt ausmacht. Und es ist ein anderes, wohl erwogene Interessen der Selbsterhaltung, von denen ohnedies nur schwer abzusehen ist, wie sie überhaupt in einer Identitätsbalance zusammenzuführen sind, keinesfalls gefährden zu wollen, weshalb es notwendig ist, moralisches Verhalten klug zu dosieren und gegebenenfalls auch nur zu simulieren. In beiden Fällen ergreift die Subjektivität eine Möglichkeit, in ihrer Dynamik zu einer Lebensperspektive und damit zu einer Selbstbeschreibung zu kommen – wenn auch in einem Falle so, dass sie sich dabei zugleich eine Dimension zu verdecken versucht, aus der doch ein wesentlicher Aufschluss über sie selbst hervorgeht. An der Inkommensurabilität der Alternativen lässt sich erkennen, dass mit der Entscheidung zwischen ihnen nicht eine Abwägung von Interessen und Begabungen, sondern eine *Ausrichtung des bewussten Lebens*, das der Mensch zu führen hat, in Frage steht.

Die Person kann zwischen diesen beiden Alternativen nur entscheiden, indem sie zugleich die Gründe und die Motive dahingehend *gewichtet*, welche von ihnen hinfort die für ihr Leben und Verhalten bestimmenden sind. Sie muss sich auf eine der beiden Seiten stellen und kann sich dabei nicht an irgendwelchen einsichtigen Vorgaben ausrichten. Die Entscheidung entspricht also nicht der einer Vorzugswahl, die sich wie eine Auswahl zwischen Gütern vollzieht, sondern einer Parteinahme in einem Konflikt, dem auszuweichen unmöglich ist und in dem beide Seiten Ansinnen ganz verschiedener Qualität an den stellen, der sich zu entscheiden hat.

Wir wissen schon, dass es niemals ausgeschlossen werden kann, auch für einen solchen Fall eine kausale Vorgeschichte zu unterstellen, kraft deren festliegt, wie die Gewichtung der Person ausfallen wird. Zudem wissen wir, dass viele Tatsachen einer Lebensgeschichte auf die Gewichtung in solchen Entscheidungslagen Einfluss haben. Wer als Kind von lieblosen und machtbewussten Erwachsenen zurückgesetzt und in seinem Selbstgefühl gestört wurde, hat es sicher schwer, eine Entscheidung zu treffen, bei der die Erwartung eine Rolle spielt, über die Beachtung einer Norm zu einer stabilen Identität zu gelangen. Sieht man von wirklichem inneren Zwang ab, gibt es aber keine kausale Herleitung, die in der Situation der Entscheidung den Willen zur Ausbildung einer Einstellung in die eine oder andere Richtung schlechthin nötigen könnte. Die Unterstellung der determinierenden Kraft einer solchen Vorgeschichte bleibt also weiterhin nur eine Hypothese, die aufgrund vieler Umstände plausibel sein kann, die aber nicht durch einen Beweis zu einer Erkenntnis zu werden vermag. Man würde gern auch erfahren, welche Versuchsanordnung Neurologen vorschlagen, um den Nachweis zu führen, dass die Entscheidung zu einer Verhaltensart einer Konstellation im Netzwerk feuernder Neuronen nachgefolgt ist.

Es könnte freilich immer noch einen indirekten Beweis dafür geben, dass eine kausale Determination für solche Entscheidungen auch dann angenommen werden muss, wenn sie nicht erwiesen werden könnte: Wenn nämlich gezeigt würde, dass der Gedanke einer Entscheidungsfreiheit widersprüchlich oder aus anderen Konsistenzgründen unhaltbar ist. Entfiele der einzige Konkurrent zur kausalen Herleitung, dann wäre sie, als die verbleibende Denkmöglichkeit, aus ihrem Status herausgetreten, nur Hypothese zu sein.

Das scheinbar stärkste Argument innerhalb einer solchen Strategie will zeigen: Eine Entscheidung, die nicht von den überwiegenden Gründen, die für sie sprechen, nach sich gezogen wird, kann nur durch *Zufall* zustande kommen. Der Zufall galt aber schon in den griechischen Debatten über Freiheit und Schicksal zumindest ebenso sehr als Gegeninstanz zu ihr wie die determinierende Verursachung. Was zufällig eintritt, entzieht sich eben damit dem Wissen und Willen von Personen. Lässt sich also die Entscheidung, die aus Freiheit kommen soll, nur denken als durch Zufall eingetreten, dann ist sogar im Inneren des Wollens etwas etabliert, was von der Person schlechthin unbeeinflussbar und was ihr fremd ist. Das aber wäre das gerade Gegenteil dessen, was mit Freiheit gemeint ist.

Diese Argumentation schränkt umstandslos den Bereich möglicher Begriffsbildung in Beziehung auf Kausalität auf deren Standardfall ein – also auf die determinierte Abfolge von Ereignissen und den Zufall als deren unmittelbare Negation. Man hat denen, die eine Freiheit der Entscheidung annehmen, aber auch entgegengehalten, dass sie menschliches Handeln ins Absolute steigern, indem sie der endlichen Person die göttliche Eigenschaft unterstellen, Ursache ihrer selbst zu sein.

Selbstverursacht wäre ein Wesen, wenn es Ursache seines eigenen Daseins ist. Man kann aber auch eine Eigenschaft denken, die nicht dem unendlichen Gott reserviert ist, die causa accidentis sui, einen Akt also, durch den ein Wesen aus sich selbst heraus eine Eigenschaft entwickelt oder sich in einen Zustand versetzt. So hat man lange, in der Nachfolge der Griechen, das Wesen des Lebendigen als Selbstentfaltung begreifen wollen. Diese Selbstentfaltung geht alternativelos aus ihren Bedingungen hervor. Ihr Bewirken ist insofern determiniert.

Solches ließe sich wohl auch in Beziehung auf die göttliche Selbstverursachung behaupten.

Die menschliche Freiheit ist aber nicht jeder Alternative enthoben. So lässt sie sich nicht als Selbstentfaltung, sondern nur als Selbst*bestimmung* denken. Es ist auch dies Wort, das in der gegenwärtigen Umgangssprache wie kein anderes mit dem Sinn von Freiheit assoziiert wird. Von der Selbstbestimmung soll offenbar ausgeschlossen sein, dass das, was aus dem eigenen Wesen hervorgeht, diesem Wesen doch mit Notwendigkeit und alternativlos auferlegt ist.

Aus jedem Akt der Selbstbestimmung sollen Wirkungen hervorgehen, die ihm als solche zuzurechnen sind. So gibt es in den Debatten über Freiheit auch den Versuch, für Selbstbestimmung, ähnlich wie für Selbstentfaltung, eine eigene Sonderform von Kausalität zu definieren, nämlich die Agentenkausalität. Dies Manöver lässt sich auch gegen zahlreiche Einwände immer noch recht gut verteidigen. Dennoch macht die Frage einen guten Sinn, ob sich Selbstbestimmung überhaupt als eine Form von Kausalität zureichend beschreiben lässt. Schon das Verhältnis von erwogenen Gründen zu der Fähigkeit, diese Gründe zu würdigen, sperrt sich gegen die Einordnung in das Standardmodell von Kausalität. In der Selbstbestimmung werden diese Gründe aber darüber hinaus gewichtet und mit einer Lebensperspektive verbunden, die dann, insofern sie in das Handeln der Person eingeht, ihre Wirksamkeit entfaltet.

Auch die Freiheit der Vorzugswahl ist allerdings noch anderes als die schiere Zugkraft von Motiven, deren relatives Gewicht diese Wahl entscheidet. Denn diese Motive wiegen sich nicht selbst gegeneinander aus. Die Person muss sie vermittels ihres Imaginierens und Überlegens zum Sich-Auswiegen bringen, um daraufhin eine begründete Wahl zu treffen und wirksam werden zu lassen. Dennoch ließ sich aus diesem Prozess kein entscheidendes Argument gegen die universale Geltung des

Konsequenzprinzips gewinnen – und zwar vor allem deshalb, weil die Person selbst weiß, dass sie Handlungsziele nach der Stärke der Motivationen abwägt, die mit ihnen verbunden sind, und dass ihre eigenen Gründe zuletzt auf die Grade von deren Zugkraft zurückzuleiten sind.

Die Freiheit der Selbstbestimmung steht dagegen, anders als die Freiheit des zwanglosen Abwägens, der universalen Geltung des Konsequenzprinzips im Selbstbewusstsein der Person selbst diametral entgegen. Denn in dem ausgezeichneten Fall der Situation selbst, in der zwischen der Grundnorm und dem Lebensinteresse eine Entscheidung zu treffen ist, gibt es keinen Anhalt für die Rückbindung der Entscheidung an die Zugkraft von wirksamen Motiven. Angesichts dessen wächst einer anderen Explikation eine Plausibilität zu, die für den Handelnden selbst sogar ganz unverzichtbar ist – dass nämlich der Wille des Menschen als solcher eine Verfassung hat, die ihn dazu befähigt, in einer solchen Situation sich selbst zu einer Aktivität zu bestimmen. Jedenfalls kann sich die Person eine solche Fähigkeit zuschreiben, ohne dass dem in ihrem Bewusstsein als Handelnder etwas entgegensteht.

Das Konsequenzprinzip steht freilich weiter als wichtigstes Mittel dafür zur Verfügung, aus der Außenperspektive dagegen zu argumentieren. Dem, der dies Prinzip vor Augen hat, werden auch Bilder vom Willensroulette oder von verdeckt bleibenden Mechanismen nicht aus dem Sinn gehen, vor denen jede Form der Selbstbestimmung als Illusion erscheinen muss. Das Prinzip und solche Gedanken sind, wie wir wissen, mit theoretischen Gründen auch gar nicht zu entkräften. Aber sie sind ebenso wenig durch eine zwingende Begründung gedeckt, und vor allem aber haben sie im Bewusstsein dessen keinen Anhalt, der eine Entscheidung in einer Situation inkommensurabler Alternativen vollzieht.

Nun muss man noch weiter beachten, dass zu dem, was die Grundnorm ausmacht, gerade dies gehört, dass sie es von sich aus ausschließt, sie könne auch dann als beachtet gelten, wenn dies aus einem ganz anderen Interesse heraus geschieht, das sich mit ihrer Befolgung verbindet. So steht die Grundnorm selbst dem entgegen, dass man ihr entspricht, wenn man aus Berechnung die Wahrheit sagt. Denn sie verlangt, dass man ihr als Norm entspricht, nicht wegen irgendwelcher Motive, die zu ihrer Beachtung veranlassen. Damit entfällt aber die Motivationsstärke als Entscheidungsgrund für oder gegen eine Verhaltensart, die der Grundnorm wirklich entspricht, auch definitiv. Es fragt sich dann nur noch, ob eine andere Freiheit, aus der heraus diese Entscheidung fallen könnte, überhaupt denkbar ist.

Als zufälliges Geschehen im alltäglichen Sinn des Wortes kann sie gewiss nicht gelten. Denn die Entscheidung vollzieht sich nicht so wie der Wurf einer Münze. Sie geschieht aus der Verlaufsrichtung der Dynamik eines Lebens heraus, somit unter der Aufgabe der Bewahrung seiner Integrität und im Blick auf alle Gründe, die für oder gegen die Optionen sprechen, die zur Entscheidung offenstehen. Insofern ist die Entscheidung immer *auch* motiviert, nicht grundlose Verfügung. Aber erst, wenn die Entscheidung gefallen ist, wird diese Motivation zureichend. Ohne dass gute Gründe für sie sprechen, könnte sie sich auch nachträglich nicht bewähren. Und doch muss die Person die Entscheidung getroffen haben, wenn die Gründe als maßgebend in Geltung bleiben sollen. Denn alle Gründe, die für sie sprechen, können die Entscheidung nicht zwangsläufig auf ihre Seite ziehen.

Das Wissen der Person, dass die Entscheidung die ihre war, ist also auch nicht mit der Ungewissheit zu verwechseln, die einen Menschen bedrängen kann, wenn er nicht sicher ist, beim Abwägen der Motivationskräfte in seiner Vorzugswahl umsichtig genug verfahren und zum richtigen Resultat gekommen zu sein. Er weiß, dass er eine Entscheidung nicht nur deshalb vollzogen hat, weil er in seiner Beurteilung von

Situation und Chancen unsicher geblieben war und so unter Zeitdruck geriet. Vielmehr hat er sein Leben durch sie auf eine Bahn gebracht, ob er nun, im Bereich des sittlichen Bewusstseins, dessen Grundnorm zur Leitlinie werden ließ oder ob er sie unter den Vorbehalt des Resultats kluger Kalkulation gestellt hat.

Insofern über eine Alternative entschieden wird, entspricht die Entscheidung dem Muster eines Wahlaktes. Aber sie ist nicht eine Wahl der Willkür in dem Sinne, den dies Wort inzwischen angenommen hat. Denn mit einer souveränen Verfügung, der nahekommen mag, was ›freie Auswahl‹ heißt, hat sie rein gar nichts zu tun. Mit ihr wird ein Leben eingesetzt auf eine der Lebensbahnen, die dem Menschen kraft der Verfassung seiner Subjektivität vor Augen stehen. Diese Verfassung steht so wenig in seiner Disposition wie die Grundnorm, unter der er allererst der Notwendigkeit zur Entscheidung zwischen inkommensurablen Alternativen ausgesetzt ist. So wie Subjektivität überhaupt nicht auf Verfügungsmacht, sondern auf Selbstbewahrung gegründet ist, so ist auch die Freiheit der Selbstbestimmung und alles, was aus ihr wirklich wird, zunächst als notwendiges Glied in der Verfassung der Subjektivität und erst infolge dessen und auch nur unter anderem als die Absenz von jeder Art von Zwang zu verstehen. So kann man sagen, die Freiheit selbst sei eingefügt in das Geschick des bewussten Lebens. Nur mit ihm zusammen und in seinem Ganzen kann auch die Freiheit als solche zum Anhalt für eine Sinnerfahrung dieses Lebens werden.

Die Freiheit der Selbstbestimmung hat also nur dort, und zwar mit Notwendigkeit, eine Sphäre, wo der Mensch mit seinem ganzen Leben inkommensurablen Alternativen ausgesetzt ist, denen er nicht ausweichen kann, ohne sich aus seinem bewussten Leben abgleiten zu lassen. Wenn man Freiheit in einer solchen Situation mit der Freiheit des Überlegens in der Vorzugswahl identifiziert, dann deformiert man nicht nur den eigentlichen Freiheitssinn. Man wird sogar dazu genötigt, die Vorzugswahl ihrerseits zur Willkürwahl werden zu lassen. Denn aus der Erwägung der Alternativen und der Motivationen, die sie von sich aus freisetzen können, würde man zwar in vielen Fällen, niemals aber in einer solchen Situation überhaupt zu einer begründeten Vorzugswahl gelangen können. In dem Bewusstsein, aus dem sich wirkliches Handeln herausbildet, wird der Unterschied zwischen beiden Freiheitssinnen jedoch immer gemacht – und zwar auch dann, wenn man den theoretischen Stellenwert des Konsequenzprinzips klar vor Augen hat und es sich nicht zutraut, mit Argumenten gegen es anzugehen.

Wo Freiheit im Ausgang vom sittlichen Bewusstsein erklärt werden soll, wird es sich immer als schwierig erweisen, dem guten Willen Freiheit ebenso zuzuerkennen wie dem Willen, der sich der Grundnorm zu entziehen weiß. Wäre nämlich Freiheit durch das sittliche Bewusstsein konstituiert, so scheint sie verloren zu werden, wenn ihr Gebrauch ihm entgegen geht. Über den Akt der Selbstbestimmung wird einer Möglichkeit und Einstellung des Lebens eine überwiegende Bedeutung und Motivationskraft zuerkannt. So muss also der Akt, mit dem ein Mensch sein Leben der Motivation unter der Grundnorm entzieht, ebenso wie der gute Wille in seiner Subjektivität fundiert sein können. Beide Entscheidungen – auch die, die sich einer Handlungsart unter der Grundnorm entzieht – werden von ein und demselben Subjekt vollzogen. Der Akt, kraft dessen der einen oder der anderen Seite die überwiegende Motivationskraft beigelegt wird, muss also mit der Verfassung der Subjektivität kompatibel sein.

In beide Fälle geht aber wirklich auch ein Lebensentwurf ein, der einer Perspektive folgt, welche in der Subjektivität selbst begründet ist: Der Perspektive konsequenter Selbstbehauptung in irgendeiner Identitätsbalance oder der Perspektive eines Lebens in Übereinstimmung mit dem, was aus dem

Grunde der Subjektivität heraus die eigene Verhaltensart beansprucht. Die Entscheidung, mit der man den Anspruch der Grundnorm relativiert, verletzt wohl das Bewusstsein von deren Gültigkeit. Da immer auch gewusst wird, dass die Norm in der Verfassung des Subjektes begründet ist, zeigt diese Verletzung an, dass sich mit dieser Entscheidung nunmehr auch eine Lebensperspektive verschließt, die in der Verfassung der Subjektivität eine tiefere Begründung hat – damit auch eine weitere Aussicht als ihr Gegenteil, nämlich die auf ein Leben, das ohne Reserve oder Verkürzung die innere Zustimmung dessen hat, der es führt. Deshalb werden zwar beide Glieder der Alternative auch als verbunden mit einer Lebensevidenz, aber nur eines als verbunden mit einem Anspruch sui generis erfahren.

Dieser Anspruch besteht fort, so dass die Möglichkeit nicht ausgeschlossen ist, dass er nach einer Zeit der Erfahrung, die einer mit einer Entscheidung gemacht hat, die vollzogene Entscheidung revidiert oder dass sich ihm die Perspektive auf eine zuvor nicht wirklich erwogene Entscheidungsart erschließt. Doch verliert auch die Person, die gegen eine Perspektive entscheidet, welche sich an die sittliche Grundnorm anschließt, nicht den Status, als Subjekt ein bewusstes Leben zu führen und in einem für sie wohl begründeten Lebensgang zu stehen. Aus diesem Grund darf man wohl die Freiheit der Selbstbestimmung auch als Freiheit der Selbstwahl bezeichnen. Doch dieser Ausdruck, mit dem ein platonischer Mythos aufgenommen wird, lässt die Position der Freiheit in Prozess und Dynamik der Subjektivität nicht erkennen.

Nur im Vorübergehen kann darauf hingewiesen werden, dass hier in die Erörterung dessen einzutreten wäre, was als sittliche ›Verfehlung‹ und was als ›böser‹ Wille in der moralischen Sprache einen untilgbaren Platz hat. Alle meine bisherigen Analysen führen offenbar hin zu einer Position, die innerhalb einer auf Subjektivität konzentrierten Philosophie der Lehre

Platons nahekommt. Für sie gibt es im Zentralbereich des sittlichen Bewusstseins wohl einen Verlust des eigentlichen und ganzen Selbstseins, nicht aber irgendeine Gegenmacht zum Selbstsein als solchem. Auch aus diesem Verlust lässt sich eine Art von Schuldgefühl erklären. Sein Gegenstück ist aber nicht die Empörung der anderen Menschen. Diese Empörung, die zu einer anderen Art von Schuldvorwurf führt, erklärt sich vielmehr aus den potenziellen und den wirklichen Folgen eines Lebens nur im Eigeninteresse für die anderen, die als böse, weil zerstörerisch beschrieben werden können. Im Blick auf diese Folgen und im Urteil der Anderen hat darum auch die Charakterisierung der Selbstwahl, über die das Selbstsein deformiert wird, als ›das Böse‹ ihren ersten Ursprung. Der Akteur wird es sich, und zwar von sich aus, auch zu eigen machen müssen, obwohl es den Akt seiner Selbstbestimmung zum Selbstverlust als solchen eigentlich nicht trifft.

Auch dann, wenn deutlich geworden ist, wie alle Akte der Selbstbestimmung, durch die eine Motivation als die maßgebende etabliert wird, im Subjekt selbst verwurzelt sind, kann man weiter auf der Frage insistieren, wie man denn die Entscheidung für den einen oder den anderen Weg *erklären* soll. Zum wiederholten Mal vor diese Frage gestellt, muss man die Auskunft geben, dass sie *gar* nicht noch *weiter* zu erklären ist oder dass sie bereits verdeutlicht ist, so weit sie denn erklärt und verständlich gemacht werden kann. Diese Antwort muss insoweit unbefriedigend wirken, als ihr die im Begriff der Vollständigkeit einer Erklärung selbst gelegenen Postulate widerstreiten. Sie ist dennoch unausweichlich. Denn Freiheit lässt sich nicht wie die Funktion eines Mechanismus, und sei es eines mentalen, vorführen. Wenn die Situation hinreichend expliziert wurde, in der Freiheit vorausgesetzt und eingesetzt werden muss, und wenn damit auch klar wurde, was es ist, das aus Freiheit hervorgeht, findet die Einforderung einer Erklärung keinen Anhalt mehr. Sie verliert diesen Anhalt auch unangesehen dessen, dass der Gebrauch der Freiheit nicht demonstrierbar ist – im doppelten Sinn von vorzeigbar und beweisbar – und dass ihre Möglichkeit ebenso wenig demonstriert werden kann. Dennoch und auch deshalb bleibt es weiter möglich, an der Hypothese festzuhalten, dass jede Selbstwahl aus genetischer Vorprägung, erworbenen Vorlieben, aus Anpassungsdruck oder aus einem neuronalen Mechanismus hervorgeht.

Man kann auch an dem Verdacht festhalten, der Ausgang einer Wahl, die durch überwiegende Gründe gar nicht gedeckt sein kann, könne letztlich nur als Zufall beschrieben werden. Dementsprechend kann man sich in den neuronalen Mechanismus, der die Wahl erklärt, auch einen Zufallsgenerator eingebaut denken. Alle solche Erklärungen sind mit der aus bloßer Überlegung hervorgehenden Freiheit der Vorzugswahl wirklich auch vereinbar. Nach einem solchen Modell ließe sich nämlich auch erklären, warum Gründe weniger oder stärker zur Auswirkung kommen, also ›ins Gewicht fallen‹. Doch beruhen diese Erklärungen allesamt auf der Petitio principii, der zufolge eine Erklärungsart auch dort in Kraft gehalten werden muss, wo sie Freiheit in dem Sinne ausschließt, der von der Person in Anspruch genommen werden muss. Wohl könnte auch dieser Anspruch, so wie jede im Selbstbewusstsein verwurzelte Spontaneität, eine Illusion sein, die, als erzeugt von der genetischen Ausstattung des Menschen, keinen Wahrheits-, sondern nur einen Überlebenswert hat. Diese Denkmöglichkeit ließe sich nur eliminieren, wenn die Freiheit der Selbstbestimmung, ihrem Wesen entgegen, wie eine demonstrierbare Tatsache auszuweisen wäre.

Spätestens an dieser Stelle tritt nunmehr wieder deutlich hervor, warum ein philosophischer Rahmen für die Untersuchung des Freiheitsproblems nicht zu entbehren ist, innerhalb dessen die Aussage einen guten Sinn macht oder sogar notwendig wird, bei der Selbstbestimmung müsse und könne die

Erklärung ein Ende finden. Ohne einen solchen Rahmen kann diese These den Verdacht, ein Ausweg von fauler Vernunft und Vorurteil zu sein, nicht nachhaltig von sich abwehren. Aus diesem Rahmen muss begründet werden, dass im Selbstbewusstsein der Person etwas ausgewiesen sein kann, dessen Wirklichkeit doch nur einsichtig und mit allem kompatibel wird, was gewusst werden kann, wenn das Denken zusammen mit der Subjektivität auf einen Grund des Selbstseins Bezug nehmen darf, welcher der Subjektivität zugleich entzogen ist. Wir begreifen die Sache nicht, wir begreifen aber doch ihre Unbegreiflichkeit – mit diesem Satz hatte Kant sein erstes Hauptwerk zur Grundlegung der Ethik abgeschlossen. Um ihn formulieren zu können, musste er den Begründungsgang seiner Philosophie im Ganzen vollständig ausgeführt haben. Aus dem Gang der vorausgehenden Überlegungen können wir Kants Satz nur hinzufügen: Wir begreifen die Sache so wenig wie wir letztlich begreifen können, was doch als Bewusstsein von uns selbst in einer Weise erschlossen ist, die es gänzlich außer Frage stellt.

Damit ist deutlich geworden, dass es nunmehr möglich und auch notwendig geworden ist, die Verbindung zum ersten Teil dieser Vorlesung wieder aufzunehmen. In ihr wurde damit begonnen, den Entwurf eines solchen Rahmens zu entwickeln – und zwar eines anderen als der, den Kant selbst entworfen hat. Doch die Überlegungen zum Freiheitssinn können vorerst noch nicht als zu Ende gebracht gelten. Denn sie müssen, nachdem sie sich bisher allein an das sittliche Bewusstsein anschlossen, noch auf den gesamten Bereich der Dynamik des bewussten Lebens ausgedehnt werden, letztlich sogar unter Einschluss der Vorzugswahl.

Mit Bezug auf den philosophischen Rahmen, in den die Überzeugung von der Wirklichkeit der Freiheit eingegliedert werden muss, sei aber noch darauf hingewiesen, dass diese Überzeugung mit der Meinung, die Geltung des Konsequenzprinzips sei ohne Ausnahme anzuerkennen, doch immer noch eines gemeinsam hat: Beide müssen auf eine dem Subjekt selbst entzogene Dimension von Wirklichem Bezug nehmen. Wer die Wirklichkeit solcher Freiheit bestreitet, nimmt an, dass, was das Subjekt als Entscheidung zu vollziehen meint, als Ergebnis aus einer Art von Computerprogramm hervorgeht, dessen Anlage und Funktionieren dem Subjekt, *sofern* es entscheidet, notwendig entzogen bleibt. Aber auch die Konsistenz der Annahme, dass eine Freiheit der Selbstbestimmung wirklich ist, hängt davon ab, dass eine Voraussetzung ganz anderer Art hat begründet werden können: Der gesamte Prozess der Subjektivität des Menschen muss zu einer Dimension in Beziehung gesetzt werden, die in seinem Selbstbewusstsein und für seine Erkenntnis nicht erschlossen ist und die doch mit dem Selbstsein dessen, der sich seiner selbst bewusst ist, in einer für es konstitutiven Verbindung steht.

Die Freiheit der Selbstbestimmung ist inbegriffen in das Selbstsein eines Subjektes, das schon kraft der Verfassung seines Wissens von sich über das hinaus denken muss, was ihm in seinem Selbstbewusstsein unmittelbar und zur Gänze zu Bewusstsein kommt. Der Mensch muss zwar seine Selbstbestimmung bewusst vollziehen. Aber ihr Vollzug ist ihm doch nicht wie ein Thema und Gegenstand zugänglich und erschlossen, und er kann ihm auch nicht aus irgendeiner Distanz, die nachfolgend eintritt, in dieser Weise erschlossen werden. Insofern gehört dieser Vollzug der Dimension der Wirklichkeit des Subjektes zu, in der auch das Bewusstsein der Verbindlichkeit der Grundnorm ihren Ursprung hat. Sie ist als Dimension von Subjektivität im Bewusstsein bezeugt, nicht aber auf es eingeschränkt.

Aus alldem geht darum noch deutlicher hervor, warum ein zureichender Gedanke von der Wirklichkeit der Freiheit nicht in direktem Zugriff auf das Freiheitsproblem zu gewinnen ist. Man kann zu einem solchen Gedanken nur gelangen und ihn dann auch hinreichend befestigen, wenn zuvor ein weiter Weg der Verständigung über die Subjektivität im Selbstsein, über den ihr entzogenen Grund und über die Weisen der Beziehung zu ihm zurückgelegt worden ist.

8. Lebensentwurf und Vorzugswahl

Der Sinn von Freiheit als Selbstbestimmung ist in Beziehung auf das sittliche Bewusstsein entwickelt worden. Bevor zum Thema des ersten Teils der Vorlesung und damit zu einer ontologischen Einbettung der Subjektivität zurückgekehrt werden kann, stellt sich nunmehr die Frage, wie weit der Bereich auszudehnen ist, in dem Freiheit in eben dem Sinn in Anspruch genommen werden kann, der seine erste Evidenz in Beziehung auf das sittliche Bewusstsein erhalten hat. Gemäß der Bestimmung, die Freiheit so erfuhr, wird das überall dort der Fall sein können, wo zwei negative Bedingungen erfüllt sind: Wo Einstellungen *nicht* über das vergleichende Auswiegen der Stärken schon bestehender Motivationen zustande kommen, wo sie aber auch nicht als natürliche Ausstattung des Lebens oder irgendwelchen anderen Umständen eintreten, sondern wo sie sich als Resultat bewusster Lebensführung und als die Weise ausbilden, in der diese Lebensführung sich aus sich selbst heraus und um ihrer selbst willen kontinuiert und kontinuieren muss.

Das sittliche Bewusstsein hat in der Dynamik der Subjektivität dadurch eine ausgezeichnete Stellung inne, dass es das Subjekt in eine Dimension seines Lebens stellt, die ihm weder im elementaren Selbstbewusstsein erschlossen ist noch durch Antriebe oder Interesse zuwachsen könnte. Der Freiheitssinn von Selbstbestimmung, der sich im Ausgang vom sittlichen Bewusstsein entwickeln lässt, ist, wie wir sagten, insofern in die Dynamik des bewussten Lebens eingebunden. Daraus kann man schließen, dass der Applikationsbereich dieses Freiheitssinnes mit dem Bereich identisch ist, in dem sich diese Dynamik insgesamt entfaltet. Das heißt nicht, dass er auch überall Bedeutung haben kann, wo diese Dynamik auf eine bestimmte Vollzugsweise festgelegt ist. Er wird dort applikabel sein, wo innerhalb ihrer Situationen eintreten, in denen dem Leben eine Richtung gegeben werden muss, ohne dass sie als Resultat abwägenden Überlegens allein würde gewonnen werden können.

Damit zeichnet sich nun eine Aufgabe von einer Größenordnung ab, welche diese Vorlesungen nicht mehr auf sich nehmen, über die sie nur noch Rechenschaft geben können. Denn nun hätte es nicht nur darum zu gehen, alle die Dimensionen aufzuweisen, innerhalb deren über Lebensrichtungen zu entscheiden ist und, in der Folge davon, Einstellungen auszubilden sind. Darüber hinaus müsste der Weise nachgegangen werden, in der sie auch ineinander einwirken und in der sie sich dann in Handlungssituationen zur gleichen Zeit geltend machen können. Dass sich auch diese zweite Aufgabe stellt, wird gerade am Beispiel des sittlichen Bewusstseins deutlich. Denn es gibt keine Lebensentscheidung, für die sittliche Erwägungen keinerlei Relevanz erhalten können – auch dann nicht, wenn, was zur Entscheidung steht, als ein Problem der Moral gänzlich verzeichnet sein würde. So stünde also nicht weniger als jene Problematik zur Entfaltung an, die ehedem unter ganz anderen Voraussetzungen als Existenzanalyse ihren Weg in die Philosophie begonnen hat, auf dem dann aber Existenz oder Leben oft als ein eindimensionaler Wechselprozess und Stufengang expliziert worden sind. Hier kann es also nur noch darum gehen, die Aufgabe weiter zu erläutern, sie über wenige Beispiele zu konkretisieren und die Verdachtsgründe weiter zu entkräften, denen der Sinn von Freiheit als Selbstbestimmung ausgesetzt sein kann.

Man muss so weit gehen schon in der Grundspannung des

bewussten Lebens zwischen Welterschließung und Selbstergründung eine Voraussetzung für Entscheidungen zur Ausrichtung dieses Lebens gelegen zu sehen. Ein Leben kann sich stärker auf die Ausgestaltung eines Weltsegments, wie groß oder klein es sein mag, oder auf Selbstbesinnung konzentrieren. Beides kann auch so geschehen, dass der entgegengesetzte Pol der Lebensentscheidung in das eigene Lebensziel doch mit einbezogen oder von ihm ausgegrenzt gehalten wird. Der weltgewandte Agent und der weltflüchtige Ordensmann könnten als Beispiele für solche Lebensentwürfe stehen.

Nun sind Lebensentscheidungen solcher Art, die im Übrigen mit einer Berufswahl nicht zu verwechseln sind, sicher im natürlichen Charakter und in den Begabungen von Individuen angelegt. Aber die Freiheit der Selbstbestimmung ist auch etwas anderes als absolute Verfügungsmacht. Sie ist endliche Freiheit auch dadurch, dass sie nur unter Umständen wirksam werden kann. Sie kann Motivationen so wenig wie den Anspruch der Grundnorm ursprünglich generieren; sie kann ihnen aber Übergewicht und Vorrang erteilen. Eben darin motiviert sie allerdings auch aus sich selbst heraus. Es macht nämlich einen Grundunterschied aus, ob sich eine natürliche Begabung nur auswirkt oder ob sie eine Entscheidung nach sich gezogen hat, die eine Lebensrichtung trägt, die sich dann in wechselnden Umständen zu bewähren hat. Die Entscheidung muss, wie man sagt, durchgehalten werden, was bedeutet, dass sie sich in einer Kette von Orientierungsakten immer wieder zu erneuern hat. Die Freiheit ist keine Kraft der Kreation aus Nichts, sondern die Fähigkeit, dem Leben, in dem der Mensch sich findet, auch Konsistenz, Klarheit und Richtung in seinem bewussten Vollzug zu geben.

Eine solche Selbstbestimmung ist nicht nur zur Gründung von sittlichen Einstellungen vorauszusetzen. Eine andere Entscheidungsperspektive bildet sich damit aus, dass das bewusste Leben auf das Ganze eines Verstehens hin tendiert, das aber nur über Lebenserfahrungen erreicht werden kann, die gegenläufig zueinander verlaufen und somit als gegenwärtig nicht miteinander vereinbar sind. Hölderlins Werk entstand unter dem Eindruck der Einsicht, dass eine tiefe Lebensbindung nicht zugleich mit einer Erkundung der Welt ausgelebt werden kann, die das Risiko suchen und bestehen muss. Aber beide sind doch Voraussetzungen dafür, dass sich das Leben letztendlich zu einem Ganzen fügen kann, das nicht durch eine Einschränkung gezeichnet ist. Welchem Lebensziel gerade jetzt nachgegangen wird, bestimmt sich nicht allein durch Talent, Chance und kluges Abwägen, sondern, all dies vorausgesetzt, durch einen entschlossenen Aufbruch in eine Lebensbahn.

Für solche Situationen ist die Bedingung der Inkommensurabilität von Alternativen auf andere Weise als im Fall der Selbstbestimmung unter der Grundnorm erfüllt. In ihnen ziehen wohl Interessen in einander entgegengesetzte Richtungen, deren Zugkraft gegeneinander aufzuwiegen ist. Aus der Zugkraft allein lässt sich aber nicht die Lebensbedeutung der Bahnen gewinnen, in die das Leben sich einzulassen hat – damit auch nicht die Weise ihrer humanen Ausgestaltung und noch weniger die Energie, mit der sie in Lebensführung und Selbstverständigung eine Vorrangstellung gewinnen. Mit der Entscheidung über die Richtung der Bahn ist also auch eine Entscheidung darüber verbunden, wann und mit welcher Kraft oder Vorsicht der Weg einzuschlagen ist.

Die Selbstbestimmung in solchen Situationen vollzieht sich deshalb immer im Spielraum einer zweiten Auswirkung von Inkommensurabilität: Ein Leben kann darauf ausgehen, den Möglichkeiten bewusster Lebensführung und den Perspektiven der Selbstverständigung zu entsprechen, die ihm aus diesem Leben aufgehen. Es kann sich ihnen aber auch verschließen, sich dem Nächstliegenden überlassen, weit reichende Pläne nur machen, insoweit sie unabweisbaren Bedürfnissen dienen, und die Aufgabe, eine Identitätsbalance auszubilden, so flexibel wie möglich angehen. Diese Differenz ist der ethischen analog, aber nicht auf sie zurückzuführen. Selbstbestimmung wird jedoch auch von ihr auf beiden Seiten in Anspruch genommen. Doch nur die Option, die bewusste Lebensführung als Erkundung des Lebens versteht, führt zugleich auch zu der Selbstbestimmung in einer Lebensbahn.

Man muss nicht denken, dass solche Selbstbestimmung den großen Momenten eines Lebens, das auf Entscheidungen zugeht, vorbehalten ist. Die Spannung zwischen inkommensurablen Perspektiven wirkt sich bis in alltägliche Lebenssituationen hinein aus, in denen sie scheinbar unkenntlich geworden ist – etwa dann, wenn man sich fragt, ob man mit seiner Liebe oder seiner Examensarbeit nachlässig umgehen kann. Keine dieser Alternativen ist unvernünftig, keine moralisch eindeutig favorisiert, und von keiner kann man irgend mit Sicherheit sagen, dass man auf sie durch seine Natur festgelegt sei. Selbst wenn man die Würfel über sie werfen würde, müsste das doch im Wissen davon geschehen, dass man sich beide Alternativen würde zu eigen machen können. Denn dem Wurf müsste immer noch die wirkliche Entscheidung folgen. Und die müsste in Einstellungen umgesetzt werden. Denn ein Leben kann sich unter einem Entwurf nicht wie unter einer Therapie vollziehen, die man über sich ergehen lässt. Das Subjekt muss sich selbst in ihm wiederfinden. Nur aus dieser Einigkeit mit sich heraus kann es ihn wirksam werden lassen.

Lebenseinstellungen, die zumindest auch auf Akten der Selbstbestimmung beruhen, wirken ebenso in die tägliche Lebensführung hinein wie Einstellungen, die unter der sittlichen Grundnorm erworben worden sind. Sie tangieren deshalb immer auch die Überlegungen, aus denen eine Vorzugswahl hervorgeht. Daraus ergibt sich für uns nun die weitere Aufgabe, die Freiheit der Selbstbestimmung zur Freiheit des Überlegens in der Vorzugswahl nicht weiter einzig im Kontrast zueinander zu betrachten, sondern ihre Strukturen und Funktionen in ein Verhältnis zueinander zu bringen. Der Freiheitssinn der Selbstbestimmung ist nunmehr über seine erste Evidenzbasis, das sittliche Bewusstsein, hinaus in Anspruch genommen und auf die Selbstbestimmung in Lebensentwürfen ausgedehnt worden. Das hat offenbar zur Folge, dass weiter auch den Weisen nachgegangen werden muss, in denen diese Freiheit und was aus ihr resultiert, in die Handlungssituationen einbezogen ist, die vermeintlich ganz und gar der praktischen Logik der Vorzugswahl unterliegen.

Mit der Frage danach wäre also nun die dialektische Erörterung von Handlungssituationen in Beziehung auf einen möglichen Freiheitssinn, mit der wir die Erkundung des Sinnes von Freiheit begonnen haben, unter veränderten Bedingungen noch einmal aufzunehmen und zu durchlaufen – nämlich nunmehr unter Einbeziehung des Freiheitssinnes der Selbstbestimmung, der inzwischen erreicht worden ist.

Die Analyse dieser Situationen würde sich dabei erheblich komplizieren. So wie das sittliche Bewusstsein in alle Handlungssituationen hineinwirkt, so vollzieht sich auch die Dynamik der Subjektivität insgesamt, also in allem, was ihr eigentümlich ist, nicht in einem Sonderbereich, der in einem Untergrund des Lebens eingeschlossen und abgetrennt bleibt. Sie durchherrscht das bewusste Leben auch dort, wo es dem Anschein nach im Erwägen des Zweckmäßigen und in der rationalen Vorzugswahl aufgeht. Denn Motivationen, die an einzelne Ziele binden, sind mit der Kontinuität in der ganzen Lebensführung so eng verkoppelt, dass Motive, die sich von ihr her ergeben, die Vorzugswahl nicht unberührt lassen. Jede Vorzugswahl kann zu einem Teil der Ausbildung und der Bewährung eines Charakters, eines Handlungstyps, einer Weltorientierung und einer Weise des Mitseins von Menschen werden. So können über ganz alltägliche Handlungssituationen Grundentscheidungen des Lebens bewährt, also fest und ihrer selbst sicher werden. Sie können aber auch ein Medium sein, in dem sie allmählich aufkommen. Große Wendungspunkte des Lebens, an denen Grundentscheidungen bewusst vollzogen werden, sind nur Gipfelpunkte in einem Verlauf, in den sie eingebunden sind und dessen Kontinuität durch sie nicht gänzlich unterbrochen werden kann. Sie können auch leise heranreifen, indem sich eine Verhaltensart oder eine Lebensrichtung in vielen unscheinbaren Situationen immer wieder nahe legt, um dann im Falle einer großen Chance oder Herausforderung fest und eindeutig zu werden.

Der Spielraum und die Bedeutung der Freiheit der Wahl, die aus dem abwägenden Überlegen hervorgeht, sind, anders als die Freiheit der Selbstbestimmung, mit dem Konsequenzprinzip vereinbar. Dennoch muss letztlich auch diese Freiheit selbst in einem Gang mit der Verständigung über den Ort der Freiheit in der Dynamik des bewussten Lebens begriffen werden – so wie beide auch zugleich in der Vorbereitung und Einleitung von Handlungen zur Auswirkung kommen. Dazu sollen nun noch einige Anmerkungen folgen.

Die Zugkraft von Motiven im Überlegen abzuwägen und das eigene Leben durch Selbstbestimmung auf eine Bahn zu bringen setzen gleichermaßen die Distanz zu Antrieben voraus, die von sich aus darauf drängen, unmittelbar in wirkliches Handeln überzugehen. Es ist insofern ein und dieselbe Sphäre, innerhalb deren sich erwogene Motive als Handlungsgründe auswirken und in der eine mögliche Lebensperspektive selbstbestimmt zu einer wirklichen Lebenspraxis wird. Diese Distanz ist dem Menschen als bewusstem Akteur ebenso wesentlich wie die doppelte Ausrichtung seines Lebens auf Welterschließung und Selbstverstehen. Er kann sie nur zusammen mit sich selbst preisgeben oder sich entgleiten lassen. Doch kann er sie sowohl aus Interesse am klugen Abwägen wie auch um der Wahrung selbstbestimmten Lebens willen steigern, modifizieren oder stabilisieren. Bei der Bewahrung

einer dem Menschen wesentlichen Grundeinstellung, für die der Freiheitssinn der Selbstbestimmung konstitutiv ist, werden beide jeweils in anderer Weise, aber doch im Verbund miteinander wirksam sein.
Dem entspricht, dass auch in ein Überlegen, das einzig dazu dient, Motive gegeneinander auszuwiegen, eine Bedingung als Voraussetzung eingehen kann – nämlich die, solchem Überlegen das Feld zu überlassen und davon abzusehen, in es mit einer ganz anders angelegten Überlegung einzugreifen, die andere Möglichkeiten der Lebensorientierung in den Blick bringen würde. Man kann deshalb weiter auch die Rationalität der Vorzugswahl als solche und das Bemühen, sie ungestört in Gang kommen zu lassen, verstehen als vorgängig ermöglicht durch die Entscheidung zu einer Lebensorientierung – sei es durch eine Selbstbestimmung, aus der folgt, sich in allen irgendwie riskanten Situationen dem Überlegen der Vorzugswahl auch ganz zu überlassen, sei es sogar aus dem gleichfalls selbstbestimmten Wollen, in dem das eigene Leben ganz auf das gut kalkulierte Erfolgsinteresse gegründet worden ist. Mit einer solchen Entscheidung hätte sich der Mensch allerdings einer Grundforderung seines sittlichen Bewusstseins entzogen, womit er sein Leben um eine für seine Subjektivität wesentliche Dimension verkürzt hätte. Unter einem anderen Aspekt und in vielen prekären Situationen kann die Wahrung der Rationalität der Vorzugswahl aber auch als Erfüllung der sittlichen Forderung nach Selbstbeherrschung verstanden werden.
Solche Komplikationen muss man sich deutlich gemacht haben, um erklären zu können, warum so viele Autoren es einleuchtend fanden, eine These zu favorisieren, die dem Selbstverständnis des Menschen in seinem Handeln doch so offensichtlich widerstreitet – dass nämlich die Freiheit des Menschen von der Freiheit gar nicht zu unterscheiden sei, Gründe in ihrem Handeln wirksam werden zu lassen, deren

Motivationskraft sie in eigenem Überlegen eingesehen haben. Die meisten dieser Autoren beziehen ihre Position wohl vor allem deshalb, weil sie meinen, einem theoretischen Konflikt mit dem Konsequenzprinzip ausweichen zu müssen. Doch die Möglichkeit dazu eröffnet sich ihnen wiederum nur aufgrund der optischen Täuschung, welche die Freiheit der Vorzugswahl mit der Dimension der Distanz in eins verschwimmen lässt, die für jegliches Überlegen konstitutiv ist. Innerhalb dieser Distanz kommen die Freiheit der Selbstbestimmung und die Naturbestimmtheit des rationalen Handelns gleichermaßen auf, aber zugleich doch in ihrem Widerspiel gegeneinander. Eben deshalb kann die Freiheit der Selbstbestimmung dann aber auch in die Freiheit der Vorzugswahl direkt oder indirekt, wenn auch untergründig eingreifen – zumeist dadurch, dass sie schon bei der Strukturierung der Situationen wirksam geworden ist, in denen dann die Vorzugswahl erfolgen soll.

Wir sind damit diesen Komplikationen immerhin so weit nachgegangen, dass verständlich werden kann, warum sie in diesen Vorlesungen nicht noch weiter entfaltet werden können. Sie führen dazu, jede Handlung als resultierend aus vielfältig ineinander verwobener Dimensionen und Verständigungsweisen des bewussten Lebens zu betrachten. Sie ziehen also in eine Kasuistik herein, die doch auch am Ende nicht dazu führen kann, irgendeine einzelne Handlung aus der Art und Kraft der Einstellungen, aus denen sie hervorgeht, restlos und verlässlich herzuleiten. Deshalb kann man, dem ersten Anschein entgegen, dem Prozess, in dem sich in einem Menschen eine Einstellung herausbildet, noch mit größerer Evidenz nachgehen. Aber auch Einstellungen können in Verbindungen miteinander kommen und, einer Identitätsbalance ähnlich, in hierarchische Beziehungen zueinander gebracht werden. Ihre innere Bindung an Selbst- und Weltbilder kompliziert ihre Analyse noch auf eine andere Art. In diesem Zusammenhang ist aber das eigentliche Untersuchungsfeld der Dynamik des bewussten Lebens zentriert – einer Untersuchung, die in ihrem Grundthema Subjektivität die Verfahrensweise der Transzendentalphilosophie mit den Leitgedanken der Existenzanalyse zu vereinigen hat.

Auch die Stellung des sittlichen Bewusstseins im Ganzen der Dynamik des bewussten Lebens bedürfte in diesem Zusammenhang einer weiteren Erklärung. Es wird aber ohnedies einleuchten, dass gerade die Eindringlichkeit, mit der sich ihr Anspruch in dieser Dynamik anzeigt, dahin wirken muss, das Bewusstsein zu stabilisieren, dass in der Freiheit der Vorzugswahl der eigentliche Sinn von Freiheit nicht zu fassen ist und dass die Gründe, welche diese Dynamik bestimmen, insgesamt ein Gewicht haben, das dagegen steht, sie letztlich doch auf faktische Kräfte der genetischen Ausstattung der natürlichen Art homo sapiens zurückzuleiten. So hat auch die Evidenz, welche die Inkommensurabilität der Alternativen, die im sittlichen Bewusstsein zur Entscheidung stehen, eine durchgehend erhellende Bedeutung für alle Dimensionen der Selbstbestimmung des bewussten Lebens.

Wenn dem Subjekt über das sittliche Bewusstsein eine Bewandtnis zuwächst, die sich ihm im unmittelbaren Verstehen nicht erschließen kann, so muss das eine Bereitschaft nach sich ziehen, sein Nachdenken über sein Leben und über dessen Grund für andere als die naturalistische Bahn zu öffnen. Die Kulturgeschichte der Menschheit ist durchherrscht von Weisen der Selbstverständigung, die auf solchen Bahnen erschlossen worden sind. Das moderne wissenschaftliche Weltbild setzt zwar wohl Gründe dafür frei, diese Bahnen für nunmehr verschlossen zu halten und ihnen jedenfalls nicht unbesonnen weiter nachzugehen. Aber gerade durch die Wissenschaft des zwanzigsten Jahrhunderts – unter anderem durch die für sie charakteristischen limitativen Theoreme – sind wir wiederum dazu ermutigt und herausgefordert, solche Bahnen neu zu erschließen. Jedes solche Unternehmen geschieht im

Interesse der Menschen, deren Selbstverständnis ihre Selbstbestimmung einschließt. Denn auch ein gut ausgewiesener Freiheitssinn zieht verdichtet Zweifel auf sich, wenn er einer naturalistischen Konzeption von der Welt entgegengestellt werden muss, ohne seinerseits in einen ebenso weit ausgreifenden Kontext eingefügt werden zu können.

Dennoch haben wir weiter daran festzuhalten, dass das Umgekehrte ebenso gilt: Auch die Unterscheidung der Selbstbestimmung von der Vorzugswahl macht die naturalistische Interpretation des menschlichen Lebens nicht unmöglich, und zwar unter Einschluss nicht nur seiner Fähigkeit zum Überlegen, sondern auch der Selbstbestimmung, die er doch für sich in Anspruch nehmen muss. Denn es kann keine Demonstration geben, die schlüssig beweist, dass die Freiheit der Selbstbestimmung eine Realität ist, dass sie also nicht nur aufgrund eines in das Wesen des Menschen eingebildeten Scheins in Anspruch genommen wird. Man kann darum immer dahingehend argumentieren, dass die Richtung, die ein Leben einschlägt, letztlich von einer ihm verdeckten Art von Kausalität bestimmt wird, die in und durch den Schein seines Entscheidens hindurch nur ihre Wirkungen setzt. Zwar lässt sich das Prinzip Selbstbestimmung nicht in den Gedanken von dem übersetzen, was je einem Menschen eigen und von seinem natürlichen Charakter nahegelegt ist. Aber das deterministische Konsequenzprinzip kann auch diese Selbsterfahrung mit neurologischen Hypothesen über die Ausbildung von Verhalten unterlaufen. Die Situationen, in denen ein Vollzug von Selbstbestimmung erfahren wird, lassen sich dann mikrophysikalisch als selbstregulierte Umprogrammierungen eines Systemzustandes deuten, bei der zudem ein eingebauter Zufallsgenerator zur Wirkung kommen kann. So bleibt es also immer möglich, dass der Mensch sein bewusstes Leben, unter Einschluss seiner Illusionen von Freiheit, als ein ihm auferlegtes ›Du musst‹ versteht.

Wir haben aber gesehen, dass in der Verfassung und in der Dynamik der Subjektivität selbst ebendiese Tendenz begründet ist, sich unter einen solchen Verdacht zu stellen und diese Verfassung in das auf Referenzverschärfung begründete Bild von seiner Welt zu integrieren. Das deterministische Konsequenzprinzip, das jeder Mensch in Gedanken fassen kann, gibt ihm dazu das probateste und nachhaltigste Mittel. Hat man dann begriffen, aus welchen Quellen dieser Selbstverdacht sogar mit Notwendigkeit hervorgeht, so schwächt das gerade nicht die Möglichkeit, sich ihm entgegen im Besitz und in der Aufgabe der Selbstbestimmung zu vergewissern. Es stärkt vielmehr die Gründe dafür, und zwar auf eine für den philosophischen Begründungsgang entscheidende Weise.

Allerdings lässt sich aus diesen Gründen, die uns zur Bestimmung eines Begriffs von endlicher Freiheit geführt haben, kein heroisches Freiheitspathos herleiten. Denn auch die Freiheit der Selbstbestimmung ist in die Dynamik eines Lebens einbezogen, das aus seinem Grunde hervorgeht und das schon insofern seiner nicht mächtig ist, sondern ihm nur entsprechen kann.

Der Mensch weiß im Übrigen von sich aus und aller Philosophie voraus, dass Freiheit kein Thema ist, das über alle Kontroversen hinausgehoben werden kann. Wer aber verstanden hat, warum es sich so verhält und warum die Kontroversen und Zweifel in Beziehung auf Freiheit in ihm selbst ein Echo haben, der wird nicht mehr wie zuvor von ihnen in Unsicherheit und Verwirrung gezogen werden.

9. Freiheit und Selbstverständigung

Damit ist der Punkt erreicht, an dem die Überlegungen zum Begriff der Freiheit mit dem Thema des ersten Teils dieser Vorlesung verknüpft werden können. Dem Freiheitsbegriff wurde im Ausgang vom Selbstbewusstsein der Person in den Weisen ihres Handelns nachgegangen. Dem voraus war ein Zusammenhang zwischen den formalontologischen Begriffen Einheit und Einzelnheit aufgewiesen worden. In diesem Zusammenhang ist auch die Bedingung für die Verstehbarkeit einer Sinngebung für das bewusste Leben zu suchen, die weder von diesem Leben gestiftet noch ihm von außen zugewachsen sein kann. In ihn muss aber nun der Freiheitssinn, zu dem wir gelangt sind, eingefügt werden.

Ein Schlüsselargument auf dem Weg zu dessen Begründung sei deshalb wiederholt: Gibt es die Freiheit der Selbstbestimmung, die am deutlichsten im sittlichen Bewusstsein vorausgesetzt wird, dann ist sie nicht eine Eigenschaft, die sich in einzelnen Handlungssituationen realisiert. Sie realisiert sich in einem Prozess, der zur Begründung einer Handlungs*art* führt. Und frei ist das Handeln in einzelnen Handlungssituationen, insofern es in dem Prozess des allmählichen Aufbaus, der Befestigung und der neuerlichen Bewährung einer Handlungsart eine Stelle innehat, die sich von einer nützlichen Routine als eine Lebensweise oder Lebenstendenz unterscheidet. Frei ist somit nicht die Entscheidung, dies oder jenes, was gerade ansteht, zu tun oder zu unterlassen, sondern sich über solches Tun eine bestimmte Handlungsweise anzueignen und in ihr zu leben, also in Beziehung auf sie ein solcher oder ein anderer zu sein. Eine Entscheidung aus Freiheit versetzt also in eine Lebensperspektive. Ist diese Entscheidung nicht nur provisorisch erfolgt, so dass sie beim nächsten Anlass aufgegeben werden kann, dann wirkt sie sich auch durch die gesamte Verhaltensart einer Person hindurch aus. Der Bereich, den sie unmittelbar angeht, mag noch so klein sein, und die Zahl ganz anders angelegter Entscheidungssituationen unübersehbar groß. Ein Vollzug wirklicher Selbstbestimmung modifiziert andere Handlungen auch von fern, und er hat Einfluss auf weitere Grundentscheidungen in anderen Handlungsbereichen. Man kann das auch so ausdrücken: Freiheit ist eine Eigenschaft, die unmittelbar in der Bildung eines Charakters und nur vermittelt über ihn im Vollzug von Handlungen resultiert. Freiheit setzt also die Durchgängigkeit des Subjekts und die Orientierung der Person hin auf eine Identitätsbalance voraus. Das heißt nicht, dass sich Freiheit etwa einzig in der Stiftung der Identität realisiert, zu der in der sittlichen Grundnorm die Aussicht erschlossen ist. Die meisten Menschen werden auch im sittlichen Bereich zu einer Identitätsbalance gelangen, in der eine zumindest moderate Indifferenz gegen Bereiche ihrer eigenen sittlichen Einsicht einen Platz einnimmt. Aber der Gebrauch der Freiheit und die Durchgängigkeit des Selbstseins gehören untrennbar zueinander. Es ist dies Resultat, das es erlaubt, den Freiheitsbegriff der Selbstbestimmung einzufügen in den Zusammenhang zwischen der Ontologie der Einzelnheit und der Dynamik der Subjektivität.

Es wurde mehrfach daran erinnert, dass sich ein Handeln aus Freiheit per definitionem nicht begreifen lässt. Könnten wir die Weise, in der Freiheit sich realisiert, wie einen physischen Prozess beschreiben und erklären und somit auch ausrechnen, wie ein Charakter sich formiert, dann wäre das, wovon wir da wissen, nicht mehr die Freiheit, von der zu sprechen wir meinten. Freiheit lässt sich deshalb überhaupt nur dadurch verstehen, dass es gelingt, über ihre Position in einem Kontext zur Klarheit zu kommen. Sie zu verstehen (und nicht nur zu definieren) *heißt* geradezu, ihre Stellung in ihrem Kontext einzusehen. In dem Zusammenhang zwischen der Bildung einer Verhaltensart und deren Einbindung in allgemeine Vollzugsformen der Subjektivität hat sich nun aber auch ein solcher Kontext schon abzuzeichnen begonnen. Er wird sich erweitern und vertiefen, wenn wir die Gedanken einbeziehen, mit denen das Subjekt über die Grenzen des Erkennbaren hinausgreift. In der Gestalt von Begriffen einer alternativen Formalontologie ist der erste Grundriss für solche Gedanken bereits erläutert worden. Über dies Minimum einer ›Metaphysik‹, die aus extrapolierendem Denken hervorgeht, werden diese Vorlesungen, deren Thema die Subjektivität ist, auch nicht hinausgehen.

Je deutlicher es geworden ist, dass die Freiheit der Selbstbestimmung in reich strukturierte Handlungssituation eingebunden ist, umso weniger kann sie als die Potenz einer Selbsterzeugung oder Selbstermächtigung gedacht werden. Wie soll sie, da sie in einem solchen Gefüge ihren Ort hat, dass sie wirklich ist, sich noch sich selbst verdanken können? Wenn solche Freiheit besteht, muss sie also einen Grund haben. Diese Überlegung reicht für sich schon dafür aus, nach der Verortung von Freiheit im Zusammenhang einer alternativen Ontologie zu suchen. Davon, dass wir unter einem Grund der Freiheit im Sinne geläufiger Erklärungsweisen, insbesondere der kausalen, schlechthin gar nichts denken können, ist ohnedies auszugehen. Das Dasein einer Freiheit, die einen Grund voraussetzt, wäre ohne einen anderen als einen Alltagsbegriff von Grund geradezu ein Widerspruch. Und Freiheit wäre also auch nicht einmal in Gedanken von einem Ganzen zu verorten, wenn man dafür nicht, wie immer unausdrücklich, ein extrapolierendes Denken in Anspruch nehmen würde.

Für den Aufbau dieser Vorlesungen hat die These von der Unverständlichkeit des Zentrums der Subjektivität, des Wissens von sich, eine alles durchherrschende Bedeutung gehabt. Diese Unverständlichkeit führt dazu, dass das bewusste Leben, das vom Wissen von sich ausgeht, durch sich selbst beunruhigt ist. So wird es aus seiner eigenen Verfassung heraus in einen Prozess der Selbstverständigung hineingezogen. Dessen Dringlichkeit wird dadurch erhöht, dass dies Leben den Wechselfällen seiner physischen und seiner sozialen Existenz ausgesetzt ist und dass es sich aus der Dynamik seines sittlichen Bewusstseins heraus in noch weitere Spannungen verwickelt. Es ist klar, dass die Unverständlichkeit der Grundform des

Subjekts und dass die Dynamik seiner Selbstverständigung sogleich auch das Bewusstsein der Freiheit berühren. Denn sie führen von sich aus zu Zweifeln und zu Nachfragen, welche den Sinn und die Realität von Freiheit betreffen. Und das Subjekt weiß wiederum, dass alle Antworten auf solche Nachfragen es selbst näher bestimmen. Die Erkundungen, die von den beiden Grundbegriffen Subjekt und Freiheit ausgehen, werden sich also zu einer einzigen Fragebewegung verbinden. Sie ist zwar von dem größten theoretischen Interesse, geht aber immer aus ebendem Impuls hervor, der zuvor schon in die Bewegung der Selbstverständigung der Subjektivität hineingezogen hatte.

Freiheit ist dort anzusetzen, wo eine Grundrichtung des Handelns zur Entscheidung steht, mit der das Leben insgesamt in die Perspektive einer Grundausrichtung gestellt wird und wo eine solche Entscheidung sich weiter ausbildet und auswirkt. Diese Positionierung der Freiheit lässt sich im Lichte der Dynamik, welche der Subjektivität eignet, noch einmal verdeutlichen. Wer zu der Einsicht in die Belanglosigkeit des Lebens gelangt zu sein meint, kommt vielleicht auch zu einer Lebensausrichtung, die sich der sittlichen Grundnorm und allem objektiv Wichtigen entzieht. Diese Entscheidung folgt zwar nicht zwingend aus einer solchen Einsicht, kann sich aber als in einer Konkordanz mit ihr verstehen. Auch diese Entscheidung ist in derselben Weise frei wie jede andere, lässt sich also nicht als Freiheitsverlust erklären. Ein Verlust ist sie jedoch in einem anderen Sinne. Sie folgt zwar einer Perspektive, die im bewussten Leben notwendig aufkommt. Aber sie sperrt sich gegen Möglichkeiten, die in diesem Leben ebenso begründet sind und mit deren Vollzug es zu einem vertieften Aufschluss über sich selbst gelangt. So ist also die Verletzung der sittlichen Grundnorm nicht aus Freiheitsmangel, sondern aus einem Selbstverlust verständlich zu machen. Sie hebt die Freiheit des Menschen ebenso wenig wie seine Subjektivität auf. Aber sie blockiert seine unverkürzte Selbstverständigung und eine Verwirklichung der Subjektivität im Ganzen der ihr eigenen Dynamik. Dieser Diagnose in moderner Sprache entspricht die alte Lehre, der zufolge das sogenannte Böse aus einer Verstockung und Verkümmerung des inneren Lebens des Menschen hervorgeht.

Die Begründung dafür, dass der Form des Subjektes ein Grund vorausgesetzt werden muss, ist anders zu führen als die Begründung für den Grund, aus dem die Freiheit hervorgeht. Das Subjekt steht im Wissen von sich. So kann es keinen Zweifel an der Realität von Selbstbewusstsein geben. Es ist nur unverstehbar, wie diese Wissensweise, die zentralste von allen, aufgebaut ist und wie sie entstehen kann. Die Freiheit im Überlegen ist ebenfalls eine unbezweifelbare Tatsache. Die andere Freiheit der Selbstbestimmung wird aber *nur* vorausgesetzt. Somit ist ihre Tatsächlichkeit nicht in derselben Weise gewiss wie die des Wissens von sich. Unangesehen dieses Unterschieds sind beide in der gleichen Weise der Verstehbarkeit entzogen. Man kann sich nicht deutlich machen und erklären, auf welche Weise sich das Selbstverhältnis in der Selbstbestimmung des Willens vollzieht. Wenn man also die Voraussetzung, welche Personen spontan machen, nicht verwerfen will, dann nimmt man ein Selbstverhältnis als real an, das mit dem Selbstverhältnis im Wissen, in dem sich des Menschen Leben vollzieht, ebendiese Unbegreifbarkeit gemeinsam hat. Insofern steht also die Voraussetzung der Freiheit der Selbstbestimmung, die durch keinen Beweis gesichert werden kann, nicht nur in einer realen Verbindung, sondern auch in einer formalen Übereinstimmung mit einer unbestreitbaren Tatsache. Das mag den Eindruck der Unabwendbarkeit reduzieren, der viele von der generellen Bedeutung des Konsequenzprinzips geradewegs zu der Behauptung führt, eine Freiheit der Selbstbestimmung sei unmöglich und der Gedanke von ihr sei schon wegen seiner Inkonsistenz zu verwerfen.

Unter dem Grund der Freiheit ist einerseits wohl der Realgrund zu verstehen, der geschehen lässt, dass es sie gibt. In einen solchen Grund haben wir so wenig Einsicht wie in den Grund von Subjektivität. Andererseits ist er, gemäß der primären Bedeutung des Wortes ›Grund‹ im Deutschen, das Fundament, der Boden, auf dem die Freiheit Bestand hat und sich realisieren kann. Im Entwurf einer extrapolierenden Ontologie, die ihrer methodischen Verfassung nach auch diesen Gedanken vom Grund nur in einer Approximation entwickeln kann, liegt auf dieser zweiten Bedeutung das Hauptgewicht. Sie ist es, aufgrund deren die Freiheit in dem Rahmen eines größeren Ganzen lokalisiert werden kann: Die Freiheit der Selbstbestimmung ist ein Vollzug, der seinen Platz innerhalb der Gesamtdynamik hat, über die sich das Subjekt in seiner Einzelnheit entfaltet.

Der Gedanke der Einzelnheit wurde im ersten Teil dieser Vorlesung so erklärt, wie er im alternativen Konzept von einem Ganzen zu gewinnen ist. Einzelne sind charakterisiert durch Prozesse der differenzierenden Entfaltung nach innen und durch ihre Selbstbewahrung in der Außenbeziehung. Die Selbsterhaltung gewinnt ihre Kraft aus der Selbstdifferenzierung, durch die hindurch sich die Identität des Einzelnen erhält und weiter spezifiziert. Dass sie so zu charakterisieren sind, ergab sich daraus, dass sie über solche Eigenschaften als Einzelne und somit als Endliche kraft ihrer Verfassung dem Grund des Ganzen entsprechen, dem sie als Endliche zugehören. Personen als Subjekte sind als Einzelne gemäß dieser Bedeutung zu verstehen.

Es gibt keinen Weg, der es uns erlauben würde, im Ausgang von diesem alternativen Gedanken der Einzelnheit mittels einer *Herleitung* zu einer Erklärung der Verfassung der Subjektivität zu gelangen. Wir können nur das, was wir von Subjektivität wissen, im Anschluss an den Gedanken der Einzelnheit *interpretieren*. Das kann auch nicht verwundern. Wurden die

Gedanken von Einheit und Einzelnheit doch eingeführt um der Explikation dessen willen, was die Subjektivität im Gange ihrer Selbstverständigung voraussetzt. Der unhintergehbare Zentralpunkt alles Wissens bleibt immer im Wissen der Subjektivität von sich gelegen. Auch im Gang der Explikation dessen, was er sich selbst voraussetzt, kann diese Zentralstellung nicht aufgehoben werden. Wohl aber kann und muss sich das Subjekt selbst im Rahmen dieser seiner Voraussetzung positionieren und sich somit über sich selbst in ebendiesem Zusammenhang verständigen.

Damit wächst ihm die Möglichkeit zu, sein Leben als einbegriffen in eine Sinnvermittlung zu denken. Sie geht von der Einheit des Ganzen aus, begreift die endlichen Einzelnen in sich ein und erreicht so die Einzelnen, die Subjekte sind. Deren Einzelnheit realisiert sich in der Dynamik ihres bewussten Lebens.

Im formalontologischen Gedanken der Einzelnheit von Endlichen sind die Grundmomente deren Selbstdifferenzierung und deren Selbsterhaltung. Sie scheinen einen Gegensatz untereinander auszumachen und sind doch nur zwei Seiten eines Prozesses. Die Differenzierung vollzieht sich nämlich nicht so, dass sie auf die Abstoßung der Differenten hinausläuft, so dass diese sich ihrerseits als Selbständige etablieren. Vielmehr ist es umgekehrt die Differenzierung, welche die Selbsterhaltung effektiv werden lässt. Da nämlich die Differenzen im Verband des Einzelnen gehalten werden, wachsen mit ihnen dessen Selbständigkeit und seine Fähigkeit, sich gegen ihm Fremdes zu behaupten. In dieser Begriffsform ist gar nicht von Wissen und von Wissen von sich die Rede, und sie scheint zunächst eher dafür geeignet zu sein, Prozesse der naturalen oder auch der sozialen Systembildung zu beschreiben.

Den formalontologischen Momenten lassen sich aber Grundzüge im Prozess der Subjektivität zuordnen. Es ist diese Zuordnung, aufgrund deren der Prozess der Subjektivität in den Rahmen der revisionären Formalontologie eingeschrieben werden kann: Das Subjekt ist ein Einzelnes, insofern es sich in der Dynamik der Subjektivität vielfältig differenziert und durch die Prozesse dieser Differenzierung als es selbst behauptet. Seine Selbstbehauptung ist unabtrennbar von seinem stetigen Ausgriff auf seine Selbstverständigung. Die Freiheit der Selbstbestimmung als die Freiheit der Entscheidung zu einer Verhaltens- und Lebensart hat innerhalb dieser Selbstverständigung ihren Ort.

In einem Rückblick auf das, was in den vorausgehenden Vorlesungen entwickelt worden ist, lässt sich die Zuordnung der Vollzugsweisen der Subjektivität zum alternativen Begriff der Einzelnheit noch weiter spezifizieren: Jedes einzelne Subjekt ist im Wissen von sich konstituiert und zentriert. Dies Wissen ist das fixe Organisationszentrum seiner Welterschließung und auch des Entwurfs jeweils neuer Weltkonzeptionen. Es ist ebenso der Bezugspunkt, von dem her sich die Identitätsbildungen organisieren, welche die Person in ihrem Handeln innerhalb der Welt aufzubauen hat. Die Beziehung dieses Prozesses auf die Grundform der Subjektivität wird noch einmal verstärkt dadurch, dass sich die Subjektivität als sittliches Bewusstsein artikuliert. Denn in diesem Bewusstsein weiß sich die Person unter dem Anspruch einer praktischen Identitätsbildung, mit der das, was ihre Subjektivität ausmacht, vertieft zum Ausdruck kommt. Auch das sittliche Bewusstsein unterliegt einem Prozess fortschreitender Entfaltung, in dem sich die Dilemmata, die es generiert, schließlich ausgleichen. Samt allen Spannungen, die in ihm aufkommen, ist dieser komplexe Gesamtprozess in allen seinen Dimensionen vom Wissen des Subjektes von sich durchzogen und in ihm fundiert. Wir haben gesehen, dass auch die Freiheit, die mit der höchsten Evidenz vom sittlichen Bewusstsein vorausgesetzt wird, Prozesscharakter hat. Aus ihr geht die Formation langfristig angelegter Handlungsweisen hervor, die sich in ihrer Kontinuierung bewähren und dann auch untereinander verkoppeln müssen.

Dieser Gesamtprozess ist von Beginn an auf eine Selbstverständigung hin orientiert. Das Subjekt weiß, dass es nicht aus sich begründet ist und dass ihm sein Grund entzogen bleibt. Da dieser Grund nicht der Welt zugehören kann, die ihm erschlossen ist, verbindet sich ihm die Rückfrage nach diesem Grund mit dem Ausgriff auf ein Ganzes von anderer Art als es das Ganze seiner Welt ist. Daraus entspringt die Öffnung des Denkens für alternative Weltbegriffe jenseits der Erkenntnisgrenzen – für das also, was man Transzendenz zu nennen gewohnt ist.

Der Impuls zur Selbstverständigung wird vielfach intensiviert und auf neue Weise in Anspruch genommen. Von Beginn steht sie in dem Widerstreit zwischen der Aussicht, das eigene Leben als metaphysisch belanglos ansehen zu müssen, und der Möglichkeit, es unter einer Sinnaffirmation, die es weder sich noch anderen verdanken kann, stehen zu sehen. In singulären Momenten der Erfahrung, von denen wir in der zweiten Vorlesung sprachen, können solche Perspektiven beglaubigt, aber auch dementiert werden. Der Zusammenbruch einer Identitätsbildung und das Bedürfnis des sittlichen Bewusstseins, die sittliche Welt nicht ohne Deckung durch ein allgemeineres Weltprinzip zu sehen, intensivieren gleichfalls die Tendenz, eine stabile Lebensbilanz zu gewinnen. Wie ein Mensch sich letztlich über die Freiheit verständigt, wird gleichfalls von den Evidenzen beeinflusst werden, die in ihm in Richtung auf die eine oder andere Lebensbilanz vorbereitet sind. Niemand kann sich freilich davon losmachen, die Möglichkeit zur Selbstbestimmung vorauszusetzen, die im sittlichen Bewusstsein begründet ist. Wie er aber den Gedanken in sein Lebenskonzept zu integrieren vermag, kann Einfluss auf die Weise haben, wie er von seiner Freiheit Gebrauch macht. Es kann auch einen praktischen Unterschied ausmachen, ob sich einer als Selbstschöpfer betrachtet, ob er sich in ein Leben mit endlicher Freiheit eingesetzt weiß oder ob er sein Überlegen und

Entscheiden als eine mediale Instanz betrachtet, über die sich festliegende Bedingungen in ebenso festliegende Wirkungen umsetzen. Auch umgekehrt wird eine Verhaltensart, zu der ein Mensch entschieden ist und die sich ihm bewährt, seine Bereitschaft modifizieren, die Schlussfolgerung einer Theorie als wahr zu akzeptieren, wie gut begründet sie auch sein mag. Wir haben uns darum bemüht, die Skizze von Gedanken von einem Ganzen zu entwerfen, in das nicht nur die Überzeugung von der Wirklichkeit der Selbstbestimmung, sondern auch eine affirmierenden Lebensbilanz eingebracht werden kann und von dem her sie zu rechtfertigen ist. Diese Gedanken sollten auch so angelegt sein, dass sie wesentlichen Voraussetzungen des modernen Denkens folgen: Sinnvermittlung soll über das erfolgen, was die Person aus ihr selbst und so über sich selbst begreift, die Voraussetzung von Freiheit soll begründet werden, und es soll nicht bestritten werden müssen, dass der Weg des bewussten Lebens von Ambivalenzen und Antinomien bestimmt ist, die keine wissenschaftliche Erkenntnis zum Verschwinden bringen wird. Indem diese Gedankenfolge entwickelt wurde, waren viele Evidenzen zu berücksichtigen, welche die Subjektivität in Beziehung auf sich selbst gewinnen kann. Aber ein Anspruch auf die Wahrheit der Konzeption eines Ganzen insgesamt, in das die Subjektivität einzuschreiben ist, war dennoch nicht zu erheben. Das wäre unvereinbar mit der Grundthese, der zufolge es kein verlässliches Wissen geben kann, das hinter die Ausgangsevidenz des Subjektes im Wissen von sich selbst zurückgelangt. Die Lebensbilanz ist nur vom bewussten Leben *selbst* zu ziehen.

Darum hat nun aber auch kein Philosoph das Recht, einem Verzweifelten vordemonstrieren zu wollen, dass er einem Denkfehler aufgesessen ist. Ich selbst wäre dieser Konzeption allerdings kaum nachgegangen, wenn ich nicht die Hoffnung hätte, dass zumindest das, worauf sie aus ist, sich in einem Leben, und zwar im eigenen Leben, bewahrheitet.

Stellt man sich einmal in die Perspektive, die sich von ihr her auftut, dann ist zu jenem Leben, das in Verzweiflung endet, noch ein weiteres zu sagen: Man hat sich zwar davor zu hüten, ihm mit Argumentationen zu nahe zu treten. Aus dem eigenen Lebensverständnis heraus hat man dennoch guten Grund, auch das Leben des Verzweifelten anders zu würdigen als er selbst für sich es vermag. Denn auch sein Leben kommt aus demselben Grund, der alle Subjektivität ermöglicht und in ihrem Gang hält. Die Bilanz, die er über sich zieht, tritt aus der Verfassung des bewussten Lebens heraus notwendig in dessen Horizont ein. Und so steht sie als eine mögliche Bilanz im Grunde einem jeden vor Augen. Als gänzlich verloren wird man also schon deshalb auch das verzweifelte Leben nicht ansehen können.

Die Konzeption, in deren Perspektive wir uns damit stellen, hat nun den Grund im Subjekt mit den Gedanken von einem Einzelnen verbunden, das mit dem Ganzen seines Ursprungs seinerseits intern verbunden ist. Ein solches alternatives Konzept schließt für sich genommen eine naturalistische Erklärung des Menschenlebens noch nicht definitiv aus. Beginnend mit einigen Varianten des Spinozismus stehen dafür nicht wenige historische Beispiele. Aber die Konzeption ist auch die Voraussetzung dafür, dass sich eine Sinnvermittlung in einem kontinuierlichen Zusammenhang denken lässt, der von der Verfassung des Ganzen bis in die Verfassung des bewussten Lebens reicht. Eine solche Vermittlung überhaupt denken zu können, ist einer der Hauptgründe dafür, die Risiken einzugehen, die mit einer solchen Denkbahn immer verbunden sind.

Aus ihr folgt dann aber auch, dass noch das verzweifelte Leben unter einer solchen Sinnaffirmation steht. Es selbst vollzieht die universale Negation von Lebenssinn, und deshalb muss es denken, in dem Leben, das auch im eigenen Verfall noch an einer Sinnaffirmation festhalten will, die Selbsttäuschung eines Geängstigten zu durchschauen. Wer jedoch selbst in der Perspektive der Sinnaffirmation steht, wird auch das verzweifelte Leben in das Sinnganze einbegriffen sehen, aus dem er sich selbst zu begreifen meint. Und er wird in dem Leben des Verzweifelten umso mehr die Anzeichen dafür gewahren können, je mehr er selbst im eigenen Lebensgang einmal in die Perspektive der Negation alles Lebenssinnes hineingezogen worden ist.

Daraus ergibt sich eine weitere Folgerung, die früher bereits angedeutet worden ist: Auch ein nach dem sittlichen Bewusstsein bewährtes Leben unterscheidet sich von dem Leben eines Übeltäters nicht dadurch, dass sich in dem einen ein Sinngeschehen realisiert, aus dem das andere abgestürzt ist. Das bewusste Leben kann in Graden gemeistert, es kann ins Dumpfe weggesunken, es kann verstört und verrannt sein. Da es sich aber immer aus und auf demselben Grunde entfaltet, kann es seinen Status nicht ruinieren, so dass ihm also seine Grundaffirmation nicht verloren geht und seine Rechtstitel nicht schlechterdings hinfällig werden. Auch eine solche Einsicht sollte den Reden von der Würde des Menschen zugrunde liegen, die in unserer Zeit kaum je von profunden Gedanken gestützt sind und die nur darum so oft hilflos und aufgebauscht wirken.

Wir können uns noch fragen, ob etwa jede Lebensbilanz über einen Gebrauch der Freiheit gewonnen werden muss. Eine solche Bilanz des ganzen Lebens unterscheidet sich von jenen Momenten großer Durchsicht, die einen Menschen überfallen und die ihm lebenslang nachgehen. Sie muss vom Menschen selbst gezogen werden, und zwar in einem langen Prozess der Herausbildung und der Bewährung. Ihr voraus werden allerdings Entscheidungen gehen, die der freien Selbstbestimmung bedürfen. Dazu gehört die Entscheidung, sich der Erfahrung von Lebensdimensionen auszusetzen, in denen die Selbsterkenntnis und die Aussicht auf Selbstverständigung anwachsen können. Diese Entscheidung stellt sich gegen das Beharren im vordergründig Eingewöhnten und kann nur aus der Antizipation eines Lebens getroffen werden, das zu letzten Gedanken über sich gelangt ist. Sie erfüllt die Voraussetzungen für einen Aktus der Freiheit als Selbstbestimmung, die angegeben worden sind. Und ebenso kann man sich auch dafür entscheiden, auf die Ansätze zur Herausbildung einer Lebensbilanz achtsam zu sein.

Eine Lebensbilanz selbst kann aber nicht vermittels einer Entscheidung angenommen werden. Sie gleicht jenen Momenten singulärer Durchsicht immer noch insofern, als sie dem Menschen allmählich zuwächst und sich ihm erschließt, dass sie aber nicht von ihm erarbeitet wird. So hat sie am Ende noch etwas mit dem einfachen Selbstbewusstsein gemeinsam, mit dem die Subjekte ins Dasein kommen, ohne sich selbst dahin bringen zu können.

Das führt auf den Gedanken zurück, dass der Grund der Subjektivität ein anderer ist als die Verursachung eines Designs von automatischem Selbstlauf. In die Dynamik der Subjektivität ist der Gebrauch der Freiheit *eingefügt*. Sie ist wesentliches Glied des bewussten Lebens, aber sie ist nicht sein Ganzes und definiert nicht sein Ziel. Also lässt sich das, wohin dies Leben gelangt, weder als Freiheitstat noch auch als etwas verstehen, wozu es nur getrieben wird. Letztlich wird es nur von jener Einheit her verstanden werden können, aus der und in der jegliche Einzelnheit und somit auch die Subjekte hervorgehen. Dem nachzugehen würde aber bedeuten, in einen neuen und noch weiter ausgreifenden Gedankengang extrapolierenden Denkens einzutreten. Er würde weit mehr von dem aufnehmen, was ehedem dem Kunstwort Metaphysik seinen hohen Klang gegeben hat.

Jedes Leben kann durch eine physische Katastrophe abgebrochen werden, bevor daran zu denken ist, dass es das Ziel einer stabilen Selbstverständigung erreicht. Wir wissen aber nicht, wie viel ihm von dem, was ihm nur in einer allmählich sich bildenden Einsicht zuwachsen könnte, gerade in einer solchen Katastrophe dennoch bereits erschlossen wird. Die Philosophie jedenfalls muss sich um die Ausbildung eines Gedankengangs bemühen, der zu verstehen und Menschen zu sagen erlaubt, dass kein Leben ganz und gar verloren ist – wie sehr der Schein nach den Katastrophen des vergangenen Jahrhunderts auch dagegen sprechen mag.

Nachbemerkungen

I.

Die Einladung zu der Vorlesungsreihe, die für ein allgemeines akademisches Auditorium gehalten werden sollte, schloss den Wunsch ein, es möge eine Perspektive auf philosophische Probleme entwickelt werden, die sich dem modernen Bewusstsein mit besonderem Nachdruck stellen. Dem habe ich durch die Kombination der Themen und durch den Aufbau der Argumentation zu entsprechen versucht. Die Verständigung über das sittliche Bewusstsein, über Intersubjektivität und über Sinn und Wirklichkeit von Freiheit sind solche Themen. Sie gehören alle in den weiteren Bereich der praktischen Philosophie und sind zugleich die Themen, an denen sich der moderne Geist des Hinterfragens und der Verabschiedung von Illusionen am schnellsten entzündet, sei es in der Gestalt der Skepsis, sei es als philosophischer Materialismus. Die Vorlesungen entfalten diese Themen im Ausgang vom Selbstbewusstsein des Menschen, aber auch mit ständiger Rücksicht auf die Impulse, die solches Hinterfragen veranlassen. Dabei ist immer zugleich die Kantische Frage nach dem Ursprung der Möglichkeit des Zweifels an der Tragkraft der Orientierungen des eigenen Lebens im Spiel, und also die Aufgabe einer Erklärung, warum diese Zweifel, die das Leben der Menschen bedrängen, niemals verstummen können.

Bereits meine Habilitationsschrift ist dem Thema ›Selbstbewusstsein und Sittlichkeit‹ nachgegangen. Ich habe sie nicht veröffentlicht. Denn mir war bald klar, dass ich in der zweiten Hälfte meiner zwanziger Jahre nur die Problemstellung und ihre Bedeutung für Kant und die nachkantische Philosophie herausarbeiten konnte, dass ich aber der philosophischen

Problematik selbst in ihrem ganzen Umfang nicht gewachsen war. Dazu fehlte mir der feste Stand, der nur durch eine eigene Erklärung von Selbstbewusstsein und eine Diagnose der mit einer solchen Erklärung verbundenen Problemlagen gewonnen werden kann. Die ersten beiden Vorlesungen resümieren Grundzüge der Position, zu der ich in der Folge gelangt bin. Die drei nachfolgenden Vorlesungen lassen erkennen, wie weit ich mit der Ausarbeitung der Folgerungen aus ihr gekommen zu sein hoffe.

2.

Was den Versuch über die Freiheit in der fünften Vorlesung betrifft, so sollte deutlich werden, dass dies Problem, das sich über Jahrtausende kaum hat vertiefen, aber gewiss auch nicht hat lösen lassen, selbst in seiner einfachsten Form nur anzugehen ist, wenn man dabei auf eine grundlegende philosophische Orientierung zurückkommen kann. Ich habe versucht zu zeigen, dass sich ein solcher Freiheitssinn von der Dynamik der Subjektivität her entwickeln lässt. Eine andere Freiheit als die im unbestreitbaren, aber für Freiheit gewiss nicht erschöpfenden Allerweltssinn der Unabhängigkeit im Überlegenkönnen hat also ihren Ort innerhalb der Notwendigkeit der Lebensführung, somit dort, wo, wie man meinen könnte, der unabweisbare Zwang eines grundlegenden ›Du musst‹ am stärksten erfahren wird. Aber gerade hier kann der Zusammenhang der Überzeugung von der Wirklichkeit seiner Freiheit mit der Konzeptionskraft in der Lebensführung des Menschen am deutlichsten hervortreten. Ich denke, dass so die Gedanken zur Freiheit von Kant, aber auch von Hölderlin in eine gegenwärtigere Gestalt umzusetzen sind. (Zu Hölderlin vgl. meinen Aufsatz »Hölderlins philosophische Grundlehre« in: *Anatomie der Subjektivität*, hrsg. v. Th. Grundmann u. a., Frankfurt, Suhrkamp 2005).

Der Anspruch auf eine Lösung des Freiheitsproblems soll damit nicht erhoben sein. Wohl aber meine ich, dass diese Perspektive in der gegenwärtig wieder so lebhaften Debatte über dieses Problem nicht übersehen werden sollte. Ich denke im übrigen auch, dass sie hilfreich dafür ist, eine bedeutende Debatte über Freiheit zu durchleuchten und zu rekonstruieren, die sich an Kants Werk um 1790 angeschlossen hat, und die Schwierigkeiten zu verstehen, die Kant aus seiner eigenen Position nicht hat herausarbeiten können. Diese historische Debatte habe ich bei der Ausarbeitung meiner Argumentation immer auch im Sinn gehabt. Dass zu ihr noch immer eine umfassende Untersuchung fehlt, hat sicher seinen Grund auch in der intrikaten Problemlage, in die man sich bei der Verständigung über Freiheit jederzeit und notwendig verwickelt findet.

Ich folge der Kantischen Grundposition, der zufolge die Einsicht in die Resistenz des Freiheitsproblems gegenüber jeder theoretischen Lösung Konsequenzen hat, welche die Grundlegung der Philosophie insgesamt betreffen. Sie betreffen sowohl den Status eines philosophisch zu begründenden Wissens als auch das Format des Rahmens, den eine philosophische Konzeption auszuarbeiten hat. Die Fragen, derentwegen alle Menschen dazu disponiert sind, ins Philosophieren hineingezogen zu werden, sind Lebensfragen, nicht allein theoretische Aufgaben. Die Philosophie kann nur verständlich machen, wie ein Menschenleben zu einer Antwort auf sie gelangt und wie diese Antwort mit den besseren, wenn auch nicht mit zureichenden Argumenten zu rechtfertigen ist. Sie kann über die Antwort nicht von sich aus entscheiden. Wohl aber muss sie einen Rahmen aufbauen und begründen, der es verständlich werden lässt, wieso ein Grundzug des praktischen Selbstbewusstseins der Menschen Annahmen über eine Wirklichkeit impliziert, die unaufgebbar, obwohl der theoretischen Erkenntnis entzogen sind, die aber dennoch als wahrheitsfähig zu gelten haben. Man muss sich darüber im Klaren sein, dass sich ein solches Ziel ohne die Begründung eines Äquivalents zum Kantischen Gedanken vom ›Ding an sich‹ nicht erreichen lassen wird.

3.

Dem, dass die Vergewisserung von allem, was lebenspraktische Bedeutung hat, letztlich auch in der Lebenspraxis zu geschehen hat, entsprechen die Vorlesungen auch dadurch, dass sie das Widerspiel zwischen einer in der Subjektivität des Lebens begründeten Weltsicht und den Gedanken des philosophischen Materialismus nicht durch eine theoretische Entscheidung auflösen wollen. Ich denke, dass dies nicht nur der Rationalität entspricht, die im Menschenleben verwurzelt ist, sondern dass dieses Widerspiel und seine prinzipielle Offenheit auch die Situation der Philosophie im modernen Bewusstsein charakterisiert. Die Vorlesungen entfalten zwar eine Perspektive, die den Menschen aus der Faszination und der Bedrängung des Gedankens an die Möglichkeit der Wahrheit des Materialismus freikommen lassen kann, der seinerseits durch die Physik des zwanzigsten Jahrhunderts philosophisch subtil geworden ist. Sie stellen sich selbst auch auf die Seite dieser Perspektive. Aber sie verfestigen ihre Option nicht zu einer These, die als Schlussfolgerung eines theoretischen Beweisprogramms auftritt. Insofern versuchen sie, die Grundlinien der Lehre von den Postulaten der Vernunft, die Kant und Fichte nach dem Vorgang von Rousseau entwickelt haben, im gegenwärtigen Denken neu zu artikulieren und auf neue Weise überzeugend werden zu lassen.

Ein in der Physik des zwanzigsten Jahrhunderts fundierter Materialismus wird auch für Philosophen immer eine interessante Aufgabe und Herausforderung bleiben. Gegenwärtig übt

er diese Anziehungskraft in der Gestalt neurologischer Forschungsprogramme aus, an die sich sehr weitreichende und ebenso weit überdehnte Folgerungen anschließen können. Als der amerikanische Philosoph Thomas E. Hill im Jahr 1965 seine Bestandsaufnahme von Theorien der Erkenntnis auch auf Deutschland ausdehnte, habe ich vorgeschlagen, angesichts der unübersehbar vielen Optionen auf diesem Gebiet die Neurologie in der Absicht auf deren Einschränkung oder Sublimierung einzubeziehen. Durch eine genauere Kenntnis der Prozesse, die zur Formation von auf Wahrnehmung fundierter Erkenntnis führen, könne man vielleicht dazu beitragen, das epistemologische Stimmengewirr durchsichtiger werden zu lassen.
Zu jener Zeit hat die neurologische Gehirnforschung aber noch keinen Anhalt für eine solche Aussicht gegeben. Auch in der Psychologie war der Behaviorismus eben erst im Rückgang begriffen. Diese Situation hat sich inzwischen gründlich verändert. Aber die eschatologischen Erwartungen der Neurophilosophen, man werde philosophische Grundprobleme, und allen voran die, welche sich an Subjektivität anschließen, in absehbarer Zeit lösen oder sich auflösen lassen, sind nicht weniger überschwänglich als La Mettries Programm des L'Homme machine von ehedem – auch wenn dies Programm gegenüber den gegenwärtigen Modellen für neuronale Prozesse als archaisch anmutet. Die Vorlesungen konnten sich aber nur beiläufig auf einige der besonderen Züge einlassen, in denen dies Programm heute angeblich soll durchgeführt werden können.

4.

Die Priorität der Vorlesungen ging überall dahin, eine Philosophie der Subjektivität, die von der wissenden Selbstbeziehung des Menschen ausgeht, in ihrer weiteren Ausbildung und Anwendung zu entwickeln. Einerseits sollte sie Gedanken entfalten, die in der Dynamik des bewussten Lebens aufkommen und die in sie eingreifen können. Andererseits sollten sie theoretischen Problemen nachgehen, die als solche zugleich Lebensprobleme sind. Dem allen gegenüber hatten Grundlegungsfragen wohl die Bedeutung der Eröffnung des Zugangs; sie waren aber nicht Thema um ihrer selbst willen.

Die Vorlesungen vertiefen also auch nicht meine vorausgehenden Versuche, die Tatsache der wissenden Selbstbeziehung des Menschen philosophisch zu erschließen und die Probleme, die sich dabei ergeben, als solche zu klären und, so weit das möglich ist, zu lösen. Sie werden nur in eine weiter ausgreifende Perspektive eingearbeitet. Auch die Kontroversen, die sich um diese Probleme ergeben haben, werden in den Vorlesungen beiseite gelassen.

Die Schwierigkeiten, in die man geraten muss, wenn man Selbstbewusstsein wie irgendein anderes Thema der Philosophie angehen will, sind mir teils im Zusammenhang mit der genannten Habilitationsschrift, teils im Zusammenhang mit der Auseinandersetzung mit Wolfgang Cramers Philosophie deutlich geworden. In den fünfziger Jahren des zwanzigsten Jahrhunderts musste man sich ins philosophische Abseits begeben, wenn man in der Subjektivität, und zwar im Zusammenhang mit Selbstbewusstsein, den Ausgang und ein Schlüsselthema für alles Philosophieren sah. Heideggerianer, Marxisten, Positivisten und Sprachtheoretiker aller couleurs waren sich in nichts einig außer eben darin, dass man sich von einem an Subjektivität orientierten Denken als gleichermaßen obsolet und als fremd gegenüber dem wirklichen Leben der Menschen zu verabschieden habe.

Mein Weg in die angelsächsische Welt war unter anderem mit der Hoffnung verbunden, für die Probleme, denen ich nachging, neue Bearbeitungsmöglichkeiten zu gewinnen, die allerdings nicht auf eine Trivialisierung des Subjektsinnes hinauslaufen sollten. Doch der analytischen Philosophie stand damals der Umschwung der Interessen von der Sprachtheorie zur Philosophie des Geistes noch bevor.

Ehe ich an der Columbia-Universität zu lehren begann, wohnte ich aber 1966 (meine Abhandlung *Fichtes ursprüngliche Einsicht* war schon im Druck) über einen Monat zufällig mit Hector-Neri Castañeda in Oxford in einem Gästehaus zusammen. Ich nahm somit an seiner folgenreichen Vorlesung über Quasiindikatoren teil und war verblüfft, dass die vollständig anwesenden Koryphäen der sprachanalytischen Philosophie auf die von ihm erschlossene neue semantische Perspektive auf Subjektivität kaum etwas zu bemerken und nichts zu entgegnen hatten. Wir blieben miteinander in Verbindung und haben immer wieder über das Verhältnis seiner Analysen zu meinen Problemen gesprochen, die vor allem die Verstehbarkeit von wissender Selbstbeziehung betrafen. Als ich dann in den USA eingetroffen war, fand ich vorerst, abgesehen von Sidney Shoemaker, der den Selbstbezug von den Prämissen Wittgensteins her zu verstehen suchte, nur in Roderik Chisholm einen Kollegen, der das Gewicht meiner Probleme ebenso wie ich selbst einschätzte. Robert Nozick ließ sich in Harvard dann davon überzeugen, dass Lösungsversuche wie die, die Fichte in Gang gesetzt hatte, sich jedenfalls nicht schon in ihrem Ansatz vergriffen und verstiegen hatten, sondern dass sie der Problemlage in ihrer Weise wirklich gerecht wurden. Bei der Ausarbeitung der Themen, die Subjektivität betrafen, fand ich mich dennoch vorerst mit den eigenen Schülern weiter nahezu allein. Viele von ihnen sind später mit ihren Untersuchungen zu diesen Themen hervorgetreten. Von denen, die eigene Argumentationen und Positionen zum Thema Selbstbewusstsein entwickelt haben, sei der inzwischen schwer erkrankte Hans-Peter Falk genannt.

Was ich in den ersten beiden der hier publizierten Vorlesungen zu Grundlegungsfragen vortrage, geht nur in der Profilierung der beiden gegenläufigen Perspektiven des Denkens, die im Selbstbewusstsein angelegt sind, über das hinaus, was ich schon in den späten siebziger Jahren in Harvard zur Diskussion gestellt habe. Zudem werden in den Vorlesungen – wegen ihrer Orientierung auf diejenigen philosophischen Probleme, die als solche auch Probleme der Lebenspraxis sind – die theoretischen Grundlegungsfragen, die sich im Zusammenhang mit einer Verständigung über Selbstbewusstsein stellen, fast ganz im Hintergrund gehalten. Es sind dies dieselben Fragen, die sich an das Kernstück von Kants *Kritik der reinen Vernunft* anschließen, über das ich im Jahre 1976 eine Abhandlung veröffentlicht habe (*Identität und Objektivität*, Heidelberg, Winter-Universitätsverlag). Kant hat alle Grundfragen der Philosophie an das Selbstbewusstsein im Gedanken ›Ich denke‹ angeschlossen. Aber er hatte auch gute Gründe dafür, die Aufgabe, diesen Gedanken nunmehr seinerseits angemessen zu verstehen, selbst nicht mehr nachhaltig zu verfolgen. Sie hat sich seither als höchst komplex und als Ausgangspunkt für philosophische Strategien ganz verschiedenen Profils erwiesen. Diese Komplexion wurde im vergangenen Jahrhundert durch die Entwicklung einer philosophischen Semantik, die sich ihrerseits von fern auf Kant bezog (vor allem durch Peter Strawson und Wilfried Sellars) noch einmal deutlich vergrößert. Eine Philosophie, die sich auf das mit dem Selbstbewusstsein verbundene Problemsyndrom konzentriert, muss den Zusammenhang zwischen dem Wissen von sich, den propositionalen Formen und dem Sinn von Wahrheit zu verstehen suchen. Die Vorlesungen setzen dabei aber eine Position voraus, die allen Versuchen zu einer semantischen Erklärung des Selbstbewusstseins widersteht, sofern diese sich als zureichend und selbstgenügsam ausgeben wollen – gleichgültig, ob dabei Selbstbewusstsein einfach nur mit dem Gebrauch der grammatischen ersten Person singularis zusammenfallen soll oder ob es über eine komplizierte Form semantischen

Aufstiegs letztlich auf den Personsinn zurückgeleitet wird. Subjekte sind von eigener Wirklichkeit, wobei deren Untrennbarkeit von der Personalität dann eine eigene Erklärung erforderlich macht.

Es ist eine Wirklichkeit, die sich selbst in Gedanken ausbildet und die im Vollzug des Wissens von sich allererst entsteht. Darum ist das Wissen von dieser Wirklichkeit auch nicht über eine der normalen Formen des Bezugs von Gedanken auf Wirkliches vermittelt. Obwohl sie im Wissen von sich wiederum weder adäquat noch vollständig erschlossen ist, erklärt dieser ihr Status doch die cartesianisch-infallible Natur des Kerns jedes Wissens von sich. Mit alldem sind offenkundig viele weitere Fragen verbunden, von denen ich einige in Abhandlungen aufgenommen habe, auf die sich die Vorlesungen nicht einzulassen hatten. Was sie in Beziehung auf das sittliche Bewusstsein, auf wesentliches Mitsein und in Beziehung auf Freiheit entwickeln, steht aber mit der Begründung einer Position solchen Profils in einem durchaus notwendigen Zusammenhang. Dies sollte hier doch eigens hervorgehoben sein.

Dass ich in der langen Zeit, die seit meiner Präsenz in Harvard vergangen ist, zwar viele Bücher veröffentlicht, aber kein eigenes Buch zur Grundlegung einer Theorie der Subjektivität ausgearbeitet habe, hat neben Forschungsunternehmungen zur klassischen deutschen Philosophie, die wegen ihrer Abhängigkeit von Fördermitteln vordringlich waren, vor allem zwei Gründe: Die schnell anwachsende Flut von Erklärungsvorschlägen aus der angelsächsischen Philosophie und die Schwierigkeit, einem Buch zur Theorie der Subjektivität überhaupt eine adäquate Form zu geben.

Die ausgedehnte Literatur, die nach der Wende zur Philosophie des Geistes entstand, könnte leicht dazu veranlassen, die eigenen Überlegungen in ständiger Beziehung auf ein Geflecht von disparaten Zugangsweisen und oft gegeneinander isolierten Debatten zum Problem der Selbstbeziehung zu entfalten. Dies

Geflecht ist inzwischen so intrikat geworden, dass es bisher nirgends zu dem Versuch einer argumentierenden Übersicht über es gekommen ist – eine Aufgabe, deren Realisierung schnell eine umfangstarke Monographie ergeben müsste. Die andere Schwierigkeit war aber nicht nur älter sondern noch gravierender. Sie gibt Anlass zu einer weiteren Bemerkung über den Aufbau der hier veröffentlichten Vorlesungsreihe.

5.

Wie keine andere Tatsache, an die sich Grundlegungsprobleme der Philosophie anschließen, ist die wissende Selbstbeziehung mit Lebensproblemen des Menschen verwoben. Die Antwort auf die Frage, wie es sich versteht und was darin liegt, dass der Mensch überhaupt von sich weiß, hat unmittelbar Auswirkungen auf die allgemeineren Fragen, wie viel er von sich erkennen und wie er sich verstehen kann. Dass sich aus ihr wichtige Aufschlüsse zu diesen Fragen ergeben, ist die Erwartung, von der das Interesse auch an jenen Grundlegungsproblemen inspiriert wird. Sie motiviert zudem immer auch den Widerstand gegen eine leichtfüßige Trivialisierung der wissenden Selbstbeziehung, die meint, sich über alle solche Konsequenzen erhoben wissen zu können.

Wenn diese Erwartung gerechtfertigt ist, dann werden die Ergebnisse einer Untersuchung von Selbstbewusstsein in alle Überlegungen Eingang finden müssen, welche die Lebensführung und die Lebensverständigung des Menschen betreffen, also nicht nur in die Semantik und die Theorie der Erkenntnis, sondern mehr noch, um nur einige zu nennen, in die Grundlegung der Ethik und in die Kunsttheorie.

Diese Disziplinen der Philosophie haben zwar einen klar zu umreißenden Aufgabenbereich. Was sie aber zum Thema haben, ist im Lebensprozess der Menschen immer eng mit dem verflochten, was Thema der anderen Disziplinen ist. Je mehr, was eine jede von ihnen zu erschließen sucht, vom Selbstbewusstsein des Menschen her verstanden wird, umso mehr wird ein Mangel auffällig werden – nämlich der, dass die Disziplinen nicht in einem Zusammenhang entfaltet werden, der dem entspricht, in dem ihre Themen im Lebensprozess der Menschen miteinander verbunden sind. Was eine Theorie der Subjektivität wirklich leistet, tritt überhaupt erst deutlich im Lichte ihrer Konsequenzen hervor. So wird die Glaubwürdigkeit einer Philosophie, die bei der Subjektivität und damit beim Selbstbewusstsein des Menschen einsetzt, immer auch danach zu beurteilen sein, in wie weit sie diesen Prozess zu erschließen und für ihn aufschlussreich zu sein vermag.

Aber die philosophische Untersuchung hat sich nun einmal in Argumentationen und Schlussfolgerungen zu entfalten. Sie muss ständig in Alternativen denken und, was sie zu ergeben meint, gegen Alternativen absichern. Das lässt sie umständlich werden und zwingt sie zu einer linearen Durchführung ihrer Problematik. Die aber steht quer zu der Komplexion in der Verfassung des Lebensprozesses, den sie vergegenwärtigt und in Beziehung auf den sie zuletzt ihre Überzeugungskraft gewinnt. Darum ist die Form des Buches, das von Einband zu Einband studiert und geprüft werden will, als Normalform der Mitteilungsart von philosophischen Einsichten, gerade für eine Theorie der Subjektivität zwar notwendig, zugleich aber auch inadäquat.

Man kann versuchen, diesem Mangel durch irgendeine besondere Formgebung entgegenzuwirken. Dazu können einem viele Möglichkeiten in den Sinn kommen. So könnte man etwa verschiedene Dimensionen von Subjektivität zunächst darauf hin analysieren, wie in ihnen Subjektivität vorausgesetzt ist, danach erst die Grundlegungsgedanken entwickeln, um schließlich mit einer Abhandlung zu enden, in der die Themen

nunmehr in eine Art Phänomenologie des bewussten Lebens zusammengeführt sind. Bei der Wahl irgendeines dieser Modelle ginge man aber immer das Risiko ein, die theoretische Aufgabe hinter einer Aufgabe zurückstehen lassen zu müssen, die man auch als eine literarische beschreiben könnte.
Wirklich wird über diese Schwierigkeit eine Grenze der philosophischen Mitteilungsart offenbar, durch die sich die Philosophie von der Kunst und insbesondere von der Dichtung abscheidet. Im literarischen Kunstwerk ist die Komplexion des Lebens eine alles durchherrschende Ausgangsevidenz. Je tiefer ein Werk in sie eindringt und je prägnanter sie durch es vergegenwärtigt wird, umso mehr kann ein solches Werk an literarischer und humaner Bedeutung gewinnen. Aber die Philosophie muss sich in Argumenten und vor offenen Alternativen artikulieren. Deshalb kann sie nicht selbst zum literarischen Werk werden, ohne als Philosophie Einbußen zu erfahren. Einige große Autoren, Platon vor allem, haben ihr Œuvre im klaren Bewusstsein von der Unaufgebbarkeit dieser Grenzlinie und im Wissen von den Einschränkungen, die sie auferlegt, geschaffen. Vielleicht könnte sich die Form des philosophischen Essays, der aber auf viele Einzeluntersuchungen zurückverweisen kann, in der Gegenwart als ein allerdings ganz provisorischer Ausweg aus dieser Schwierigkeit bewähren.

6.

In diesen Vorlesungen lassen sich die Auswirkungen dieser Schwierigkeit am Verhältnis der drei letzten Vorlesungen zueinander erkennen, die auch deshalb unter den Titel ›Durchführungen‹ gestellt sind. Ihre Themen verlangen offenkundig danach, in eine Verbindung miteinander gesetzt zu werden. Denn Freiheit, das Thema der fünften Vorlesung, hat einen klaren Bezug zum sittlichen Bewusstsein. Dessen Erklärung wird aber unter Aussparung des Freiheitsproblems in der dritten Vorlesung gegeben. Die Form eigentlichen Mitseins, die das letzte Thema der vierten Vorlesung ist, bedarf einer Zuordnung zu dem Abschnitt der dritten Vorlesung, der über die Vertiefung des sittlichen Bewusstseins handelt. Zugleich bedarf diese Weise des Mitseins der Einfügung in den Schlussabschnitt der fünften Vorlesung.

Beim Entwurf der Weimarer Vorlesungen habe ich aber darauf verzichtet, sie darin kulminieren zu lassen, dass die drei Durchführungen, wie es die musikalische Form nahelegt, miteinander zusammengeführt werden. Diese Stelle sollte der Perspektive reserviert sein, welche von der Theorie der Subjektivität überleitet zu den ersten Schritten hin zu metaphysischen Abschlussgedanken.

Noch mehr als in dem, was die Vorlesungen zur Grundlegung der Theorie der Subjektivität ausführen, gehen sie aber gerade in dieser Hinsicht wiederum über eine Skizze nicht hinaus. Ich hoffe, die Aufgabe noch in Angriff nehmen zu können, diese Skizze in anderer Form und möglichst vollständig auszuführen. Die Gedanken über ein Absolutes in seiner Beziehung zu Endlichem und die Überlegungen über den Status solcher Gedanken sowie dazu, in welchem Sinne sie wahrheitsfähig sind, müssen ein eigenständiges Unternehmen ausmachen. Dass diese Aufgabe unabweisbar ist, wird in den Vorlesungen überall offenkundig, wo in Beziehung auf den Grund des Bewusstseins die Rede davon ist, dass Gedanken von diesem Grund ihre Stabilität nicht durch einen alles entscheidenden Beweis erhalten können. Gedanken von diesem Grund müssen also nicht nur weit über jene ersten Schritte hinausgeführt werden. Von dem Grund *her* muss sich schließlich auch verstehen lassen, wieso die Menschen vor einer Frage, die in ihrem Sich-verstehen letztlich über alles entscheidet, nicht alles auf die Kraft ihres Erkennens setzen können. Und gerade dies muss weiter noch als eine Implikation der Rationalität gedacht werden können, aus der sich das Selbstverständnis in der Lebensführung des Menschen entfaltet.

Der Gehalt metaphysischer Abschlussgedanken und die Frage nach der Art ihrer Begründung sind sicherlich von besonders großem Interesse. Sie haben auch für die Argumentationen dieser Vorlesungen eine Bedeutung, die in ihnen selbst noch nicht umfassend genug zum Tragen kommt. Darum sei hier auf einige andere meiner Veröffentlichungen hingewiesen. Sie können besonders leicht zur Ergänzung herangezogen werden, weil sie Teil meiner neueren Buchpublikationen sind: Kapitel XV von *Grundlegung aus dem Ich*, Frankfurt, Suhrkamp 2004 (zum historischen Hintergrund) sowie (zum systematischen Zusammenhang): Seite 85 bis 151 in *Bewußtes Leben*, Stuttgart, Reclam 1999 und Ziffer 1 in *Die Philosophie im Prozess der Kultur*, Frankfurt, Suhrkamp 2006. Zu den Gedanken über eine Vertiefung des sittlichen Bewusstseins (in Abschnitt 5 der dritten Vorlesung), die einer ausführlicheren Begründung bedürfen, sei schließlich noch verwiesen auf Kapitel VI bis VIII in *Ethik zum nuklearen Frieden*, Frankfurt, Suhrkamp 1990.

Nachwort zur Taschenbuchausgabe

Die Vorlesungen, die vor acht Jahren veröffentlicht wurden, erklären selbst zureichend ihr Programm und ihre Verfahrensart. Aus Anlass dieser Auflage im Format des wissenschaftlichen Taschenbuchs werden ihnen deshalb nur wenige Bemerkungen hinzugefügt. Sie sollen vor allem deutlicher machen, in welchem Sinn, dem Titel des Buches gemäß, in ihm vom *Denken* die Rede ist.

Es wird dabei weder eine der vielen Definitionen von Denken (etwa als Ordnen des Tuns oder als Problemlösen) vorausgesetzt noch eine eigene angestrebt. Überall wird auf ein Feld spezifisch philosophischer Grundfragen Bezug genommen. Es soll gezeigt werden, in welchen Zuordnungen diese Fragen aufkommen und welche Antworten sie dann finden können, wenn Gedanken gefasst und erklärt werden, die in unterschiedlicher Weise mit dem Selbstbewusstsein eines Subjektes verbunden sind, das sein eigenes Leben zu führen und also zu orientieren hat.

Ein erster Zusammenhang ist dabei nur im Hintergrund von Bedeutung, ohne als eigenes Thema aufgenommen zu werden. Er betrifft die Frage nach der Möglichkeit von sogenannten Ich-Gedanken, also von Gedanken, die ein Subjekt in Beziehung auf sich selbst unterhält. Ich habe schon vor langem gezeigt, dass in der Aufgabe, über die Möglichkeit dieser besonderen Selbstbeziehung aufzuklären, eine Herausforderung für die Philosophie gelegen ist. Als Faktum besteht diese Beziehung eigentlich unstreitig, und in der Rede von dem Selbstsein der Subjekte ist sie offenbar vorausgesetzt. Will man sie aber explizieren, muss man zunächst Fragen nachgehen, die nicht jenes Selbstsein zum Zentrum haben. So muss man etwa auf Gefühle wie Schmerz eingehen, in denen notwendig eine Qualität (Schmerz) mit dem Betroffensein von jemandem durch Schmerz zusammengehen. Dabei muss man weiter erwägen, wie sie mit Eindrücken anderer Art und mit einem Körperbild verflochten und in einen zeitlichen Verlauf eingebunden sind, die zusammen bereits so etwas wie eine Vorgestalt von Selbstsein ausmachen. Diese Vorgestalt ist nicht mit dem Selbstsein identisch, das sich in Ich-Gedanken aufbaut, muss aber in dessen Aufbau integriert werden können.

Ein ganz anderes Problem, das mit der Thematisierung von Ich-Gedanken verbunden ist, wird wohl erwähnt, bleibt aber schließlich doch beiseite, weil es für die Philosophie zwar von sehr erheblichem, aber von zunächst einmal rein theoretischem Interesse ist: Der Mensch macht sich nicht nur Gedanken *über* Wirkliches, und sie können auch mehr sein als Operationen, *ohne die* sich ein Bereich von Wirklichem (wie etwa Zahlen) gar nicht erschließt. Wirkliches kann sogar nur *im* Vollzug von Gedanken Bestand haben – und zwar nicht nur abstrakte Objekte wie Theorien, sondern Individuelles wie das Selbstsein im Vollzug von Ich-Gedanken. So hat die Frage, wie solches möglich ist und was es bedeutet, zwar einen ganz direkten Bezug auf Selbstsein. Aber das Selbstsein ist in seinem Vollzug seinerseits nicht von dieser Nachfrage bewegt.

Andere Gedanken, denen in den Vorlesungen ausdrücklich nachgegangen wird, haben mit den Ich-Gedanken gemeinsam, dass sie mit Notwendigkeit gefasst werden und dass sie sich im Zusammenhang mit dem Selbstbezug der Subjekte entfalten. Sie stehen so mit dem Selbstsein eines Subjektes in einem wesentlichen und ausschließlichen Zusammenhang. Dieser Zusammenhang ist derselbe, den Kant in seiner Erklärung des Ursprungs der Erkenntnis aufwies und der vor einigen Jahrzehnten unter dem Titel ›transzendentale Argumente‹ ausgiebig diskutiert worden ist. Die vierte Vorlesung zeigt, dass es möglich ist, die Stellung jedes Subjektes in einem Verbund von kommunizierenden Subjekten von deren Subjektivität her zu verstehen. Jedes Programm, das die Subjektivität der Menschen aus ihrer Kommunikation herleiten will, verwickelt sich dagegen notwendig in Zirkelschlüsse. Auch die Erklärung der Normativität des Sittlichen in der dritten Vorlesung und die Verbindung der Analyse von Freiheit mit der genau gefassten Aufgabe der Selbstbestimmung, welche die fünfte Vorlesung entfaltet, haben notwendige Gedanken in dem genannten Sinn zum Thema.

In einem dritten Sinn schließt Selbstsein dann aber ein Denken ein, welches das Subjekt vor Fragen stellt und ins Nachdenken hineinzieht. Dies Denken ist zwar in der einen oder anderen Form mit Notwendigkeit im Gange. Aber sein Resultat ist offen, wobei sein Ziel nicht einmal in neutraler Distanz zu bestimmen ist. Aber gerade so ist es wiederum für die Orientierung des bewussten Lebens über sich und für sich selbst von grundlegender Bedeutung.

Die Vorlesungen bewegen sich damit im Bereich dessen, was in dem Leben, das von allen Theorien unberührt bleibt, dem entspricht, was das eigentliche Thema der Philosophie, die Metaphysik einschloss, gewesen und geblieben ist.

So sind die Vorlesungen insgesamt selbst ein philosophischer Beitrag zur Selbstverständigung des bewussten Lebens und nur um dessentwillen jederzeit auch Untersuchungen zu philosophischen Grundfragen.

Dieter Henrich *am 9. November 2015*